Coleção
Direito Penal e Criminologia

Direção
Íñigo Ortiz de Urbina
Ramon Ragués
Luís Greco

CRIMES DE OMISSÃO IMPRÓPRIA

Pierpaolo Cruz Bottini

CRIMES DE OMISSÃO IMPRÓPRIA

Marcial Pons

MADRI | BARCELONA | BUENOS AIRES | SÃO PAULO

Crimes de omissão imprópria
Pierpaolo Cruz Bottini

Capa
Nacho Pons

Produção
Ida Gouveia / HBLYZ / Oficina das Letras®

CIP-Brasil. Catalogação na Publicação
Sindicato Nacional dos Editores de Livros, RJ

B77d

Bottini, Pierpaolo Cruz
Crimes de omissão imprópria / Pierpaolo Cruz Bottini. - 1. ed. - São Paulo: Marcial Pons, 2018.

Inclui bibliografia
ISBN 9788566722628

1. Direito penal - Brasil. 2. Criminologia. I. Título. II. Série.

18-52329 CDU: 343.2(81)

www.marcialpons.com.br

Impresso no Brasil

À Luana, Gui e Maria Clara, por tudo, para sempre.

AGRADECIMENTOS

Este trabalho tem por base a tese apresentada para o concurso à livre docência junto ao Departamento de Direito Penal, Medicina Forense e Criminologia da Faculdade de Direito da Universidade de São Paulo, aprimorada pelas críticas e sugestões tecidas pela banca em fevereiro de 2016. Portanto, o primeiro agradecimento dirige-se à banca examinadora, composta pelos professores Sérgio Salomão Shecaira, Renato de Mello Jorge Silveira, Juarez Estevam Xavier Tavares, Cláudio Roberto Cintra Bezerra Brandão e Jacinto Nelson Coutinho.

Agradeço, ainda, às professoras, Heloísa Estellita e Ana Carolina Carlos de Oliveira pelas indicações bibliográficas, revisões de ideias, sugestões e recomendações sobre temas e aspectos relevantes do objeto em estudo.

Agradeço, em especial, ao professor Luís Greco pelas críticas, recomendações e minuciosa análise das ideias e reflexões apresentadas.

Agradeço à Marcela Rocha pela revisão, dedicação e amplo apoio na etapa de publicação e em tantas outras.

Agradeço a Igor Sant'Ana Tamasauskas, Ana Fernanda Ayres Dellosso, Rossana Brum Leques e Victor Ferreira Arichiello pelo incentivo e apoio logístico.

Agradeço à Faculdade de Direito da USP e ao Instituto Brasileiro de Ciências Criminais pela disponibilização de obras e artigos de consulta imprescindível em suas respectivas bibliotecas.

Agradeço aos meus pais e a todos os familiares que colaboraram em cada passo de minha formação.

Por fim, agradeço à Luana, ao Guilherme e à Maria Clara pela paciência e pelo carinho durante todo o tempo de estudos e escrita.

PREFÁCIO

O livro de Pierpaolo Bottini é um dos raros exemplos em que me convenço por prefaciar um trabalho que não orientei nem ao menos informalmente. Isso tem razões bastante concretas, que dizem respeito não apenas à obra, como também à pessoa de Bottini.

O tema do livro é a omissão, que começa a ser verdadeiramente descoberta pelo direito penal brasileiro (cf. apenas duas outras monografias da presente coleção, uma de Heloísa Estellita, outra de minha autoria). Enquanto a doutrina das gerações anteriores se ocupava primariamente da estéril pergunta sobre se a omissão poderia ser causa, o presente trabalho tem por objeto o mais urgente problema que a omissão coloca para quem se veja na posição de aplicar o Código Penal brasileiro: a do conteúdo das posições de garantidor, isto é, do "dever de agir" nos termos do art. 13, § 2.º, desse diploma legal.

O leitor talvez pergunte: não basta abrir a lei? Ela mesma especifica, em três alíneas, quando surge esse dever! – Bom seria que tudo fosse tão fácil. A alínea *a* do citado artigo dispõe, por exemplo, que esse dever incumbe a quem "tenha por lei obrigação de cuidado, proteção ou vigilância". A lei das leis, a Constituição Federal, afirma que "os pais têm o dever de assistir, criar e educar os filhos menores, e os filhos maiores têm o dever de ajudar e amparar os pais na velhice, carência ou enfermidade" (art. 229). Será que isso significa que o filho, que há anos mudou-se para outra cidade, e que, diante da notícia de súbita enfermidade do pai, não se mova à busca de um médico, responderá por lesões corporais ou por homicídio, como se tivesse provocado esses resultados com os próprios punhos, isto é, comissivamente? Tal parece francamente contraintuitivo.

Bottini passa em revista as várias respostas construídas pela doutrina, em especial alemã e espanhola, para em seguida propor um modelo original e merecedor de uma reflexão crítica mais detida. Esse modelo, que não posso aqui expor, baseia-se na distinção entre duas classes de riscos, os próprios e os alheios. Bottini crê possível formular condições diferenciadas de responsabilização do omitente, a depender de se o risco que a ele incumbia neutralizar havia sido criado por ele mesmo ou por outro.

Passo, agora, à pessoa do autor, a quem conheço desde a época em que ele escrevia seu trabalho sobre os crimes de perigo abstrato. Impressiona-me, sobretudo, a sua capacidade de produzir um livro do presente quilate, ao mesmo tempo em que é professor, pai de uma linda família e advogado do mais alto cabedal. Oxalá possa o presente trabalho obter a atenção que merece e que estimule Bottini a seguir enriquecendo, com ulteriores artigos e monografias, a ciência do direito penal brasileira!

Berlim, setembro de 2018.

Luís Greco

Professor Catedrático de Direito Penal, Direito Processual Penal, Direito Penal Estrangeiro e Teoria do Direito Penal na Universidade Humboldt, de Berlim.

APRESENTAÇÃO

Coube a mim a lisonja especial de apresentar ao leitor esta obra e, assim, servir-lhe de intermediária entre as palavras de meu professor e amigo, *Luís Greco*, e a tese de livre docência, em forma de livro, de meu importante interlocutor e, igualmente, amigo, *Pierpaolo Cruz Bottini.*

Desde sua primeira obra, *Pierpaolo* vem endereçando seus trabalhos monográficos a temas essencialmente associados a problemas próprios da criminalidade econômica e de empresa. A estrutura dos crimes de perigo abstrato é talvez uma das mais utilizadas para a construção dos tipos do direito penal econômico e foi objeto de seu primeiro livro, *Crimes de perigo abstrato.* A lavagem de capitais – hoje, mais do que nunca, figura típica central associada a tal criminalidade – agiganta-se na mesma velocidade com a qual com cresce a obra *Lavagem de dinheiro*, já em sua 3ª edição, e que *Pierpaolo* assina em coautoria com *Gustavo Badaró*. Agora tem em mãos o leitor uma obra que olha para a Parte Geral do Direito Penal com os olhos de quem evidentemente a observa pela lente da criminalidade de empresa. Os dois trabalhos citados por *Luís Greco* no prefácio -- um dele, outro meu --, são o testemunho de como o tema da omissão imprópria assume significado especial no âmbito fragmentado da criminalidade de empresa. Embora *Pierpaolo* insista que este seu trabalho não tem por objeto problemas dessa seara, verdade é que pavimenta o caminho para a oferta de respostas a questões que são centrais a esse tipo de criminalidade, como deixa claro o derradeiro capítulo, no qual discute a responsabilidade pelo produto e a responsabilidade pela conduta de terceiros, temas que têm seu habitat natural justamente na interface entre categorias da dogmática da Parte Geral e a criminalidade econômica.

Para que possa oferecer essas respostas, o leitor será conduzido pela dogmática da omissão penalmente relevante, desde seus lineamentos gerais, nos Capítulos I e II, até a discussão das principais propostas de fundamentação da omissão imprópria, no Capítulo III. E, então, fará um mergulho no tema da ingerência, tema do Capítulo IV e ponto central da construção do autor, cujo tratamento detido e extenso é inédito entre nós, como também é inédita a proposta de dividir o fundamento da posição de garante a partir da fonte de criação dos riscos: riscos criados pelo próprio garante (ingerência) ou riscos naturais ou criados por terceiros. É verdade que a divisão do fundamento da posição de garante em função do próprio âmbito de organização ou em função da integração a uma instituição social fundamental recebeu desenvolvimento especialmente pelas mãos de *Jakobs* e é inegável que o *Pierpaolo* se inspirou nesse modelo para a proposta aqui apresentada. Mas seu entendimento se aparta daquele do autor alemão em pontos importantes, como, por exemplo, no da fundamentação da posição de garante por riscos alheios, que o professor alemão vê na proteção de instituições e *Pierpaolo* na proteção de bens jurídicos. A posição de garante por ingerência, por sua vez, está assentada no dever de não lesar e também na confiança criada na comunidade de que o responsável pela desestabilização do foco de perigo o restituirá aos patamares tolerados, esses os fundamentos para a equiparação da omissão à ação.

Assim, a criação de riscos próprios dá origem a um dever de agir fundado na ideia de não lesão. Nesse âmbito, ação e omissão são equiparáveis sob o ponto de vista normativo, embora não, evidentemente, sob o ponto de vista ontológico. Essa equivalência leva *Pierpaolo* a afirmar que, nesses casos, ambas as formas de comportamento já estão compreendidas no tipo penal, sendo desnecessária uma cláusula expressa. Já na seara dos riscos alheios, nos quais a ordem jurídica convoca o garante com base em um dever de solidariedade, é necessária ou a criação de um tipo omissivo próprio ou, então, o recurso a uma cláusula geral. Isso o leva a apoiar a posição de garante por riscos alheios nas alíneas *a* e *b* do § 2º do art. 13 do CP e a posição de garante por riscos próprios na alínea *c* do mesmo dispositivo.

No derradeiro Capítulo V, *Pierpaolo* trata de aplicar o modelo proposto a questões concretas, no melhor estilo de uma dogmática consequente, que se propõe a resolver problemas concretos sacados da realidade dos jurisdicionados. Aqui são tratados temas que afetam o dia-a-dia de qualquer atividade econômica minimamente estruturada na forma de empresa, como a responsabilidade pelo produto – com destaque para a discussão do famoso caso do spray de couro (BGHSt 37, 106) –, e a delegação, exoneração e transferência de risco em estruturas horizontais e/ou verticais. Por fim, enfrenta o tema polêmico da interrupção de cursos causais salvadores, como sucederia caso o diretor de uma empresa interrompesse o processo de *recall* de um produto defeituoso, âmbito no qual se discute se se está diante de uma ação ou de uma omissão e, neste segundo caso, se se trata de omissão própria (de socorro) ou imprópria.

Com isso, termino esta apresentação e deixo que o leitor siga com Pierpaolo pelos passos que levam à solução proposta pelo autor para esses relevantes problemas.

Heloisa Estellita

Professora da Escola de Direito da Fundação Getulio Vargas e coordenadora do Grupo de Ensino e Pesquisa em Direito Penal Econômico na mesma instituição.

SUMÁRIO

CAPÍTULO II

Crimes omissivos próprios e impróprios

CAPÍTULO III

Crimes omissivos impróprios: fundamento da imputação do resultado típico

Capítulo V

Aplicação do modelo proposto

INTRODUÇÃO

O presente trabalho tem por base a tese de Livre Docência que apresentei ao Departamento de Direito Penal, Medicina Forense e Criminologia da Faculdade de Direito da Universidade de São Paulo, em meados de 2015, com aprimoramentos e atualizações posteriores.

Dentre tantos temas possíveis no amplo espectro de assuntos que nos oferece o direito penal, optou-se pelos *crimes omissivos*, tema que sempre desafiou a dogmática criminal. A forma de tratar a inatividade, definir as bases de sua reprovabilidade, os parâmetros para sua equiparação à ação, e os requisitos de estruturação desta forma de conduta punível sempre exigiram reflexões cautelosas de autores das mais variadas escolas penais. Desde as propostas *causais* até as *funcionalistas* contemporâneas, a omissão suscita debates acirrados, colocando à prova estruturas sistêmicas e não raro sendo o motivo do abandono de teorias bastante adequadas para explicar a comissão, mas que falham diante dos desafios dos crimes omissivos.

No que se refere à *omissão imprópria*, a questão é ainda mais complexa. Por muito tempo, a ausência de cláusulas gerais de equiparação desta forma de comportamento à ação exigiu esforços dogmáticos para estender a incidência de tipos penais – em especial aqueles de resultado – à omissão. Alguns propunham a ampliação da ideia de *causa* à omissão, seja pela busca de uma ação precedente, seja pela identificação de *condições negativas* de um resultado. Outros buscaram na violação de *deveres jurídicos formais* o substrato da omissão imprópria, proposta paulatinamente substituída pelo conceito *material* do *dever de garante*, fundado em relações especiais, próximas ou de domínio do omitente com o perigo ou com o bem jurídico afetado. Em suma, muito tempo foi gasto em reflexões para buscar formas e argumentos de equiparação de certas omissões à comissão. O advento das cláusulas gerais de equiparação, que trouxeram para o Direito positivo de alguns países os requisitos que autorizam conferir à *omissão* uma natureza equivalente, ou ao menos correspondente, à da *comissão*, não pôs termo à discussão. Por um lado, porque parte das legislações apresenta cláusulas gerais ainda imprecisas, carentes de interpretação. Por outro porque, mesmo naqueles países em que tais regras são mais claras – como o Brasil – há necessidade de identificar critérios materiais que complementem o dispositivo legal.

O Código Penal brasileiro expõe que o *dever de garante*, que fundamenta a responsabilidade na omissão imprópria, decorre da lei, da assunção, ou da criação de um risco precedente. Ainda que existam parâmetros taxativos, deve-se identificar de que forma a lei se relaciona com o dever de evitar o resultado, quais as características da assunção que transformam alguém em *garante*, e qual o caráter do *risco* precedente criado, para imputar o resultado posterior ao omitente. São questões que exigem reflexão e que apresentam relevância concreta. No terreno dos crimes de trânsito e ambientais, ou na seara do delito econômico, inúmeros são os casos nos quais se discute a responsabilidade pela omissão, e cada vez com mais frequência os debates sobre os limites do *dever de garante* são levados aos tribunais.

Por outro lado, a doutrina no Brasil ainda apresenta poucas contribuições nesse campo, todas elas mencionadas e analisadas no presente estudo. Com o escopo de contribuir com o tema, a presente tese busca analisar a omissão imprópria sob diversas perspectivas, com atenção especial à *ingerência*, a *posição de garante* decorrente da criação de um *risco precedente*, prevista na alínea *c* do § 2.º do art. 13 do Código Penal.

A opção pela *ingerência* decorre da falta de clareza do texto legal brasileiro. Ao atrelar a responsabilidade pela evitação de um resultado à criação de um *risco precedente*, o legislador deixou em aberto as características desse risco. Trata-se de qualquer risco ou apenas de riscos *não permitidos* ou *antijurídicos*? A atuação daquele que criou o risco se limita a controlá-lo ou exige um esforço de *salvamento* posterior? Aquele que cria um risco imprudente e se omite com dolo responde a qual título sob a perspectiva subjetiva? São questões que merecem ser enfrentadas à luz da dogmática moderna para que alguns problemas práticos possam ser solucionados de maneira segura, como os casos de delegação ou transferência de riscos na seara empresarial, as hipóteses de *responsabilidade pelo produto*, dentre outras que serão abordadas no decorrer deste trabalho.

Nesse sentido, o objetivo do presente trabalho é, em síntese, analisar as hipóteses *legais* do *dever de garante*, em especial a *ingerência* e, nessa seara, identificar as características do *risco* mencionado no art. 13, § 2.º, *c*, do Código Penal, e os elementos que permitam a imputação de resultado típico a título de *comissão por omissão*. Em suma, pretende-se apresentar um *modelo* de responsabilidade por *ingerência*, dentro do qual seja possível identificar os requisitos da imputação do resultado típico, de forma a facilitar a compreensão e a solução de questões concretas.

CAPÍTULO I

PREMISSAS CONCEITUAIS

1. Introdução

Conceituar *omissão* e as premissas para a *punição* dessa *conduta* exige paciência e resignação. Paciência para enfrentar um sem número de problemas dogmáticos que surgem e em regra colocam em xeque institutos e ideias consolidados ao longo do tempo, por um sistema de pensamento voltado para os *crimes comissivos*. Resignação para compreender que ainda há um longo caminho para que todas as questões sejam assentadas e cada estudo apresentado é apenas um passo nesse longo trajeto. Não à toa TAVARES aponta que os crimes omissivos apresentam problemas quase que insolúveis,[1] acrescentando GIMBERNAT ORDEIG que o único seguro nos delitos de omissão é que não há nada seguro.[2]

Sabe-se que *omitir* é "*deixar de fazer*" ou "*não agir, quando se esperaria que o fizesse*".[3] Pelo vernáculo, omissão não é apenas *não agir, estar parado.*[4] Omitir é *deixar de fazer algo*, e para isso não é necessária a inércia absoluta. Basta fazer algo diferente daquela ação omitida. Assim, aquele que anda omite correr,

---

1. TAVARES, *Teoria*, p. 29.

2. GIMBERNAT ORDEIG, *Estudios*, p. 124, se referido aqui aos crimes de omissão imprópria. No mesmo sentido, ROXIN, apontando a dificuldade de aplicar institutos dogmáticos – como causalidade e dolo – à omissão, *Derecho Penal*, II, p. 753.

3. FERREIRA, *Aurélio: o dicionário*, p. 360.

4. ARMIN KAUFMANN, *Dogmática*, p. 75. Como expõe GIMBERNAT ORDEIG, a *omissão* não se identifica apenas com a inatividade corporal, pois raramente ela se verifica. Em regra, o *omitente* deixa de atuar como esperado ou exigido, mas se comporta positivamente em outro sentido. GIMBERNAT ORDEIG, *Estudios*, p. 23.

dormir e saltar. Omite-se tanto o salva-vidas que permanece inerte enquanto o banhista se afoga como aquele que conversa animadamente com outra pessoa e deixa de agir na mesma situação. Tanto o médico que assiste impassível à agonia do paciente como aquele que almoça ativamente diante do mesmo contexto fático.

Diante disso, com paciência e resignação, passa-se à primeira pergunta: o que é *omissão?* No que consiste um *não comportamento?* Tais respostas são premissas necessárias para um segundo passo, que será a análise da legitimidade de *punir* essa *conduta negativa* por meio do direito penal.

2. Da omissão como categoria do comportamento humano

2.1 Breve exposição das posições doutrinárias

2.1.1. Precursores

O primeiro passo é definir *omissão.* Nesse momento não importa identificar as consequências desse *comportamento*, se ele é apto a justificar uma *pena* ou qualquer outra consequência jurídica. Trata-se apenas de entender no que consiste o *comportamento omissivo.*

Na doutrina, a definição da *omissão* sempre foi tormentosa. No final do século XIX e início do século XX definia-se a ação como *movimento corporal externo voluntário*[5] e a *omissão* como um não agir *voluntário.* Essa *voluntariedade* distinguiria as *condutas humanas* das forças naturais e dos movimentos reflexos. O *querer* era o *elemento comum* entre a *ação* e a *omissão.*

Nesse sentido, BELING define a omissão como um *fazer nada voluntário.*[6] Da mesma forma, para ENGISH *a omissão* é um *comportamento* como a ação, uma *tomada de posição* diante da possibilidade de intervenção em determinado contexto,[7] ou da *não aplicação de energia* em uma direção.[8] Entre nós, NORONHA define a omissão como uma *espécie de ação*, porque se trata de um *comportamento*, de uma *manifestação externa*, que embora não se concretize em um movimento corpóreo, não deixa de ser uma realidade, que pode ser submetida à vontade humana.[9]

---

5. Por todos, VON LISZT, *Tratado*, p. 210: "Acção é pois o fato que repousa sobre a vontade humana, a mudança do mundo exterior, referível à vontade do homem."

6. Nos anos 1970, BAUMANN defendeu ideia similar, indicando a *omissão* como um *não fazer voluntário*, de forma que os elementos de *domínio*, *capacidade de agir* ou *expectativa* são inseridos pela tipicidade ou pela antijuridicidade, mas não estruturam o conceito de *omissão*, em SILVA SÁNCHEZ, *El delito*, p. 24.

7. Em SILVA SÁNCHEZ, *El delito*, p. 105.

8. No mesmo sentido, LANSEN, em SILVA SÁNCHEZ, *El delito*, p. 106.

9. NORONHA, *Direito Penal*, p. 106. No mesmo sentido, COSTA E SILVA indica que a omissão é uma modalidade de ação, na qual falta de um movimento corpóreo, em *Código*

Em suma, entendia-se a *omissão* como um *não fazer* algo, que só adquiria sentido quando acompanhado de uma *vontade consciente* de *não fazer*. Quem olha uma pessoa se afogando e não age com *intenção* está se omitindo. Quem não salva o afogado porque está dormindo *não se omite*, porque sua inatividade não é *voluntária*.

Tal conceito pode satisfazer a busca por um significado *amplo* de omissão, mas tem pouca valia para o mundo jurídico. Definir a *omissão* como um *não fazer consciente* não indica quais as condutas omissivas que merecem atenção do direito, ou que merecem censura social. Estamos o tempo todo *deixando* de praticar atividades de forma *consciente*. Quando decidimos sair de casa, *omitimos* ficar em casa. Quando decidimos sair de carro, *omitimos* andar de ônibus. Em suma, estamos o tempo todo *deixando conscientemente* de fazer algo, *omitindo* comportamentos. No entanto poucas dessas *omissões* são relevantes para a organização social ou para o mundo jurídico.

Por isso é preciso mais um passo para definir a *omissão* para os fins desse trabalho – ou seja, para chegar-se a quais omissões interessam ao direito penal. É preciso identificar quais das inúmeras *omissões conscientes* podem ser *relevantes* sob um ponto de vista social ou jurídico. Quais são *importantes* ou ao menos *chamam a atenção*. Em outras palavras, é *normatizar* o conceito de *omissão*, *valorar* dentre todas as *omissões* quais aquelas que merecem *destaque*.

Nesse sentido, autores começam a apontar que a *omissão* – como *não fazer voluntário* – só será *relevante* quando se esperava do omitente uma *ação*, um *comportamento positivo*.[10] Surge a *teoria da expectativa*, para a qual não existe *omissão* em si, mas apenas a omissão de *algo esperado*, ou seja, o conceito só existe diante de uma *expectativa*, proveniente do mundo dos *valores*.[11]

Assim, se alguém decide ir para casa a pé, *omite conscientemente* ir de carro. Tal *omissão* será *irrelevante* se ninguém *espera* que essa pessoa vá de carro, se não há *expectativa* de realização dessa conduta *omitida*. Porém, se tal agente combinou de dar carona para terceiro, este *espera* que ele ande de carro e

---

Penal, p. 9. Também defende que a ação compreende a omissão, ANIBAL BRUNO, *Direito penal*, I, p. 310. No mesmo sentido, FARIA, *Código Penal*, II, p. 117.

10. MEZGER, *Tratado*, p. 288. Mesmo VON LISZT já concebia a omissão como um *não fazer algo esperado*, adicionando a *expectativa* ao conceito de *omissão*. Entre nós, ANIBAL BRUNO, para quem a omissão é um instituto natural, uma inação, que se completa por um elemento normativo, composto da ação *esperada*, em *Direito penal*, I, p. 310. Para FRAGOSO, a omissão não existe no plano ontológico, mas apenas no normativo, em *Crimes omissivos*, p. 12. No mesmo sentido, FARIA, *Código Penal*, II, p. 117 e COSTA JR, *Do nexo causal*, p. 18.

11. Segundo BACIGALUPO ZAPATER, esta teoria foi proposta por ROHLAND no inicio do século XX, em *Delitos impróprios*, p. 85. Nessa linha, MIR PUIG, *Derecho Penal*, p. 295; e JESCHECK, *Tratado*, p. 559 (omissão não significa não fazer nada, mas não fazer algo determinado). Também JIMÉNEZ DE ASÚA, *Tratado*, p. 391 e BITENCOURT, *Alguns aspectos*, p. 12.

o transporte também. A frustração dessa *expectativa* torna a *omissão consciente* (omissão ontológica) em *omissão relevante* (omissão normativista) – ao menos sob a ótica daquele que viu afetadas suas pretensões.

A *expectativa* que normatiza a *omissão*, para alguns, está atrelada à sua *relevância social*, de forma que apenas sobre frustrações com essas características se erige o conceito material de omissão penalmente relevante.[12] Por outro lado, outros autores passaram a postular que essa expectativa frustrada que caracteriza a omissão não é prévia ao direito, mas é criada por este no plano *jurídico*.[13] Seja como for, a característica dessa forma de pensar é a identificação da *expectativa* como elemento normativo integrante da *omissão*.

2.1.2. A omissão ontológica

Porém, a sustentação do conceito de omissão em uma *expectativa* encontra obstáculo na *imprecisão*.[14] O que se entende por *expectativa* e qual o seu conteúdo?

A percepção de que a indeterminação desse referente *normativo* pode levar a um *relativismo axiológico* de consequências políticas sensíveis orientou a busca por elementos *ontológicos* constitutivos da omissão (e também da ação).[15] Em outras palavras, alguns autores entenderam que fazer depender o conceito de *omissão* da *expectativa* de outras pessoas sobre o comportamento torna imprecisa sua definição.[16] Ademais, a teoria da *expectativa* dificultaria distinguir a *ação* da *omissão*, uma vez que a *ação* também é uma *omissão de algo esperado*.[17]

No caso do cidadão que decide ir para casa a pé, sob a ótica de quem esperava a carona no carro há uma *omissão* do motorista – que *deixou de ir de carro* – mas também uma *ação* – ir a pé quando havia uma expectativa que ele fosse de carro. Ou seja, sob o plano da *expectativa* não é possível afirmar se houve uma *ação* ou uma *omissão*, de forma que o conceito é imprestável.

---

12. Nesse sentido, ENGISH e MAIWALD, mencionados em SILVA SÁNCHEZ, *El delito* p. 104.

13. GALLAS, *La teoría*, p. 18. Para ZAFFARONI, no plano pré-típico não existem *omissões* penalmente relevantes, mas apenas ações, uma vez que, para o autor, a omissão não é um simples *não fazer*, mas um *não fazer algo. Tratado de Derecho Penal*, III, p. 450.

14. SCHÜNEMANN, *Fundamentos*, p. 47. Na mesma linha. MIR PUIG, *Derecho Penal*, p. 296.

15. CEREZO MIR, *Curso*, p. 255, para quem a omissão tem uma estrutura ontológica prévia a todo juízo de valor.

16. SCHÜNEMANN aponta que a *expectativa social* não tem condições de determinar de forma vinculante a omissão juridicamente relevante porque nem todas as omissões que frustram expectativas sociais podem indicar normas jurídicas ou jurídico-penais. SCHÜNEMANN, *Fundamentos*, p. 49.

17. ARMIN KAUFMANN critica a *teoria da expectativa*, apontando que suas bases não permitem diferenciar a *omissão* da *ação*, uma vez que em ambas existe a *ausência de algo esperado*. ARMIN KAUFMANN, *Dogmática*, p. 75.

Assim, autores *finalistas* se afastam da ideia da *expectativa* para apresentar um conceito *ontológico* de omissão, derivado da *natureza das coisas*. ARMIN KAUFMANN, WELZEL e outros sustentam que a omissão é a *não realização voluntária de uma ação final daquele que tem capacidade para tal*, ou seja, aquela que o sujeito *poderia* realizar na situação concreta na qual se encontrava.[18]

Assim, o sujeito que decide andar a pé e deixa de andar de carro, *omite* este último comportamento ainda que ninguém espere sua prática, ainda que ninguém tenha expectativas frustradas sobre essa inatividade. Basta que se comprove que ele tinha *capacidade* de ir de carro e *decidiu voluntariamente* não ir de carro, que existirá a *omissão*. *Omissão* de andar de carro.

Para alguns autores, essa teoria facilita a separação entre os conceitos de ação e omissão. A *teoria da expectativa* entendia a *omissão* como a frustração de uma expectativa – mas a frustração da expectativa pode se dar por *ação* também. A *teoria ontológica*, ao definir *omissão* como uma *não realização de uma ação* – independente das expectativas de terceiros – a transforma em uma entidade *ontológica negativa*, apartada da *ação*, com a qual tem em comum apenas e tão somente a *capacidade de agir*, qualidade do agente e do omitente.

Haveria, assim, um *dualismo conceitual*,[19] *uma* propondo uma cisão dogmática entre ação e omissão, de forma que uma seja compreendida como *inversão conceitual* da outra.[20] Em outras palavras, a *omissão* não é final – assim como não o é a ação efetivamente praticada e contrária à norma –, mas é a *negação de uma ação final*.[21]

Em síntese, a *teoria ontológica* buscou conceituar *omissão* como um *não comportamento consciente e voluntário*, que existe com independência das expectativas de terceiros. O simples *não fazer* caracteriza a *omissão*, mesmo que ninguém espera uma conduta positiva naquela situação.

2.1.3. Retorno ao normativismo

Essa concepção *ontológica* de omissão, desprovida de sentido *normativo*, é criticada por alguns autores pelo mesmo motivo já indicado no item 2.1.1 – sua falta de utilidade para definir, dentre as inúmeras *omissões conscientes* de pessoas

---

18. ARMIN KAUFMANN, *Dogmática*, p. 55; WELZEL, *Derecho Penal*, pp. 276 e ss.; CEREZO MIR, *Curso*, p. 252.

19. Também presente em outros autores, como ENGISH, ainda que sobre bases distintas.

20. Este *dualismo* leva à afirmação, por parte dos *finalistas*, de que a omissão é desprovida de *causalidade* e de *direção final* em relação ao resultado ARMIN KAUFMANN, *Dogmática*, pp. 55 e ss.; WELZEL, *Derecho Penal*, pp. 276v e ss.; CEREZO MIR. *Curso*, p. 252.

21. Em sentido similar, para SCHÜNEMANN a omissão é a não realização de uma ação individualmente possível. SCHÜNEMANN, *Fundamento*, p. 409.

capazes, quais seriam *relevantes*, quais seriam as matérias primas para a norma jurídica – e, em especial, jurídico-penal.

Volta-se, portanto, à ideia de que a *omissão relevante* está atrelada à frustração de uma *expectativa de comportamento*. Para ROXIN a *omissão* como forma de *manifestação da personalidade* pode ser um conceito ontológico, mas sua *relevância* depende de uma *valoração*, de uma *normatização*, que está atrelada à *expectativa de ação* e a um posterior *dever de agir (dever de garantia)*.[22] Assim, a omissão volta a apresentar um sentido *normativo*, uma vez que somente será uma *expressão da personalidade* se estiver referida a uma *ação esperada*, que vem, em regra, embasada no plano social antes de sua configuração jurídica.[23]

2.1.4. A unidade conceitual e propostas similares

Por fim, existem autores que prescindem de um conceito específico de *omissão* e defendem que *ação* e *omissão* são duas manifestações do comportamento humano que não podem ser definidas separadamente. Para tais autores, no caso do motorista e do passageiro que espera a carona, não é necessário identificar na conduta do primeiro uma ação (ir a pé) ou uma omissão (ir de carro), mas apenas um comportamento humano consciente (ir a pé) que causou um resultado evitável (a frustração da expectativa daquele que esperava uma carona).

Sob uma perspectiva *ontológica*, GIMBERNAT ORDEIG unifica os conceitos de ação e omissão definindo o *comportamento humano* como uma relação do agente consciente e fisicamente livre com o mundo exterior através do manejo de cursos causais.[24] Para esse autor, esta definição permite a construção de um supraconceito *ontológico* do comportamento humano, que posteriormente pode ser dividido em *espécies:* ação e omissão, às quais se acoplam considerações *normativas* posteriores para determinar a *relevância social*, *jurídica* ou *jurídico-penal* do comportamento.[25]

Sob uma perspectiva *normativista*, defendem a unidade conceitual HERZBERG e JAKOBS. Tais propostas serão apresentadas mais adiante, uma vez que se confundem com a concepção de *omissão imprópria* (infra Cap. III, 2.6). Mas vale destacar desde já a proposta de HERZBERG, para quem ação e omissão são *comportamentos evitáveis*, de forma que podem ser abarcados em um supracon-

22. ROXIN, *Derecho*, II, p. 780

23. Também em TAVARES, *Teoria*, p. 253.

24. Para GIMBERNAT ORDEIG, trata-se de um conceito *causal*, mas que não determina uma *teoria causal do delito* ou uma limitação dos *nexos de imputação* aos fatores causais, e apenas apresenta como elemento primeiro do *comportamento* o necessário manejo de *cursos causais* pelo agente/omitente, em *Estudios*, p. 14.

25. GIMBERNAT ORDEIG, *Estudios*, p. 45.

ceito de *não evitações de resultados evitáveis.*[26] Assim, tanto na ação como na omissão existiria um agente em posição de garante da não ocorrência do resultado, uma vez que em ambas há uma espécie de *domínio* sobre o curso causal, seja sobre o próprio corpo, seja sobre outra fonte de risco para o bem jurídico.[27] Também JAKOBS trabalha sob a perspectiva da irrelevância da distinção entre ação e omissão, uma vez que, para ele, o que importa é a existência de elementos que possibilitem a *imputação do resultado* ao comportamento humano, seja ele de que espécie for (infra Cap. III, 2.6.2).[28]

2.2 Posicionamento

A nosso ver, a distinção entre *ação* e *omissão* é relevante, uma vez que os critérios de imputação da ingerência podem incidir de forma diferente sobre cada forma de comportamento. Por exemplo, para caracterizar alguém como *garante* pela *criação de um risco de ocorrência de um resultado* (CP, art. 13, § 2.º), é necessária uma *ação* – um *movimento corporal positivo* – para que depois se exija a *evitação do resultado* e se impute a *omissão imprópria.* Não se *cria risco* por omissão, embora seja possível transformá-lo em *risco não permitido* por esta categoria de comportamento, como adiante explicitado. Tal interpretação *restritiva* do § 2.º do art. 13 – mais adiante explicitada – só é possível se pudermos diferenciar *ação* de *omissão.* Assim, parece importante fixar as fronteiras entre tais institutos.

Mesmo autores que apontam a irrelevância da distinção entre ação e omissão em um plano normativo – como JAKOBS – admitem a possibilidade da distinção

---

26. Nesse sentido, HERZBERG, em sua concepção original, de 1972. Nos anos 1980 o autor reformula em parte sua concepção para indicar que a comissão "ativa" é distinta da omissão porque não se esgota em um mero não evitar, mas, ademais, é aquela na qual o agente voluntariamente causa um resultado. Em DOPICO GÓMEZ-ALLER, *Omisión*, p. 431, e em SCHÜNEMANN, *Fundamentos*, p. 75.

27. HERZBERG, em SCHÜNEMANN, *Fundamentos*, p. 212.

28. JAKOBS, como HERZBERG, desenvolve suas ideias em torno do *conceito negativo*, mas com uma distinção relevante: não estrutura a *evitabilidade* sobre fatos físicos e psíquicos, e sim na consideração das *alternativas* de comportamento como fator essencial da existência da conduta. JAKOBS, *Derecho Penal*, p. 948. Assim, encontra um conceito unitário ao definir toda *ação* como uma *omissão*, buscando aplicar a dogmática da última à primeira. Em sentido crítico, GIMBERNAT ORDEIG, ao indicar a irracionalidade de usar um conceito dogmático ainda carente de desenvolvimento pleno (omissão) para resolver problemas de outro cujos contornos já contam com aportes mais robustos (ação). *Estudios*, p. 43. Em linha similar, VIVES ANTÓN parte de uma concepção de *ação significativa* para unificar a ideia de ação e omissão. Para o autor, o movimento (ou a falta dele) não é nada em si, mas se torna algo diante do *significado* a ele atribuído, de forma que uma omissão somente existirá no sentido jurídico penal diante da norma penal especifica. Assim, ainda que ação e omissão tenham *substratos fáticos* distintos, são *normativamente* equivalentes a depender do *sentido* conferido pelo tipo penal. VIVES ANTON, *Accion, passim.* No mesmo sentido, MARTINEZ BUJAN PÉREZ, *Derecho penal*, p. 298.

no campo fenomenológico.[29] Também SILVA SÁNCHEZ – que defende estar o sentido da conduta determinado pelo *tipo penal* – reconhece a distinção *fenomenológica* entre ação e omissão. Na ação, o autor é a *fonte de perigo* e exige-se uma *atividade positiva* para seu desenvolvimento. Na omissão, o perigo é estranho ao omitente, ao menos no momento da *omissão*.[30]

Portanto, entendemos que no campo *ontológico* ação e omissão são conceitos *distintos*. Partindo-se do prisma *ontológico*, da *natureza das coisas*, que participa do sistema dogmático como referente importante a ancorar os preceitos *normativos* pode-se definir *ação* como um movimento corporal externo e voluntário, cuja definição pode incorporar outros elementos, como a *direção final* ou a *relevância social*. Há, nesta categoria, um *emprego de energia* em determinado sentido. Há ação em andar, atirar, correr, falar, enfim, em movimentar o corpo.

Por outro lado, *omitir* é deixar *voluntariamente* de realizar uma determinada ação possível.[31] Isso não significa que o *omitente* não possa estar *agindo* no momento da omissão. A omissão é um conceito *relativo* porque depende da indicação da ação que foi omitida; no entanto, pode ser construído com independência de qualquer *valoração* em um primeiro momento.[32]

Assim, quando alguém *corre* está *agindo* em relação à *corrida*, mas também *omite* ficar parada – se essa conduta for *possível*. São condutas distintas, que podem ocorrer simultaneamente, mas não se confundem. Há *ação* e *omissão*, ambas com consequências e desdobramentos diversos.

Note-se que, para tal conceito, não se lança mão da *expectativa de comportamento*. A *omissão*, enquanto fenômeno, prescinde de que alguém *espere* uma conduta positiva e que essa expectativa seja *frustrada*. Quando alguém *corre*, há uma *omissão* de ficar parado, mesmo que ninguém espere tal conduta. Assim,

---

29. JAKOBS, *Derecho Penal*, p. 940, ao indicar que todas as ações podem se reformular como omissões, mas nem todas as omissões podem ser caracterizadas como ações, indicando uma distinção fenomenológica que o autor apontará como irrelevante no plano normativo, ao menos para a *omissão imprópria*. Na mesma linha, ROXIN, ao apontar que existe distinção entre ação e omissão no plano ontológico (ROXIN, *Problemas*, p. 169) – que pode ser irrelevante do ponto de vista jurídico.

30. SILVA SÁNCHEZ, *El delito*, p. 214. A distinção é importante, segundo o autor, para fixar alguns contornos dogmáticos, como a exigência de uma posição de *garante* – dispensável na comissão – e os requisitos da *inexigibilidade*, muito menores nos casos da *omissão* (SILVA SÁNCHEZ chega a afirmar que a *inexigibilidade* na omissão se encontra no plano da tipicidade, SILVA SÁNCHEZ, *El delito*, p. 218). O autor usa, inclusive, da causalidade para fazer a distinção, apontando que na ação existe essa relação direta com o resultado – cuja imputação exige critérios ulteriores – fator inexistente na omissão (op. cit. p. 240).

31. Sobre isso, ARMIN KAUFMANN, *Dogmática*, p. 123; WELZEL, *Derecho Penal*, p. 277; CEREZO MIR, *Curso*, p. 255.

32. Nesse sentido, WELZEL, para quem a omissão é absolutamente independente da *espera* de qualquer pessoa pela ação. *Derecho Penal*, p. 178.

existe uma distinção entre *ação* e *omissão* já no plano ontológico, sem a necessidade de qualquer elemento *normativo* para sua caracterização.[33]

Mas o substrato *ontológico* da omissão é insuficiente para qualquer constatação mais apurada no campo das ciências humanas. Afirmar que alguém, ao cumprimentar outro, *omite* matá-lo, lesioná-lo ou abraçá-lo, não nos diz nada sob um prisma *normativo*.[34]

Para encontrar a matéria-prima para a construção de um sistema jurídico, ou jurídico-penal, não basta definir *omissão*. É preciso definir quais omissões são *relevantes*, como já exposto. Assim, após definir *omissão* como um *não movimento voluntário* – teoria *ontológica* – é preciso definir a *omissão relevante*. É preciso identificar quais – dentre os *não comportamentos voluntários* – podem ser selecionados pela norma penal como *relevantes*. Em suma, é preciso *normatizar* a omissão, encontrar suas *qualidades* que permitam ser objeto das atenções do direito.

Para a identificação da *omissão socialmente relevante* parece adequada a ideia da *expectativa*. A inatividade só será importante sob um prisma social se a ação *omitida* e possível era *esperada*, se havia uma *expectativa* sobre ela. É necessário um *juízo de valor* que se acople à estrutura *ontológica*, complementando-a, e que contraponha a conduta *omitida* com outra aguardada, que permita verificar uma quebra de expectativa, uma frustração. Esse *juízo de valor* não é elemento constitutivo da *omissão* como realidade fenomenológica, mas da *omissão relevante*, conceito sem o qual não será possível construir uma estrutura dogmaticamente coerente.[35]

A omissão, portanto, será *relevante*, do ponto de vista *normativo*, se contrariar uma *expectativa*.

A ideia não é nova. Como apontado anteriormente, VON LISZT e MEZGER já defendiam a ideia da omissão como a ausência de "*algo esperado*".[36] Trata-se

---

33. Nesse sentido, STRATENWERTH defende que ação e omissão são comportamentos *estruturalmente* diversos, uma vez que na omissão, ao invés de *agir*, o sujeito *não realiza uma ação* (STRATENWERTH, *Derecho Penal*, p. 289).

34. Tal distinção é, ademais, confusa para fundar análises valorativas. TAVARES cita como exemplo o caso do motorista de caminhão que trafega com luzes apagadas. Nessa situação, ele pode estar *agindo* – pois dirige o caminhão – ou se *omitindo*, porque deixou de acender as luzes (TAVARES, *Teoria*, p. 284). Na mesma linha crítica, SILVA SÁNCHEZ, ao apontar que essa ideia revela um conceito *muito extenso* de *omissão* que não cumpre um papel de orientação claro. Como ideia correlata da *ação causal*, este conceito merece todas as críticas que historicamente são feitas a esse instituto. SILVA SÁNCHEZ *El delito*, p. 39.

35. Nessa linha, MAURACH, para quem a determinação da omissão exige a seleção valorativa de determinadas circunstâncias de *fato pré-jurídicas* (*Derecho Penal*, p. 219). Também apontando o caráter normativo da omissão, SCHMIDHÄUSER, *Tratado*, p. 288, e HUERTA, *Problemas*, p. 54. No mesmo sentido, FRANCO, para quem omissão é o não fazer algo ordenado, em *Código Penal*, p. 120.

36. VON LISZT, *Tratado*, p. 207. Na mesma linha, MEZGER, *Tratado*, p. 288.

de um instituto *transitivo*,[37] relacionado a uma *expectativa* de comportamento. Aquele que anda omite correr. Se não existe alguém que espera mais pressa daquele que caminha, a *omissão* da corrida é socialmente irrelevante. Por outro lado, se uma pessoa o aguarda há tempos no destino, a *omissão* de correr será *relevante*, ao menos do ponto de vista daquele que espera. O não correr sofrerá um *juízo de valor negativo* e, portanto, será *relevante*.

Essa *expectativa* pode ser pessoal, social, religiosa, cultura, jurídica ou de outra espécie, de forma que a *relevância* da omissão também será variável a depender da espécie de *frustração* ocorrida. Aquele que *deixa de cumprimentar* o outro frustra uma expectativa social de comportamento, de forma que, no plano social, sua omissão será relevante. O católico que deixa de comungar *frustra* uma expectativa da comunidade da qual participa, ou seja, *omite* uma conduta relevante sob a perspectiva religiosa. Da mesma forma, aquele que omite prestar socorro a outrem quando é possível fazê-lo *omite* um dever jurídico relevante, de contornos penais se presentes os pressupostos do artigo 135 do Código Penal brasileiro. Nota-se, portanto, que a *omissão relevante* existe apenas em *perspectiva*, em relação a uma *expectativa*, e sua natureza será distinta a depender do plano no qual se abriga essa *esperança de ação*.

Por fim, vale destacar que caracterizar a *omissão relevante* como ausência do comportamento *esperado* não significa perder *precisão* ou *normatizar plenamente* o instituto.[38] Em primeiro lugar, há um *substrato ontológico* que consiste na *realidade* do comportamento diverso do esperado. Na omissão, como já apontado, falta o fato, a ação.[39] Por isso, não basta a *expectativa e a frustração*, mas a constatação de que efetivamente aquele de quem se espera *não agiu* daquela forma. E esta constatação é *real, material*. Ademais, há outro elemento nuclear e *ontológico* na *omissão relevante* – e mesmo na omissão irrelevante –, sem o qual o instituto não existe: a *capacidade de agir da forma esperada*.[40] Um comporta-

---

37. VON LISZT, *Tratado*, p. 207, SCHÜNEMANN, *Fundamentos*, p. 29.

38. Nessa linha, SILVA SÁNCHEZ tece críticas à ideia de que exista uma contraposição simplista entre ideias *ontológicas* e *normativas* sobre a *omissão*, expondo que não fica sequer claro se tal confronto é *metodológico* ou de *conteúdo do conceito*. *El delito*, p. 18. Assim, para o autor, e com razão, as ideias *finalistas* e *normativistas* sobre *omissão* acabam por se misturar, porque nem as primeiras se assentam exclusivamente sobre estruturas *lógico-objetivas*, nem as últimas delas prescindem. Também nesse sentido, TAVARES, ao afirmar que, embora para o autor a *omissão* não tenha realidade ontológica própria senão quando associada a um dever, há um limite decorrente de constatações empíricas que legitima sua relevância penal (TAVARES, *Teoria*, pp. 255 e ss.). Para REALE JR. na omissão há um *dado naturalístico* ao qual se deve unir um juízo sobre esse dado, como um não fazer algo devido. *Crime de sonegação*, p. 254.

39. Nesse sentido, CEREZO MIR, *Curso*, p. 254. Para BACIGALUPO ZAPATER, a omissão não é um elemento completamente *normativo* porque subsiste um *substrato real*, caracterizado pela ação concretamente praticada, diferente daquela esperada, em *Delitos*, p. 85.

40. ARMIN KAUFMANN, *Dogmática*, pp. 55 e ss.

mento somente será *esperado* se o agente for *capaz* de executá-lo. De forma que a *capacidade* integra a ideia de *expectativa*, é intimamente ligada à sua existência. Evidente que a *expectativa* não se exaure na constatação da *capacidade*, mas esta é seu elemento fundante.[41] Aquele que precisa de socorro porque se afoga não *espera* de um cadeirante um ato de salvamento, de forma que sua inércia não será uma *omissão relevante*.

Pelo exposto, pode-se caracterizar a *omissão relevante* – ainda no plano pré-jurídico – como um *não fazer algo esperado quando se é capaz de agir de acordo com uma expectativa*. Trata-se de um conceito *distinto* da ação, na esfera ontológica, porque não abarca qualquer movimento corporal, causal ou não causal, direcionado ou não a alguma finalidade.[42]

Tal distinção não afasta a possibilidade da criação de *supraconceitos* no plano normativo ou da tipicidade, ou de agregar as distintas formas de comportamento em categorias comuns, como a *competência organizacional* ou a *competência institucional* de pessoas em determinados papéis sociais, como adiante exposto.[43] No entanto, ela se faz importante para fixar, como já apontado, os contornos da ingerência, e tem consequências práticas importantes, que serão expostas ao longo do presente trabalho.

3. Da omissão juridicamente relevante

3.1 Da expectativa jurídica

Pelo exposto, no plano *pré-jurídico* a omissão relevante é aquela que frustra uma *expectativa*. No entanto, tal conceito tampouco apresenta grande capacidade de rendimento, uma vez que não se define a matéria da *expectativa* e os limites de legitimação de seu conteúdo. Afirmar que uma omissão é *relevante* não significa indicar que ela deva ser objeto de normas penais, ou de normais jurídicas. Pode se tratar de uma *omissão relevante* de significação social pequena, como a omissão de cumprimentar alguém. Há *relevância* na omissão porque ela frustra a expectativa de ser cumprimentado, mas não a ponto de ser objeto de atenção do direito.

Essa definição, em verdade, depende da esfera na qual se dá a omissão. No plano social, a *expectativa* se constrói das mais variadas formas. Pode decorrer de relações de parentesco, de amizade, de vizinhança, pode estar calcada na

---

41. Assim, a capacidade de ação não é mero *limite*, como defende MIR PUIG (*Derecho Penal*, p. 296), mas se trata de elemento estruturante da omissão relevante.

42. Nesse sentido, GIMBERNAT ORDEIG, ao apontar que a *omissão* é um conceito *ontológico* porque o *não fazer* pode ser apreendido sem recurso a valores, porém a *omissão* penalmente relevante é um *não fazer desvalorado*, um *não fazer* algo que se espera juridicamente, e, por isso, apresenta uma natureza *normativa* sobreposta ao elemento *ontológico* (GIMBERNAT ORDEIG, *Estudios*, p. 2).

43. Como pretende JAKOBS, em *Derecho Penal*, pp. 951 e ss.

convivência nos mesmos círculos sociais e até mesmo na esperança de uma solidariedade universal. Esse, no entanto, é campo de estudo sociológico estranho aos objetivos da presente tese. As expectativas que importam ao presente estudo são aquelas de caráter jurídico, assentadas em *normas jurídicas*, mais especificamente em *normas jurídico-penais.*

Nesse sentido, a *omissão relevante* será aquela que frustra expectativas calcadas em *normas jurídicas.* Se alguém *espera* um comportamento porque sua realização está prevista em uma *norma jurídica*, a *omissão* será *juridicamente relevante.*

Pode-se discutir se a *norma jurídica* – ao exigir determinadas ações e punir omissões – pode *criar expectativas* autônomas ou se deve apenas qualificar *expectativas preexistentes* na sociedade. Ou seja, se o *dever de agir* deve, antes de ser *objeto* de uma norma jurídica, existir no plano social, de forma a legitimar esta última.

TAVARES defende que a omissão juridicamente relevante está sempre referenciada a determinado contexto social, que, se não condiciona sua inclusão jurídica, ao menos limita o labor legislativo, de forma que a omissão sem qualquer fundamento valorativo na ordem social é ilegítima.[44] SILVA SÁNCHEZ, por sua vez, defende que o Direito Penal tem autonomia para criar expectativas que entende relevantes e que a exigência de atrelar a norma a expectativas sociais torna difícil a tarefa do legislador e do intérprete diante da ambiguidade desses elementos sociais.[45] Assim, para esse autor, é perfeitamente possível que o Direito Penal *crie* expectativas juridicamente válidas ali onde não exista nada no plano social, uma vez que as estruturas sociais representam quase sempre meras recomendações para o ato do legislador.[46]

A nosso ver, é correta a última posição. Embora a formação das expectativas *sociais* seja importante, em regra, para a legitimação das *expectativas jurídicas*, não necessariamente as precedem ou vinculam. É legítimo ao legislador fixar *mandados* de atuação, criar *deveres de comportamento*, mesmo que não constate, naquele momento, uma *expectativa social* prévia referente a tais condutas. A uma porque a medição ou verificação de tais *expectativas sociais* não é possível de ser efetuada de forma clara, ainda mais em sociedades heterogêneas como a brasileira. A duas porque o legislador pode compreender a necessidade de impor certas condutas mesmo que não sejam *exigidas* no seio social, dada a complexidade de certas esferas de relações. Assim, na seara do sistema financeiro ou no campo ambiental, é possível que o legislador perceba como necessárias certas

---

44. TAVARES, *Teoria*, p. 255.

45. Nesse sentido, SILVA SÁNCHEZ, *El delito*, p. 125.

46. No mesmo sentido, SCHÜNEMANN: "El legislador también puede crear normas y espaldarlas con penas allí donde en el proceso social no existe aún ningún modelo prefijado de conducta, sino sólo la decisión individual". Em *Fundamentos*, p. 170.

condutas, sem que exista no meio social uma consolidação sobre a relevância de tais comportamentos.

Vale lembrar, no entanto, que isso não implica uma liberdade absoluta para a criação de *mandatos* normativos, uma vez que o labor legislativo encontra amarras nos princípios fundamentais do direito penal (subsidiariedade, fragmentariedade, necessidade, utilidade e proporcionalidade), e, em especial, nos contornos materiais da ideia de *bem jurídico*, sempre atrelado ao conceito de *dignidade humana.*[47] Assim, ao invés de atrelar a criação de *normas mandamentais* a expectativas sociais prévias, é possível limitá-las à *expectativa constitucional* de que a *norma penal* tem por função apenas a tutela de bens e relações relevantes para a autodeterminação do indivíduo, mediadas por bens individuais ou coletivos.

Em suma, a *omissão juridicamente relevante* é a *ausência de um comportamento – voluntaria e consciente – exigido (e por isso esperado) pela norma jurídica.*

As expectativas *jurídicas* sobre *comportamentos positivos* não são estranhas ao direito, nem muito menos ao *direito penal.* Ainda que a ideia de exigir *condutas* em decorrência de um dever de *solidariedade* não seja a tônica do modelo liberal de Estado, a progressiva incorporação de um sentido social na atuação estatal legitimou e incentivou o desenvolvimento de *normas mandamentais* em todos os campos jurídicos, inclusive na seara penal.[48] TAVARES aponta que a transformação da perspectiva do injusto penal no tempo, de uma ótica de proteção de *direitos subjetivos* para o prisma de *proteção de bens jurídicos*, conferiu importância à *omissão penalmente relevante.*[49]

Assim, as *normas mandamentais* figuram ao lado das *normas de proibição* como instrumentos legítimos do ordenamento jurídico – inclusive na seara penal – para promover a proteção de bens jurídicos e a estabilização de expectativas relevantes para o funcionamento social.

Aqui vale uma ressalva. A definição – e a distinção – de *normas de proibição* e *normas mandamentais* é controversa. Alguns autores defendem que a natureza das normas decorre do comportamento que elas pretendem regular. ARMIN KAUFMANN, nessa linha, partindo de uma diferença *ontológica* entre ação e

---

47. Sobre a ideia de *dignidade humana*, ver BERCOVICI, *Constituição, passim;* COMPARATO, Ética. pp. 478 e ss., apontando sua dimensão religiosa, filosófica e científica; e COSTA, *A dignidade humana, passim* Sobre a ideia de Estado de Direito e sua relação com o Direito Penal, ver MIR PUIG, *Derecho Penal*, pp. 74 e ss.

48. Segundo TAVARES, a consagração da *omissão* penalmente relevante tem seu foco no início do século XX, com a crise do Estado Liberal e sua substituição pelo Estado Social, em *Teoria*, p. 39. Já no final do século XX, a falência do Estado Social e a incapacidade do Poder Público de prover o bem-estar transforma o Direito Penal em instrumento de política simbólica, que incrementa o papel do crime *omissivo*, em uma produção ideologizada do Direito conduzida pelo domínio das corporações. Na mesma obra, p. 41.

49. TAVARES, *Teoria*, p. 39.

omissão, caracteriza os *mandatos* como normas que exigem *ações* e *proibições* aquelas que exigem *omissões.*[50] Outros entendem irrelevante a distinção. LUDEN, por exemplo, rechaça a diferença material entre ação e omissão porque, segundo sua concepção, todo mandato contém uma proibição e toda proibição contém um mandato.[51] ZAFFARONI, por sua vez, aponta que omissão e comissão decorrem de *normas proibitivas*, sendo que essa proibição pode se dar de forma expressamente proibitiva ou de maneira preceptiva.[52] SILVA SÁNCHEZ aponta que ações e omissões podem ser reguladas igualmente por mandatos ou por proibições – e cita como exemplo a *omissão de socorro*, que poderia ser descrita tipicamente como uma proibição de agir de qualquer forma distinta do que aquelas indicadas na redação legal.[53] O caráter distintivo, segundo esse autor, é a *pretensão* da norma penal em relação ao bem jurídico, de forma que na *omissão* o escopo é obter uma ação de *cuidado/salvamento*, enquanto na ação é respeitar as *esferas de liberdade alheias* – e ambas as pretensões podem ser formuladas por *mandatos* ou *proibições.*[54]

A nosso ver, *mandados* e *proibições* estão ligados a pretensões de comportamentos *positivos* ou *negativos*, de forma que os primeiros exigem *ações* e os últimos, *omissões.* É bem verdade que a distinção entre normas *mandamentais* e de *proibição* enfrenta problemas, em especial nas zonas cinzentas que se encontram nas fronteiras dos conceitos.[55] Porém, o presente estudo não tem por objetivo adentrar nos complexos meandros da *teoria das normas*, mas apenas extrair de sua estrutura elementos que permitam construir a base sobre a qual se interpretará a *omissão imprópria* e em especial a *ingerência.* Por isso adotamos a posição de ARMIN KAUFMANN, que indica haver uma diferença de *objeto* entre as normas de *mandato* e *proibição*, de forma que as primeiras se referem a uma *ação exigida* e as segundas a uma *ação vedada.* Ainda que seja possível, linguisticamente, transformar normas de mandato em normas de proibição, e vice-versa, a distinção

---

50. ARMIN KAUFMANN, *Dogmática*, p. 26. Embora parta de premissas distintas, MIR PUIG também afirma que o tipo de ação está relacionado com normas *proibitivas* e o tipo de omissão com normas *mandamentais. Derecho Penal*, p. 295. Na mesma linha, WELZEL, *Derecho Penal*, p. 276.

51. SILVA SÁNCHEZ, *El delito*, p. 184.

52. ZAFFARONI, *Tratado*, III, p. 448.

53. SILVA SÁNCHEZ, *El delito*, p. 191.

54. SILVA SÁNCHEZ, *El delito*, p. 185. Sobre a teoria das normas, ver BOBBIO, *Teoria*, em especial as pp. 183 e ss., em que discorre sobre normas afirmativas e negativas.

55. DOPICO GÓMEZ-ALLER aponta a dificuldade de trabalhar com tais conceitos e usa o seguinte exemplo: a norma que proíbe alguém de entrar em um terreno pode ser cumprida por uma omissão (deixar de entrar a pé no terreno) ou por uma ação (parar o cavalo que monta e seguir em direção ao terreno). (DOPICO GÓMEZ-ALLER, *Omisión*, p. 512). A nosso ver, no caso em tela coexistem duas normas, uma que proíbe a *ação* de entrar na propriedade alheia, outra que *manda* controlar *focos de perigo* que possam afetar a propriedade de outro em determinadas circunstâncias.

reside na *pretensão da norma*, no *objeto de referência*, que materialmente sempre será uma *ação exigida* ou uma *ação vedada.*

Assim, mesmo que se afirme que a norma de mandato *proíbe* a inação, em verdade sua *pretensão* é exigir uma *conduta positiva.*[56] Em outras palavras, as normas de *proibição* têm por objeto a vedação de *ações*, enquanto as de mandato se orientam no sentido oposto, determinando a prática de *ações.*[57] A *proibição* veda uma dentre todas as condutas possíveis, ou seja, confere uma *liberdade de comportamento* ampla, desde que respeitada aquela proibição. O *mandato* é norma mais restritiva, porque exige uma ação específica diante de um contexto. Não há, portanto, um conjunto de comportamentos possíveis, mas uma conduta exigida, sem a qual a norma resta violada. A constrição da norma *mandamental* é maior, sendo mais extensa a restrição à liberdade em seu âmbito de abrangência, ao passo que a norma *proibitiva* tem por tônica a liberdade de ação.[58]

Assim, *omissão juridicamente relevante* é a *inação voluntária e consciente*, que viola uma *norma jurídica mandamental.*

Porém, o presente estudo não busca apenas a definição da *omissão juridicamente relevante*, mas os contornos da *omissão penalmente relevante*, ou seja, aquela *inação* que viola *norma jurídica penal*, que caracteriza um *crime* e tem por consequência uma *pena.*

Por se tratar de *norma penal*, o mandamento deverá (i) cumprir com as exigências da *legalidade* e de outros princípios limitadores do *direito penal*; (ii) ter um sentido teleológico de tutelar um *bem jurídico* com dignidade penal; e (iii) respeitar o limite *ontológico* da omissão (capacidade de agir).

3.2 Da legalidade e outros princípios

A *omissão* somente será *penalmente relevante* se houver *norma mandamental* positivada. O *princípio da legalidade*, que cobra estreita observância na seara penal, impõe a *positivação* das normas mandamentais; do contrário a *omissão* será irrelevante sob essa perspectiva. Assim, o costume, a analogia, os

---

56. De forma que a afirmação de ARMIN KAUFMANN, ao tratar das propostas de equiparação entre normas de proibição e mandato, parece ainda cobrar vigor: "Tales formulaciones linguísticas, em su mayor parte rebuscadas, nada cambian en el echo de que en un caso hay que realizarse determinada acción y em outro debe no efectuarse determinada acción." ARMIN KAUFMANN, *Dogmática*, p. 26. Nesse sentido, GIMBERNAT ORDEIG, ao apontar que todas as omissões violam *mandatos.* GIMBERNAT ORDEIG, *Estudios*, p. 348.

57. ARMIN KAUFMANN, *Dogmática*, p. 25. Para TAVARES, a omissão viola uma *norma mandamental.* TAVARES, *Teoria*, p. 47.

58. Para SILVA SÁNCHEZ, a necessidade de tutelar bens jurídicos através da exigência de *ações positivas* é excepcional em um modelo de Estado estruturado sobre premissas eminentemente *liberais* – uma vez que se trata de intervenção maior à liberdade –, mas que ganha aceitação progressiva com o desenvolvimento de um *sentido social intervencionista* na atuação estatal. SILVA SÁNCHEZ, *El delito*, p. 181.

princípios gerais de Direito e mesmo as normas *extrapenais* não têm o condão de fixar a *omissão penalmente relevante.* Apenas lei formal, produzida no âmbito da União, poderá impor *penas* à violação de *normas mandamentais* (CF, art. 22, I).[59]

Portanto, a lei civil, administrativa, ou de qualquer outra natureza distinta da criminal pode até desempenhar um papel importante para a fixação dos contornos da conduta esperada, por meio de complementação de elementos *em branco* ou *normativos*, em especial na definição das normas de cuidado que fundamentam a *omissão imprópria*, mas não tem autonomia para determinar a *omissão penalmente relevante.*[60] Essa característica dependerá sempre de uma lei penal formal, que aponte diretamente a omissão como típica, ou que legitime a adequação mediata de um tipo penal comissivo.

A título de exemplo: a omissão na verificação das condições do freio do veículo com a regularidade exigida por normas *extrapenais* não tem relevância no campo criminal. O comportamento cria, sem dúvida, um *risco não permitido*, mas esta situação, em si, não caracteriza delito, a não ser que o legislador a aponte como penalmente relevante por meio de um tipo de perigo abstrato.

No entanto, se, em decorrência desse *risco não permitido*, o veículo atropela e mata um pedestre, a omissão ganha *relevância penal.* Isso porque existe uma *norma penal* que desenha o resultado *morte* como típico e indica a *imprudência* como característica que permute imputar essa *morte* à conduta prévia (ativa ou omissiva). Assim, a *norma extrapenal* é um *complemento normativo* importante para materializar o elemento típico "*imprudência*", mas não tem autonomia para fixar a imputação ou seus requisitos, derivados da dogmática penal propriamente dita (*previsibilidade*, *desdobramento do risco no resultado*, *âmbito de abrangência do risco*). Em síntese, seja qual for a teoria usada para fundamentar o *desvalor* da omissão na seara penal, a *legalidade* sempre será exigida, de forma que o mero descumprimento de deveres estranhos à norma penal será irrelevante.

Ademais da *legalidade*, outros princípios reconhecidos devem ser observados pelo legislador, ou mesmo pelo intérprete no momento de aplicação da *norma mandamental*, como a *lesividade*, que exige ao menos uma relação de

---

59. Tal premissa, embora aparentemente evidente, é relevante na seara dos crimes omissivos impróprios, uma vez que antes da positivação das cláusulas gerais de equiparação, diversos autores propugnaram o uso da *analogia* ou de operações similares para ampliar a abrangência dos tipos penais previstos na Parte Especial em direção às condutas omissivas, como adiante exposto. Nesse sentido, ARMIN KAUFMANN, *Dogmática*, p. 116, embora a ideia de legalidade do autor seja relativizada em termos quando propõe a existência de um tipo penal oculto de omissão imprópria ao lado dos tipos penais comissivos da Parte Especial.

60. Tal assertiva cobra relevo, em especial, diante da proposta de fundamentar a equiparação normativa entre ação e omissão nos *deveres formais*, que busca na normativa extrapenal o fundamento para a omissão imprópria (infra, Cap. III, 3.2).

periculosidade da conduta em relação ao bem jurídico;[61] a *fragmentariedade*, que limita o caráter penal apenas a certos ataques a bens jurídicos tidos como graves ou intoleráveis; a *subsidiariedade*, que impõe à norma penal o caráter de *ultima ratio;* a *utilidade*, que exige uma análise pragmática do rendimento da norma penal; e a *proporcionalidade*, que indicará o grau de reprovabilidade da conduta de acordo com os princípios anteriores e a relevância do bem jurídico tutelado.[62]

3.3 Do bem jurídico como elemento teleológico

O respeito *formal* à *legalidade* e aos princípios mencionados no apartado anterior não é suficiente para limitar *materialmente* o conteúdo da norma mandamental. Por isso, o segundo preceito de sua legitimação – que torna a *omissão penalmente relevante* – será sua referência à tutela de um *bem jurídico* com dignidade penal. O direito penal só pode exigir comportamentos se existir alguma relação da conduta *esperada* com a proteção de um *bem jurídico penalmente relevante.* A extensão desta relação não é objeto da presente discussão. O que se busca, neste momento, é um critério abrangente de legitimação *material* da norma mandamental com *consequências penais.*

Assim, a *norma mandamental* deve estar referida a um *bem jurídico* penalmente tutelável. A definição dos contornos desse conceito tem sido objeto de intensas reflexões doutrinárias. A ideia de *bem jurídico* como base do sistema penal enfrenta problemas de definição e de legitimação.[63] Há quem aponte a falta de *rendimento dogmático* do conceito *e* questione sua *legitimação*,[64] mas, ainda que pesem críticas sobre a ideia de *bem jurídico* há quem sustente sua importância, ao menos como elemento de limitação do legislador e de orientação do intérprete.[65] Entendemos correta essa última premissa. Sem deixar de lado os

---

61. No caso da omissão, a relação de *periculosidade* é hipotética e será constatada por meios próprios, como exposto adiante.

62. ROXIN, *Reflexões*, p. 38, GOMES, *O princípio, passim.*

63. Sobre o tema, SCHÜNEMANN, *O Direito Penal.* Sobre o tema, ver também GRECO, *Princípio*; SILVEIRA, *Fundamentos*, p. 375; *A construção*, p. 14-15; e LUZ, *Entre bens, passim.*

64. Sobre o tema, ver GRECO, Luís, *Tem futuro*, p. 165-185. O autor comenta a decisão do Tribunal Constitucional alemão acerca da constitucionalidade do crime de incesto: "*Nesse sentido, o Tribunal Constitucional alemão, ao decidir pela constitucionalidade do crime de incesto (§ 173 StGB), apontando que o conceito de bem jurídico é controverso, incapaz de limitar o legislador, e sua pretensão de suprapositividade estaria em contradição com a ideia de que a tarefa de definir o que deve ser protegido pelo direito penal é do legislador e não da dogmática.*". Crítico a respeito da ideia de bem jurídico, JAKOBS, *Derecho Penal*, p. 47. Sobre o tema, ver HEFENDEHL, *La teoría.*

65. Nesse sentido, ROXIN, *Derecho Penal*, I, p. 51, e *A proteção*, embora o autor admita situações limite ou cinzentas, como nas leis que punem maus tratos aos animais. Também BECHARA, *Da teoria*, apontando a teoria do bem jurídico como um dos critérios legitimadores da intervenção penal, em que pesem os problemas sistemáticos e de política criminal verificados na atualidade, p. 416. Apontam o bem jurídico como elemento material sobre o

questionamentos importantes sobre a plena capacidade de rendimento dogmático da ideia de bem jurídico – em especial diante de legislações que protegem bens cada vez menos definidos e mais *espiritualizados* –, o conceito parece desempenhar um relevante papel de critério *negativo*, que restringe *materialmente* o âmbito dos comportamentos puníveis, bem como colabora com a aplicação da lei, resolvendo problemas complexos, como no concurso aparente de normas e na identificação das fronteiras entre atos preparatórios e início da execução, dentre outros.

Fixada a premissa de que a ideia de *bem jurídico* ainda cobra relevo dogmático, passemos a indicar seus contornos. Sem buscar uma definição exaustiva de *bem jurídico*, nem mesmo abrir uma nova seara de investigação, pode-se dizer que o conceito está *materialmente sedimentado* pelas normas constitutivas de uma sociedade.[66] O marco da organização social e política brasileira – definido constitucionalmente – é a ideia de *dignidade humana*, caracterizada como espaço de livre determinação do indivíduo, necessário para a construção de um *mundo de vida* autônomo, dentro de uma sociedade *plural* (CF, art. 1.º, III).[67] Trata-se do valor estruturante do nosso sistema constitucional, da diretriz em torno da qual orbitam os institutos dogmáticos penais, orientados teleologicamente à sua proteção.

Portanto, a norma mandamental – que fundamenta a omissão – somente será legítima se tiver como escopo a fixação de expectativas relacionadas com a proteção de bens e interesses relevantes para a preservação da dignidade humana. A construção desse conceito de *dignidade* é constante e dinâmica, sempre pautada pela busca de consenso/aceitação intersubjetiva, dentro dos parâmetros de legitimidade do discurso comunicativo. No entanto, o critério reitor sempre será a ideia de autodeterminação do indivíduo. Todo e qualquer bem ou valor somente será

---

qual se assenta a estrutura do injusto: SCHÜNEMANN, *O Direito Penal*, p. 18; HASSEMER, *História*, p. 52; NESTLER, *El principio*, p. 63; GRASSO, *L'anticipazione*, p. 718; MIR PUIG, *Derecho Penal*, p. 91; SALAS ALMIRALL, *Causalidad*, p. 135; CAMARGO, *Imputação objetiva*, p. 126; SANTANA VEGA, *La protección*, p. 42, MENDOZA BUERGO, *La configuración*, p. 69; PAREDES CASTAÑON, *El límite*, p. 912; FIGUEIREDO DIAS, *Direito Penal*, p. 109; ZAFFARONI, *Manual*, p. 466; TOLEDO, *Princípios*, p. 14; MUÑOZ CONDE, *Derecho*, p. 58; MARTÍNEZ ESCAMILLA, *La imputación*, p. 33; HERNÁNDEZ PLASENCIA, *Delitos de peligro*, p. 111; RUDOLPHI, *El fin del derecho penal* p. 81 GRECO e TÓRTIMA, *O bem jurídico*, *passim*. Para TAVARES, a ideia de bem jurídico deve ser observada sem descartar o fato de ter sido desenvolvida originalmente como um instrumento de ampliação do poder repressor. Em *Teoria*, p. 276.

66. Não é objeto da presente tese a elaboração de uma teoria do bem jurídico, mas apenas usar o conceito para fixar a legitimação material da norma mandamental. Para uma análise completa do tema, ver SILVEIRA, *O Direito Penal*, *passim*; BECHARA, *Da teoria*, *passim*; HEFENDEHL, *La teoría*, *passim*; GRECO e TÓRTIMA, *O bem jurídico*, *passim*.

67. Como ensina TAVARES, no Estado Democrático de Direito o objetivo essencial do ordenamento é a preservação da pessoa humana e de sua liberdade. TAVARES, *Teoria*, p. 242. Sobre o tema, ver COSTA, *A dignidade humana*, *passim*.

relevante para a tutela penal se exibir um *referente* de dignidade, isto é, se guardar uma relação, direta ou indireta, com a garantia desse espaço de autodeterminação do indivíduo. Em outras palavras, há um *referente individual* que preside a caracterização do *bem jurídico penal.*

Nesse sentido, é correta a perspectiva de DOPICO GÓMEZ-ALLER ao indicar que *bens jurídicos* são interesses constitucionalmente tutelados pelo Estado, dentro de uma lógica constitucional presidida por um sistema de direitos fundamentais, em que certos pressupostos *personalistas*, como a liberdade individual, passaram a ser verdadeiros pressupostos do sistema e adquirem uma dimensão supraindividual para a conformação do modelo de Estado Democrático de Direito.[68] Como ensina TAVARES, o bem jurídico tem um conteúdo *material* subordinado a elementos empiricamente demonstráveis, independentemente de sua relação com interesses individuais ou coletivos.[69] E tais elementos, a nosso ver, estão ancorados na ideia de autodeterminação do homem, cujos contornos são fixados por direitos e interesses individuais ou coletivos, mas sempre voltados à preservação dessa estrutura.

Fixar a estrutura material do *bem jurídico* na *dignidade humana* pode não oferecer uma definição precisa do instituto, mas rende, como dito, como um limite *negativo*, que afasta a dignidade penal de comportamentos (ativos ou omissivos) sem capacidade de afetar/proteger essa *liberdade de autodeterminação* dos demais integrantes da sociedade,[70] como a orientação sexual ou religiosa. É por tal construção que o ordenamento brasileiro se orienta ao afastar a tipicidade do *crime impossível* (Código Penal, artigo 17), da mesma forma que é a ideia de *bem jurídico* que pauta princípios como a *lesividade*[71] e permite a aplicação da *proporcionalidade.*[72] No campo da *omissão*, a referência ao *bem jurídico* permite afastar a relevância penal do descumprimento de *normas mandamentais* quando constatado que a ação exigida não seria idônea para proteger ou salvar o bem jurídico, legitimando a exigência de uma *causalidade hipotética* que terá seus contornos indicados posteriormente (infra Cap. IV, 3.6).[73]

---

68. DOPICO GÓMEZ-ALLER, *Omisión*, p. 796.

69. TAVARES, *Teoria*, p. 279.

70. Com base nessa relação necessária entre *dignidade humana* e *bem jurídico* penal é possível desenvolver a ideia da ilegitimidade da punição do porte de drogas para uso próprio, dos crimes políticos, da proteção penal da religião ou da identificação de comportamentos sexuais consensuais como condutas penalmente relevantes. Ademais, é na referência ao *bem jurídico* que se sustenta a impunidade do *crime impossível* (CP, art. 17), pois nestas hipóteses inexiste qualquer *risco* para bens tutelados pela norma penal.

71. A título de exemplo, é a ideia de *bem jurídico* que permite a busca por um componente *material* nos crimes de perigo abstrato. Nesse sentido, ver nosso *Crimes de perigo*, pp. 177 e ss.

72. Sobre o tema, ver GOMES, *O princípio*, cit.

73. Possibilita, por exemplo, a crítica ao art. 34 da Lei 9.503/1997 (Código Brasileiro de Trânsito), que criminaliza a omissão de socorro do motorista causador de acidente, ainda que

Diante do exposto, a *norma mandamental* somente terá legitimidade penal se o *comportamento esperado* for relevante para a preservação de um bem ou interesse relacionado com a *dignidade humana.* A mera proteção de normas administrativas, ou a função pedagógica da sanção, não pode substituir o *bem jurídico* como elemento material de legitimação da *norma mandamental.*[74] O ordenamento penal só *espera* comportamentos que tenham *capacidade* – ainda que apenas em abstrato – de proteger ou salvar *bens jurídicos* relevantes para a *dignidade humana.*

3.4 Da capacidade de ação

Tem-se, portanto, por *omissão relevante* o comportamento contrário a uma *expectativa* de conduta positiva e por *omissão penalmente relevante* a conduta de omitir um ato exigido por uma *norma mandamental* respaldada em *lei criminal* e voltada à proteção ou ao salvamento de bem jurídico com dignidade penal. Porém, isso não basta. Como já indicado, a *omissão* – justamente por ser um comportamento esperado – é ligada à ideia de *capacidade de ação*, uma vez que o impossível não é esperado. Não há *omissão* sem *capacidade de agir conforme a expectativa.*[75]

As expectativas *normativamente fundadas* – em especial aquelas decorrentes da instituição de *normas de caráter penal* – supõem a *capacidade* do destinatário para cumpri-las. Trata-se, aqui, de um *limite ontológico* de um conceito formatado *normativamente.*[76] Como aponta ARMIN KAUFMANN, não existe *expectativa* de comportamentos *impossíveis*, de forma que a *possibilidade* de agir como esperado é o pressuposto *ontológico* da *expectativa normativa*, e, portanto, o limite último para o legislador (não poderá criar mandatos impossíveis) e para o magistrado (não poderá reconhecer omissão nos casos concretos nos quais o comportamento esperado era impraticável).[77] O autor indica que o direito não é um compêndio de *juízos de valor*, mas um ordenamento com *pretensão* de configurar

---

se trate de vítima com morte instantânea – desligando-se, portanto, de qualquer referência material ao bem jurídico e punindo a mera infração administrativa.

74. No sentido de exigir a referência a um bem jurídico para a omissão penalmente relevante, ver SILVA SÁNCHEZ, *El delito*, p. 181.

75. Nessa linha, WESSELS, para quem somente aquilo que é factível é juridicamente exigível. *Direito penal*, p. 161. Sobre o tema, ver ainda APONTE CARDONA, *Superior jerárquico*, p. 298.

76. Para ARMIN KAUFMANN, o único elemento *comum* entre *ação e omissão* é a *capacidade de ação*, de forma que, para esse autor, esse seria o elemento ontológico, ou ao menos um limite derivado da *natureza das coisas*, reconhecível em todas as formas omissivas e comissivas com relevância jurídica. ARMIN KAUFMANN, *Dogmática*, p. 320. Para TAVARES, por outro lado, a *capacidade* é um elemento da *omissão*, mas não seu fundamento, uma vez que a simples *capacidade* não é suficiente para aportar o *dever de agir.* TAVARES, *Teoria*, p. 85.

77. ARMIN KAUFMANN, *Dogmática*, pp. 29 e ss.

aspectos da vida social, com *escopo concreto* de interferir nas relações humanas, mesmo que seja pela simples construção de *expectativas* de comportamento.

E por isso, conclui corretamente, que a norma é direcionada apenas àqueles com *capacidade de cumpri-la*, e aqui reside a principal limitação de seu conteúdo pela *natureza das coisas*.[78] Assim, embora a *capacidade* não seja a matéria-prima direta da omissão, configura elemento indispensável, uma vez que sem a *possibilidade de agir* não existe a *expectativa normativa* sobre a qual se estrutura a pretensão de comportamento (*ultra posse nemo obligatur*).[79]

E esta *possibilidade* é composta de dois elementos: (i) a capacidade física de agir como o esperado e (ii) a cognoscibilidade do contexto fático diante do qual a ação é esperada.[80]

3.4.1 Da capacidade física

O primeiro e evidente elemento para a constatação da capacidade é a identificação da *possibilidade física* de agir de acordo com a norma.[81] Trata-se de um *limite* derivado da natureza das coisas, uma vez que não se espera algo de quem evidentemente é incapaz de cumprir com a expectativa. Porém, embora de natureza *ontológica*, mesmo essa capacidade física apresenta um inegável referente *normativo*, uma vez que não pode ser constatada de forma *absoluta*, mas sempre

---

78. ARMIN KAUFMANN, *Dogmática*, pp. 29 e ss.

79. Nesse sentido, SCHÜNEMANN, *Fundamentos*, p. 60 e MUÑÓZ CONDE, para quem na ausência de possibilidade de ação não existe omissão do ponto de vista ontológico, *Derecho Penal*, p. 239. A nosso ver, não parece que a *capacidade de ação* seja um elemento caracterizador da *omissão* autônomo em relação à *expectativa* de comportamento. Não há como auferir a *capacidade* sem relacioná-la a *determinado comportamento*, e este *comportamento* somente será percebido diante da *expectativa* normativamente fundada. Assim, embora a *capacidade de ação* seja passível de constatação na *natureza das coisas*, sua referência sempre será – no caso da omissão – um comportamento esperado, construído normativamente. Nesse sentido, SILVA SÁNCHEZ, para quem a *capacidade* é um pressuposto da *ação ou da omissão*, mas não é seu elemento identificador, ou seja, o comportamento é a realização ou a não realização de *algo*, pressuposta sua possibilidade (SILVA SÁNCHEZ, *El delito*, p. 67), o que, a nosso ver, não impede a caracterização da *capacidade* como limite *ontológico* e *normativo* do comportamento.

80. Nesse sentido, ARMIN KAUFMANN, *Dogmática*, p. 30; WELZEL, *Derecho Penal*, p. 291; CEREZO MIR, *Curso*, p. 252; MIR PUIG, *Derecho Penal*, p. 305.

81. WELZEL. *Derecho Penal*, p. 303. Como indica JAKOBS, a omissão só existe quando constatada a *capacidade em abstrato* do autor para evitar o resultado por meio de uma ação. JAKOBS, *Derecho Penal*, p. 956. Na mesma linha, TAVARES, *Teoria*, p. 351, indicando que mesmo na seara cível a *impossibilidade* exclui a expectativa com consequências jurídicas, apontando, por exemplo, a redação do art. 124 do Código Civil ("Artigo 124. Tem-se por inexistentes as condições impossíveis, quando resolutivas, e as de não fazer coisa impossível.").

relacionada a uma conduta *esperada*, sempre referenciada a uma *expectativa* de ação.[82]

Assim, o salva-vidas acometido por uma cãibra não é *capaz* do salvamento, de forma que não existe, de sua parte, *omissão* penalmente relevante. Também o motorista que atropela alguém e entra em *estado de choque* não dispõe de *capacidade* para o salvamento, afastando qualquer *expectativa* de conduta de socorro nesse caso. Tal preceito será relevante para a discussão – posteriormente apresentada – da *omissio libera in causa*, em que o omitente se coloca em uma situação de *incapacidade física* antes do surgimento do contexto diante do qual é obrigado a atuar. Nesse caso, a fundamentação da imputação do resultado exigirá reflexão, uma vez que, no momento da omissão, não existe *capacidade física* de ação.

A identificação da *capacidade física* se faz sobre as características concretas do omitente. Aqui não há referência ao *homem médio* ou à *capacidade geral*, uma vez que a expectativa se dirige àquele que é obrigado a agir naquele momento e a ausência de *possibilidade* física de atuar não pode ser graduada. Ou existe ou não existe para aquela pessoa concreta, levando-se em consideração as suas habilidades específicas, maiores ou menores que a média.[83] Nesse sentido, SILVA SÁNCHEZ, para quem a norma se dirige àquele com possibilidade de cumpri-la, sendo inconcebível que o ordenamento determine uma ação que o sujeito, individualmente considerado, não poderá realizar.[84] Na mesma linha, ROXIN, para quem a capacidade física deve levar em conta a situação real do réu, inclusive seus recursos, conhecimentos técnicos e habilidades.[85] Distinta é a situação do agente que *tem* condições de atuar conforme a norma e *desconhece* tal fato, ou não reconhece o *contexto* no qual deveria agir. Nesse caso, está-se diante da medição da *cognoscibilidade* do agente, que abriga a percepção da própria capacidade de ação e será analisado adiante. Conclui-se, do exposto, que a *capacidade física* é elemento da *tipicidade* nos crimes de *omissão*.

Em sentido contrário, alguns autores, como ARMIN KAUFMANN, sugerem que o relevante na determinação do injusto é o *conhecimento da situação típica* que obriga a ação, e a *capacidade de planejar a ação exigida* e, por fim, a possibilidade de realização desse plano, independente de sua eficácia para o salvamento

---

82. Para BACIGALUPO ZAPATER, a *capacidade* não é um instituto plenamente ontológico, porque o que se indaga na construção do conceito é a capacidade para alguma coisa, e essa alguma coisa, no caso da omissão, é a ação esperada. Portanto, a capacidade tem um referente *normativo*. Em *Delitos*, p. 85.

83. Para RUDOLPHI as cominações penais só constituem um meio apropriado para assegurar a vigência fática e normativa das normas penais de conduta se – e na medida em que – se dirigem contra aquelas infrações normativas que o *autor individual* teria podido evitar, em *El fin*, p. 83. Sobre o tema, ver ainda *Discussão* em SCHÜNEMANN, *Fundamentos*, p. 39. Vale notar que há autores que defendem ser a *antijuridicidade* o local próprio para a análise deste elemento, como BAUMANN, segundo SCHÜNEMANN, *Fundamentos*, p. 39.

84. SILVA SÁNCHEZ, *El delito*, p. 374.

85. ROXIN, *Derecho Penal*, II, p. 756.

do bem jurídico.[86] Ou seja, o relevante é a *possibilidade de decidir sobre a realização da ação prescrita* e não a *possibilidade de salvamento concreto.* Aquele que decide *não agir* responde pela *omissão* mesmo que *ex post* se constate a irrelevância da ação exigida para a proteção ou o salvamento do bem jurídico, ou seja, mesmo que se perceba que qualquer comportamento positivo seria incapaz de impedir o curso causal.

Em sentido similar, ZIELINSKI, para quem, nas situações nas quais o omitente supõe equivocadamente a existência de um dever de agir, ou a existência dos meios para tal, e não o faz, há *omissão relevante*, porque o elemento central será a *finalidade do sujeito* e não a real possibilidade de salvamento. Para esse autor, as representações errôneas da realidade são irrelevantes para a punição da omissão, uma vez que as normas penais determinam *condutas* e não *resultados.*[87] Nessa seara, vale destacar a posição de SILVA SÁNCHEZ, para quem, se existe *ex ante* uma situação em que o bem jurídico está aparentemente em perigo, haverá omissão relevante ainda que *ex post* se demonstre equivocada tal representação.[88] O autor sustenta, no entanto, que não se trata de um *desvalor* vinculado unicamente à *representação subjetiva* do autor, mas de um contexto que, sob a perspectiva da *prognose objetiva posterior*, aparentava aquele no qual a ação mandada pela norma era necessária.[89]

A nosso ver, tal posição decorre de uma concepção que enfatiza o *desvalor de ação* e sustenta a carga de reprovabilidade do injusto sobre a decisão do agente de infringir a norma penal, de se comportar contra o bem jurídico, ainda que objetivamente não exista possibilidade de alcançar o resultado – posição que legitima, inclusive, a punição da *tentativa inidônea.* Porém, um sistema penal fundado na proteção exclusiva de bens jurídicos (supra 3.3) não se compatibiliza com tais concepções, uma vez que a *reprovabilidade* de qualquer comportamento se sustenta sobre sua *periculosidade* – ainda que abstrata, mas sempre objetiva e mensurável – em relação à integridade desses bens.

A *omissão* não será *relevante* se *ex post* se constate que a *ação esperada* não evitaria o resultado, ainda que, no momento da *inatividade* o omitente *acredite* na idoneidade de sua conduta para *impedir* tal fato.[90] A punição, nesse caso, seria fundada exclusivamente na *personalidade* do omitente, revelada pelo *desejo* de fazer o mal – mas um *desejo* que não caracteriza sequer *dolo* porque o curso de salvamento era indisponível àquele que descumpriu a norma. Seria, em verdade, a

86. ARMIN KAUFMANN, *Dogmática*, p. 120.
87. SILVA SÁNCHEZ, *El delito*, p. 57.
88. SILVA SÁNCHEZ, *El delito*, pp. 57 e ss.
89. SILVA SÁNCHEZ, *El delito*, p. 58.
90. Nessa linha, BINDING, para quem a capacidade concreta do agente de realizar o ato concreto prescrito é elemento da culpabilidade. Em ARMIN KAUFMANN, *Dogmática*, p. 114.

punição de uma *tentativa inidônea*, de um delito *putativo*, uma vez que se estaria exigindo uma conduta *absolutamente ineficaz* para a salvação do bem jurídico.

3.4.2 Da cognoscibilidade do contexto fático

Além da *capacidade física* para agir de acordo com a norma, deve o omitente conhecer – ou ter a capacidade de conhecer – o contexto fático diante do qual a norma exige a atuação, bem como a possibilidade de agir de acordo com ela, controlando o perigo ou empreendendo o salvamento de maneira eficaz. Assim, apenas resultados *previsíveis* e *domináveis* pela ação salvadora podem ser imputados ao omitente.[91]

Há quem defenda que a *capacidade* somente está presente se verificada a *consciência efetiva e atual* do omitente a respeito dos elementos citados, atrelando o instituto à sua *realidade cognitiva e psicológica*.[92] Outros entendem que a *consciência potencial* do omitente já é suficiente para a aferição da *capacidade*, sem prejuízo dos demais elementos de imputação necessários e posteriormente desenvolvidos.[93]

A nosso ver, essa *possibilidade de percepção* do contexto e dos meios de salvamento basta para a imputação do resultado, ao menos a título de culpa, caso verificado que a falta de *consciência* decorreu de desídia ou de imprudência do omitente.[94] Realmente, não parece haver distinção, sob o ponto de vista da reprovabilidade objetiva, entre o salva-vidas que percebe a possibilidade de salvar alguém que se afoga e aquele que não o faz porque conversa animadamente com outro banhista, desatento ao seu dever de atenção. É possível uma diferença no plano subjetivo (dolo/ culpa), mas a *imputação objetiva* somente será afastada se esta *cognoscibilidade* não estiver presente. Em outras palavras, é possível a impu-

91. SCHÜNEMANN, *Fundamentos*, p. 289.

92. ARMIN KAUFMANN, *Dogmática*, para quem a *capacidade é a pedra angular de toda a dogmática do delito omissivo*, abrigando nesse conceito o conhecimento *real* e não apenas a *possibilidade* do conhecimento, p. 102, embora este autor já indicasse que o *conhecimento do fim da ação* – ou seja, o conhecimento do contexto fático – não exige uma *certeza subjetiva* da situação, mas apenas uma *dúvida concreta*. p. 60. Para WELZEL o agente deve reconhecer a situação de fato indicada pela norma que exige a atuação concreta, em *Derecho Penal*, p. 293, posição também citada – embora não defendida – por SILVA SÁNCHEZ, *El delito*, p. 35.

93. Nesse sentido, ROXIN, para quem o desconhecimento não afeta a *omissão* do ponto de vista objetivo, podendo excluir o *dolo*, mas mantendo-se a punição por imprudência em casos evitáveis. *Derecho Penal*, II, p. 757. SCHÜNEMANN, *Fundamentos*, p. 409, sustenta que para a omissão basta que a situação típica seja *conhecível individualmente*, segundo as condições físicas e psíquicas do omitente.

94. Aqui também a crítica de SILVA SÁNCHEZ, para quem a proposta de ARMIN KAUFMANN excluiria do âmbito de imputação os casos de *omissão imprudente inconsciente*, uma vez que leva em consideração apenas o *conhecimento real* do contexto como elemento da *capacidade*. SILVA SÁNCHEZ, *El delito*, p. 46, ressaltando que a *imprudência inconsciente* é tema sempre sensível para um sistema edificado sobre a ideia da *ação final*.

tação de resultados a omissões sem que exista a *consciência atual* do contexto fático, desde que demonstrada a possibilidade da cognição. Tal construção não destoa da estrutura de imputação da comissão, que admite a *culpa inconsciente* no plano subjetivo. Como afirma SCHÜNEMANN, o *valor de referência* que caracteriza a omissão não é a ciência efetiva do contexto fático, mas a *cognoscibilidade da meta da ação*, que permitirá a punição da omissão *culposa*.[95]

A apuração dessa *cognoscibilidade* se faz pela *prognose objetiva posterior*. Trata-se de critério largamente usado pela doutrina no âmbito dos crimes culposos, pelo qual a possibilidade de conhecimento é analisada por alguém que se coloca no lugar do omitente/agente, naquele contexto, de posse dos conhecimentos disponíveis para aqueles que ocupam posições sociais/profissionais próximas e dos conhecimentos especiais desse agente/omitente.[96] Se esta prognose indicar a possibilidade de o agente *conhecer* o contexto fático, ou ao menos *suspeitar* de sua ocorrência, haverá *cognoscibilidade*, e, em consequência, possibilidade de imputação a titulo *doloso* ou *culposo*, a depender da situação concreta.

Voltando ao salva-vidas. Esse profissional tem o *dever de agir* diante de alguém que se afoga e responderá pela morte sempre que deixe de atuar *conhecendo* a situação de afogamento ou quando for *conhecível* o contexto para alguém em sua situação. Assim, se o profissional não percebe a situação de perigo porque conversa distraído com outra pessoa, a falta de *conhecimento atual* do contexto fático decorre de desídia que legitima a imputação por *imprudência*. A *cognoscibilidade* da situação típica – caracterizada pela verificação de que o contexto típico seria percebido por alguém na mesma situação do omitente, com seus conhecimentos especiais – é suficiente para que se *espere* o comportamento previsto. Basta para a *frustração da expectativa* e para a caracterização da *omissão relevante*, ainda que apenas a título de culpa.

A fixação da *cognoscibilidade* como elemento da omissão relevante faz surgir a questão do parâmetro usado para sua medição. Apontar a *prognose objetiva posterior* como critério de aferição da *cognoscibilidade* diz pouco a respeito de sua medida. O intérprete, ao se colocar no lugar do omitente, levará em consideração aquilo que seria conhecível por alguém do seu *rol social* e seus conhecimentos especiais. Mas fica suspensa a questão das *capacidades* concretas

95. Assim, o autor diverge de ARMIN KAUFMANN e WELZEL, admitindo a cognoscibilidade como elemento da omissão. SCHÜNEMANN, *Fundamentos*, p. 72. Na mesma linha, MAIWALD, em SILVA SÁNCHEZ, *El delito*, p. 35. O próprio SILVA SÁNCHEZ segue esta posição, ao citar que nos casos de *omissão imprudente inconsciente* basta a infração do *dever de cuidado*, sendo irrelevante o conhecimento do omitente sobre a situação de perigo do bem jurídico que faz necessária sua intervenção. SILVA SÁNCHEZ, *El delito*, p. 50.

96. Sobre a prognose objetiva posterior, ver ROXIN, *Derecho Penal*, I, p. 367, e GRECO, *Um panorama*, p. 35. A respeito da relevância dos *conhecimentos e capacidades especiais* em distintos casos (responsabilidade por organização e responsabilidade institucional), ver JAKOBS, *Derecho Penal*, p. 253.

do omitente. Se sua *capacidade* de percepção do contexto for superior ou inferior à média, esse *plus* ou *minus* será levado em consideração para ampliar ou diminuir a régua pela qual se medirá a *cognoscibilidade?* Note-se que não se trata aqui da *capacidade física* para agir porque esta, como já apontado, deve ser medida pelo omitente concreto, com suas habilidades reais, maiores ou menores que os demais. Aqui se trata de aferir a capacidade para *reconhecer* o contexto fático no qual se exige a ação.

Há autores que defendem um conceito *individual e concreto* da capacidade de *conhecimento*, verificado para cada omitente.[97] Por outro lado, há quem proponha um conceito *objetivo* e *geral*, deixando para a culpabilidade a análise das concretas capacidades do omitente de reconhecer o contexto e o dever de agir.[98] A nosso ver, e como já exposto, a *norma penal* é dirigida àqueles que têm *capacidade física* concreta de cumpri-la, mas sua incidência não exige o *conhecimento atual* do contexto fático. Basta a *cognoscibilidade*, que será medida, no plano da tipicidade, pela capacidade de reconhecer o contexto no qual a atuação é exigida por qualquer pessoa que desempenhe um *papel social* similar ao do indivíduo, levando-se em consideração seus conhecimentos especiais.

Assim, aquele que reconhece o contexto no qual deve agir por uma capacidade superior à média tem *consciência efetiva* da situação e *espera-se* que atue no sentido exigido pela norma. Trata-se aqui, em linhas gerais, de um *conhecimento especial*, cuja detenção é suficiente para a exigibilidade da ação. Por outro lado, a *capacidade inferior* de reconhecer a situação na qual se deve atuar não será levada em consideração.[99] A *dificuldade* concreta do autor em reconhecer o *contexto* no qual a norma exige atuação não afasta a incidência da norma, uma vez que tal fenômeno não pode depender da capacidade de cada indivíduo em identificar a realidade contextual. Em outras palavras, a incapacidade *específica* do omitente em reconhecer o contexto fático, por déficit de formação intelectual ou qualquer outro motivo similar, não afasta a vigência *geral* da norma *mandamental*. No limite, *desculpa* aquele destinatário. Nesse caso, resta intacta a *antijuridicidade* do comportamento, afastando-se apenas a *culpabilidade* pela *ausência de possibilidade de motivação.*[100]

---

97. Nessa linha, TAVARES, para quem as capacidades e condições individuais são avaliadas no plano da tipicidade, ao menos nos omissivos culposos. TAVARES, *Teoria*, p. 423; JAKOBS, *Derecho Penal*, pp. 253 e ss.

98. Para ROXIN, as capacidades e habilidades *inferiores* são consideradas apenas no plano da culpabilidade, enquanto as superiores podem, em determinadas situações, ser analisadas no plano da tipicidade. ROXIN, *Derecho Penal*, p. 1.017. Nessa linha, WELZEL, *Derecho Penal*, p. 192; JESCHECK, *Tratado*, pp. 571 e ss. e MUÑÓZ CONDE, *Derecho Penal*, p. 286.

99. Nesse sentido, ROXIN, *Derecho Penal*, p. 1.017.

100. Para ARMIN KAUFMANN, a impossibilidade de motivação – existente nos casos em que falta culpabilidade – não afeta a *capacidade de ação final.* Para esse autor, o *inimputável* eu aquele que se encontra em *inexigibilidade de conduta diversa* conservam a

Assim, no plano da caracterização da *omissão relevante*, a capacidade individual de percepção menor que o parâmetro da *prognose objetiva posterior* é irrelevante, cobrando sentido e gerando efeitos apenas na esfera da *culpabilidade*.

Cabe destacar, ainda, que a *cognoscibilidade* abarca tanto a possibilidade de conhecer o *contexto fático* do qual deriva o dever de atuar como as informações sobre os *meios de salvação* disponíveis.[101] A título de ilustração, imaginemos um salva-vidas que tem cãibras nas pernas no momento em que lhe é exigido o salvamento de um banhista que se afoga. Nesse caso, não há *capacidade física* de salvamento. Porém, se o profissional tivesse lido o regulamento do clube no qual exerce suas funções – o que lhe era exigido no momento da contratação – saberia da existência de um alarme sob sua cabine que acionaria outro profissional. Nesse caso, a disponibilidade de um *meio de salvamento* alternativo era *conhecível* pelo garante, que por descuido não o percebeu, caracterizando a imprudência.

Ausente a *cognoscibilidade* do contexto fático do qual decorre o dever de salvamento – ou dos meios disponíveis para o cumprimento do dever – inexiste a omissão e, no plano penal, a *tipicidade* do comportamento dela derivado. De um diretor-presidente de uma fábrica de medicamentos, que tem o dever de impedir a distribuição de produtos defeituosos, não se espera que impeça a comercialização de remédios com má fabricação decorrente da *imprudência* ou *falta de cuidado* de funcionário que não observou as regras ou diligências inerentes à função. Da mesma forma, não se espera que o presidente de uma empresa multinacional interrompa atos de cartelização realizados por seus gerentes regionais, que buscam com isso controlar o mercado e ampliar seu bônus por metas alcançadas, se tais fatos não são de seu conhecimento e nem se encontram entre aqueles que deveria conhecer dentro de seu âmbito de atuação. Tampouco se espera de um prefeito o impedimento de pequenas fraudes a licitações, levadas a cabo por funcionários em setores isolados, se não as conhece e nem tem como se certificar de sua existência.

Nesses casos não há *omissão relevante*, nem qualquer imputação típica dela decorrente, dada a *incapacidade* de agir pelo desconhecimento do contexto fático. No âmbito de organizações complexas, como empresas e entidades públicas, a medida do *conhecível* se dá pela análise das atribuições específicas do agente concreto, seu papel na organização, levando-se em consideração a capacidade funcional de alguém que ocupasse cargo similar de conhecer as irregularidades *ex ante*. Afastada a *consciência* do contexto fático, tem-se o *erro de tipo* (CP, art.

---

direção final da ação, mas lhes falta a *possibilidade de motivação*, ARMIN KAUFMANN. *Dogmática*, p. 68.

101. Embora alguns autores apresentem tais elementos como fatores separados na estrutura do tipo omissivo, como ARMIN KAUFMANN, *Dogmática*, p. 122, e WELZEL, *Derecho Penal*, p. 291.

20, *caput*[102]), excluindo-se a *tipicidade* quando *inevitável* e punindo-se na forma *culposa* (quando prevista) se *evitável*.[103]

Por fim, vale notar que a ausência de *cognoscibilidade* do contexto fático do qual deriva o *dever de atuar* exclui a *tipicidade* da *omissão*. Por outro lado, o desconhecimento do *dever de atuar* em si se afasta da esfera da *tipicidade*, interferindo na *culpabilidade*. Isso porque este *dever* não é elemento do tipo penal, assim como nos crimes *comissivos* o *dever de omitir* também não o é.[104] Em outras palavras, os *elementos típicos*, em conjunto, caracterizam o *dever*, identificam o *dever*, mas não se confundem com ele. Por isso, a consciência desse *dever de agir* é diferente da *consciência* sobre a *existência fática dos elementos típicos* que indicam a existência do mesmo. Esta tem relação com a *tipicidade*, aquela com a *culpabilidade*. O local sistemático para a análise da existência da *consciência do dever de agir*, do caráter *ilícito* da omissão, é a *culpabilidade*.

A título de conclusão provisória: a ausência de *capacidade física* ou da *cognoscibilidade* do contexto fático diante do qual se exige a atuação afasta a incidência da *norma*, que, apesar de vigente, deixa de ser *aplicável* ao agente concreto. Ainda que perto do óbvio, a constatação de que a *capacidade* é elemento integrante da *tipicidade* da omissão é relevante para análises futuras, em especial no campo da *ingerência*. Aquele que cria *imprudentemente* um risco não permitido para um bem jurídico e, posteriormente, omite seu salvamento com dolo de resultado responderá – pelo aqui defendido e adiante esmiuçado – pelo crime *doloso*, na forma de omissão imprópria, apenas se for *capaz* do salvamento. Caso não seja, responderá na forma de *imprudência*. Também na esfera da *delegação* do controle de riscos ou de processos de salvamento, bem como no âmbito da *responsabilidade pelo produto*, a ideia da *capacidade* cobrará relevância, como adiante exposto, de forma que as considerações tecidas no presente apartado fixam linhas relevantes para as conclusões posteriormente apresentadas.

---

102. "Artigo 20 – O erro sobre elemento constitutivo do tipo legal de crime exclui o dolo, mas permite a punição por crime culposo, se previsto em lei."

103. O conhecimento que fundamenta a imputação é aquele potencial, mas sempre dentro de um *standard* de normalidade que não exija um cuidado extremo em cada comportamento. Nesse sentido, JAKOBS, Gunther, *Derecho Penal*, p. 958. Sobre o tema da punição da omissão consciente e inconsciente, ver ARMIN KAUFMANN, *Dogmática*, pp. 127 e 130.

104. Como aponta ARMIN KAUFMANN, o *dever* – de ação ou de omissão – não aparece na estrutura do delito porque o tipo penal o transmite, mas não o contém ARMIN KAUFMANN, *Dogmática*, p. 147.

CAPÍTULO II

CRIMES OMISSIVOS PRÓPRIOS E IMPRÓPRIOS

1. Introdução

A *omissão relevante*, como assinalado, somente adquire contornos de dignidade penal quando prevista em lei. Nessa seara, é necessário proceder à definição das diferentes *omissões* abrigadas por normas com consequências penais, ou seja, definidas como penalmente relevantes. No campo de interesse do presente estudo, distinguem-se as omissões *próprias* das *impróprias*, sendo este apartado dedicado a definir os contornos de tais categorias, a fim de melhor caracterizar as últimas, que englobam a *ingerência.*[1]

Qualquer definição, no campo dogmático, mais do que a função classificatória, tem o objetivo de fixar conceitos que auxiliem a compreensão da estrutura do delito e apontem diretrizes para a aplicação da norma penal. A nosso ver, a separação dos crimes *omissivos* entre *próprios* e *impróprios* tem relevância por facilitar o manejo dos diferentes institutos e indicar categorias de delitos que devem ser tratadas de forma diferente, dados seu conteúdo material e grau de reprovabilidade. Nesse sentido, a opção por um dos critérios já desenhados pela doutrina deve ter por norte sua utilidade para o manejo dos conceitos e para a interpretação da norma penal e de suas consequências práticas.

---

1. Para uma análise sobre a terminologia usada para nominar estes institutos – em especial na Alemanha, na Espanha e na Franca – ver SILVA SÁNCHEZ, *El delito*, p. 397.

2. Propostas de classificação

A primeira indicação expressa a respeito de duas categorias de omissão – *próprias e impróprias* – é atribuída a LUDEN, embora autores apontem a existência de referências mais ou menos precisas sobre tais elementos já em meados do século XIX.[2] A partir de então, embora os termos tenham se consagrado, o conteúdo material da omissão *própria* e *imprópria* é definido de forma bastante distinta, a depender do autor estudado. Sem pretensão de abarcar todas as propostas classificatórias, parece relevante passar pelas mais significativas.

2.1 Resultado e mera conduta

Uma primeira distinção pode ser feita pelo critério da referência ao *resultado*. A *omissão própria* seria a violação de uma *norma mandamental* cujo injusto estaria atrelado à omissão em si, sem referência a um *resultado*, à lesão de um bem jurídico. Tratar-se-ia de um crime de *mera conduta*, como ocorre na *omissão de socorro* (CP, art. 135[3]), em que o tipo penal descreve o mero ato de se omitir, sem referência ao resultado na forma básica. O omitente responde pela conduta, não por seus desdobramentos ou consequências. Já a *omissão imprópria* seria um crime de *resultado*, posição que abriga tanto aqueles que admitem uma *relação causal* entre omissão e resultado, mas também aqueles que reconhecem presente um nexo de *imputação normativo* entre ambos.[4]

---

2. Em VON LISZT, *Tratado*, p. 212; ARMIN KAUFMANN,. *Dogmática*, p. 250; SCHÜNEMANN. *Fundamentos*, p. 80; SILVA SÁNCHEZ. *El delito*, pp. 7, 393, CHOCLAN MONTALVO, *Sobre el tipo*, p. 670

3. "Art. 135. Deixar de prestar assistência, quando possível fazê-lo sem risco pessoal, à criança abandonada ou extraviada, ou à pessoa inválida ou ferida, ao desamparo ou em grave e iminente perigo; ou não pedir, nesses casos, o socorro da autoridade pública."

4. Nessa linha, MERKEL entende que a *omissão imprópria* é calcada na *causação* do resultado, verificada sempre que exista uma *ação precedente* que se liga causalmente ao resultado (MERKEL, *Derecho*, p. 39). Da mesma forma, BINDING, para quem a omissão *causa* o resultado por se tratar do resultado de uma *atitude interna* de *interferência* que impede a conduta salvadora, (em ARMIN KAUFMANN, *Dogmática*, p. 254, e em JAKOBS, *Derecho Penal*, p. 940). Para esse autor, a omissão *imprópria* tem consequências reais, é um crime de resultado, e por isso infringe uma *norma de proibição*, enquanto as omissões *próprias* se constituem em mera desobediência, violando *normas mandamentais* (em SILVA SÁNCHEZ, *El delito*, p. 395). Também indicam que a omissão própria caracteriza um delito de mera atividade – ou de perigo abstrato – e a imprópria um delito de resultado, MAURACH, *Derecho Penal*, p. 224 e LUZON PEÑA, *Curso*, p. 306. Na mesma linha, JESCHECK, para quem o decisivo nos crimes omissivos impróprios é a meta de proteção do objeto da ação frente à lesão típica ou à colocação em perigo. *Tratado*, p. 559 e APONTE CARDONA, *Superior jerárquico*, p. 292 e MARTINEZ BUJAN-PEREZ, *Derecho penal*, p. 300. Entre nós, BITENCOURT, quem defende que os crimes omissivos *impróprios* são crimes *materiais*, ou de *resultado*, enquanto os omissivos próprios seriam delitos de *mera conduta. Tratado*, p. 302.

Em suma, trata-se de uma proposta que identifica na *omissão imprópria* a relação com um tipo penal cuja consumação exige um *resultado naturalístico*.[5] Assim, a omissão *própria* seria um crime de *mera conduta*, desligada do desvalor de resultado, e a *imprópria* exigiria sempre uma lesão ao objeto jurídico que representa o bem tutelado pela norma.[6]

A distinção exposta é criticada por ARMIN KAUFMANN, que observa que nem sempre as *omissões próprias*, previstas na Parte Especial dos Códigos Penais, são totalmente desvinculadas do *desvalor de resultado*, pois são comuns previsões de aumento ou a agravação da pena nestes casos se verificado o resultado lesivo. Tais dispositivos complementares relativizariam o caráter de *mera conduta* do comportamento em questão.[7] Embora a objeção pareça pertinente, é possível superá-la classificando estes últimos tipos penais – agravados pelo resultado – como tipos *mistos*, situados entre a omissão própria e a imprópria, uma vez que carregariam elementos de ambas.

Seria possível também objetar que existem crimes omissivos previstos expressamente na Parte Especial aos quais se atribui diretamente um resultado, sem que este se apresente como causa de aumento ou agravante. Em outras palavras, tipos penais omissivos onde o resultado é elemento do próprio dispositivo, como ocorre com os crimes contra a ordem tributária, em especial aqueles previstos no inciso I do art. 1.º da Lei 8.137/1990. No entanto, aqui também seria possível afastar a crítica classificando tais tipos penais como *omissões impróprias*, como o faz parte da doutrina.[8]

A nosso ver, mais contundente é apontar que a distinção que fundamenta a classificação proposta é pouco nítida, em especial diante do crescente reconhecimento da imprecisão da separação dos delitos entre os de *resultado* e os de *mera conduta*. Há quem sustente que mesmo os crimes de *perigo abstrato* ou de *mera conduta*, apresentam um *resultado*, caracterizado pela *periculosidade* do comportamento.[9] A *omissão de socorro* apresentaria como resultado a *periculosidade* perpetrada pela inatividade. Essa diluição da fronteira entre crimes

---

5. SCHÜNEMANN. *Fundamentos*, p. 88.

6. Sobre tal concepção, ver ARMIN KAUFMANN. *Dogmática*, p. 219, e SCHÜNEMANN. *Fundamentos*, p. 74.

7. ARMIN KAUFMANN. *Dogmática*, p. 219. Na legislação brasileira, o crime de *omissão de socorro* – exemplo mais tradicional de crime *omissivo próprio* – apresenta uma causa de aumento ligada ao resultado ("Art. 135. Deixar de prestar assistência, quando possível fazê-lo sem risco pessoal, à criança abandonada ou extraviada, ou à pessoa inválida ou ferida, ao desamparo ou em grave e iminente perigo; ou não pedir, nesses casos, o socorro da autoridade pública (...) Parágrafo único – A pena é aumentada de metade, se da omissão resulta lesão corporal de natureza grave, e triplicada, se resulta a morte.").

8. REALE JR. classifica os crimes omissivos pela dicotomia mera conduta/resultado, apontando que os crimes omissivos expressamente previstos, como aquele do art.1º da Lei 8.137/1990, são *comissivos por omissão*. Em *Crime de sonegação*, p. 255.

9. Sobre o tema, ver nosso *Crimes de perigo*, *passim*.

de *resultado* e crimes de *mera conduta* – exigindo-se nos últimos um elemento material que os aproximam do primeiro – obscurece a distinção baseada nestas categorias dogmáticas.[10]

2.2 *Previsão legal expressa*

Um segundo critério de distinção é proposto por ARMIN KAUFMANN, que traça as fronteiras entre as categorias omissivas também dentro do direito positivo, mas de maneira diferente. Para esse autor, as *omissões* têm caráter ontológico próprio, de forma que, do ponto de vista dogmático – e para a aplicação de seus institutos (tentativa, concurso de agentes, imprudência) – os delitos de omissão *própria* e *imprópria* apresentam a mesma estrutura.[11] O que distingue as categorias omissivas, no entanto, não é a sua relação com o resultado, mas a *ausência de tipificação legal* da *omissão imprópria.*[12] Para o autor, a *omissão de socorro* é um crime de *omissão própria* porque expressamente previsto em lei. Já as imputações de resultados a *omissões* não expressamente previstas em lei – como a imputação da morte à mãe que deixa o filho recém-nascido morrer de fome – são inerentes à *omissão imprópria.*[13]

2.3 *Norma proibitiva / mandamental*

Por outro lado, há quem sustente que a distinção entre omissão própria e imprópria se encontra na natureza da norma violada pelo omitente. NAGLER, nesse sentido, aponta que os crimes de *omissão imprópria* têm base na violação de uma *norma de proibição*, enquanto os de *omissão própria* estariam ligados a uma *norma mandamental.*[14]

---

10. Nessa linha, ROXIN critica tal distinção, apontando que os delitos de mera atividade também têm um resultado material, sendo o mesmo aplicável à *omissão própria. Derecho Penal*, II, p. 761.

11. Para ARMIN KAUFMANN não existe distinção ontológica. A diferença reside na tipicidade, de forma que as omissões impróprias serão aquelas não previstas em um dispositivo penal de forma expressa (ARMIN KAUFMANN, *Dogmática*, p. 284). Também sobre a posição de ARMIN KAUFMANN, ver TAVARES, *Teoria*, p. 308, e DOPICO GÓMEZ-ALLER, *Omisión*, p. 220.

12. ARMIN KAUFMANN, *Dogmática*, p. 284.

13. A legitimidade da existência desta categoria delitiva à margem da lei é construída por ARMIN KAUFMANN de maneira peculiar e será abordada adiante. Seguem a mesma distinção, fundada na existência/ausência de dispositivo legal – embora com fundamentos e consequências distintas de ARMIN KAUFMANN – MAURACH, *Derecho Penal*, p. 224, e WELZEL, *Derecho Penal*, p. 287.

14. Sustentam a distinção nas normas de mandato/proibição JIMÉNEZ DE ASÚA, *Tratado*, p. 404; NAGLER, em SILVA SÁNCHEZ,. *El delito*, p. 401, e ARMIN KAUFMANN, Armin. *Dogmática*, p. 265. MIR PUIG cita ainda LUDEN como defensor desta proposta, em *Derecho Penal*, p. 300. Também MAURACH defendia tal posição, até a 4ª edição de seu *Tratado*, posição alterada posteriormente. *Derecho Penal*, p. 224.

Tal posicionamento, no entanto, é rechaçado corretamente por inúmeros autores que reconhecem em *todas* as omissões – próprias e impróprias – a violação de *normas mandamentais*, uma vez que a pretensão normativa dirigida ao *omitente* em todas elas é de ação, de uma conduta positiva.[15] Portanto, a ordem sempre será um *mandamento*, seja qual for o contexto ou a natureza do comportamento esperado.

2.4 Distinção ontológica

SCHÜNEMANN se afasta da distinção *legislativa/normativa* e busca uma estrutura *ontológica* para distinguir as categorias omissivas. Para o autor, as omissões impróprias seriam aquelas *iguais à ação*, em um plano pré-jurídico, e as próprias *distintas da ação*, na mesma seara, fundamentando a diferença nas estruturas lógico-objetivas que pautam seu sistema. Ou seja, o legislador não define ou classifica as omissões, apenas reconhece aquelas estruturas já existentes previamente. Em decorrência disso, os crimes de *omissão própria* estariam abrigados em *tipos específicos*, próprios de omissão, nos quais o comportamento comissivo não se amolda, como a *omissão de socorro*. Já os *omissivos impróprios* estariam previstos nos tipos penais de resultado, que abrangeriam tanto ações como omissões, dada sua identidade estrutural.[16]

Assim, a descrição típica do homicídio – *matar alguém* – comportaria o ato comissivo e o omissivo, tanto daquele que atira em outrem como da mãe que deixa de alimentar seu filho. Não seria necessária qualquer cláusula geral de adequação para a *omissão imprópria*, uma vez que já está incorporada a própria descrição do delito na Parte Especial, quando verificados certos requisitos que a tornam *equiparável* à ação, como o *domínio* do fundamento do perigo ou da vulnerabilidade da vítima, como adiante exposto. O crime *por omissão imprópria*, portanto, faria parte do teor literal dos crimes *de resultado.*

SILVA SÁNCHEZ critica tal classificação. Para o autor, se a distinção entre as *omissões* depende de sua *equiparação* com a *ação*, a classificação só será possível quando definidos os critérios dessa *equiparação*, de forma que SCHÜNEMANN deixa em aberto o conceito das categorias, fazendo-os depender de outro conceito prévio.[17] Ademais, existem *omissões próprias* em que é possível identificar um *domínio*, nos termos construídos por SCHÜNEMANN para a *omissão imprópria.*

---

15. JESCHECK, *Tratado*, p. 546; SILVA SÁNCHEZ, *El delito*, p. 403; idem para SCHÜNEMANN, *Fundamentos*, p. 75, e ROXIN, *Derecho Penal*, II, p. 763.

16. Para o autor, não há problema em determinar o conceito legal de "matar" como a *realização ativa da morte ou sua não evitação por parte de um garante. Fundamento y limites*, p. 88. Vale notar que SCHÜNEMANN defende a teoria do tipo em obra publicada em 1971, antes da criação da cláusula geral de adequação da omissão própria prevista atualmente no §13 do Código Penal alemão, inserida no texto legal em 1975. Nessa linha, também LUDEN, segundo TAVARES, *Teoria*, p. 308.

17. SILVA SÁNCHEZ, *El delito*, p. 422.

É possível, por exemplo, que em um caso de *omissão de socorro* o omitente tenha *pleno domínio* sobre o desamparo da vítima, como adiante tratado, e nem por isso o descumprimento do mandado será uma *omissão imprópria*. Nada impede que o legislador atribua valores distintos à omissão – diante da comissão –, mesmo quando verificado o *domínio*, de forma que ao critério proposto pode faltar precisão. Assim, ainda que a *natureza das coisas* tenha um papel na definição da *omissão*, será no campo *normativo* que o legislador atribuirá valor às diferentes inatividades, de acordo com uma *politica criminal* pautada pelos limites constitucionais já estabelecidos (supra Cap. I, 3.3).

2.5 Critério normativo de Roxin

ROXIN, por sua vez, retoma a distinção com base na regulamentação legal, mas sob outro prisma. Para o autor, *omissões impróprias* são aquelas *equiparadas* à ação na ótica do legislador, seja por meio de uma cláusula geral, seja por uma equiparação especificamente prevista na Parte Especial.[18] Assim, se usarmos o ordenamento brasileiro, serão *omissões impróprias* tanto aquelas omissões previstas no § 2.º do art. 13 do Código Penal como aquelas que aparecem ao lado de tipos comissivos, em um mesmo grau de reprovabilidade, como o ato de *omitir informação* às autoridades fazendárias, que, nos termos do art. 1.º da Lei 8.137/1990, que aparece ao lado do ato de *prestar declaração falsa* ao mesmo destinatário. Já os crimes de *omissão* não equiparados à ação pela lei são considerados *próprios*.

Vale notar que ROXIN indica, ainda, a existência de outra categoria de delitos *omissivos*, os crimes de *omissão por comissão*, nos quais existe uma *conduta positiva*, uma ação direcionada a uma finalidade de lesão, mas ainda assim haverá imputação por *omissão*. São os casos de (i) participação ativa no crime omissivo (ex.: indução do garante para que omita); (ii) *omissio libera in causa*; (iii) a tentativa interrompida de cumprir o mandato (interrupção do curso causal salvador); e (iv) a interrupção técnica do tratamento, todos tratados adiante em tópicos próprios.[19]

---

18. ROXIN, *Derecho Penal*, II, p. 760.

19. ROXIN, *Derecho Penal*, II, pp. 788 e ss. Tal questão não parece relevante para os casos de ingerência, uma vez que a criação do risco antecedente – e *não permitido* – já coloca o omitente na posição de garante, de forma que a caracterização da conduta posterior (ou mesmo a prévia) como ação ou omissão não gera consequências práticas nem afeta qualquer construção dogmática. A discussão ganha maior relevo na Alemanha diante da causa de atenuação geral prevista para a omissão imprópria (§13, II, do Código Penal alemão), que poderia ser aplicada a tais casos caso constatado o caráter omissivo da conduta. Sobre o tema, também CHOCLAN MONTALVO, *Sobre el tipo*, p. 681 e ss.

2.6 Distinção pelo dever de garante

Outros autores apontam que a distinção se encontra na existência – ou não – do *dever de garante.* A omissão *imprópria* se distinguiria da *própria* pela existência – ou inexistência – de um *dever de evitar o resultado*, presente na primeira e ausente na última.[20]

A omissão *própria* seria um *crime comum*, aplicável a qualquer pessoa que se encontra diante do contexto típico para o qual existe uma norma mandamental, como no caso da *omissão de socorro* (CP, art. 135). A *omissão imprópria* exigiria uma condição especial do omitente, uma situação específica ou uma posição jurídica que faz surgir o *dever* de evitar o resultado – o *dever de garantia.*[21] Assim, diante de um afogamento, a natureza da omissão do salva-vidas e dos demais banhistas seria distinta justamente pelo diferente *status* dos deveres impostos a cada um. O salva-vidas é *garante*, assumiu previamente a obrigação de salvar aqueles que se afogam naquele local; por isso, sua omissão seria caracterizada como *homicídio.* Já os demais banhistas não têm o mesmo *dever*, de forma que responderiam por *omissão de socorro.* Nessa linha seguem autores como VON LISZT, que atrela a ilegalidade da omissão à existência de um *dever específico* do omitente de evitar o resultado.[22] Mais recentemente, WESSELS, GIMBERNAT ORDEIG e BACIGALUPO também propõem distinguir os crimes de *omissão* quanto à qualidade do sujeito ativo. A *omissão própria* é comum, atribuível a

20. Nesse sentido, CEREZO MIR, *Curso*, p. 255, e MIR PUIG, *Derecho Penal*, p. 299, deixando claro seu desconforto com os termos omissão "própria" e "imprópria", preferindo delitos de "omissão pura" e de "comissão por omissão". *Derecho Penal*, p. 299. Entre nós, BASILEU GARCIA, para quem os crimes de *comissão por omissão* se caracterizam pela existência de um sujeito ativo que tem o dever de praticar o ato de que se abstém. Em GARCIA, *Instituições*, p. 269, e BATISTA, em *Maus tratos*, p. 278, embora também mencione uma dicotomia com base na mera conduta/resultado típico. Nesse sentido, ainda, CUADRADO RUÍZ, *La posición*, p. 14, para quem os delitos de comissão por omissão são autênticos delitos especiais e a posição de garante realiza sua função de seleção dos sujeitos que podem realizar o tipo penal por omissão, p. 18.

21. BACIGALUPO ZAPATER, *Delitos*, p. 99. Para GIMBERNAT ORDEIG, a distinção entre própria e imprópria reside na restrição da aplicação das últimas a um círculo estrito de pessoas (garantes), enquanto nas primeiras *qualquer um* é passível de responsabilidade. Em *Omisión*, p. 348. Vale notar que o autor reconhece em algumas omissões previstas na Parte Especial o caráter de *omissão imprópria*, como nos casos de tortura por omissão. *Op. cit.*, p. 364.

22. Embora para VON LISZT a omissão *própria* seja definida como a violação de um preceito imperativo do Estado, que não exige o resultado, mas desvalora a inação em si, e a *imprópria* a omissão *equiparada* à causação do resultado, embora não o cause. Tal equiparação, segundo o autor, ocorre sempre que presentes certos requisitos, como um *dever legal* ou uma *ação anterior.* VON LISZT, *Tratado*, p. 208. Também mencionado em ARMIN KAUFMANN, *Dogmática*, p. 254.

qualquer pessoa, enquanto a *imprópria* é especial, somente punível quando realizada por *garantes.*[23]

As teses que buscam fundar a distinção entre omissão própria e imprópria na existência ou não do *dever de garante* podem gerar confusão, uma vez que nada impede a construção de um tipo penal específico de omissão na Parte Especial que exija um comportamento apenas de determinadas pessoas, que ocupam determinadas posições sociais, impondo-lhes um *dever de atuar.*[24]

É o que ocorre com o art. 269 do Código Penal, que determina ao *médico* a denúncia à autoridade pública de doença cuja notificação é compulsória. A norma mandamental se limita a determinados profissionais, que têm o *dever* de assegurar que a comunicação será realizada, mas esse *dever de garante* sobre a comunicação não transforma a conduta em *omissão imprópria.*[25] Também é o caso do crime de *disponibilização de cenas de pedofilia*[26] (ECA, art. 241-A), que prevê a equiparação ao ato de colocar na rede mundial de computadores cenas desta natureza por aquele que (i) assegura os meios ou serviços para o armazenamento das fotografias, cenas ou imagens de pedofilia, ou quem (ii) assegura,

---

23. WESSELS. Para o autor, os delitos omissivos *impróprios* são aqueles em que o omitente está obrigado, como garantidor, a impedir o resultado. *Direito penal*, p. 159. BACIGALUPO ZAPATER, *Delitos*, p. 110. JUAREZ TAVARES, por sua vez, defende um *critério misto* para a distinção, que agrega a qualidade do *sujeito* e a estrutura da *norma* violada. Na *omissão imprópria* existiria uma violação, por um garante, de uma norma *proibitiva* por meio do desatendimento de uma norma *mandamental.* Assim, o injusto, nesse caso, estaria referenciado em normas *proibitivas* e *mandamentais* ao mesmo tempo, o que não ocorre na *omissão própria* TAVARES, *Teoria*, p. 309. Para o autor, a *omissão própria* é caracterizada pela imposição de ações possíveis a todas as pessoas para evitar lesões a bens jurídicos, e a *omissão imprópria* é a imposição por quem tenha – em face da *assunção* de posturas pessoais – o dever de impedir o resultado, TAVARES, *Teoria*, p. 294. ARMIN KAUFMANN critica tal entendimento, apontando a impossibilidade de se violar uma *proibição* por meio de *omissão.* Para o autor, apenas *ações* são *proibidas*, de forma que todas as *omissões* (próprias ou impróprias) violam *mandamentos.* No mesmo sentido, ENGISH (citado por ARMIN KAUFMANN, *Dogmática*, p. 957) defende que todas as omissões violam *normas de mandato.* Por outro lado, MEZGER aponta que na omissão *imprópria* existe a violação tanto de uma norma de proibição como de um mandato (em SILVA SÁNCHEZ, *El delito*, p. 402).

24. Para BATISTA, trata-se de *omissões impróprias*, mesmo que previstos na Parte Especial, em *Maus tratos*, p. 278.

25. Nessa linha, ARMIN KAUFMANN, ao apontar a existência de omissões próprias com garantes. ARMIN KAUFMANN. *Dogmática*, pp. 276 e 282.

26. Lei 11.829/2008, que insere no ECA o art. 241-A, que pune o ato de "Oferecer, trocar, disponibilizar, transmitir, distribuir, publicar ou divulgar por qualquer meio, inclusive por meio de sistema de informática ou telemático, fotografia, vídeo ou outro registro que contenha cena de sexo explícito ou pornográfica envolvendo criança ou adolescente", e estende a punição àquele que "assegura o acesso por rede de computadores às fotografias, cenas ou imagens de que trata o *caput* deste artigo", equiparando a este o responsável legal pela prestação do serviço de internet que, oficialmente notificado, deixa de desabilitar o acesso ao conteúdo ilícito.

por qualquer meio, o acesso por rede de computadores às fotografias, cenas ou imagens de que trata o *caput* desse artigo. A *omissão relevante* está prevista no § 2.º do mesmo dispositivo, que prevê a mesma pena quando o responsável legal pela prestação do serviço de internet, oficialmente notificado, deixa de desabilitar o acesso ao conteúdo ilícito de que trata o *caput* desse artigo. Trata-se de omissão *equiparada* à ação, que só pode ser praticada por *determinadas pessoas*, mas que tem a natureza de *omissão própria* porque expressamente descrita no tipo penal, de forma que a imputação é possível sem o recurso a uma cláusula geral prevista na Parte Geral do Código Penal.

Poder-se-ia ir até um pouco além e vislumbrar em todos os crimes omissivos *próprios* um *dever de garante*. Isso porque, a bem da verdade, em todos os tipos penais que preveem uma omissão existe um *mandamento*, um *dever de atuar*, direcionado não a *qualquer pessoa*, mas apenas àquela que se encontra diante do *contexto* descrito no preceito legal. Na *omissão de socorro* (CP, art. 135) há um *dever* imposto a todos os que se encontram naquela situação, que poderiam ser caracterizados como *garantes*, não em relação ao resultado naturalístico – como a morte –, mas em relação ao resultado de *periculosidade*, que não foi reduzida por sua omissão.

Em outras palavras, é possível vislumbrar na *omissão própria* uma *posição de garante* em relação ao *contexto de periculosidade*, limitada àqueles que se encontram diante da situação típica e tenham condições de agir conforme o mandato normativo. E a existência desse *dever de garante* especial, referido a um *resultado* não naturalístico presente na *omissão própria* turva a distinção entre as categorias de omissão, de forma que o critério ora criticado perde em clareza e utilidade.

2.7 Concepções tripartites

Sob outro aspecto, há autores que apontam a necessidade de maior complexidade na categorização, indicando *três* classes distintas de omissões penalmente relevantes. WELZEL defende uma concepção tripartida, em que as *omissões próprias* – caracterizadas pela previsão típica expressa – se dividem em omissões de mera conduta e omissões que exigem resultado para a configuração do tipo penal; já as omissões impróprias são aquelas equiparadas à ação, sem previsão típica expressa.[27] JAKOBS também defende algo similar, distinguindo as omissões próprias – previstas expressamente – em *omissões próprias de garante* (omissões descritas na Parte Especial que exigem uma condição especial do autor) e omissões *próprias não equivalentes à comissão* (também descritas na

---

27. WELZEL, *Derecho Penal*, p. 279.

Parte Especial sem menção à condição especial do autor), concebendo a *omissão imprópria* como aquela equiparada à ação diante de cláusula geral positivada.[28]

Aqui vale destacar a posição de SILVA SÁNCHEZ, que parte de uma concepção diferente para buscar a linha divisória entre as categorias de crimes omissivos. Seu ponto de partida é o fundamento *normativo* da conduta exigida, a base da qual se constrói a expectativa de conduta. A *omissão própria* decorre da ideia de *solidariedade* entre os componentes de uma mesma sociedade, enquanto na *omissão imprópria* o dever de ação tem sempre uma *base funcional específica*, ligada a um *dever de garantia.*[29] Assim, para esse autor, as omissões próprias se esgotam no "não agir", independentemente do resultado – que não é imputável à conduta punível.[30] Por isso, as *omissões próprias* carecem de identidade estrutural com a ação e apresentam gravidade menor. Podem ser divididas, em sua concepção, em *omissões puras gerais* e *omissões puras de garante.* As primeiras decorrem de um dever geral de solidariedade e são aplicáveis a qualquer pessoa. São tipificadas em preceitos penais de *descrição negativa* (ex.: omissão de socorro). As *puras de garante* têm por base uma base funcional, se destinam a um determinado círculo de pessoas, mas não se equiparam à comissão.[31] Têm *gravidade intermediária.* Já as *omissões impróprias* – às quais se imputa o resultado lesivo – decorrem de uma posição individual de responsabilidade especialmente intensa caracterizada como posição de *garantia*, que permite a imputação do resultado e tem gravidade suficiente para uma equiparação com a comissão.[32] Estas, por sua vez, podem ser divididas em omissões descritas na Parte Especial em preceitos negativos, e aquelas que devem ser subsumidas em preceitos de descrição positiva. Apenas neste último grupo se reconhece a *comissão por omissão.*[33]

3. Posicionamento

A primeira questão a ser enfrentada, como já apontado, é a utilidade da distinção entre *omissões próprias* e *impróprias.*[34] A divisão conceitual será

---

28. JAKOBS, *Derecho Penal*, p. 944.

29. SILVA SÁNCHEZ. *El delito*, p. 383.

30. SILVA SÁNCHEZ, *El delito*, p. 431.

31. Por exemplo, o artigo 195.3 do Código Penal espanhol: "1. El que no socorriere a una persona que se halle desamparada y en peligro manifiesto y grave, cuando pudiere hacerlo sin riesgo propio ni de terceros, será castigado con la pena de multa de tres a doce meses. (...) 3. Si la víctima lo fuere por accidente ocasionado fortuitamente por el que omitió el auxilio, la pena será de prisión de seis meses a 18 meses, y si el accidente se debiere a imprudencia, la de prisión de seis meses a cuatro años."

32. SILVA SÁNCHEZ, *El delito*, pp. 427, 437.

33. SILVA SÁNCHEZ. *El delito*, p. 437. Os fundamentos e os contornos do *dever de garante* para Silva Sánchez serão discutidos no apartado posterior (Capítulo III).

34. Vale destacar que há autores que rechaçam a necessidade de distinção, como MEYER-BAHLBURG, em SILVA SÁNCHEZ, *El delito*, p. 389.

adequada de acordo com os resultados pretendidos com a operação metodológica defendida.[35]

A nosso ver, como a seguir explicitado, a distinção entre as categorias omissivas está fundada na técnica de redação do tipo penal, em um sentido próximo àquele sustentado por ARMIN KAUFMANN. Na *omissão própria*, a conduta omissiva punível está expressamente prevista na Parte Especial do Código Penal. Na *omissão imprópria*, o tipo penal *não comporta* literalmente uma conduta omissiva.[36]

A distinção aqui proposta se faz útil para distinguir os casos em que a *adequação típica da* conduta omissiva é *imediata* e aqueles em que a *omissão* não é encontrada o teor literal do tipo penal, exigindo-se um esforço para legitimar o alcance da norma à *inatividade*. Nesse último caso – das *omissões impróprias* – é comum a existência de uma *cláusula geral* de equiparação na Parte Geral que autorize a expansão do tipo penal a condutas *omissivas*.

A distinção entre omissões *próprias* e *impróprias* não abriga qualquer referencia à *reprovabilidade* de cada inatividade. As *omissões impróprias* podem ser equivalentes à comissão, uma vez que atreladas a uma cláusula geral de equiparação aos tipos penais da Parte Especial, mas também pode existir na própria *cláusula geral* um dispositivo de atenuação da pena para certos casos de inatividades, como ocorre no Código Penal alemão. Por outro lado, podem existir *omissões próprias* com o mesmo grau de *reprovabilidade* que a comissão, como ocorre nos crimes contra a ordem tributária,[37] nos quais condutas omissivas e comissivas convivem nos mesmos dispositivos, com as mesmas consequências penais.

Desse modo, a distinção entre crimes omissivos *próprios* e *impróprios* é normativa e decorre da técnica de previsão legislativa do comportamento. Ambas as condutas são, na seara *pré-jurídica*, caracterizadas como a ausência de comportamentos *esperados* verificados em alguém *capaz* de agir no sentido da expectativa. Ou seja, têm a mesma *estrutura ontológica* original. Porém, a *omissão própria* é abrigada em tipo penal específico, que descreve expressamente a forma omissiva de comportamento, seja de forma exclusiva – como no art. 135 do Código Penal[38] – seja em conjunto com ações, como no art. 139 do Código

---

35. Sobre a importância da distinção, ver ROXIN, *Derecho Penal*, p. 763.

36. A nosso ver, similar a linha de PASCHOAL, para quem o critério diferenciador é o tipológico, segundo o qual a omissão própria se caracteriza pela existência de uma norma criminalizadora expressa, e a imprópria pela ausência de dispositivo da mesma natureza, *Ingerência*, p. 36.

37. Por exemplo, no inciso I do art. 1.º da Lei 8.137/1990.

38. Omissão de socorro. "Art. 135. Deixar de prestar assistência, quando possível fazê-lo sem risco pessoal, à criança abandonada ou extraviada, ou à pessoa inválida ou ferida, ao desamparo ou em grave e iminente perigo; ou não pedir, nesses casos, o socorro da autoridade pública."

Penal.[39] Não nos deteremos nos subgrupos propostos por alguns autores para a *omissão própria* por não ser este o objeto da presente análise.[40]

Por sua vez, a omissão *imprópria* não é prevista expressamente em qualquer tipo penal, mas a ele se amolda, seja porque está implícita em sua estrutura, seja pela existência de cláusula geral de equiparação prevista na Parte Geral do Código Penal (sendo tal distinção melhor esclarecida adiante). Assim, o delito de *homicídio*, descrito como "matar alguém", não menciona expressamente uma *omissão*, como fazem os dispositivos que carregam *omissões próprias*. Por isso, sempre que se imputar a morte a uma *omissão*, se tratará de *omissão imprópria*.

Há quem sustente, como descrito no Capítulo seguinte, que a expressão *matar alguém* compreende naturalmente ações e omissões. Há quem afirme – pelo contrário – que o ato de *matar* é sempre uma conduta positiva, uma ação, de forma que a imputação do resultado *morte* à omissão exige uma *cláusula* de equiparação prevista na Parte Geral. A discussão será retomada adiante, mas, seja qual for a posição aditada, em todos os casos a atribuição do resultado morte à *omissão* caracterizará uma *omissão imprópria*, porque a conduta omissiva não é *expressa* no dispositivo típico.

---

39. Prevaricação. "Art. 319. Retardar ou deixar de praticar, indevidamente, ato de ofício, ou praticá-lo contra disposição expressa de lei, para satisfazer interesse ou sentimento pessoal."

40. No sentido de uma subdivisão, como já indicado, WELZEL, *Derecho Penal*, p. 279; RODRÍGUEZ MORULLO, *La omisión*, p. 72; JAKOBS, *Derecho Penal*, p. 944.

CAPÍTULO III

CRIMES OMISSIVOS IMPRÓPRIOS: FUNDAMENTO DA IMPUTAÇÃO DO RESULTADO TÍPICO

1. Introdução

No capítulo anterior fixou-se a distinção entre as omissões penalmente relevantes. *Omissões próprias* são aquelas previstas expressamente em tipos penais – isoladas ou em conjunto com atos comissivos. *Omissões impróprias* são aquelas às quais se imputa um resultado típico descrito em dispositivos que não preveem expressamente o modo omissivo de conduta. O presente apartado é dedicado à busca dos elementos estruturais das últimas, definindo-lhes os contornos e a estrutura.

A legitimidade da punição da *omissão imprópria* sempre foi objeto de grandes debates,[1] ainda mais porque até meados do século XX a maior parte das legislações americanas e da Europa Ocidental não dispunham de normas na Parte Geral dos Códigos Penais admitindo a imputação de resultados típicos a omissões. Não existia algo como o § 2.º do art. 13 do nosso atual Código Penal que permitisse punir por *homicídio* a mãe que deixa o filho morrer de fome. Caracterizar tal ato como "*matar alguém*", sem um dispositivo expresso que autorizasse essa

---

1. A própria denominação é controversa. Até hoje autores apontam a inadequação do termo *omissão imprópria*, como o faz TAVARES, em *Teoria*, p. 312.

operação hermenêutica, exigia um esforço de interpretação, porque colocava em xeque a ideia de *legalidade*.[2]

Mas havia outro problema que dificultava a equiparação dessas omissões às ações. No início do século XX a dogmática penal se fundava em um sistema *causal*, que legitimava a punição de uma conduta diante de sua *relação de causalidade* com um resultado lesivo. Ou seja, a legitimidade de atuação do direito penal derivava do fato de uma conduta *causar* um resultado vedado.

Ocorre que a *omissão* não *causa* um resultado, de forma que classificar como *homicídio* a *omissão* da mãe em alimentar o bebê colocava em xeque toda uma sistemática fundada na *relação de causalidade*. Ainda que a mãe tenha o *dever* de cuidar do filho e evitar seu perecimento, equiparar uma *inatividade* a um *ato positivo* de tirar a vida esbarrava na ideia de *causalidade*. Embora a *ação esperada* de alimentar o filho pudesse ter evitado o resultado, parece difícil afirmar que ela *causou* sua morte.

Assim, o reconhecimento de que os tipos penais que não preveem expressamente a *omissão* como uma das modalidades de comportamento (como o homicídio ou as lesões corporais) podem ser realizados por *inatividades* exigiu um esforço dogmático relevante, que exigiu uma *revisitação* de conceitos tradicionais e consolidados – como a ideia da *causalidade* – e exigiu uma sofisticação intelectual que pode ter sido a responsável pela evolução do pensamento sistemático penal do século XX.[3]

2. Propostas de fundamentação da omissão imprópria

2.1. Causalismo

2.1.1 Considerações gerais

Esse esforço dogmático produziu as mais variadas propostas. Na segunda metade do século XIX ganhou relevo a busca da *causalidade* da omissão.[4] Se, à época, o sistema penal se estruturava sobre uma concepção na qual o caráter delitivo da conduta tinha por núcleo o *resultado* e sua relação de *causalidade* com

2. VON LISZT, Franz, *Tratado*, pp. 200 e ss.

3. A cláusula geral do Código Penal alemão é de 1975, a do brasileiro de 1984, a do espanhol de 1995, sendo que inúmeros países ainda não contam com dispositivos semelhantes, como é o caso da Argentina.

4. BACIGALUPO ZAPATER, *Delitos*, p. 29, que destaca dentre os defensores de uma concepção causalista da omissão KRUG, MERKEL e GLASSER. Vale notar que os precursores da ciência penal, como FEUERBACH, não se ocuparam da *causalidade da omissão*, debatendo apenas sua legalidade ou ilegalidade, segundo VON LISZT, Franz, *Tratado*, p. 209. Entre nós, TOBIAS BARRETO apontava a existência do nexo causal entre a omissão e o resultado na comissão por omissão (BARRETO, *Delitos*, p. 227). No mesmo sentido, GALDINO SIQUEIRA, *Direito penal*, p. 46.

o movimento corpóreo que o antecedia, era necessário identificar um *nexo causal* entre a omissão e o resultado.[5] Dentro desse sistema *causal*, como já exposto, a incorporação da omissão exigia um esforço dogmático próprio, uma vez que, como citado, a ideia de que uma *conduta negativa* possa causar um resultado não é nem de longe evidente. Como imputar à mãe que deixou o filho morrer de fome a *causação* dessa morte? Como legitimar a punição por homicídio, neste caso, se não existe um *movimento corporal* que produziu efetivamente o resultado?

2.1.2 Teoria da conduta precedente

Uma primeira resposta foi a extensão do conceito de *causalidade* à omissão por meio da ação precedente. Autores como MERKEL defenderam que a *omissão imprópria* será *causal* sempre que exista uma *ação positiva e anterior* que a ligue causalmente ao resultado.[6] Para o autor, a *causa do resultado*, nos delitos de omissão imprópria, não está na omissão mesma, e sim na conduta *ativa* anterior do sujeito, com inclusão das propriedades que fizeram sua aparição como *efeito* dela.

Assim, o dono de um cachorro que observa passivamente o animal morder uma criança responderá pela *omissão* porque sua ação *precedente* – adquirir um cão bravo e transportá-lo para a região – é *causal* em relação ao resultado sob o prisma da *conditio sine qua non.* O omitente, nesse caso, não violou o *dever de parar* o cachorro, mas uma *proibição de lesionar outro* por meio da conduta precedente. Assim, não foi a *omissão* que causou o resultado, mas a *ação anterior* que criou condições para sua ocorrência, de forma que, nas *omissões impróprias*, o que restaria violada seria uma norma de *proibição* e não de *mandato.*[7]

A ideia de fundamentar a *causalidade da omissão* na conduta precedente apenas aparentemente resolve o problema.

Em primeiro lugar, sua sustentação depende da aceitação do *dolo subsequente*, figura incompatível com um direito penal da culpabilidade.[8] Entende-se por *dolo subsequente* o surgimento da vontade de realização típica após a consu-

---

5. Sobre o tema, ver RAMÍREZ, *Introducción*, p. 104 e ss.; ROXIN, *Derecho Penal*, I, pp. 198 e ss.; SANCINETTI, *Observaciones*, p. 19.

6. Nesse sentido, MERKEL, *Derecho Penal*, p. 39, para quem a *causa do resultado*, nos delitos de omissão imprópria, não está na omissão mesma, mas na conduta ativa do sujeito, com inclusão das propriedades que fizeram sua aparição como *efeito* dela. Sobre o tema, ver ainda ARMIN KAUFMANN, *Dogmática*, p. 254; VON LISZT, *Tratado*, p. 210. Para a *teoria da ação precedente*, a causalidade da omissão decorre de um comportamento que acontece *antes* da própria inatividade. Na mesma linha, GLASER, segundo TAVARES, *Teoria*, p. 108.

7. Sobre o tema, ver ARMIN KAUFMANN, *Dogmática*, p. 255.

8. Para VON LISZT, aqueles que defendem a causalidade da conduta antecedente "cahiram em insolúveis contradicções com o principio fundamental da theoria da culpa – pois a culpa deve existir no momento do movimento corpóreo". *Tratado*, p. 211. No mesmo

mação do resultado – como, por exemplo, no caso em que uma pessoa mata outra por *imprudência* e depois se alegra com o resultado, assumindo o resultado conscientemente como coerente com a sua vontade.[9] Tal fenômeno não caracteriza *dolo* em sentido jurídico-penal porque o conhecimento e a vontade que compõe o agir doloso devem ocorrer *durante a execução* do ato, sendo irrelevante seu surgimento após a consumação.[10]

Voltado à *omissão imprópria*, a *teoria da ação precedente* legitima a imputação do resultado não pela *omissão*, mas pela *conduta positiva* que a antecede e cria o contexto no qual se desencadeia o curso causal. Ocorre que, em regra, o agente, no momento da *conduta precedente*, não tem o *dolo* de resultado, que surge apenas no *momento da omissão.*

No caso do cachorro, imaginemos que seu dono o tenha trancado prudentemente, mas naquele dia o jardineiro abriu o portão ao entrar, soltando o animal. Caso o proprietário veja o cão correndo na direção da criança, e conscientemente deixe de chamá-lo, quando isso era possível, somente poderá responder por homicídio *doloso* se for levado em consideração o elemento *subjetivo* existente no *momento da omissão.* Se o fundamento da imputação for a ação *precedente* – no caso, trazer um cachorro para a casa –, não haverá *dolo* ou *culpa*, porque naquele momento não havia intenção de matar, ou deixar matar. Esse *elemento subjetivo* só surge no *momento da omissão.* Se entendermos que a *omissão* não faz parte do *curso causal*, o *dolo* surge – nesse caso – apenas após a intervenção do agente, e sua admissão seria aceitar o *dolo subsequente.*

Assim, se a *causação* é deslocada para um momento prévio, ou bem os elementos subjetivos que a ela se referem também são analisados nesta etapa – o que afastaria a punição de parcela relevante dos casos de *omissão imprópria* – ou bem se admite o *dolo subsequente*, com consideráveis repercussões sobre a segurança jurídica, uma vez que o título da punição será atrelado a um estado de ânimo alheio ao momento da conduta que guia a tipicidade. Ademais, a proposta de fixar na *conduta antecedente* a relação causal que legitima a punição da omissão pode levar a um *regresso ao infinito*, tornando alguém responsável por todo e qualquer desdobramento de um comportamento prévio, ainda que adequado ao Direito.

Imagine-se um motorista que atropele um pedestre, de forma a deixá-lo manco para o resto da vida. Dez anos depois, esse mesmo pedestre está atravessando uma rodovia e é atingido por uma motocicleta justamente por não ter conseguido correr ao perceber sua aproximação em decorrência de seu problema físico. Pela proposta em discussão, se o motorista causador do primeiro atropelamento estivesse, por acaso, passando no local do segundo acidente e omitisse

---

sentido, e mais recentemente, BACIGALUPO ZAPATER, para quem, nesses casos, o momento do dolo não coincide com o da condição causal do resultado, em *Delitos*, p. 32.

9. ROXIN, *Derecho Penal*, Tomo I, p. 454.

10. ROXIN, *Derecho Penal*, Tomo I, p. 455.

socorro quando tivesse condições de ajudar, responderia por *homicídio* e não por *omissão de socorro*. Isso porque aquela situação de perigo foi, de certa forma, *causada* por ele, uma vez que a dificuldade de locomoção da vítima decorreu do primeiro acidente. A supressão mental do atropelamento antecedente excluiria o resultado, porque não existiria o problema físico e a vítima teria escapado da motocicleta. Em suma, o resultado seria imputado ao segundo motorista porque com sua *conduta precedente* criou um risco e, posteriormente, se omitiu em salvar a vítima tendo capacidade para tal. Ou seja, as pessoas seriam responsáveis por quaisquer desdobramentos de seus atos prévios, impondo-se um dever de salvamento quase que insuportável.

Uma última critica à teoria da *conduta precedente* é sua incapacidade de explicar a imputação de resultados diante de *riscos alheios*, nos casos em que o dever de evitar o resultado não guarda relação alguma com um atuar precedente, como o dos pais em relação aos filhos ou do médico em relação aos pacientes.[11] A omissão da mãe de alimentar seu filho não seria um ato de *homicídio*, uma vez que inexiste conduta antecedente – a não ser que se compreenda o ato sexual do qual resulta a gravidez como a criação de um *risco* anterior ao qual se imputa um dever de agir. Da mesma forma, a inércia do médico diante de uma hemorragia em um paciente causada por um acidente não poderia ser equiparada ao ato de matar, pois ausente a conduta precedente do profissional em relação ao paciente.

2.1.3 Teoria da causalidade própria da omissão

Diante dos problemas da proposta analisada, outros autores – ainda dentro de uma concepção *causal* – optaram por conferir *autonomia* à omissão, desligando o fundamento de sua punição de uma conduta *positiva precedente*.

Nessa linha, alguns autores apontam que a omissão *causa* um resultado da mesma forma que a *ação*, sem necessidade de referência a uma comissão prévia. BINDING defende a ideia da *interferência*, pela qual a omissão é uma atitude interna do omitente, uma decisão que impede a conduta que interromperia o resultado. Esta *decisão* é a *causa* do resultado, porque impede uma ação de salvamento.[12] Nesses termos, a *omissão* é equiparada a uma *ação* no plano

---

11. Nesse sentido, WELZEL, para quem um chefe deve liberar o empregado que está preso no escritório, ainda que um terceiro o tenha prendido ali – trata-se de uma posição de garante derivada da estreita relação do omitente com o bem jurídico, ainda que este não tenha criado o risco com a conduta precedente. *Derecho Penal*, p. 297.

12. Sobre BINDING, ver VON LISZT, *Tratado*, p. 210, e JAKOBS, *Derecho Penal*, p. 940 e BACIGALUPO ZAPATER, *Delitos*, p. 32. O autor busca, com sua teoria, superar o problema do *dolo subsequente*, como afirma DOPICO GÓMEZ-ALLER, em *Omisión*, p. 85. Em sentido similar a BINDING, FISCHER, para quem a omissão é causal porque cancela uma situação cuja manutenção evitaria o resultado, em TAVARES, *Teoria*, p. 111. Assim, a omissão seria o *cancelamento* da vontade e da capacidade originais, capazes de evitar o resultado. Mesmo ROXIN acaba por reconhecer *causalidade* na omissão, uma vez que,

psicológico, pois se trata de uma conduta positiva que reprime a vontade interna de evitar um resultado.[13]

Para M.E. MAYER o resultado lesivo é causado por um conjunto de condições, que podem ser *positivas*, quando operam uma *modificação* no mundo real, ou *negativas*, quando a inatividade é condicionante, em especial quando se trata de uma imobilidade corporal voluntária.[14] No mesmo sentido, FRANK sustenta que a omissão é uma condição negativa do resultado, que não impede que o curso causal normal se desenvolva.[15] O autor trabalha com o *juízo hipotético* de não ocorrência do resultado caso a ação esperada fosse realizada, ou seja, estende a *conditio sine qua non* para o campo da omissão.

Dessa forma, o salva-vidas que deixa de socorrer quem se afoga é tão *causa* da morte quanto aquele que jogou a pessoa na água porque a supressão mental da ação e da omissão impediria o resultado.[16] Assim, para esses autores, a imputação da morte do filho à mãe que deixou de alimentá-lo não decorre da conduta *precedente* de ser mãe e ter um filho, mas da própria *omissão* de nutrir a criança. Há uma *causalidade* própria da omissão, de forma que os resultados decorrem, ou são *causados*, por fenômenos positivos – as ações – e negativos – as omissões.[17]

Pode-se dizer, em verdade, que a inclusão da omissão no sistema causal significou, de certo modo, uma fissura na estrutura dogmática vigente, porque exigiu um alargamento do próprio conceito de *causalidade*.[18] A relação *causal*, ancorada no *ontológico*, passou a admitir uma estrutura *normativa*.[19] Isso porque a *omissão*, sob uma perspectiva física/natural, não *causa* nada, de forma que sua

---

segundo o autor, existe uma regularidade para com o resultado que basta para caracterizar esta relação causal. ROXIN, *Derecho Penal*, II, p. 768. Para uma exposição mais abrangente da discussão sobre a *causalidade* na omissão, ver SILVA SÁNCHEZ, *El delito*, pp. 37 e ss.; WELZEL, *Derecho Penal*, p. 292.

13. Sobre as posições de BINDING, ver, ainda, SCHÜNEMANN, Bernd. *Fundamentos*, pp. 41 e ss. e 263 e ss., e ROXIN, *Derecho Penal*, p. 766.

14. M.E. MAYER, *Tratado*, p. 188.

15. Em TAVARES, *Teoria*, p. 127.

16. Em linha similar, VON BAR, ao aplicar a ideia de *causalidade adequada* para a omissão, considerando-a como a não realização de uma ação adequada a evitar o resultado, e LANDSBERG, que considera a omissão um *nada* ontológico, mas acaba por reconhecer que este *nada* pode ser *causa* quando se constata que sem ele (ou seja, com a ação esperada) o resultado não teria ocorrido. Todos em TAVARES, *Teoria*, p. 112.

17. ARMIN KAUFMANN entende adequada a ideia da *causalidade* da omissão, extraindo, no entanto, consequências distintas, como adiante explicitado. ARMIN KAUFMANN, *Dogmática*, p. 79.

18. Sobre as diferentes concepções de causalidade, ver MACHADO, MOURA e CAETANO, *Algumas considerações, passim.*

19. Sobre os elementos normativos implícitos nas teorias da causalidade, ver SILVA SÁNCHEZ, *El delito*, p. 109. Vale notar que já LUDEN, nos primórdios do debate ora apresentado, afirmava que a omissão pode ser causa do resultado, desde que o conceito de *causa* deixe seu sentido naturalístico, em DOPICO GÓMEZ-ALLER, *Omisión*, p. 50. O autor fixa a equiparação entre ação e omissão na *teoria do agir de outro modo*, de forma que

incorporação à causalidade impôs a aceitação de uma concepção mais ampla desse *fenômeno*, já não restrita à *causação física*, mas também admitindo a *causação jurídica*. Em outras palavras, *causa* a morte não apenas aquele que ativamente desencadeia um curso causal que nela resulte, mas também aquele que não a evita diante de certas circunstâncias.

Percebe-se aqui que, a partir desse momento, não se trabalha mais com a *causalidade estrita*, mas com critérios *normativos* de *imputação*, que permitem ligar um resultado não necessariamente a quem o produziu do ponto de vista naturalístico, mas também àqueles que não o evitaram.[20] A busca e o desenvolvimento desses critérios *normativos* de ligação da omissão a um resultado contribuiu para a superação da *causalidade* como elemento fundador da imputação. Assim, embora alguns tenham a discussão sobre a *causalidade da omissão* como infrutífera, é inegável sua contribuição para a superação do paradigma *causal* que orientou por muito tempo a dogmática penal.[21]

Mas, antes de passar a tais critérios *normativos*, importa destacar algumas das críticas à ideia da *causalidade* na *omissão*. WELZEL sustenta que as *condições* necessárias para a produção de um resultado são apenas aquelas que *modificam* o mundo físico. Não existem *condições negativas*, de forma que a omissão não *causa* nada, ao menos do ponto de vista ontológico.[22] Também é crítico da ideia de *omissão causal* CEREZO MIR, para quem na omissão o sujeito *não causa* o resultado, mas simplesmente não o impede.[23] Entre nós, FRAGOSO também apontava que a omissão, como abstenção de atividade, *não causa coisa alguma*.[24]

ARMIN KAUFMANN, por sua vez, reconhece que a *omissão* pode ser causal em relação a um resultado – acompanhando a ideia de BINDING –, mas

---

tanto na ação como na omissão o agente é responsabilizado por um comportamento *distinto* daquele previsto em lei. Em TAVARES, *Teoria*, p. 107.

20. Trata-se, segundo TAVARES, de uma teoria de *imputação* e não de uma teoria da *causalidade*, pois *equipara* os conceitos de ação e omissão por um juízo hipotético, fora da realidade fenomenológica. *Teoria*, p. 128. Sobre a perda progressiva do significado do *momento causal* e uma observável *penetração* de critérios valorativos e normativos no delito material de ação, ver TORIO LOPEZ, *Limites*, p. 696.

21. Para alguns a discussão sobre a existência da *causalidade* na *omissão*, além de extensa e inabarcável, é *uma das mais estéreis que já existiram na ciência do Direito Penal*. E. SCHIMIDT, *Lehrbusch*, p. 171, citado em ARMIN KAUFMANN, *Dogmática*, p. 76.

22. Para WELZEL na omissão a responsabilidade não decorre da produção do resultado, mas de sua não evitação, de forma que a causalidade não cumpre papel algum (*Derecho Penal*, p. 277). Na mesma linha, TAVARES, para quem a omissão não causa nada, porque nada é. TAVARES, *Teoria*, p. 366.

23. CEREZO MIR, *Curso*, p. 253. Na mesma linha, MAURACH, para quem a relação entre omissão e resultado não deve ser buscada no nexo naturalístico, mas em critérios normativos de imputação, como ocorre com a ação (*Derecho Penal*, p. 236).

24. FRAGOSO, *Crimes omissivos*, p. 12. Tambem contra a existência de *causalidade* na omissão, COSTA JR., Paulo José, *Do nexo causal*, 4ª ed., São Paulo: RT, 2007, p. 18.

aponta que não existe essa mesma relação entre a *omissão* e o *omitente.*[25] A explicação merece destaque, por ser correta e adequada: nos casos de *ação*, segundo ARMIN KAUFMANN, há uma ligação estreita entre o *agente e o ato* que *causa* o resultado. Aquele que aperta o gatilho tem relação direta com a bala que causa a morte de outro. Aquele que publica texto caluniador tem a mesma relação direta com a afetação da honra da vítima. Se o *agente* for suprimido mentalmente o *ato* deixa de existir e, por conseguinte, o *resultado.*[26] O mesmo não ocorre na *omissão*, porque a *supressão mental* do omitente não afeta a *omissão* em si, não afasta a *não existência* do comportamento. Se A joga B (que não sabe nadar) na piscina, o comportamento do primeiro é *causal* em relação à morte do segundo porque sua supressão hipotética afasta o resultado. Por outro lado, se C (salva-vidas) não salva a criança B que pede socorro, não há relação causal direta entre o primeiro e o *não salvamento*, porque se suprimirmos mentalmente a presença de C a *omissão de salvamento* existiria da mesma forma.[27] Assim, embora ARMIN KAUFMANN reconheça a *causalidade da omissão*, não reconhece a *relação causal* entre o *omitente* e a condição negativa do resultado.

A nosso ver, as críticas ao sistema causal parecem adequadas. Conceber que o omitente pode *matar alguém* ou *lesionar alguém*, sob o prisma causal, consistiu uma forma de legitimar a imputação de resultados lesivos a determinadas inatividades, como a da mãe que deixa o filho morrer de fome ou a do salva-vidas que não resgata o banhista em apuros, em especial em uma época em que não existiam *clausulas gerais* positivadas que admitiam tal punição de forma expressa. Em outras palavras, se não há um dispositivo que admita expressamente a punição da omissão como um comportamento equivalente à ação, a única forma de fazê-lo, sem quebrar a *legalidade*, é reconhecer que a omissão *causa* a morte, a lesão, etc, estendendo-se a incidência dos tipos penais a tais condutas.

No entanto, tal proposta apresenta dois problemas. O primeiro consiste na turbação do sentido literal do texto legal. Como adiante explicitado, não parece que os tipos penais que descrevam a produção de resultados abarquem também *omissões*, a não ser em casos específicos de violação do *dever de controle* que ultrapasse os parâmetros do *risco permitido.* Ainda que a omissão seja uma *condição negativa* do resultado, concordamos com ARMIN KAUFMANN na ideia de que o *omitente* não o é. A *omissão* pode contribuir com o resultado, mas não o *omitente. Matar* ou *lesionar* tem um sentido de ação, de ato positivo, de forma que a admissão do omitente como autor força a abrangência do texto legal, com as exceções adiante explicitadas.

Por outro lado, compreender que a omissão *causa* o resultado alarga demais o conceito de omissão, uma vez que qualquer não evitação de um resultado, quando

25. ARMIN KAUFMANN, *Dogmática*, p. 79.
26. ARMIN KAUFMANN, *Dogmática*, p. 79.
27. ARMIN KAUFMANN, *Dogmática*, p. 80.

o agente é capaz de fazê-lo, pode ser considerada *causa* do resultado, a não ser que se apontem outros critérios adicionais para a imputação da omissão, como um *dever específico de evitar o resultado.*[28] Mas a admissão desse *dever* implica uma ruptura *normativa* no sistema *causal naturalista*, exigindo a busca da origem e do conteúdo do mesmo, como passam a fazer as teorias a seguir expostas.[29]

2.2. *Teoria do dever formal*

O progressivo abandono da ideia da *omissão causal* acabou por exigir a identificação de outro elemento que permitisse equiparar a falta de comportamento à conduta *positiva.*[30] Se o omitente não *causa* a morte, a lesão, como estender o tipo penal de *homicídio*, de *lesões corporais*, a esta conduta?

A resposta a tal indagação passou, em um primeiro momento, pela substituição da equiparação *ontológica* a um elemento *normativo*, à ideia da *violação de um dever formal.* Àquele que se omite será imputado o resultado não porque o *causou*, mas porque violou um *dever formal*, de natureza penal ou extrapenal, de evitá-lo.[31] A mãe que deixa de alimentar seu filho será responsável pela sua morte não porque a tenha *causado*, mas porque tem um dever civil de prestar alimentos e o descumpriu. Da mesma forma, o salva-vidas tem o dever *contratual* de zelar pela segurança dos banhistas e esse dever fundamenta a imputação da morte por afogamento de algum deles sob seus cuidados. Assim, o *omitente* não *causa* o resultado, mas sua inatividade é equiparável à *ação* – sob uma perspectiva jurídica – pela violação do dever, no plano da *antijuridicidade.*[32]

A ideia de fundar a omissão no descumprimento de um dever jurídico foi esboçada inicialmente por FEUERBACH, para quem a omissão surge sempre de uma obrigação originária do cidadão, de forma que o crime omissivo pressupõe um *especial fundamento jurídico*, decorrente da lei ou de um contrato.[33] Tal concepção *jurídica* do dever de garantia submergiu durante o período *causal*, mas

---

28. Nesse sentido, DOPICO GÓMEZ-ALLER, *Omisión*, p. 118.

29. Para TAVARES o critério causal-naturalístico não se sustenta justamente porque a omissão está sempre associada à violação de um *dever*, que não existe fora do âmbito normativo. TAVARES, Juarez. *Teoria*, p. 82. Nessa linha, ROXIN, para quem a discussão é infrutífera, uma vez que o importante são os critérios de *imputação da omissão*, embora não deixe de defender – a exemplo de ARMIN KAUFMANN – a existência da *causalidade* entre a omissão e o resultado. *Derecho Penal*, II, p. 768.

30. Sobre o tema, SILVA SÁNCHEZ, *El delito*, p. 469.

31. VON LISZT já fundava, no século XIX, o dever de agir no *dever legal*, embora acrescentasse o *agir precedente* como outra fonte desse mesmo dever, em *Tratado*, p. 211. Fundando a equiparação da omissão à ação no *dever legal*, BELING, *Esquema*, p. 99 e TRAEGER segundo SCHÜNEMANN, *Fundamentos*, pp. 135 e 263.

32. Nesse sentido, BELING, *Esquema*, p. 99, e TRAEGER, em TAVARES, *Teoria*, p. 124.

33. FEUERBACH, *Tratado*, p. 56.

voltou à tona, com contornos mais precisos, com o *neokantismo*,[34] especialmente com a contribuição de autores como TRAEGER[35] e MEZGER.[36] Para este último, a ideia de *causalidade* não é suficiente para explicar a imputação, uma vez que usa um conceito natural (*relação de causalidade*) para formular uma estrutura *normativa* (*responsabilidade*).[37] Por isso, segundo MEZGER, a pergunta a ser feita não é – como queriam os causalistas – se a omissão *causou* algo, mas se a *ação esperada* – como elemento *normativo* – teria impedido o resultado.[38]

Assim, responde pelo resultado o omitente responsável por sua evitação, decorrendo esta responsabilidade de um dever formal, que o obriga a agir e evitá-lo quando for capaz.[39] A *tipicidade* da omissão imprópria residirá na não evitação do resultado, e a antijuridicidade na *infração de um dever especial*, previsto na lei ou em um contrato.[40]

A tentativa de superar a *causalidade* pela teoria do *dever formal* enseja inúmeros problemas, decorrentes de uma excessiva *desmaterialização* dos critérios de imputação da *omissão*. Se antes esta a omissão era a *causa* do resultado, agora sua ligação com a lesão decorre de um *dever legal*, *normativo*, sem qualquer referente *ontológico*. Todo aquele que tenha um dever de agir, ainda que civil ou administrativo, é responsabilizado pela ocorrência do resultado, sem que sejam feitas grandes incursões sobre suas características ou o conteúdo *material* dessa obrigação.

Estrutura-se, dessa forma, uma proteção penal de deveres previstos em outras searas – legais ou até mesmo contratuais –, independentemente de uma cláusula geral que legitime tal operação, afetando-se a ideia de *subsidiariedade* e *fragmentariedade* da norma criminal.

Assim, responderá por *homicídio* aquele que se obrigou por contrato a evitar a morte, ou que tenha algum dever – mesmo que civil ou administrativo – de proteger a vida de outrem. O *salva vidas* que tinha o *dever contratual* de evitar

---

34. Embora o termo "*neokantismo*" se apresente com diversas conotações, aqui é usado como a escola que *propõe* a *normatização* dos institutos da dogmática penal, tendo por norte os *valores culturais* de determinada organização social. Sobre o tema, ver CAMARGO, *Imputação*, p. 26, SILVA SÁNCHEZ, *Aproximación*, p. 55; SILVEIRA, *Fundamentos*, pp. 111 e ss.; RAMÍREZ, *Introducción*, pp. 145 e ss.; BOTTINI, *Crimes de perigo*, pp. 134 e ss. Sobre a teoria dos deveres formais na omissão, ver ARMIN KAUFMANN, *Dogmática*, p. 269; SCHÜNEMANN, *Fundamentos*, p. 261, ROXIN, *Derecho Penal*, II, pp. 846 e ss.

35. Exposição do pensamento do autor em SCHÜNEMANN, *Fundamentos*, p. 263, e TAVARES, *Teoria*, p. 67.

36. MEZGER, *Tratado*, pp. 302 e ss.

37. Para o autor, causa não é toda a condição do resultado, mas apenas aquela geralmente *adequada* para produzir o resultado, em MEZGER, *Tratado*, p. 234.

38. MEZGER, *Tratado*, pp. 298.

39. MEZGER, *Tratado*, pp. 302 e ss.

40. DOPICO GÓMEZ-ALLER expõe a proximidade da teoria do dever formal com as ideias anglo-saxônicas do *legal duty*, desenvolvidas nos anos 1930, em *Omisión*, pp. 644 e ss.

afogamentos seria punido por *homicídio* se alguém morresse dessa forma na piscina pela qual era responsável. Esta imputação, quando observada da perspectiva de um ordenamento como o brasileiro, que prevê expressamente a consequência penal da violação de um dever legal ou decorrente de assunção (Código Penal, art. 13, § 2.º, *a* e *b*), encontra menor resistência, pois não afronta os limites da legalidade.[41] Mas à época em que a teoria do *dever formal* foi desenvolvida, os ordenamentos dos países nos quais a ideia tomou forma – em especial o alemão – não previam qualquer cláusula de equiparação da ação à omissão, de forma que a imputação de resultados típicos à violação de deveres decorria da interpretação extensiva dos tipos penais de resultado.

O salva-vidas seria punido pelo ato de "*matar alguém*" a autorização legal de equiparar a *omissão* a esse ato. Essa equiparação viria apenas do fato de ele ter assinado um contrato que previa seu *dever de vigilância.* Em outras palavras, um acordo entre particulares teria o condão de ampliar a abrangência do tipo penal, mesmo sem previsão legal expressa que autorizasse tal operação interpretativa. Essa *ampliação da abrangência* dos tipos penais para todos os casos em que exista violação de qualquer dever legal formal estende desmesuradamente a imputação, através de um *positivismo muito primitivo*, para usar a expressão de DOPICO GÓMEZ-ALLER.[42]

Por outro lado, a teoria em discussão, em sua acepção estrita, impede qualificar como *garante* aquele que não tem *deveres formais* de ação fixados pelo ordenamento ou por um instrumento contratual.[43]

Aqui vale o exemplo da babá que tem sob sua proteção uma criança e, por desatenção, a deixa atravessar uma rua movimentada, o que resulta no seu atropelamento e morte. Imaginemos que, pelo contrato de trabalho, essa babá estava de férias naquele momento. Não parece adequado – sob um prisma politico criminal – exonerar a cuidadora da *omissão imprópria* apenas porque tecnicamente o contrato não se aplicava àquele período. Há algo mais do que um *dever formal* que exige a atenção daquela babá para além de suas obrigações contratuais, que confere à sua omissão um *status* mais relevante do que qualquer outro que se encontre no mesmo contexto e não aja para salvar a criança. Este algo mais será o que autores como SCHÜNEMANN, posteriormente,defenderão como o substrato *ontológico* para o *dever de garante.*

---

41. Ainda que se faça necessária, mesmo diante de tais dispositivos, uma interpretação que vá além do descumprimento *formal* da lei ou da assunção, exigindo-se a identificação de elementos *materiais* que estruturem o *dever de garante*, como o *domínio do foco de perigo*, ou sobre o desamparo da vítima, como adiante explicitado.

42. DOPICO GÓMEZ-ALLER, *Omisión*, p. 845; SCHÜNEMANN, *Fundamentos*, p. 100.

43. Nesse sentido, ROXIN, para quem a lei ou o contrato não são suficientes para justificar a imputação penal de um resultado, *Derecho Penal*, II, p. 849 e BACIGALUPO ZAPATER, *Delitos*, p. 39.

Outro problema é costumeiramente apontado para criticar a *teoria dos deveres formais*: a dificuldade para explicar a responsabilidade pela omissão na *ingerência*, verificada nos casos em que existe uma omissão após uma conduta arriscada realizada pelo omitente (ex.: quando o motorista omite auxílio àquele que atropelou), prevista no nosso art. 13, § 2.º, *c*.[44] Para DOPICO GOMEZ-ALLER, nesses casos, nem sempre se verifica violação de qualquer dever legal, de forma que tais atos seriam *impunes* sob a perspectiva do *dever formal*.[45]

Por volta dos anos 1930 a ideia dos *deveres formais* foi superada.[46] E isso se deu pelos problemas já assinalados. Em primeiro lugar, pela ausência de elementos *materiais* que permitissem indicar quais *deveres* dão lugar à equivalência à ação.[47] A simples referência a normas, de qualquer natureza, não é suficiente para legitimar a imputação de consequências penais. Ademais, do ponto de vista político-criminal, constatou-se a necessidade de imputar resultados a omissões em que o omitente não descumpriu qualquer dever legal ou contratual, como nos casos de *assunção*, nos quais alguém assume proteger ou salvar um bem jurídico independentemente de qualquer relação contratual ou dever legal. O mesmo valeria para os casos de *comunidades de perigo*, situações em que vários membros de um grupo se colocam em perigo mutuamente (ex.: expedição na selva). Para essas hipóteses também se pretendeu verificar a *posição de garante* de cada membro, o que seria inviável sob uma perspectiva do *dever formal*.[48]

Em suma, a ideia do *dever formal* foi deixada de lado não apenas por seu caráter expansivo, mas por não acolher situações que, do ponto de vista político-criminal, deveriam autorizar a imputação do resultado à omissão, ainda que não guardassem qualquer *ilicitude formal*.[49] A tendência de ampliar as hipóteses de *dever de garantia*, nominada por WELZEL de *tendência de mancha de azeite* (que cresce difusa e incessantemente),[50] acabou por esvaziar o conceito de *deveres*

---

44. "§ 2º – A omissão é penalmente relevante quando o omitente devia e podia agir para evitar o resultado. O dever de agir incumbe a quem:

(...)

c) com seu comportamento anterior, criou o risco da ocorrência do resultado."

DOPICO GÓMEZ-ALLER, *Omisión*, p. 141 e BACIGALUPO ZAPATER, *Delitos*, p. 38.

45. DOPICO GÓMEZ-ALLER, *Omisión*, p. 141.

46. DOPICO GÓMEZ-ALLER, *Omisión*, p. 201.

47. Segundo TAVARES, a concepção do *dever de garante* como derivada da mera violação dos deveres formais situa a omissão em um plano puramente *normativo*, sem qualquer elemento empiricamente demonstrável. TAVARES, *Teoria*, p. 155. Também DOPICO GÓMEZ-ALLER, *Omisión*, p. 201.

48. Sobre o tema, GIMBERNAT ORDEIG, *Estudios*, pp. 168 e ss.

49. GIMBERNAT ORDEIG discorre sobre o processo, apontando o desenvolvimento de inúmeras propostas para materializar o dever de garante para além dos deveres formais, citando as ideias de comunidades de vida, comunidades de perigo, domínio da coisa perigosa, e assim por diante, GIMBERNAT ORDEIG, *Estudios*, pp. 159 e ss.

50. Em GIMBERNAT ORDEIG, *Estudios*, p. 59.

formais – embora tal ideia tenha sido incorporada parcialmente em alguns ordenamentos, como o brasileiro e o espanhol.

2.3 Teorias do dever de garante

2.3.1 Considerações gerais

Diante da dificuldade de imputar resultados à omissão pelo prisma *causal* e dos limites e problemas ligados à teoria dos *deveres formais*, a doutrina partiu em busca de critérios *materiais* para construir um *dever de garante*, um *dever de proteção/salvamento* capaz de imputar ao omitente o resultado típico de forma equiparada à ação.[51] Em síntese, a mãe que deixa o filho morrer de fome não *causa* sua morte e sua responsabilidade pelo resultado não decorre mais do descumprimento de um *dever formal.*

A imputação da morte decorrerá da constatação de que a mãe tem um *dever de garantia* perante o filho, que independe da existência ou inexistência de *deveres formais*, mas decorre da espécie de ligação desse *garante* com o *bem jurídico* que deve proteger ou tutelar.[52] A questão: qual relação entre alguém e um bem jurídico torna o primeiro garante do segundo? De onde surge essa ligação e esse dever? Tais indagações passam a nortear a dogmática dos crimes omissivos a partir dos anos 30 do século XX.

Em primeiro lugar, cabe apontar que a teoria do *dever formal* não é absolutamente contraditória com a ideia do *dever de garante.*[53] Em verdade, pode-se sustentar que seus preceitos têm o escopo de identificar tal *dever*, mas, ao fazê-lo, limitam-se a critérios *formais*, previstos em lei ou em contrato, que apresentam os problemas já indicados.[54] Talvez por isso FEUERBACH, que fundava a omissão juridicamente relevante no preceito legal ou no contrato[55] – teoria *formal* – também é considerado um dos precursores da ideia do *dever de garante*, junto com STÜBEL, que acrescenta às duas fontes uma terceira, o atuar precedente,[56] formando-se a conhecida *tríade* da fonte dos deveres de atuação, presente taxativamente em ordenamentos jurídicos de diversos países.

---

51. O termo "*garante*" foi talhado por BINDING em 1926, como expõem GIMBERNAT ORDEIG, *Estudios*, p. 132, e TAVARES, *Teoria*, p. 132.

52. Em SILVA SÁNCHEZ, *El delito*, p. 208. Segundo TAVARES, o conceito material do *garante* tem início com ARMIN KAUFMANN e sua ideia a respeito das *funções de garantia*: o dever de garantir a proteção de bens jurídicos ou de assegurar focos de perigo e sequência nas propostas de SCHÜNEMANN, de JAKOBS, de GIMBERNAT ORDEIG, de ROXIN, em *Teoria*, p. 319.

53. FEUERBACH, *Tratado*, p. 57.

54. DOPICO GÓMEZ-ALLER aponta que as teorias do *dever de garante* se aproximam mais da ideia do *dever formal* do que das ideias da *causalidade da omissão*, em *Omisión*, p. 202.

55. FEUERBACH, *Tratado*, p. 57.

56. Em ROXIN, *Derecho Penal*, p. 845.

No entanto, para fins de categorização, as propostas aqui indicadas como *teorias do dever de garante* se afastam da ideia do *dever formal* e têm em comum a busca por parâmetros *materiais* para reconhecer o *dever de agir* cujo descumprimento levará à imputação do resultado típico. O *dever de garante*, portanto, está desatrelado da ideia de *ilícito formal*, sendo trasladado da *antijuridicidade* para o plano da *tipicidade*.[57]

Vale repetir que a progressiva busca pela *materialização* do dever de garante não significou uma limitação à imputação da omissão. Ao contrário, como já indicado, as propostas iniciais de rechaço às teses dos *deveres formais* tinham como objetivo ampliar o âmbito de abrangência da equiparação da ação à omissão.

GIMBERNAT ORDEIG cita que na década de 30 do século XX um grupo de autores passou a defender a libertação da dogmática do *garante* das amarras do *dever jurídico* para defender que obrigações *morais ou sociais* – estranhas ao direito positivo – poderiam sustentar uma *omissão imprópria*.[58] Assim, a mãe que deixa o filho morrer de fome responderá pela morte ainda que não exista um *dever legal* que determine a prestação de alimentos. Isso porque incidiria nesse caso uma obrigação moral de assistência e cuidado que independe do direito. A excessiva *imprecisão* dos contornos do dever de agir fundado na moral e a consequente *insegurança jurídica* dela derivada levaram a que, após a 2ª Guerra Mundial, a dogmática da omissão buscasse um porto seguro para ancorar o injusto omissivo, seja no retorno ao preceito do *dever jurídico*, seja em uma suposta estrutura *ontológica* do comportamento omissivo derivada da *natureza das coisas*.

2.3.2 Teoria da normalidade e dependência

Nesse contexto, as primeiras teorias da posição de garante distintas da estrutura *moral* são próximas à ideia da violação do dever formal e atrelam essa figura a mandatos jurídicos especiais.[59] A proposta de NAGLER, por exemplo, busca substituir os deveres metajurídico-penais da *teoria formal*, que fundamentavam a omissão relevante, pelos deveres jurídico-penais, baseados em um sentido de ética social que garantiria certa *materialidade* ao injusto omissivo.[60] Esse autor é reconhecido como o primeiro a sistematizar as *posições de garante* já reconhecidas

---

57. Os contornos do *dever de garante* variam em cada autor e as propostas nesta seara são praticamente inabarcáveis, como apontam JAKOBS, em *Derecho Penal*, p. 970, e DOPICO GÓMEZ-ALLER, em *Omisión*, p. 203, de forma que serão expostas apenas as propostas mais representativas e aquelas relevantes para o desenvolvimento da tese que se propõe para a interpretação da ingerência no Direito brasileiro.

58. SCHAFFSTEIN e SAUSER, citados por GIMBERNAT ORDEIG, *Estudios*, p. 135. Também MEZGER, em *Tratado*, pp. 302 e ss.

59. Em ARMIN KAUFMANN, *Dogmática*, p. 261; SCHÜNEMANN, *Fundamentos*, p. 264; e DOPICO GÓMEZ-ALLER, *Omisión*, p. 204.

60. ARMIN KAUFMANN critica tal posição porque ela reconheceria um elemento *implícito* determinante da *causalidade* – dever de garante – não previsto expressamente no

pela doutrina.[61] Para ele, só o *garante* tem o dever de agir, em decorrência de uma ação precedente (ingerência) ou de uma lei, um contrato ou outra imposição.[62]

Em sentido similar, WOLFF entende como omissão relevante aquela que *produz* o resultado, o que ocorre sempre que o ato de salvação seja considerado algo *normal* – esperado normalmente e não como privilégio especial – e que exista uma *relação de dependência* da vítima, seja em decorrência de uma *carência* (ex.: filhos em relação aos pais) ou da *confiança* vigente em determinados contextos (ex.: divisão de trabalho ou ingerência).[63] Esta *dependência*, no entanto, está fundada em *deveres jurídicos*, ou seja, será o *direito* quem decidirá pela relevância ou não da omissão. Assim, ainda que tais autores busquem uma base *material* na ética, na *normalidade*, na *relação de dependência* ou na *carência*, acabam por conduzi-la à violação de um preceito legal, atraindo todos os problemas já expostos quando tratamos do *dever formal*. Ademais, a imprecisão do conceito de *normalidade e ética*, sem autonomia suficiente para desvinculá-los do *dever jurídico*, acaba por afetar a capacidade de rendimento da proposta.[64]

2.3.3 Teoria das funções (Armin Kaufmann)

Em sentido diverso segue ARMIN KAUFMANN. Embora não se liberte completamente da ideia do *dever jurídico formal*, esse autor – coerente com os preceitos *finalistas* que segue – busca a *natureza ontológica* da omissão, que levará, necessariamente, a apartá-la da comissão como categoria de comportamento. Para isso, elabora uma dogmática própria da *omissão* no campo penal que merece destaque pela profundidade e o impacto nas construções posteriores sobre o tema.

---

tipo penal, valendo lembrar que à época não existia na legislação alemã a cláusula geral prevista no § 13 do Código Penal daquele país. ARMIN KAUFMANN, *Dogmática*, p. 261.

61. SCHÜNEMANN, *Fundamentos*, p. 264; TAVARES, *Teoria*, p. 133. Segundo BACIGALUPO ZAPATER, NAGLER aponta que a equiparação entre ação e omissão não se sustenta sobre a violação de um *dever formal*, mas em uma característica do omitente, que pertence a uma *classe especial* de pessoas com a função de evitar certos resultados. Para o autor (NAGLER) o que determina a *posição de garante*, e, logo, a equivalência entre a omissão e a comissão, é a *relação estreita* entre o omitente e o bem jurídico lesionado, que pode ser imposta por lei ou estar conectada a determinados fatos sociais, como no caso da ingerência, em *Delitos*, p. 48 e ss.

62. Em TAVARES, *Teoria*, p. 134. Em sentido similar, NORONHA, para quem a omissão é uma *espécie de ação*, e, portanto, *causa* um resultado sob uma perspectiva jurídica, mas apenas quando exista um *dever de impedi-lo*. Esse dever, segundo o autor (que escreve antes do advento do § 2.º do art. 13 do CP), decorre da lei – ou de mandamento equivalente à lei ou do direito costumeiro – da aceitação do dever, ou de comportamento anterior. Em *Direito Penal*, p. 126. No mesmo sentido, COSTA E SILVA, para quem essa obrigação deriva de preceito positivo, de convenção expressa ou de ato anterior, criador de perigo, doloso ou culposo. (COSTA E SILVA. *Código Penal*, p. 14).

63. SCHÜNEMANN, *Fundamentos*, p. 129.

64. SCHÜNEMANN, *Fundamentos*, p. 135.

O autor parte de uma avaliação extensa sobre as características da ação e da omissão para concluir que existe uma *raiz* comum entre eles: ambos são *comportamentos*, entendidos como *atividade ou passividade física da pessoa, sujeita à capacidade de direção final da vontade.*[65] No entanto, as semelhanças entre as condutas cessam aí. Ainda que exista uma *raiz comum*, o autor defende não ser possível nivelar as duas *formas de comportamento* humano, mesmo na seara pré-jurídica, porque na *omissão* – ao contrário da *ação* – faltam a *causalidade* e a *finalidade.*[66] Não há relação *causal* entre o *omitente* e o resultado lesivo, da mesma forma que inexiste *direcionamento final* na omissão, de forma que essa forma de comportamento não pode ser equiparada à ação.[67] São conceitos *inversos*, de modo que a *estrutura de cada fenômeno* é diferente do início ao fim.[68]

Diante disso, para o autor, o tipo penal de resultado previsto na Parte Especial (ex.: "*matar alguém*") é exclusivamente comissivo e só pode ser compreendido desta forma. Não se *mata* alguém por omissão. Como já exposto, ainda que a omissão possa ser *causal* em relação ao resultado, ARMIN KAUFMANN rechaça que exista a mesma relação entre o omitente e a omissão, uma vez que a supressão mental daquele não afasta a existência desta.[69] A supressão da existência do salva-vidas que olha inerte o banhista que se afoga não afeta a realidade da omissão de socorro, que ainda estará presente mesmo se inexistente aquela figura humana. Por isso, o omitente não *mata* alguém, não *lesiona* alguém, não realiza o *tipo penal* de resultado.

O ato da mãe que deixa o filho morrer de fome, portanto, é uma *omissão* não tipificada expressamente, razão pela qual não pode ser considerada diretamente *homicídio* porque a mãe não *causa* a morte do filho, e entender como *homicida* aquele que não impede a morte de outro podendo fazê-lo ampliaria demais a incidência do tipo penal. Por outro lado, imputar o homicídio por omissão apenas aos casos nos quais o omitente tem um *dever especial* de evitar o resultado – um *dever*

65. ARMIN KAUFMANN, *Dogmática*, p. 101.

66. Assim, apesar de encontrar a *raiz comum*, ARMIN KAUFMANN indica substanciais diferenças entre os conceitos, de forma que os elementos *dogmáticos* da ação devem ser aplicados de forma *invertida* na omissão. Para o autor, a estrutura dos comportamentos é *inversa* e assim deve ser compreendida, conclusão relevante para o enfrentamento de inúmeros problemas concretos, como a tentativa e o concurso de agentes. ARMIN KAUFMANN, *Dogmática*, p. 103.

67. Assim, para ARMIN KAUFMANN, se para a ação existe *dolo de agir*, para a omissão existe *ausência de decisão final* de agir da forma exigida pela norma; se na ação existe *cumplicidade* para a produção do resultado vedado, na omissão haverá a ausência de cumplicidade para alcançar o resultado exigido pela norma, e assim por diante. ARMIN KAUFMANN, *Dogmática*, p. 320.

68. Segundo o autor, "*no me asusta la idea de una escisión del sistema de arriba abajo*" (*op. cit.* p. 97). Seguem o *dualismo conceitual*, ainda, JESCHECK, *Tratado*, p. 560 (ao tipo de delito de omissão pertence, por natureza, a ausência da ação requerida, conforme a situação típica), e WELZEL (*Derecho Penal*, pp. 276 e ss.).

69. ARMIN KAUFMANN, *Dogmática*, pp. 79 e ss.

de garante – significa criar um limite à norma não previsto pelo legislador.[70] Por isso, o autor entende que "*matar alguém*" é um crime *comissivo* e sua extensão para *omissões* daqueles que teriam um *dever* de evitar o resultado exige uma construção jurídica mais sofisticada.

Para isso, é necessário outro fundamento que permita imputar o resultado típico à omissão. E este fundamento, para ARMIN KAUFMANN, é estranho à Parte Geral, dada a ausência de normas sobre o tema à época,[71] mas pertence à Parte Especial, sendo este o lugar propício para a indagação sobre a existência e a possibilidade da prática de delitos por omissão, de forma casuística.[72] A punição da omissão, segundo o autor, exige um esforço interpretativo que permita observar, ao lado do tipo penal expresso e sempre comissivo, *outro* tipo penal distinto, apartado, diferente e implícito, que puna a omissão. A *omissão imprópria* possui, portanto, um *tipo próprio* que não se confunde com aquele expresso em lei, *comissivo*.[73] São delitos *sui generis*, situados junto aos tipos omissivos e vinculados com eles apenas pela referência ao mesmo bem jurídico e à mesma cominação penal.[74]

Assim, para ARMIN KAUFMANN, ao lado do preceito que pune o homicídio – expresso – existe um tipo penal implícito, que também pune por homicídio aquele que não impede a morte podendo fazê-lo. Mas sua aplicação não é automática ou ilimitada. Não é possível qualificar de *homicida* todo aquele que deixa de evitar a morte – é preciso haver um critério para definir *quais* omitentes respondem pelo resultado, e esse critério é o *dever de garante*, que será distinto para cada tipo penal, ligado às suas peculiaridades. Ao lado de cada *tipo penal* previsto na Parte Especial cuja prática se dá por *ação* existe um *tipo penal implícito* e diferente, cuja prática se dá por omissão quando o omitente tinha um *dever* de evitar o resultado e não o faz. E as características desse *dever de garante* serão distintas em cada tipo penal, exigindo-se do intérprete um labor para compreender seus contornos em cada crime específico. Note-se que esse *dever de garante* não está implícito no tipo penal comissivo, uma vez que não há qualquer referencia a ele no texto legal. Por isso, apenas o *tipo penal omissivo* de homicídio, que é distinto daquele expressamente previsto na Parte Especial, é limitado a um circulo específico de autores.

---

70. Vale notar que tal construção está atrelada à legislação alemã, que à época em que o autor escreve sua obra fundamental sobre crimes omissivos não previa cláusula geral de equiparação para a omissão imprópria (inserida na legislação alemã em 1975).

71. Vale lembrar que ARMIN KAUFMANN escreve antes da positivação da cláusula geral de equiparação do Código alemão.

72. ARMIN KAUFMANN, *Dogmática*, p. 294.

73. ARMIN KAUFMANN, *Dogmática*, p. 281.

74. O autor chega mesmo a sugerir, ainda que tangencialmente, a criação de uma Parte Especial dos delitos de omissão imprópria. ARMIN KAUFMANN, *Dogmática*, pp. 287 e 291.

O autor divide os deveres de garante dos *tipos especiais omissivos* em deveres de *proteção de bem jurídico* frente a todo e qualquer ataque e deveres de *controle dos focos de perigo*, que impõem a alguém o controle de um risco sob sua guarda.[75] Os primeiros surgem de um *preceito jurídico* ou de uma *assunção fática*, e os últimos da *ingerência* ou de *relações de confiança especial*.[76] Neste último grupo, a posição de garante decorreria das circunstâncias e condições sociais e familiares que colocam um bem jurídico na zona de influência de alguém. Já no primeiro grupo, a posição de garante decorre do dever de controle de objetos ou pessoas que estejam no âmbito de responsabilidade do omitente, ou de proteção de terceiros diante do comportamento de seus subordinados.

Assim, será garante o domador que controla o leão do circo – sobre ataques dessa *fonte de perigo* a quaisquer bens jurídicos –, bem como a mãe em relação ao filho, já que ela tem dever de proteger a criança de ataques de quaisquer fontes de perigo. Nessa mesma linha, WELZEL – também finalista e próximo das ideias de ARMIN KAUFMANN – assenta o *dever de garantia* sobre a *estreita relação* entre o omitente e o bem jurídico ameaçado, que pode estar reconhecida diretamente em um preceito jurídico, derivar a assunção, de um atuar precedente perigoso, ou de uma relação especial de lealdade (comunidades de vida ou de perigo).[77]

A principal crítica à proposta de ARMIN KAUFMANN é a relativização da *legalidade*.[78] Para o autor, como visto, os tipos penais de resultado são exclusivamente *comissivos*, ou seja, a única interpretação literal possível aponta que somente podem ser praticados por *ação*. A imputação da omissão somente será possível pela identificação de um tipo penal *não escrito*, paralelo ao comissivo, que pune todo aquele que não impede o resultado morte – quando for capaz de fazê-lo – desde que tenha um *dever de garante*, construído casuisticamente para cada tipo penal. O problema é que tal extensão e tal dever de garante não estavam previstos em lei à época em que o autor traça suas linhas (valendo recordar que a cláusula de equiparação foi inserida no Código Penal alemão apenas em 1975), ou seja, são fruto de uma interpretação extensiva, fora do teor literal do tipo penal, afetando diretamente o *princípio da legalidade*.

---

75. ARMIN KAUFMANN, *Dogmática*, p. 199.

76. ARMIN KAUFMANN, *Dogmática*, p. 299. Também WELZEL, *Derecho Penal*, p. 289. Em sentido similar, HENKEL distingue as hipóteses em que o garante está em posição de dever proteger o bem jurídico, de controlar fontes de perigo, de evitar delitos de terceiros, dentre outros, em SCHÜNEMANN, *Fundamentos*, p. 215.

77. Sobre o tema, ver GIMNERNET ORDEIG, *Delitos*, pp. 168 e ss., e WELZEL, *Derecho Penal*, p. 289.

78. Nesse sentido, SILVA SÁNCHEZ rechaça a proposta de ARMIN KAUFMANN por entender que todas as omissões estão tipificadas, do contrário se permitiria a analogia contra o réu. SILVA SÁNCHEZ, *El delito*, p. 405. Até mesmo WELZEL, que sustenta posição próxima à de ARMIN KAUFMANN, admite que o princípio *nulla poena sine lege* experimenta profunda limitação em sua proposta. *Derecho Penal*, p. 288.

A existência de tipos penais não escritos, como sugere ARMIN KAUFMANN, não é adequada a um sistema pautado pela reserva legal de todo ato punível. O próprio autor destaca que *a posição de garante não é um elemento implícito do tipo de delito comissivo*; por isso, *a omissão imprópria não realiza o tipo do delito comissivo, mas outro distinto, precisamente o delito de omissão imprópria.*[79] Assim, autoriza o intérprete a identificar *mandatos* para além da legalidade, para além do texto literal, identificando elementos de *garantia* que consubstanciam um dever não previsto expressamente.[80]

Ainda que superada a questão da *legalidade*, outro problema da proposta de ARMIN KAUFMANN vem à tona: a falta de definição clara do conceito central da omissão imprópria, do *dever de garante.* Como aponta PAWLIK, as fontes tradicionais do dever de garantia, da forma como expostas por ARMIN KAUFMANN, carecem de precisão, e devem ter um fundamento de legitimação autônomo, para além da justificação fenomenológica.[81] Em verdade, ARMIN KAUFMANN apenas expõe as *espécies* dos deveres de garante – controle do foco de perigo/proteção do bem jurídico –, mas não indica seus contornos, remetendo tais definições à casuística da Parte Especial. Nesse sentido, a proposta do autor não aponta precisamente um elemento *material* para fundamentar as funções de garantia por ele apresentadas, aproximando-a de uma variação mais sofisticada das anteriores teorias *formais dos deveres jurídicos.*[82]

As críticas tecidas, no entanto, não abalam a importância da exposição de ARMIN KAUFMANN, uma vez que sua proposta de classificação dos *deveres de garante* continua a ser largamente utilizada pela doutrina como base, ou ponto de apoio, para ulteriores digressões.

---

79. ARMIN KAUFMANN, *Dogmática*, p. 263.

80. Nesse sentido, SCHÜNEMANN, *Fundamentos*, p. 87.

81. PAWLIK, *La libertad*, p. 187. RODRIGUEZ MOURULLO afirma que a fronteira entre a *função de proteção de um bem jurídico* e a *função de controle de uma fonte de perigo* se confundem, uma vez que o cuidar de uma fonte de perigos não deixa de ser um ato de cuidar de bens jurídicos, e vice versa. Ademais, aponta que tal sistema de deveres não supõe uma caracterização material da posição de garante, mas apenas descreve um conjunto de situações – bastante vagas – das quais se desprende um *dever de garante.* Em *Algunas reflexiones*, p. 858.

82. Segundo GIMBERNAT ORDEIG, as propostas de ARMIN KAUFMANN e WELZEL, ainda que busquem certa autonomia da omissão em relação à atividade do legislador, se aproximam da ideia do *dever formal*, porque indicam a *lei* como uma das fontes do dever de garantia. GIMBERNAT ORDEIG, *Estudios*, p. 137. Nesse mesmo sentido, DOPICO GÓMEZ-ALLER, *Omisión*, p. 226, e CUADRADO RUIZ, *La posicion*, p. 38. Para esse ultimo autor, a divisão das posições de garante estabelecida por ARMIN KAUFMANN tem um caráter *classificatório e didático*, mas dela não se pode extrair, efetivamente, qualquer consequência material. MIR PUIG também critica a *teoria das funções* pela falta de clareza de seus fundamentos *materiais*, MIR PUIG, *Derecho Penal*, p. 285. No mesmo sentido, GARCIA CAVERO aponta que a teoria das funções de ARMIN KAUFMANN tem função meramente classificatória, pois pouco agrega para um fundamento material da posição de garante. Em *La posición*, p. 04.

2.3.4 Teorias sociológicas

A progressiva *materialização* da ideia do *dever de garante* levou a diferentes propostas de critérios que permitissem fundamentar a obrigação de agir na *omissão imprópria*. Alguns autores apontam que a *posição de garante* deriva das *relações sociais*. ANDROULAKIS, por exemplo, expõe que tal *posição*, que origina o dever de agir, existe quando o omitente está *previamente próximo* ao bem jurídico, em um sentido social e não espacial.[83] Ou seja, há o *dever de atuar* quando o omitente tem uma *proximidade* com o bem jurídico, da qual se origina uma obrigação especial voltada à sua preservação. Esta *proximidade*, segundo o autor, é evidente nos casos de ingerência, mas também existe nas relações de pais e filhos, nas comunidades de perigo, e em outros casos.[84]

Em sentido similar, BACIGALUPO, para quem os tipos penais encerram tanto condutas positivas quanto negativas, uma vez que carregam uma *norma* que aponta os bens jurídicos tutelados, cujo cumprimento compreende proibições ou mandatos, a depender da relação concreta do individuo com o bem afetado.[85] A distinção entre a prática dos tipos penais por ação ou por omissão estaria apenas na qualidade do autor, uma vez que qualquer pessoa pode praticar o tipo na forma comissiva, enquanto apenas *garantes* podem fazê-lo por omissão. Portanto, para BACIGALUPO a *posição de garante* é o elemento central da equiparação entre ação e omissão, caracterizado pela *estreita relação* do omitente com o bem jurídico em perigo.[86]

Próxima a essa concepção estão aquelas que fazem decorrer a posição de garantia do *papel social* do omitente, inaugurando uma concepção *sociológica* do *dever de garantia* que extrai sua existência da constatação de que existem *papéis* derivados das relações sociais que, por sua relevância para alcançar um suposto *bem comum*, fundamentam esse *dever*. VOGT propõe que a posição de garante decorre de uma *vinculação social* entre o omitente e o bem jurídico ou o foco de perigo,[87] da mesma forma que BARWINKEL e KOHLER entendem que o dever de garante decorre do *papel* do indivíduo, atribuído pela dinâmica social.[88] A ideia em comum é, em suma, fazer decorrer de uma relação social

---

83. Em SCHÜNEMANN, *Fundamentos*, p. 185; DOPICO GÓMEZ-ALLER, *Omisión*, p. 242.

84. Da mesma forma, GALLAS fundamenta o *dever de garante* nas relações de proximidade, em JAKOBS, *Derecho Penal*, p. 970. Também em DOPICO GÓMEZ-ALLER, *Omisión*, p. 243.

85. BACIGALIPO ZAPATER, *Deitos*, p. 118.

86. BACIGALIPO ZAPATER, *Delitos*, p. 116.

87. Em DOPICO GÓMEZ-ALLER, *Omisión*, p. 249.

88. Em SCHÜNEMANN, *Fundamentos*, p. 173. Vale destacar que KOHLER desenvolve uma ideia de *causalismo da ordem social* na qual a sociedade é um ente funcional e a omissão daquele a quem se assigna uma função será o mesmo que extrair uma peça da engrenagem social. Sobre tais ideias, ver também DOPICO GÓMEZ-ALLER, *Omisión*, pp.

prévia e existente entre o omitente e o bem jurídico a base material para a omissão imprópria. Assim – e para voltar ao exemplo paradigma –, a mãe que deixa o filho morrer de fome responde pela morte porque existe um *papel social* fundamental imposto aos pais, necessário ao *bem comum*, de forma que a relação destes com seus filhos passa por uma *posição de garante* dos primeiros, que exige proteção e eventual salvamento.

A nosso ver, tanto a ideia de *proximidade* entre omitente e bem jurídico como o critério do *papel social*, embora sejam importantes avanços em direção a um conceito *material* do *dever de garante*, falham pela imprecisão de seus contornos.[89] Ainda que expliquem casos evidentes, como o da mãe que não alimenta o filho, não apontam uma diretriz segura para questões mais complexas, como para a fixação da responsabilidade do diretor de uma empresa por atos de seus funcionários ou para determinar as consequências da *transferência* do dever de garantia.[90] A falta de parâmetros claros sobre os limites dessa *proximidade*, ou da estrutura do *papel social*, dificulta a solução de casos mais sofisticados.

Ademais, a ideia de vinculação exclusiva do *dever de garante* a relações sociais previamente existentes é criticada por alguns autores porque amarraria o legislador, impedindo o direito de criar *deveres de agir* independentemente da constatação de sua existência prévia. SCHÜNEMANN, por exemplo, aponta que são legítimas proibições e mandatos autônomos que não façam parte do conjunto de valores pré-existentes na sociedade, mas que esta mesma sociedade entende como necessários para *criar* hábitos relevantes.[91] Indica, ademais, que o conceito de *sociedade* pré-existente ao legislador, no qual os defensores do substrato *social* do *dever de garante* ancoram seus ideais, não é um dado real, uma representação de dados empíricos, mas uma percepção subjetiva do intérprete jurídico, sem qualquer legitimação democrática. Em sentido similar, DOPICO GÓMEZ-ALLER indica que exigir a constatação da pré-existência dos valores que fundam o *dever de garantia* em uma suposta *ordem social* significa engessar a criação das normas, em uma concepção conservadora que levaria a um imobilismo radical do Direito na seara da omissão.[92]

A nosso ver, e como já exposto (Cap. I, 3.1) a *norma jurídica* não se atrela necessariamente a uma *expectativa social* preexistente, o que não significa ser

---

103 e 240. Também OTTO e BRAMMSEM partem de um conceito de *papel social concreto* para fixar a posição de garante, segundo ROXIN, *Derecho Penal*, II, p. 848.

89. Nesse sentido, a crítica de DOPICO GÓMEZ-ALLER, *Omisión*, p. 244.

90. JAKOBS, por sua vez, aponta que a proximidade não fundamenta todas as relações de garantia, uma vez que – segundo o autor – existem *instituições* que impõem a construção de um mundo em comum independentemente da proximidade. JAKOBS, *Derecho Penal*, p. 970.

91. SCHÜNEMANN, *Fundamentos*, p. 172. Na mesma linha ROXIN, *Derecho Penal*, II, p. 755, e DOPICO GÓMEZ-ALLER, *Omisión*, p. 261.

92. DOPICO GÓMEZ-ALLER, *Omisión*, p. 262.

desnecessária a justificativa de sua existência diante dos sistemas de funcionamento de determinada comunidade, uma vez que a regra inútil para a preservação de seus valores carece de legitimidade. Nesse sentido, e como também já indicado, entendemos que o substrato do *dever de garante* está ligado à tutela de um *bem jurídico* relacionado – direta ou indiretamente – com a preservação da *dignidade humana*, valor estruturante do Estado Democrático de Direito. Demonstrado tal referente, tem-se o espaço inicial dentro do qual a criação da *norma mandamental* é possível sob a ótica constitucional, restando a verificação de todos os demais preceitos necessários à legitimação destes dispositivos, como a subsidiariedade, a fragmentariedade, a necessidade e a proporcionalidade. Assim, o legislador tem espaço para valorar a omissão, com independência do *papel social* e das *relações preexistentes* entre os indivíduos e os bens jurídicos, desde que pautado pelos princípios assinalados.

2.3.5 Teoria das instâncias de proteção

Ainda no contexto de buscar elementos *materiais* para construir o *dever de agir*, vale mencionar a posição de RUDOLPHI. O autor busca atrelar a posição de garante a valores *normativos*, mas para evitar conceitos vagos e imprecisos, afirma que tais valores devem ser provenientes do próprio ordenamento jurídico, rechaçando apoiá-los em elementos externos, o que conflitaria com a própria legalidade.[93] Para o autor, a posição de garante depende do *rol social* do omitente, que ganha relevância apenas e tão somente diante dos valores presentes na *ordem jurídica.*

Nesse contexto, RUDOLPHI faz derivar a posição de garante de duas situações distintas. Em primeiro lugar, aponta para a existência de classes *primárias de garantia*, que são deveres de proteção e controle derivados de *circunstâncias sociais de convivência*, que independem da conduta prévia do *garante*. É o caso do dever dos pais em relação aos filhos, ou dos deveres de proteção inerente ao exercício de certas profissões, como médico, bombeiro, salva-vidas etc. Trata-se de casos em que existe, por parte do omitente, uma *assunção* do controle dos riscos ou da proteção de bens jurídicos e o *domínio* do curso causal. Em segundo lugar, as posições *secundárias*, nas quais o *dever de garantia* deriva de uma *perturbação social* decorrente de uma conduta prévia do sujeito.[94] Estas situações *secundárias* podem decorrer de um ato prévio de *desativação de uma instância de proteção pré-existente* (ex.: babá que assume o cuidado de uma criança, desativando a atenção dos pais) ou da *criação de riscos* que não podem ser manejados pela instância de controle existente.[95] Tal proposta – que também trabalha com uma dualidade de *posições de garantia*, como fazia ARMIN KAUFMANN – é a

93. BACIGALUPO ZAPATER, *Delitos*, p. 60.
94. Em DOPICO GÓMEZ-ALLER, *Omisión*, p. 275.
95. Em DOPICO GÓMEZ-ALLER, *Omisión*, p. 276.

base sobre a qual JAKOBS desenhará sua ideia de *deveres positivos* e *negativos* e também sobre a qual sustentaremos a divisão dos *deveres de garantia* entre aqueles decorrentes de *riscos próprios* e *alheios*, a seguir detalhada.

2.3.6 Teoria da confiança

WELP usa o conceito de *confiança* para estruturar materialmente o conceito. Para o autor, nos casos de omissão imprópria há uma violação da *confiança* da vítima na segurança ou no salvamento juridicamente fundada.[96] Assim, o salva-vidas pratica homicídio por omissão porque existe uma *confiança* juridicamente fundada em sua ação positiva de salvamento, o que não se verifica nos casos de omissão de outras pessoas, que respondem nesse caso apenas pela *omissão própria*.

A nosso ver, embora a proposta de WELP parta da relevante ideia de que a *omissão imprópria* somente será significativa se quebrar uma *confiança* existente no comportamento positivo, concordamos com a crítica de DOPICO GÓMEZ-ALLER, que aponta não ser a confiança da vítima – ainda que juridicamente fundada – suficiente para construir a posição de garante. Vale notar que nos casos de *omissão própria* também existe uma confiança juridicamente fundada e nem por isso é possível a imputação do resultado típico.[97] A nosso ver, a confiança é elemento da *omissão relevante*, desde que como *confiança* seja considerada a *expectativa jurídica*, normativa, e não *confiança da vítima*, cuja existência é dispensável para qualquer valoração penal. Porém, a extensão dos tipos penais de resultado à omissão exige mais do que isso: exige a existência de um *dever de agir* previsto na lei penal, derivado do ordenamento, de uma assunção ou decorrente de uma ponderação normativa fundada na relevância do bem jurídico, na exigibilidade da conduta e em sua suportabilidade, na forma adiante indicada.

2.4 Teorias do domínio

2.4.1 Schünemann

A dificuldade de trabalhar elementos *normativos* para materializar o *dever de garante* abriu outro caminho dogmático para a sustentação do desvalor da *omissão imprópria:* o retorno à *natureza das coisas*, rota trilhada por SCHÜNEMANN.

O autor busca nessa ideia o elemento de aproximação entre as diferentes categorias de conduta, partindo da premissa de que os conceitos jurídicos – *normativos* – devem estar *ajustados à realidade*, uma vez que o Direito está obrigado a apresentar resultados práticos. Assim, para o autor, a omissão tem

---

96. Citado em DOPICO GÓMEZ-ALLER, *Omisión*, p. 307.
97. DOPICO GÓMEZ-ALLER, *Omisión*, p. 316.

uma existência *real*, derivada do mundo do *ser* – pois participa da *realidade* do omitente –, sobre a qual apenas posteriormente se fará um *juízo de valor* para a definição da *omissão* relevante para a formulação de um *conceito jurídico* do instituto.[98] No entanto, esse caráter *ontológico* da omissão, ao contrário do que sustenta ARMIN KAUFMANN, não implica na *cisão* entre esta categoria de conduta e a ação.[99] SCHÜNEMANN defende que certas *omissões*, já na seara *pré-jurídica*, podem ser *equivalentes* à ação, desde que reconhecida uma estrutura similar. E esta estrutura é o *domínio sobre a causa ou fundamento do resultado*, presente tanto na ação como na omissão à qual se imputa um resultado.

Na ação, o *domínio* é verificado no controle do agente sobre seu próprio movimento corporal – ou sobre os instrumentos e mecanismos ligados ao seu corpo – que desencadeia o curso causal. Na omissão, o *domínio* se dá sobre a *causa essencial do resultado* ou sobre a *vulnerabilidade/o desamparo da vítima*.[100] O *domínio* sobre a fonte de perigo é o poder de controle sobre o elemento que coloca em risco o bem jurídico. É o caso do dono de um cachorro que omite segurá-lo ou chamá-lo quando o animal ataca uma criança, quando tal ato faria cessar o perigo. Já a nota central do *domínio sobre o desamparo* é a situação de *desvalia conatural* (seja pela idade, seja por uma doença) daquele que necessita da ação de proteção ou salvamento.[101] Nesses casos, o fundamento do *dever de agir* não reside no *dever formal* de proteger, mas na efetiva *relação de domínio* entre o omitente e o desamparado.[102]

Assim, ainda que entre parentes exista um *dever formal* de assistência mútua, previsto pelo Direito de Família, a *responsabilidade penal* pela omissão existirá somente nos casos de *domínio fático* sobre o desamparo.[103] Dessa forma, entre parentes próximos que residam em localidades distantes a omissão não será equivalente à ação dada a ausência deste *domínio* sobre o desamparo. Esta relação, segundo o autor, pode ser *existencial* – nas hipóteses em que a relação do dominante e do dominado é natural, como entre mãe e filho;[104] na *assunção*; ou em um ato de *confiança*, como ocorre, por exemplo, nas situações de *comunidade de perigo* – quando existe uma união de pessoas para uma empreitada perigosa.[105]

---

98. SCHÜNEMANN, *Fundamentos*, pp. 45 e 72.

99. SCHÜNEMANN, *Fundamentos*, p. 74.

100. SCHÜNEMANN, *Fundamentos*, p. 383. No mesmo sentido, DEMETRIO CRESPO, para quem o fundamento do *dever de garantia* é a ideia de *domínio*. Em *Sobre la posición*, p. 8.

101. SCHÜNEMANN,. *Fundamentos*, p. 391.

102. SCHÜNEMANN, *Fundamentos*, p. 406.

103. SCHÜNEMANN, *Fundamentos*, p. 407.

104. SCHÜNEMANN, *Fundamentos*, p. 392.

105. SCHÜNEMANN, *Fundamentos*, p. 384, citando especificamente uma sentença do Tribunal Supremo de Berna que declarou obrigados ao salvamento o guia e um grupo de alpinistas sempre que algum deles se encontre em perigo.

Portanto, SCHÜNEMANN entende que o *domínio* é o elo de equiparação entre ação e omissão, já no plano pré-típico, de forma que o ato de *matar alguém* englobará tanto condutas *positivas* como a omissão daquele que tem o *domínio sobre a causa essencial do resultado* ou sobre o *desamparo da vítima.* Ao contrário do que propõe ARMIN KAUFMANN, o autor não aponta a existência de *dois* tipos penais de *resultado* na Parte Especial, um praticado por ação e outro por *omissão*, mas apenas um, um *tipo total*, que abriga atos ativos e omissivos, ou seja, normas de *proibição* e *mandamentais.*[106] Pode-se dizer, nesse sentido, que o autor adota a *solução do tipo*, mas sem atrelar a *omissão* a um nexo causal, uma vez que utiliza a ideia do *domínio* para legitimar a imputação do resultado à inação. O que *equipara* a omissão à ação não é a sua *causalidade*, mas o *domínio* sobre o curso causal.[107]

Para SCHÜNEMANN, *matar alguém* pode ser praticado por ação ou por omissão. Basta que o agente/omitente tenha *domínio* do foco do perigo – que será seu próprio corpo nos crimes comissivos – ou sobre o desamparo da vitima e não aja para impedir o resultado. Nessa linha, uma cláusula geral positivada de equiparação da ação à omissão não se faz necessária, porque a mera existência do *domínio* faz equivalentes ação e omissão, sem a necessidade de qualquer dispositivo legal expresso que o diga.[108]

A nosso ver, a ideia de *domínio* é relevante para estruturar a *omissão imprópria.* O conceito, por exemplo, é importante para definir os limites da *assunção*, uma das reconhecidas fontes do *dever de atuar*, uma vez que é possível atrelar a *assunção tácita* à aquisição do *domínio* sobre a *fonte de perigo* ou sobre o *desamparo da vítima.* Também é essencial para a concepção do que seja *capacidade de ação*, elemento já apontado como essencial à *omissão penalmente relevante* (supra Cap. I, 3.4). No entanto, não parece ser o *fundamento* que permite imputar resultados típicos à *omissão.*

Em primeiro lugar, porque os tipos penais que descrevem *resultados*, como o *homicídio* e a *lesão corporal*, não compreendem em seu teor literal, a nosso ver, a *omissão*, por mais que o omitente tenha o *domínio* sobre o foco de perigo

---

106. SCHÜNEMANN critica a teoria da inversão de ARMIN KAUFMANN por entender que o uso da ideia do *domínio* como eixo central da *omissão* penalmente relevante resolve os problemas de forma mais simples e clara. SCHÜNEMANN, *Fundamentos*, p. 427.

107. SCHÜNEMANN defende que os *mesmos tipos* penais são válidos para *ações* e *omissões*, embora para as primeiras seja possível uma adequação *descritiva* e para as últimas uma adequação *normativa* GRACIA MARTÍN, no prólogo ao livro de SCHÜNEMANN, *Fundamentos*, p. 23.

108. Vale lembrar que em 1971 – quando escreve a edição inicial de *Fundamento y limites de los delitos de omisión impropria* – o § 13 do Código Penal Alemão não existia. No entanto, vale apontar que SCHÜNEMANN percebe a dificuldade de fixar regras genéricas para identificar o *domínio* em todas as espécies de tipos penais, e acaba por defender a fixação de critérios de equiparação gerais para cada *categoria de tipos*, como, por exemplo, os delitos de resultado, de perigo etc. SCHÜNEMANN, *Fundamentos*, p. 323.

ou sobre o desamparo da vítima – a não ser em casos específicos, adiante explicitados. *Matar alguém*, *lesionar alguém*, apontam para uma conduta comissiva, direcionada a tirar a vida, que cria um curso causal que segue em direção à lesão do bem jurídico tutelado.

Por mais que uma mãe tenha *domínio* sobre o desamparo de seu filho, seu ato de deixá-lo morrer de fome não caracteriza o *matar alguém*. Trata-se de *deixar morrer*, de não interromper um curso causal, que pode até representar a mesma *reprovabilidade* e merecer a mesma *punição*, mas é distinto de *matar*. Por mais que o agente tenha *domínio* sobre a vulnerabilidade da vítima, ele não cria o risco que levará ao resultado, a não ser em alguns casos de ingerência, adiante tratados. Assim, ainda que a omissão possa ser *equiparada* à ação, ela não é subsumida no tipo penal de resultado – a não ser que *expressamente prevista* –, de forma que não existe, a nosso ver, o tipo total, sendo sempre necessária uma norma geral de adequação para estender à omissão a imputação do resultado – cláusula inexistente na Alemanha até 1975.

Mas mesmo que consideremos que a omissão de interromper o curso causal possa ser – no plano pré-jurídico – equiparado à omissão quando exista o *domínio* nos termos assinalados por SCHÜNEMANN, inúmeras situações ficariam excluídas do âmbito de imputação, como o *dever de agir* derivado da previsão *legal* e alguns casos de *ingerência*. Nos primeiros, é possível que a lei imponha a determinadas pessoas – que exercem certas atividades – o dever de impedir *resultados*, e, nesses casos, ainda que estas mesmas pessoas não tenham o pleno *domínio da fonte de perigo* ou sobre o *desamparo da vítima*, o resultado será imputável à inatividade – ao menos diante do disposto no ordenamento pátrio (CP, art. 13, § 2.º, *a*).

O guarda municipal tem o *dever legal* de *zelar pelos bens*, *equipamentos e prédios públicos do Município*,[109] de forma que, ao deparar com algo que coloque em risco tal patrimônio, como uma árvore prestes a cair sobre um edifício tombado, deve agir, dentro de suas possibilidades, para evitar o dano. Caso não o faça e ocorra a lesão, responderá pelo crime de *dano qualificado* (CP, art. 163, parágrafo único, III), desde que identificado o *dolo*. Note-se que a imputação, aqui, independe do *domínio*, inexistente no caso concreto, ao menos no sentido conferido por SCHÜNEMANN a este instituto. A relação entre a inação e o resultado típico é *institucional*, decorre de uma previsão legal específica, à qual a norma penal estende os efeitos do *tipo penal* de resultado, em princípio direcionado apenas a atos *comissivos*.

Por outro lado, a concepção de SCHÜNEMANN afasta a imputação típica nos casos de *ingerência*, em especial no que se refere ao *dever de salvamento*. Há situações – analisadas no Capítulo seguinte – em que o agente cria um risco não

---

109. Lei 13.022/2014, art. 5.º, I.

permitido que se desdobra sobre o bem jurídico, expondo-o a um *novo perigo* sobre o qual o agente inicial não dispõe de *domínio*. É o caso do atropelamento. O motorista *domina* o foco de perigo inicial (o veículo), mas não *domina* os riscos surgidos após a colisão, como, por exemplo, com a hemorragia que coloca em perigo a vida da vítima. Não existe também entre o motorista e a vitima uma *relação existencial*, de *assunção* ou de *confiança* que fundamente o *domínio sobre o desamparo da vítima.* Por isso, o não salvamento posterior ao acidente, na concepção de SCHÜNEMANN, será irrelevante para a imputação do resultado, constituindo, no máximo, *omissão de socorro.* A nosso ver, e como adiante justificado, a exclusão dos *deveres de salvamento* do âmbito da ingerência não se justifica nem do ponto de vista dogmático, nem sob uma perspectiva político criminal, de forma que a proposta de SCHÜNEMANN não parece adequada.

Assim, a proposta de SCHÜNEMANN, ao atrelar a *omissão imprópria* ao *domínio sobre a causa ou o fundamento do resultado*, atrela a *imputação* a um critério *naturalístico* que exclui *posições de garantia* relevantes – e reconhecidas expressamente por nosso ordenamento jurídico –, como a *lei* e a *ingerência.*[110]

Por outro lado, acaba por vislumbrar *deveres de garantia* em situações em que ela não existe – ao menos para nossa lei penal. Imagine-se o caso do dono de um cão que o vendeu ao vizinho e, dias depois, se dá conta de que o animal se libertou das amarras mal presas pelo novo proprietário e corre em direção a uma criança. Ainda que esse antigo dono tenha *domínio* sobre o *foco de perigo*, pois com seu simples chamado ou assobio poderia fazê-lo *parar*, sua omissão não será equivalente à ação – perante a legislação brasileira – porque não tinha o *dever legal* de impedir o resultado, não *assumiu* qualquer ônus e não criou o risco precedente, que derivou aqui de uma imprudência do novo dono do animal. Em suma, ainda que exista o *domínio*, não parece haver qualquer fundamento para equiparar tal omissão à comissão, e imputar o resultado lesivo à inatividade verificada.

Por fim, cabe destacar que a ideia *ontológica* de *domínio* é pouco precisa e não contribui em definitivo para a fixação do conceito de omissão *imprópria.* Domínio como possibilidade de controle do foco de perigo ou de comando sobre a vulnerabilidade da vítima, pode se aproximar em *certos casos* da ideia de *capacidade* de proteção ou de salvamento, que pode ser um *limite ontológico* à imputação nos casos de *omissão imprópria*, mas não fundamenta o desvalor da inatividade.[111]

---

110. Vale dizer, ademais, que o critério de *domínio* não é fundamento nem mesmo da imputação de todos os delitos comissivos, uma vez que não se verifica nos delitos de *infração de dever* Em sentido similar, DOPICO GÓMEZ-ALLER, *Omisión*, p. 391, e JAKOBS, *Derecho Penal*, p. 970.

111. MEINI MENDEZ aponta a existência de diferenças entre os conceitos de *domínio* e de *capacidade*, em *Responsabilidad*, p. 10 e ss. O autor afirma que *capacidade* se distingue do *domínio* porque ela não é *monopólio* de quem tem a posição de garante, mas abarca também outras pessoas. Na mesma linha, DEMETRIO CRESPO, para quem *domínio* é a

Nesse sentido crítico, TAVARES reconhece na ideia de *domínio* um ponto de apoio externo ao conceito do *dever formal*, mas aponta sua falha ao não determinar com precisão os elementos desta *dominialidade* do curso causal que garantem a imputação na omissão.[112] Para o autor, aquele que tem a plena capacidade de salvar um estranho necessitado de ajuda, no plano fático, teria *domínio* sobre a interrupção do curso causal, embora não necessariamente seja *garante*.[113] Por isso, a nosso ver, o critério de *imputação* da omissão não pode se assentar em elementos *meramente ontológicos* – seja a *causalidade*, seja o *domínio* –, mas exige um parâmetro *normativo* que caracterize a situação *fática* de domínio como um contexto de *garantia exigível*.[114]

Apesar dos problemas assinalados, a ideia de SCHÜNEMANN se difundiu e inspirou inúmeros autores, em especial na Espanha, onde até 1995 não existia a cláusula geral de equiparação e a proposta de incorporação da *omissão* aos tipos penais da Parte Especial resolvia os problemas da *legalidade* da *omissão imprópria*.[115] Dessa forma, autores como GIMBERNAT ORDEIG e GRACIA MARTÍN partem da ideia do *domínio* para estruturar suas propostas dogmáticas para a *omissão imprópria*, cada qual com particularidades que merecem análise mais detida.[116]

---

concreta possibilidade de atuar para evitar o resultado por parte de um *garante*. Assim, a *capacidade/possibilidade* de agir pode ser verificada em *qualquer pessoa*, mas o *domínio* apenas no *garante*. (DEMETRIO CRESPO, *Fundamento*, p. 25). A nosso ver, esse conceito aponta apenas que *domínio* é a *capacidade do garante*, o que não agrega muito, por remeter o fundamento material do desvalor da omissão à ideia de *garante*, muitas vezes caracterizado por quem tem o *domínio* do foco do perigo ou da vulnerabilidade da vítima, criando-se com isso uma argumentação circular. A dificuldade de distinção entre *capacidade de agir* e *domínio* é apontada por HSU, para quem SCHÜNEMANN reconduz o lado fático do *domínio* a uma mera *possibilidade de evitação* e deduz o *dever de evitação* dessa possibilidade – ou seja, trataria o *domínio* como mera *possibilidade*. Em DEMETRIO CRESPO, *Fundamento*, p. 25. Para LASCURAIN SANCHEZ, a ideia de *domínio* encerra a possibilidade físico-psíquica de atuação ou de não atuação – ou seja, o autor a aproxima da noção de mera *possibilidade* de ação, e a identifica como um *critério* inicial de imputação, mas nem de longe como o fundamento da posição de garante (em *Fundamento*, p. 210).

112. TAVARES, *Teoria*, p. 159.

113. TAVARES, *Teoria*, p. 160, embora tenhamos dúvida se mesmo para SCHÜNEMANN existe *domínio* nesses casos, uma vez que não há domínio sobre o foco de perigo, nem relação existencial, de assunção ou de confiança que fixe o domínio sobre o desamparo da vítima.

114. TAVARES, *Teoria*, p. 161.

115. Sobre o tema, CEREZO MIR, *Curso*, p. 257.

116. Também para CASABONA o elemento de equiparação entre a ação e a omissão é a existência de um *domínio fático* e de *privilégio* gerada entre o sujeito e o bem jurídico protegido, enquanto exista uma correlativa vulnerabilidade do ultimo e sua dependência do primeiro para sua tutela efetiva. CASABONA, *Limites*, p. 38.

2.4.2. Gimbernat Ordeig

GIMBERNAT ORDEIG parte das premissas de SCHÜNEMANN, observando que os tipos penais de resultado compreendem condutas positivas e negativas. Assim, o tipo penal de *homicídio*, por exemplo, encerra não apenas o comportamento de "*causar morte*", mas também – em determinados casos – "*o não evitar que o outro morra*".[117] A equiparação da ação com a omissão, para o autor, não está na *infração de um dever de garantia* pelo omitente, porque há vários tipos penais na Parte Especial que descrevem condutas omissivas de indivíduos que ocupam posições específicas, sobre as quais recai um dever também específico, e nem por isso tais condutas são equiparadas aos crimes *comissivos* ou a elas é imputado o resultado lesivo.[118]

Em outras palavras, o autor rechaça que a *posição de garante* seja a nota definitiva da *omissão imprópria*, uma vez que inúmeros crimes omissivos *próprios* são voltados a pessoas com deveres específicos de evitar um resultado de *perigo*, e nem por isso sua omissão equivale aos tipos penais comissivos de perigo da mesma categoria. Para ele, a equivalência não está na *infração do dever de garante*, mas no fato de o omitente *dominar um foco de perigo* e não agir para evitar o resultado.[119] Assim, da mesma forma que SCHÜNEMANN, GIMBERNAT ORDEIG afirma que tanto na ação como na omissão há um descontrole do *foco de perigo*, e esse é o elemento de união, de equiparação, que faz com que o *matar alguém* seja reconhecido tanto na conduta positiva, que desencadeia o curso causal, como na negativa, que não o interrompe.

No entanto, para GIMBERNAT ORDEIG, a ideia de *domínio* é mais restritiva do que aquela apresentada por SCHÜNEMANN. Ao invés de fixar o conceito no *domínio sobre o fundamento do resultado* ou sobre a *desvalia da vítima*, o autor o limita aos casos em que o omitente é o encarregado da *vigilância de uma fonte de perigo pré-existente* e tem condições de controlá-la.[120] Assim, tanto o dono de um cachorro bravo como a mãe de uma criança estão em uma posição de domínio, porque têm a atribuição de vigiar um *foco de perigo pré-existente.* O dono do cachorro porque evidentemente tem o controle de um ente perigoso. Já a mãe, segundo GIMBERNAT ORDEIG, também está no domínio de um *foco de perigo* ao cuidar de seu filho menor. Este *foco de perigo* é ele mesmo, que gera riscos para sua própria segurança com atos descuidados. Assim, aqueles que têm sob sua tutela crianças e idosos respondem pela omissão não porque têm um *domínio sobre desvalidos*, mas porque devem vigiar um *foco de perigo* consistente na própria pessoa, que gera riscos para si mesma.[121]

---

117. GIMBERNAT ORDEIG. *Estudios*, p. 337.
118. GIMBERNAT ORDEIG, *Estudios*, p. 109.
119. GIMBERNAT ORDEIG, *Estudios*, p. 110.
120. GIMBERNAT ORDEIG, *Estudios*, p. 305.
121. GIMBERMAT ORDEIG, *Estudios*, p. 306.

Por outro lado, para GIMBERNAT ORDEIG, nem sempre todo aquele que tem o *domínio sobre o fundamento do resultado* é garante. Assim, o marido que observa sua esposa aparentemente saudável cair após um ataque do coração e omite chamar um médico, embora tenha *domínio sobre o fundamento do resultado* pela sua proximidade e convivência com a mulher, não responde por comissão por omissão. Isso porque, embora tivesse a capacidade de interromper o curso causal, não era o encarregado da *vigilância de um perigo pré-existente*, uma vez que a esposa não estava doente antes.[122] Por outro lado, se ela estivesse enferma e o marido assumisse seus cuidados, seria *garante*, uma vez que passou voluntariamente a controlar um *foco de perigo*, qual seja, a doença de sua esposa.

Boa parte das críticas tecidas à ideia de SCHÜNEMANN de *domínio* se estendem a GIMBERNAT ORDEIG, de forma que não cabe repeti-las. No entanto, a posição específica deste de reduzir o *domínio* ao controle do *foco de perigo* merece algum reparo, porque acaba por afastar a imputação da omissão em situações que, a nosso ver, equivalem, do ponto de vista valorativo, aos casos em que existe um *domínio do foco de perigo.*

Por exemplo, o autor aponta que o *dever de garantia* de algumas pessoas sobre outras desvalidas ou desamparadas existe quando estas últimas são o *foco de perigo* para elas mesmas. Ou seja, o pai deve proteger a criança porque ela representa um risco para sua própria integridade, ao atravessar a rua sem cuidado ou ao subir em janelas altas.

No entanto, esta tutela não parece se limitar aos casos em que a pessoa possa se coloca em perigo – nos quais podem ser consideradas um *foco de perigo* para si mesmas –, mas também em situações em que terceiros ou a natureza criam riscos a tais personagens, independentemente da imprudência dos tutelados.[123] Se uma criança brinca no quintal, sem qualquer descuido ou autocolocação em risco, e o cachorro do vizinho pula o muro e a ataca, a mãe omissa (quando demonstrado que poderia evitar o resultado) responderá pela lesão corporal ou pela morte do filho, ainda que o foco de perigo não seja o próprio filho, mas o cão. Nota-se, aqui, que o dever de agir não decorre do *domínio do foco de perigo*, mas do *domínio da vulnerabilidade* do titular do bem jurídico, de forma que essa última categoria não pode ser afastada do elenco da *dominialidade* que torna a omissão imputável.

Ademais, GIMBERNAT ORDEIG não define com clareza quais seriam os encarregados de controlar as pessoas que constituem um *foco de perigo* para si mesmas, o que torna impreciso seu critério de imputação.[124]

---

122. GIMBERNAT ORDEIG, *Estudios*, p. 306.
123. Nesse sentido, DOPICO GÓMEZ-ALLER, *Omisión*, p. 526.
124. Crítica de DOPICO GÓMEZ-ALLER, *Omisión*, p. 562.

2.4.3 Gracia Martín

GRACIA MARTÍN também sustenta ser o *domínio* o elemento nuclear da *omissão imprópria*. O autor segue a linha de SCHÜNEMANN e GIMBERNAT ORDEIG ao apontar que o tipo penal de resultado (*matar alguém*, *lesionar alguém*) incorpora ações e omissões. No entanto, as *omissões* equiparáveis às comissões são poucas, apenas aquelas subsumíveis no tipo penal de resultado, ou seja, que tenham uma estrutura *idêntica* – e não meramente equiparada – à *comissão*.[125]

Assim, para o autor, existem distintas categorias de crimes omissivos. As omissões previstas em lei sem necessidade de produção de qualquer resultado dão lugar aos chamados *delitos de omissão pura*.[126] Já os delitos de *omissão e resultado* tem por pressuposto a produção do ultimo e uma relação da inatividade com este.[127] Dentro deste ultimo conjunto, existem aqueles que somente se realizam por uma omissão, e aqueles cujo resultado pode advir de uma ação ou de uma omissão. Nestes últimos, há tipos penais que preveem expressamente a modalidade omissiva e aqueles que implicitamente trazem a possibilidade da prática omissiva. Para o autor, os tipos de comissão por omissão implícita em regra descrevem comportamentos através de verbos que comportam – dentro de seu sentido literal – a prática omissiva, como ocorre no homicídio, com o verbo *matar*.[128] Por isso, a criação de cláusulas gerais não agregaria nada, pois apenas explicitaria aquilo que já é implícito e perceptível pela própria interpretação literal dos tipos penais.

No entanto, a identificação das omissões *equivalentes* às ações nesses tipos penais deve seguir um método estrito, que, segundo o autor, não passa pela teoria da posição de garante defendida pela doutrina majoritária, mas pela relação de *domínio* do omitente com a causa determinante de um resultado.[129] Por isso, o autor critica aqueles que fundamentam a equiparação na posição de *garante* do omitente, sustentando que nesses casos, se não há uma relação clara de *domínio*, a omissão tem menor gravidade que a comissão – o que restaria evidente pela postulação de parte da doutrina pela previsão legal de uma atenuante facultativa da pena. Para GRACIA MARTÍN, não se equipara a conduta de alguém que produziu ativamente um resultado à omissão daquele que não interferiu no processo causal perigoso, deixando que este siga seu curso natural até a produção

---

125. GRACIA MARTÍN, *La comisión*, p. 693, embora, para o autor, essa *identidade* exista apenas no plano típico, uma vez que *ontologicamente* ação e omissão são conceitos distintos.

126. GRACIA MARTÍN, *Los delitos*, p. 418.

127. GRACIA MARTÍN, *Los delitos*, p. 419.

128. GRACIA MARTÍN, *Los delitos*, p. 425.

129. GRACIA MARTÍN, *Los delitos*, p. 450.

do resultado.[130] Nem mesmo o recuso à ideia de garante autoriza a equiparação, porque a não evitação do resultado por este estará sempre abaixo – sob um prisma valorativo – da realização comissiva do tipo penal da Parte Especial. Para o autor, a posição de garante apenas define o rol, o papel de uma pessoa, mas não diz nada sobre seu comportamento concreto, diante de uma situação específica.[131]

Isso não significa, para GRACIA MARTÍN, a inexistência de omissões *equivalentes* à comissão, mas apenas indica que a *posição de garante* não é o elemento que atrai a omissão para o mesmo patamar da ação. Tal *identidade* se dá através da ideia do *domínio*, existente na *ação* e na *omissão*. Trata-se de um *domínio social da causa fundamental do resultado*, concebido como uma relação de dependência específica entre o bem jurídico e um sujeito ou uma classe de sujeitos que possibilita o domínio finalista do contexto típico.[132] Em outras palavras, e segundo o próprio GRACIA MARTIN, seria o conjunto de condições que permitem que o sujeito que se encontra nessa posição concreta – de *domínio social* – e só a ele, a tomar a decisão, e depois de atualizá-la mediante um ato concreto de domínio, de realizar a lesão do bem jurídico de forma típica.[133] Em suma, o omitente está em uma situação de *domínio* do curso causal, diante da qual *decide* pelo resultado típico.

A nosso ver, a ideia de *domínio* de GRACIA MARTÍN não difere muito daquela exposta por SCHÜNEMANN – ainda que o autor insista na distinção – e está sujeita às mesmas criticas. O conceito é vago e impreciso, e não parece suficiente para incorporar condutas *omissivas* no teor literal dos tipos penais da Parte Especial que não as mencionam expressamente. Ademais, o conceito acaba por excluir a *ingerência* do âmbito da *omissão imprópria*, com o que não concordamos como adiante exposto.

2.5 Roxin e os delitos de infração de dever

As dificuldades de fixar o *desvalor* da *omissão imprópria* no elemento *naturalístico* representado pelo *domínio* levaram autores como ROXIN a retomar parâmetros *normativos* para construir a *imputação* nessa seara. O autor compreende a *omissão* como a ausência de uma ação *esperada* ou *devida*, de forma que os delitos *omissivos* serão sempre crimes de *infração de dever*.

Tal categoria, para ROXIN, se contrapõe aos *delitos de domínio*, nos quais a autoria decorre de uma relação de controle do agente sobre o curso causal. Nos delitos de *infração de dever*, a violação de um *dever* extrapenal – como os deveres jurídico-públicos dos funcionários, os mandatos de sigilo vigentes em

130. GRACIA MARTÍN, *Los delitos*, p. 461.
131. GRACIA MARTÍN, *Los delitos*, p. 476.
132. GRACIA MARTÍN, *La comisión*, p. 701.
133. GRACIA MARTÍN, *La comisión*, p. 701.

certas profissões, as obrigações jurídico-civis de alimentos – é um *elemento necessário de realização do tipo.*[134] Ou seja, ainda que exista uma relação de *domínio* ou de *proximidade* entre o omitente e o perigo ou o bem a ser tutelado, a *omissão* somente será *relevante* se a conduta for *esperada* – e tal *expectativa* estiver fundada em um *dever* preexistente.

Para o autor, portanto, os crimes omissivos são delitos de *infração do dever*, uma vez que a imputação do resultado ao omitente não está fundada no *domínio dos fatos*, mas na violação de um *dever* de evitar um resultado, um *dever de garantia.*[135] O parâmetro não é a relação de *domínio*, derivada da *natureza das coisas*, entre o omitente e o resultado, mas a existência de um *dever violado* que, em certas circunstâncias, legitima *normativamente* a imputação desse resultado a uma omissão.

Esse dever deriva, em primeiro lugar, do *domínio* do omitente *sobre o fundamento do resultado*, nos termos propostos por SCHÜNEMANN, mas não é o *domínio*, sob o prisma *ontológico*, que fundamenta a *imputação*, mas a *valoração* deste *domínio* como elemento necessário à construção de um parâmetro jurídico. Vale notar que tal *domínio*, para ROXIN, não se confunde com o *domínio dos fatos* que estrutura os *delitos de domínio.*[136] Este tem como elemento o controle do curso causal criado pelo agente, enquanto que na omissão o domínio se dá sobre o *foco de perigo* ou sobre o *desamparo do bem jurídico.*[137] Para ROXIN, o dever de domínio de focos de perigo tem por fonte a vigilância de coisas perigosas no próprio âmbito de domínio – o dever de assegurar a comunidade diante de certos atos antijurídicos de terceiros – e a ingerência – nos casos de riscos criados pelo próprio omitente.[138] Já o dever de garantia de proteção/custódia de bens

---

134. ROXIN, *Autoría*, p. 387. Para o autor, em tais delitos – ao contrário dos delitos de *domínio* – a mera infração do dever é o elemento personalíssimo que atrai o agente para o centro da imputação, dificultando a concepção de coautoria e cumplicidade.

135. ROXIN, *Autoría*, p. 501. Para uma análise geral sobre dos *delitos de infração de dever*, ver GOMEZ-TRELLES, *Delito, passim* e INÉS RESTNON, *Los delitos, passim.* Sobre o mesmo tema, e sua relação com o *criminal compliance*, ver SILVEIRA e SAAD-DINIZ, *Criminal compliance, passim.* CARO-JOHN defende que os delitos de infração de dever são constituídos apenas por instituições positivas. CARO-JOHN, *Delito*, p. 237. FEIJOO SANCHEZ, por sua vez, defende um conceito *material* da infração de dever *positivo*, fundada na *solidariedade especial* que se distingue dos *deveres gerais de solidariedad.* FEIJÓO SÁNCHEZ, *Cuestiones*, p. 229.

136. ROXIN critica a proposta de equiparar *domínio do fato* à possibilidade de evitar o resultado na omissão – aquele que pode evitar o resultado não tem necessariamente *domínio do fato.* O *domínio do fato* é mais do que este mero poder; do contrário, não seria possível nos crimes comissivos separar autores de partícipes com base neste conceito, uma vez que é bem frequente a hipótese de o partícipe ter a possibilidade de *evitar* o resultado com algum comportamento concreto. Em ROXIN, *Autoría*, p. 503.

137. ROXIN, *Derecho Penal*, II, p. 857.

138. ROXIN, *Derecho Penal*, II, pp. 899 e ss. Nota-se, portanto, que a ideia de *domínio* para ROXIN é mais ampla do que aquela defendida por SCHÜNEMANN, porque incorpora a ideia de *ingerência.*

jurídicos decorre de relações de proteção familiares ou análogas, da assunção de outras formas de proteção, ou de posições orgânicas ou de deveres de titulares de cargos.[139]

Assim, o autor defende uma concepção *normativa* da *omissão imprópria*, lastreada em *deveres* que guardam um substrato material na *relação especial* do omitente com o perigo ou com o bem jurídico, bastante próxima ao conceito de domínio desenvolvido por SCHÜNEMANN, mas mediada por um filtro *jurídico* que caracterizará a *omissão* como delito de *infração de um dever.*[140]

2.6 Teorias unificadoras

2.6.1 Linhas gerais

Nas últimas décadas do século XX alguns autores retomam a ideia da *unidade conceitual* entre ação e omissão.[141] Assim, rechaçam a ideia de ARMIN KAUFMANN de uma cisão dogmática absoluta entre as categorias, e mesmo outras propostas menos radicais, como a de SCHÜNEMANN, que *equipara* ação e omissão já no plano pré-jurídico sob o espectro do *domínio*, embora reconheça a diferença *ontológica* entre ambas.

Defendem que ação e omissão sejam unidas em um *mesmo conceito*, de forma que qualquer distinção é irrelevante sob o prisma normativo e que todas as suas estruturas dogmáticas são equivalentes.[142] Assim, por exemplo, o tipo penal de *homicídio* não pode ser cindido em dois – omissivo e comissivo –, como queria ARMIN KAUFMANN, nem pode ser praticado tanto por ação como por omissão, como sustenta SCHÜNEMANN. *Matar alguém* será, em verdade, o resultado imputado a um comportamento desvalorado, sem que seja necessário perquirir se se trata de ação ou omissão, dado que tal distinção será sempre relativa, difícil ou inútil.

---

139. ROXIN, *Derecho Penal*, II, pp. 858 e ss.

140. DEMETRIO CRESPO tece críticas à ideia de ROXIN, apontando que este autor explica a ideia de *comissão por omissão* pela ótica da *infração de dever* e, seguidamente, recorre à ideia do *domínio do controle* para explicar o fundamento das posições de garantia. Em *Sobre la posicion*, p. 9. Para DEMETRIO CRESPO o conceito de domínio é mais seguro e evita os *excessos normativos*. A nosso ver, é possível conciliar ambos os requisitos, desde que considerada a *infração de dever* como o fundamento do *dever de garantia* – entendida aqui não como violação de um *dever formal*, mas como a existência de um contexto de *risco não permitido*, como adiante assinalado – e o *domínio* como limite à imputação – compreendido aqui *domínio* como capacidade/possibilidade de interromper o curso causal pela ação exigida pela norma de cuidado.

141. Conceito já defendido por LUDEN, no século XIX, como indica DOPICO GÓMEZ-ALLER, *Omisión*, p. 55.

142. Sobre o tema, SILVA SÁNCHEZ, *El delito*, p. 71.

Como aponta JAKOBS, não há diferença entre a conduta daquele que atropelou alguém porque *acelerou* um veículo ou porque *não o brecou*. Em diversos casos as condutas positivas e negativas se misturam, dando azo a um *contexto* que produz a morte.[143] Por isso, o que importa é o *desvalor normativo* do comportamento – ativo, omissivo, ou uma mescla de ambos – e não seu contorno real.

2.6.2 Herzberg

Uma primeira concepção da *unicidade conceitual* ancora na *evitabilidade* o critério de imputação que unifica todas as formas de conduta. A ideia de *comportamento evitável* abrangeria ação e omissão, ambas em um *conceito negativo* de não evitar o resultado *evitável*. Assim, *matar alguém* não é um ato positivo ou negativo, mas é a não evitação de um resultado morte *evitável* por um garante.[144]

Nessa linha, ação e omissão são formas indistintas de não evitação de um resultado evitável, e em ambas o indivíduo está em posição de *garante* porque domina a causa do resultado.[145] Mesmo nas tradicionalmente chamadas *comissões*, o indivíduo não evita um resultado evitável produzido pelo próprio corpo, de forma que pode ser considerado um *garante* sobre ele mesmo como fonte de perigo.[146]

Assim, *mata alguém* aquele que não evita a morte de outro – quando evitável – com o controle da causa do resultado. Quem puxa o gatilho responde pela morte da vítima não porque *causou* sua morte, mas porque não evitou o ato fatal controlando seus impulsos. Da mesma forma à mãe será imputada a morte do filho por falta de alimentação se constatado que poderia evitá-la.[147] Ao contrário do que pretendiam as teorias da *causalidade*, que construíam a unidade entre condutas pela busca do prisma *positivo* da omissão (a omissão *causa* algo), a proposta de HERZBERG unifica as categorias de comportamento pelo elemento *negativo* da ação, consistente na não evitação do resultado evitável.

---

143. JAKOBS, *Acción y omisión*, p. 7.

144. Nesse sentido, KAHRS, segundo em SILVA SÁNCHEZ, *El delito*, p. 211, embora o autor aponte a existência de diferenças entre ação e omissão no momento de concretizar tal imputação, que se dá de forma *genérica* na comissão e exige uma posição de *garantia especial* na omissão.

145. Sobre o tema, ver SCHÜNEMANN, *Fundamentos*, p. 75, e DOPICO GÓMEZ-ALLER, *Omisión*, p. 421. Segundo DOPICO GÓMEZ-ALLER, nos anos 1980 o autor reformula em parte sua concepção para indicar que a comissão "ativa" é distinta porque não se esgota em um mero não evitar, mas, ademais, é aquela na qual o agente voluntariamente causa um resultado. *Omisión*, p. 431.

146. SCHÜNEMANN, *Fundamentos*, p. 212.

147. BEHRENDT também defende que a ação tem uma estrutura omissiva: a omissão de impedir os *impulsos destrutivos* por meio de freios psicológicos (autocontrole) (em SILVA SÁNCHEZ, *El delito*, pp. 46, 213).

Conceber a ação como não evitação de um resultado por um garante e apontá-lo como aquele que cria o risco de resultado representa, efetivamente, uma nova e interessante perspectiva.

Mas tal construção não está isenta de problemas. A primeira crítica que pode ser dirigida à proposta de HERZBERG é aquela adequadamente tecida por DOPICO GÓMEZ-ALLER, para quem o conceito de ação como uma não evitação de resultado evitável, em posição de garante, esfumaça os limites entre atos preparatórios e o início da execução. O simples desejo pode ser o desencadeador de um curso causal, de modo que não evitar este desejo transformaria o agente em *garante*, e a partir desse momento já existiria a conduta penalmente relevante, a tentativa, e seria mesmo admissível, nesse momento, a reação em *legítima defesa.*[148]

Na mesma linha, TAVARES expõe que a inserção da ideia de *evitabilidade* no conceito de ação apenas *perturba* sua sistematização, uma vez que este critério não é tomado apenas no sentido objetivo, mas também no subjetivo, tornando confusa sua aplicação concreta.[149] STRATENWERTH critica a proposta em discussão ao rechaçar a ideia de que nos crimes *comissivos* a ação tenha como única função criar uma posição de *garante* para o omitente.[150] Para o autor, a ação é a base sobre a qual será avaliada a ilicitude penal, e não uma mera fonte do dever de agir, de forma que a unicidade não pode ser sustentada levando-se em consideração tal estrutura.

Por fim, merecem destaque as objeções de SILVA SÁNCHEZ, para quem a ideia de encontrar nos crimes *comissivos* um *dever de garante* pode ser correta, mas unicamente desloca o problema para outro setor dogmático, sem resolvê-lo. Isso porque, de acordo com HERZBERG, na ação o sujeito é garante em decorrência de um ato *dele próprio*, e na omissão este *dever de agir* tem origem em outras fontes. Diante disso, de nada adianta unificar os conceitos de ação e omissão se tais institutos serão apartados novamente em um momento posterior porque a *origem* do *dever de garantia* inerente a cada comportamento e sua *estrutura material* será distinta.[151] Enfim, para o autor, HERZBERG não afasta a distinção entre ação e omissão, mas apenas a transfere para o momento de determinação da fonte do dever de garante: nas condutas positivas a percepção desta posição será automática, enquanto que na omissão exigirá uma fundamentação especial. Em suma, a *unificação* é apenas *aparente.*[152]

---

148. DOPICO GÓMEZ-ALLER, *Omisión*, p. 438.
149. TAVARES, *Teoria*, p. 252.
150. STRATENWERTH, *Derecho Penal*, p. 289.
151. SILVA SÁNCHEZ, *El delito*, p. 84.
152. SILVA SÁNCHEZ, *El delito*, p. 212. A mesma crítica pode ser encontrada em TAVARES, que rechaça a proposta de compreender a ação como um "*não evitar evitável*" porque apenas inverte o plano da questão sem resolver seus problemas de premissa. TAVARES, *Teoria*, p. 122.

2.6.3 Jakobs

JAKOBS também busca um princípio de imputação de resultados que independa da qualidade do comportamento (ativo ou omissivo). Assim, embora o autor reconheça que ação e omissão são condutas distintas, tal diferença é irrelevante sob uma perspectiva jurídica. Para ele, todos os crimes têm por base a violação de um *dever de garantia*, alguns derivados da responsabilidade pela configuração de um âmbito próprio de organização (*deveres em virtude de responsabilidade por organização*) e outros derivados de deveres de levar adiante uma prestação para outros (*deveres em virtude de responsabilidade institucional*), que serão explicados adiante.[153] O que importa destacar, neste momento, é que a violação desses deveres pode se dar por ação ou por omissão indistintamente.[154]

Assim, para JAKOBS, o delito não se define pelos contornos externos da conduta, mas pela lesão de uma expectativa – e o fundamento desta expectativa é o que materializa a distinção entre infrações.[155] Tais fundamentos se assentam na (i) expectativa de *não lesão* aos demais membros da sociedade, ou na (ii) expectativa do cumprimento de certos deveres de *solidariedade*,[156] e sobre eles se sustentam as normas de conduta dirigidas aos atores sociais.

Tratemos da primeira categoria. Segundo JAKOBS, as relações sociais se estabilizam diante de *relações negativas* garantidas pelo Estado, derivadas do *neminem leadere*. Todos os membros da sociedade têm a titularidade de um âmbito organizativo ou de liberdade próprio e são responsáveis pelas consequências de sua utilização. A liberdade de organização tem por correlato a responsabilidade pelas consequências dos atos.[157] Aquele que desfruta da liberdade de organização da própria esfera deve manter esta esfera dentro do risco permitido.[158]

Em outras palavras, todos têm o *dever* de controlar seu âmbito de organização para evitar lesões a bens jurídicos alheios, evitando ações ou omissões que conduzam a tal resultado. Esse *dever* pode ser violado por uma ação (acelerar um carro em direção ao pedestre) ou por omissão (não frear o mesmo carro). Em ambos, caso exista o resultado morte, o agente *mata alguém* porque viola um *dever negativo*, uma obrigação de *não lesionar*, que torna o resultado imputável

---

153. JAKOBS, *Derecho Penal*, p. 971.

154. JAKOBS, como HERZBERG, desenvolve suas ideias em torno do *conceito negativo*, mas com uma distinção bem notada por SILVA SÁNCHEZ: não estrutura a *evitabilidade* sobre fatos físicos e psíquicos, mas na consideração das *alternativas* de comportamento como fator essencial da existência da conduta. JAKOBS, *Derecho Penal*, p. 948.

155. JAKOBS, *Derecho Penal*, p. 949. Para uma análise crítica da teoria de JAKOBS, SILVA SÁNCHEZ, *El delito*, p. 212.

156. JAKOBS, *Derecho Penal*, p. 940; JAKOBS, Gunther. *Acción y omisión*, p. 7.

157. JAKOBS. *Acción y omisión*, p. 8.

158. JAKOBS, *Acción y omisión*, p. 11; JAKOBS, Gunther, *Derecho Penal*, p. 974. Para ROXIN, a ideia de *competência por organização* de JAKOBS pode ser equiparada à ideia de *domínio* de SCHÜNEMANN. *Derecho Penal*, II, p. 854.

à conduta, seja ela ativa ou omissiva. Assim, os dois comportamentos são subsumidos no tipo penal de *homicídio* descrito na Parte Especial do Código Penal, sem que seja necessário recorrer a uma cláusula geral de adequação.

Os *deveres negativos*, segundo JAKOBS, são constituídos por deveres de *asseguramento* e de *salvamento*. Pelos primeiros, o agente deve manter os riscos derivados de sua esfera de organização dentro dos parâmetros *permitidos*, evitando perigos para além do tolerável. Aquele que anda em velocidade não permitida com seu veículo (ação) viola um *dever de asseguramento*, da mesma forma que aquele que não verifica os freios (omissão), e ambos serão responsáveis pelo resultado do atropelamento. O dever de *salvamento*, por sua vez, é derivado também desta competência organizacional. Aquele que cria um risco prévio ao bem jurídico alheio tem o *dever de salvar*, e a omissão nestes casos também constitui uma *lesão* em decorrência da violação de deveres de organização. O motorista que causa um acidente tem o dever de levar a vítima ao hospital ou chamar por socorro, e a inércia tornará imputável o resultado morte, se ele advir. Em outras palavras, a ingerência – a criação de um risco anterior – gera um dever de *salvamento* da vítima porque usurpa a autonomia alheia de autoproteção e coloca o criador do risco precedente em *posição de garante*.[159] A extensão deste dever de *salvamento* e a característica do *risco antecedente* que o faz incidir serão analisadas com mais detalhes no capítulo seguinte, que trata especificamente da *ingerência*.

Também nesse campo de deveres *negativos*, derivados da *competência organizacional*, estão os deveres decorrentes da *assunção do domínio do risco*. Esses deveres surgem quando a assunção por alguém da tutela de um bem jurídico faz com que o titular desse bem jurídico – ou os responsáveis por sua segurança – diminuam seus esforços para protegê-lo.[160] Por exemplo, aquele que se coloca à disposição para auxiliar uma senhora cega a atravessar a rua, ou aquele que se compromete a cuidar de uma criança no lugar dos pais, afasta os mecanismos de proteção existentes (outra pessoa que auxilie a senhora, os pais que cuidam da criança) e insere a segurança do bem jurídico em sua *esfera de organização*, de forma que o fundamento da responsabilidade será o mesmo que nos casos de *riscos derivados da própria esfera*.[161]

Ao lado das expectativas de *não lesar*, que criam os *deveres negativos* vinculados à competência *organizacional* dos membros da sociedade, JAKOBS aponta também para a existência de expectativas derivadas de deveres de *solidariedade*.

---

159. Para JAKOBS, se o ingerente constituiu o mundo de forma inadequada pelo comportamento precedente, tem a obrigação de reestabelecer a configuração adequada dos riscos desestabilizados. Para o autor, a ferida da vítima – a consequência do delito – pertence à organização do autor e este repara sua usurpação curando essa ferida. *Acción y omisión*, p. 16.

160. JAKOBS, *Acción y omisión*, p. 14.

161. JAKOBS, *Acción y omisión*, p. 16.

Segundo o autor, espera-se, em certas circunstâncias, que as pessoas edifiquem um *mundo em comum*, cumprindo obrigações para além do simples *não lesar*. Esta expectativa – derivada de uma concepção social de organização[162] – é a fonte dos *deveres positivos*, constituídos de mandados e proibições, cujo cumprimento exige ações e omissões.

Os deveres derivam, neste caso, de uma *competência institucional* assinalada ao cidadão, que deve cumpri-los não porque tenham relação com sua esfera *organizacional*, mas porque deve preservar certas *instituições* que representa. A violação destes deveres, além de afetar bens jurídicos, macula a confiança social em tais instituições, necessárias ao funcionamento da sociedade.[163] Estas *instituições* – e suas características – não são bem definidas por JAKOBS. O autor aponta apenas alguns exemplos de relações que as sustentam, como a relação pai e filho, ou aquela existente entre o funcionário público e a Administração Pública.[164] Assim, a mãe que deixa o filho morrer de fome pratica o *matar alguém* não porque geriu mal sua *esfera de organização*, mas porque tinha um *dever especial* de evitar esse resultado, derivado da *ordem institucional* que representa o papel de mãe. Da mesma forma, um funcionário da área ambiental que não revoga uma licença ao perceber que determinada obra coloca em risco o meio ambiente responderá pela lesão em comissão por omissão porque representa a Administração Pública naquela situação.[165]

Para JAKOBS esses *deveres positivos*, evidentemente, não são extensíveis a qualquer pessoa, mas limitados àqueles que representam certas instituições por meio de seu papel social.[166] Em outras palavras, a responsabilidade pela violação de *deveres institucionais* é sempre vinculada a um elemento especial, de forma que os delitos derivados desta posição serão delitos de *infração do dever*, diferentemente dos crimes derivados do *dever negativo*, que podem em regra ser cometidos por qualquer pessoa.[167] A infração do dever, nesse plano, também pode se dar por ação ou omissão, segundo o autor, relativizando, mais uma vez, a distinção entre as categorias de conduta.

---

162. Segundo JAKOBS, os *deveres positivos* são naturais mesmo nas *sociedades liberais*, sendo que mesmo nos modelos políticos de LOCKE e KANT existem menções a tais deveres. Em JAKOBS, *Acción y omisión*, p. 24.

163. JAKOBS, *Derecho Penal*, p. 940; JAKOBS, *Acción y omisión*, p. 23. Vale notar, aqui, que a ideia de *infração de dever* de JAKOBS é diferente daquela proposta por ROXIN. Para aquele, os delitos de *infração de dever* estão relacionados com relações jurídicas que excedem o mero dever de não ingerir ilicitamente em assuntos alheios. Para ROXIN, os delitos de *infração de dever* são todos os delitos cuja autoria requer a infração de um dever extrapenal. Em FEIJOO SANCHEZ, *Imputacion*, p. 17.

164. JAKOBS, *Derecho Penal*, p. 949; JAKOBS, *Acción y omisión*, p. 8.

165. JAKOBS. *Acción y omisión*, p. 26.

166. Justamente por isso, o conceito de *autoria* no âmbito dos *deveres institucionais* será mais amplo, uma vez que todo aquele que descumpre o *dever* será *autor*, não valendo nessa seara a ideia de *participação*. JAKOBS, *Acción y omisión*, p. 21.

167. JAKOBS, *Acción y omisión*, p. 12.

Dentro do âmbito da *competência institucional* encontram-se os casos de *assunção pela confiança especial*, que são comportamentos que *criam confiança alheia* em atos de proteção, sem que seja necessária a verificação de uma real desproteção do bem jurídico, como ocorria nas hipóteses de *assunção do domínio do risco* anteriormente expostas.[168] Enquanto essa última *cria* a vulnerabilidade do bem jurídico e gera deveres *negativos*, porque a proteção se insere na gestão *organizacional* do indivíduo, a *assunção pela competência especial* não cria tal vulnerabilidade, gerando apenas deveres *positivos*, derivados da competência *institucional*. Nessa seara estão as hipóteses de acolhida de pacientes em hospitais ou a gestão de negócios alheios. O bem jurídico não se torna, segundo JAKOBS, mais vulnerável em decorrência destas assunções, de forma que o responsável pelo hospital ou o gestor dos bens serão responsabilizados pelo resultado lesivo doloso ou culposo derivado de suas ações ou omissões pela violação de *deveres positivos*, de ordem *institucional*, e não pelo descumprimento de *deveres negativos*, derivados da *gestão organizacional*.[169]

Em síntese, para JAKOBS a distinção entre ação e omissão é irrelevante sob um prisma jurídico. O tipo penal de resultado, como *matar alguém*, será atribuível a ações e omissões sempre que o indivíduo violar *deveres negativos* – vinculados à sua competência organizacional – ou *deveres positivos* – vinculados à competência institucional – aos quais possa ser imputado o resultado morte.[170] Será homicida, portanto, aquele que *cria comissivamente* um risco não permitido, como andar de carro em alta velocidade (violação do dever negativo por ação), e aquele que se *omite* de manter seu âmbito de organização em patamares de perigo toleráveis, como ao deixar de verificar os freios (violação de um dever negativo por omissão). Será, ainda, homicida aquele que tem uma relação *institucional* com um bem jurídico, como os pais em relação aos filhos, e deixem de cumprir com seus deveres por ação ou omissão.[171] Assim, para o autor, a *fonte jurídica formal* de deveres de garantia é secundária. A lei não cria posições de garante por meio de cláusulas gerais, mas apenas esclarece os limites da responsabilidade pela organização ou pela instituição.[172]

---

168. JAKOBS, *Derecho Penal*, pp. 999 e ss.

169. JAKOBS, *Derecho Penal*, p. 1.001.

170. Interessante notar que a distinção entre deveres decorrentes da competência organizacional e institucional tem consequências dogmáticas relevantes, como, por exemplo, o papel das capacidades individuais de ação para averiguar a incidência da norma mandamental – nos casos de responsabilidade por organização, o papel do autor é evitar danos, de forma que não é necessária a ativação de sua capacidade especial; já nos casos de responsabilidade institucional, o papel social não se define pelo dever de evitar um resultado, mas através de um espectro de interações às quais pode pertencer a ativação das capacidades especiais. JAKOBS, *Derecho Penal*, p. 253.

171. JAKOBS, *Acción y omisión*, p. 10. Para uma análise crítica, ver TAVARES, *Teoria*, p. 157.

172. JAKOBS, *Derecho Penal*, p. 971.

A nosso ver, a proposta de JAKOBS supera a ideia de *evitabilidade* de HERZBERG ao tratar da equiparação entre ação e omissão em torno de contextos de imputação. Para o autor, a imputação também decorre de uma não evitação de um resultado evitável, mas sua proposta apresenta os elementos que fundamentam o *dever de agir*, ou o *dever de garante*, originados em uma *competência organizacional* ou *institucional.* A nosso ver, a distinção de situações é relevante e será a base de nossa proposta de diferenciar contextos de *riscos próprios* de *riscos alheios*, em que a imputação por omissão terá diferentes contornos e requisitos, como adiante explicitado.

Porém, alguns problemas na estrutura jakobiana merecem atenção. No que se refere aos *deveres negativos*, derivados de uma esfera *organizacional*, a proposta de JAKOBS parece adequada. A nosso ver, todo aquele que gerencia uma esfera de liberdade tem o *dever* de evitar lesões a bens jurídicos alheios, seja por ação, seja por omissão. Trata-se da gestão de *riscos próprios*, derivados do corpo ou de instrumentos manejados pelo indivíduo, ou sob seu controle direto.

No entanto, a inclusão pelo autor de certas hipóteses de *assunção* nesta categoria parece problemática. Como exposto, JAKOBS afirma que a *assunção* gera *deveres negativos* quando o ato desliga sistemas de proteção antes vigentes sobre o bem jurídico.[173] A nosso ver, essa *assunção*, por si, não cria um *risco não permitido*, de forma que o dever de agir posterior decorre de um *dever institucional*, e não do mau manejo do âmbito de organização do agente. Se alguém assume cuidar de uma criança e a deixa atravessar a rua sem cuidado, o *risco* ao qual ela está submetida – atropelamento – não está no âmbito de organização do cuidador. É *alheio*, *externo*, não foi criado por ele, de forma que o *dever* de evitar o resultado será *positivo*, de caráter *institucional.* Assim, ao assumir o encargo de proteção o agente não *cria um risco*, mas apenas se coloca no lugar de *protetor* diante de *riscos alheios.* A diminuição da proteção existente antes – por exemplo, o desligamento da atenção dos pais por conta da assunção – não representa, em si, um *risco não permitido.* Este existirá apenas no momento concreto do perigo, e será a natureza desse perigo que definirá se o dever de agir é *positivo ou negativo.* Assim, os riscos criados pelo próprio cuidador – por exemplo, colocar uma cadeira perto da janela ou deixar uma caixa de remédios perto da criança – derivam de seu âmbito de organização, mas os perigos *alheios* a ele – por exemplo, os carros que passam na rua – impõem um *dever de agir* fundado no âmbito institucional.

A distinção entre as duas situações, irrelevante para JAKOBS, parece importante. Nos casos de *deveres negativos*, derivados do âmbito organizacional, é dispensável a *assunção voluntária* do dever, uma vez que se trata de *risco próprio*, da criação de perigo pelo próprio omitente, de forma que aquele que colocou a cadeira perto da janela ou o remédio ao alcance da criança responderá pelo resultado lesivo mesmo que *não tenha assumido* qualquer dever de tutela.

---

173. JAKOBS, *Derecho Penal*, pp. 999 e ss.

Já nos casos de *deveres positivos* os riscos são *alheios*, de forma que a imputação dependerá da demonstração de que o omitente *assumiu* expressa ou tacitamente o dever de garantia. Assim, a responsabilidade por impedir a criança de atravessar a rua movimentada somente incidirá sobre aquele que aceitou protegê-la de forma eficaz.

Vale notar que, ao contrário do que sustenta JAKOBS, a existência ou não de confiança dos pais, o desligamento ou não dos cuidados pré-existentes, serão de todo irrelevantes em ambos os casos. No primeiro, a *criação do risco não permitido* pelo cuidador é autônoma e independe da existência de qualquer *confiança* especial de parte dos pais da criança. Mas também na segunda hipótese a constatação de que a atenção dos pais foi reduzida em decorrência da assunção da tutela pelo cuidador é irrelevante. Mesmo que um deles esteja presente e perceba que a criança vai atravessar a rua sozinha – também se omitindo – restará intacta a responsabilidade daquele que assumiu o *dever de garantia* (ainda que em autoria colateral com o pai negligente). Por isso, a nosso ver, os casos de *assunção* são todos ligados à *competência institucional*, sendo irrelevante a constatação do desligamento da proteção ao bem jurídico antes existente, reservando-se o âmbito da *competência organizacional* às situações de *riscos* criados pelo próprio agente.[174]

Mas talvez a maior crítica à proposta de JAKOBS esteja na formulação dos *deveres positivos*, derivados da *competência institucional.* Como visto, para o autor, nesses casos, o *dever de garantia* não decorre de uma situação fática, mas do descumprimento de um *dever*, cuja imputação do resultado se justifica pela violação da confiança da instituição que aquele indivíduo representa. Nesses casos, o núcleo do injusto está na violação da *instituição básica para a manutenção da identidade social* (como o matrimônio, a paternidade). A nosso ver, é possível a vinculação do *dever de garante* a instituições, independentemente da assunção fática da proteção ou da criação de um risco anterior, desde que este dever esteja previsto em *lei*, nos termos da alínea *a* do inciso II do artigo 13, § 2.º, do Código Penal brasileiro. Assim, o bombeiro, o médico, o policial, têm o dever de garante em determinadas situações, pelo fato de pertencerem a certas instituições.

No entanto, o *fundamento* para tal responsabilidade não parece ser, como sustenta JAKOBS, a preservação da confiança nessas instituições, mas a proteção de *bens jurídicos*, facilitada pelo fato de que os membros desses entes têm maior capacidade, organização, conhecimento técnico ou mesmo proximidade com os bens tutelados (como no caso dos pais em relação aos filhos). Em outras palavras,

---

174. Também DOPICO GÓMEZ-ALLER tece críticas à proposta de JAKOBS nesse ponto. Para o autor, JAKOBS faz certa confusão entre as hipóteses de *assunção*, cuja diferença reside apenas na existência ou não objetiva de um *desamparo real* do bem jurídico derivada da entrada do omitente na posição de assunção. DOPICO GÓMEZ-ALLER, *Omisión*, p. 466.

o dever *institucional* tem por escopo último a proteção de *bens jurídicos* e não a tutela da confiança em uma instituição.[175]

Vale destacar que a *omissão* dos representantes dessas instituições em casos nos quais o *salvamento* do bem jurídico não seria mais possível pode *afetar* a *confiança* da sociedade nos entes que representam, mas não legitima a responsabilidade penal. O bombeiro que permanece inerte diante de um incêndio não responde pela morte das pessoas cujo salvamento seria inviável, ainda que sua inação manche a imagem da instituição que integra. Isso revela que o *substrato último* do *dever institucional* não é a própria instituição, mas o bem jurídico cuja proteção justifica sua existência.[176] O que torna o bombeiro garante em relação às vítimas de um incêndio, ou os pais garantes da proteção dos filhos, não é a *instituição bombeiro* ou a *paternidade*, mas uma capacidade técnica especial ou uma proximidade concreta que indica uma *possibilidade* de assumir a administração da esfera do outro ou um foco de perigo quando necessário e a *voluntariedade* desta assunção, uma vez que ninguém ingressa nestes âmbitos institucionais sem vontade.[177] Em outras palavras, a violação da norma mandamental pode até afetar indiretamente a *instituição*, mas o núcleo do desvalor da missão será a lesão ao bem jurídico, não impedida pela ação devida.[178]

Ainda na seara crítica, merece destaque a ponderação de TAVARES. Para o autor, não é possível entender a omissão como descumprimento dos deveres inerentes ao papel social do indivíduo, como sustenta JAKOBS.[179] Os *deveres de organização* são próprios da responsabilidade das entidades, das corporações, e não das pessoas.[180] TAVARES afirma que o conceito de *organização* – em regra voltado a um processo de produção – não se aplica para legitimar a punibilidade da omissão, pois a realidade das pessoas não corresponde aos modelos empresa-

---

175. Nesse sentido, DOPICO GÓMEZ-ALLER, *Omisión*, p. 468.

176. DOPICO GÓMEZ-ALLER critica a ideia de competência institucional de JAKOBS apontando que a instituição (paternidade, casamento) não cria o dever de garante. O que ocorre é que nesses âmbitos é possível que o agente esteja de posse de meios de proteção de bens jurídicos alheios ou se encontre na gestão de um foco de perigo, de forma que sempre haverá um substrato material que deve ser verificado nos casos chamados de competência institucional. Em suma, para o autor, não basta estar naquela condição (pai, cônjuge); é preciso que tenha assumido a gestão do foco de perigo ou tenha à sua disposição meios de proteção do bem jurídico. *Omisión*, p. 469.

177. DOPICO GÓMEZ-ALLER, *Omisión*, p. 469.

178. Outra crítica à ideia dos *deveres institucionais* de JAKOBS é feita por ROBLES PLANAS, para quem os deveres vinculados às *instituições* não são muito claros, seja porque JAKOBS reconhece como *instituições* poucas formas de relações juridicamente estabelecidas, seja porque em uma sociedade *juridicamente preformada*, como a maior parte das sociedades contemporâneas, a quase totalidade das relações se encontra *institucionalizada*. Ou seja, o conceito de JAKOBS de *instituições* é, ao mesmo tempo, limitado e extenso. ROBLES PLANAS, *Deberes*, p. 8-11.

179. TAVARES, *Teoria*, p. 90.

180. TAVARES, *Teoria*, p. 91.

riais.[181] Ainda que a proposta de JAKOBS agregue ao conceito de organização a ideia de *distribuição de papéis*, de forma que a distribuição de responsabilidades estará condicionada ao círculo de atribuições do agente, a punibilidade acaba por decorrer da produção de danos pela má gestão deste círculo de organização.[182] Ademais, para TAVARES, JAKOBS não inova porque, ao usar a perspectiva da *produção de danos*, acaba por retomar a ideia de causalidade, apenas substituindo a *pessoa* pelo conceito de *círculo de organização*.[183]

2.7 Proposta de Silva Sánchez

Ainda na seara da equiparação *normativa* entre ação e omissão, merece destaque a teoria de SILVA SÁNCHEZ, que desenvolve uma estrutura de imputação próxima à concepção de JAKOBS nas premissas – entendendo ação e omissão como conceitos *equiparados* no plano normativo –, mas distinta nas consequências, uma vez que não admite certas fontes do *dever de agir* apontadas por aquele autor, como a competência institucional.[184] Para isso, SILVA SÁNCHEZ busca um conceito de *conduta* que abrigue ação e omissão, mas o faz fora do plano ontológico, pré-jurídico, ou pré-típico. Nessas searas, até admite uma diferença entre as formas de comportamento.

Omitir é *não fazer* algo esperado, enquanto ação é realizar um comportamento positivo. Mas essa distinção é irrelevante porque, segundo SILVA SÁNCHEZ, a *conduta* somente pode ser apreciada em seus contornos de *sentido* diante do *tipo penal*, de forma que o *conceito fundamental*, o elemento nuclear do sistema jurídico-penal, será o *comportamento típico* e não o comportamento ativo ou omissivo.[185] Diante disso, penalmente a omissão é extraída de um juízo normativo típico, pelo qual se imputa a uma *conduta* a não realização de uma *prestação positiva* indicada *ex ante* como relevante para a proteção de um bem jurídico.[186] A *omissão*, portanto, será constituída de (i) uma situação de perigo para o bem jurídico e (ii) a não realização da conduta *positiva* indicada pelo *tipo penal*.[187]

---

181. TAVARES, *Teoria*, p. 93.
182. TAVARES, *Teoria*, p. 94.
183. TAVARES, *Teoria*, p. 95.
184. SILVA SÁNCHEZ, *El delito*, p. 227.
185. SILVA SÁNCHEZ, *El delito*, p. 158. Para o autor, a *conduta* tem apenas uma função no sistema penal, que é garantir que o processo de *imputação* dos resultados – da forma descrita no tipo penal – respeite alguns contornos *negativos*, excluindo-se comportamentos *involuntários* ou *incontroláveis*. Assim, o *comportamento*, para SILVA SÁNCHEZ, tem uma função sistemática bem mais modesta do que aquela assinalada pelo *causalismo* ou pelo *finalismo*. SILVA SÁNCHEZ. A proposta de SILVA SÁNCHEZ é defendida também por ROBLES PLANAS, *Deberes*, p. 6 e ss.
186. SILVA SÁNCHEZ, *El delito*, p. 180.
187. SILVA SÁNCHEZ, *El delito*, p. 353.

Uma vez caracterizada a omissão penalmente relevante, o autor passa a buscar o parâmetro da *omissão imprópria*, ou seja, os critérios para identificar as omissões às quais são imputáveis resultados típicos. SILVA SÁNCHEZ rechaça a ideia do *dever formal* e sustenta que a omissão somente pode ser idêntica à ação que causa o resultado se tiver a mesma estrutura *material*, independentemente da natureza ou da origem do *dever violado* (lei, contrato ou qualquer outra fonte).[188] Por isso, propõe uma *tripartição* das omissões penalmente relevantes, separando-as em (i) omissões idênticas à comissão (comissão por omissão), (ii) omissões puras gerais e (iii) omissões puras de garante.

Na primeira categoria – objeto do presente estudo – encontram-se, como mencionado, as omissões com a mesma *estrutura material* da comissão, às quais se imputa o resultado lesivo na forma prevista no tipo penal de resultado. Para SILVA SÁNCHEZ, os tipos penais descrevem condutas (matar alguém, lesionar alguém) que compreendem tanto ações como omissões, uma vez que não proíbem a causação do *resultado*, e sim comportamentos aos quais este resultado pode ser imputado, seja pela *causalidade* (violação da *proibição* de causar lesões), seja pela omissão de prestações positivas de cuidado por uma classe especial de cidadãos (violação de *mandatos*).[189]

Em síntese, para o autor, o tipo penal compreende normas de proibição e de mandato, sendo possível sua consumação por ação ou por omissão, independentemente da existência de uma cláusula geral que equipare os comportamentos.[190] No entanto, a omissão somente será *idêntica* à ação, no plano da tipicidade, se apresentar a mesma *estrutura material*, o que ocorre apenas nos casos em que exista um *dever de garante* que permita a imputação do resultado.

Para SILVA SÁNCHEZ, este *dever de garante* que identifica estruturalmente as omissões com as ações tem por base a posição do omitente em relação à proteção de bens jurídicos ou ao controle de fontes de perigo. No entanto, ao contrário da proposta de ARMIN KAUFMANN, que ancora tais deveres em algo próximo do *dever legal*, SILVA SÁNCHEZ trabalha com um elemento *material*: o *dever de garante* que identifica omissão à comissão se verifica apenas diante da assunção de um *compromisso voluntário* pelo omitente, pelo qual se compromete com a função de proteção ou controle, dispondo-se a atuar para conter riscos concretos que ameaçam determinados bens jurídicos.[191] Tal *assunção* gera,

---

188. SILVA SÁNCHEZ, *El delito*, p. 473. O fundamento é similar àquele usado por GRACIA MARTÍN, mas com resultados distintos.

189. SILVA SÁNCHEZ, *El delito*, p. 459.

190. SILVA SÁNCHEZ, *El delito*, p. 461.

191. Aproxima-se de SILVA SÁNCHEZ a proposta de GARCIA CAVERO, para quem a posição de garantia, na atualidade, se sustenta na *assunção* de uma posição de domínio de riscos. Em *Lecciones*, p. 450, embora afirme que a assunção fundamenta apenas a responsabilidade por omissão nos delitos de domínio, modificando-se o critério quando se tratam de delitos de infração de dever, nos quais o fundamento da imputação é o *status* especial

segundo o autor, um efeito de *confiança* e *abandono* pelo titular do bem e por terceiros potencialmente intervenientes, de forma que o omitente passa a ser a extensão do âmbito de organização desta esfera alheia.[192] Ademais, coloca o omitente em uma posição de *controle* sobre o resultado que se identifica com a *causação* na esfera *comissiva*. Assim, a omissão somente será equiparada ao *matar alguém* quando o omitente assumiu por vontade própria o dever de evitar o resultado morte em determinada situação.

Ao lado das omissões *idênticas* à comissão, SILVA SÁNCHEZ apresenta as *omissões puras*, caracterizadas como inações em sentido estrito, nas quais falta qualquer relação especial do omitente com o bem jurídico.[193] Trata-se das tradicionalmente chamadas *omissões próprias*, como a *omissão de socorro*, que pode ser praticada por qualquer pessoa, sem que seja necessária uma averiguação especial de sua postura diante do risco ou da vulnerabilidade do bem jurídico. Por fim, existem, segundo o autor, as *omissões puras de garante*, situadas entre as duas categorias expostas, de gravidade intermediária – nem tão suaves como as *omissões próprias standard* (omissão de socorro), nem tão graves como as equiparadas à ação (mãe que deixa de amamentar seu filho)[194] – nas quais existe um dever de garantia imposto pela *proximidade social* entre o omitente e o bem jurídico, mas a assunção da proteção não ocorreu *voluntariamente.*[195] Nesses casos, segundo SILVA SÁNCHEZ, o ordenamento deveria fixar regras em separado, qualificando tais omissões como *delitos de omissão agravados ou qualificados*, uma espécie de *ponte* entre as omissões próprias e a comissão por omissão equivalente à ação.[196] Esta *terceira espécie* seria aplicável àquelas situações em que se vulnera um *dever de solidariedade especial*, como nos casos de omissão de socorro entre cônjuges, mas não existe uma *assunção voluntária* da garantia, ou seja, compreenderia as hipóteses que JAKOBS atrela à violação de *deveres institucionais.*[197]

Note-se que, para SILVA SÁNCHEZ, os fundamentos do desvalor das omissões são distintos.

Na *comissão por omissão* há uma interferência do omitente na esfera alheia, de forma que tal conduta será equiparada à comissão. Nas *omissões puras* a imputação decorre da violação de um dever geral de *solidariedade*, cujo desvalor é menor do que o anterior. Por fim, nas *omissões puras de garante* existe uma

---

que fundamenta uma vinculação institucional com outras pessoas ou com uma situação socialmente desejável.

192. SILVA SÁNCHEZ, *El delito*, p. 473, em uma construção muito similar à de JAKOBS.

193. SILVA SÁNCHEZ, *El delito*, p. 432.

194. SILVA SÁNCHEZ, *El delito*, p. 475.

195. SILVA SÁNCHEZ, *El delito*, p. 432.

196. SILVA SÁNCHEZ, *El delito*, p. 476.

197. SILVA SÁNCHEZ, *El delito*, p. 475.

proximidade, uma relação especial entre o omitente e o bem jurídico, mas esta não é suficiente para a equiparação material com a comissão – ainda que exista um *dever institucional* – porque o dever não decorre de uma assunção voluntária.

Tal concepção das distintas categorias de omissão faz com que SILVA SÁNCHEZ critique a cláusula de atenuação facultativa da pena do Código Penal alemão, prevista no § 13, II, desse diploma legal. Para o autor, ou bem a omissão *equivale materialmente* à comissão, e a pena é equiparada, ou há uma distinção estrutural entre as categorias – casos de *omissões puras* ou de *omissões puras de garante* – menos graves que a comissão, em que será *imperativa* e não *facultativa* a imposição de uma pena menor.[198]

A primeira crítica à proposta de SILVA SÁNCHEZ tem por alvo sua concepção de um *tipo penal global*, pela qual o tipo penal de resultado (como o *matar alguém*) incorpora ações e omissões, sem necessidade de qualquer cláusula geral nesse sentido. A nosso ver, como já exposto, os tipos penais que não descrevem expressamente a omissão como forma de comportamento tratam apenas da *comissão* – com algumas exceções, e isso não decorre de uma concepção causal da teoria do delito, mas de uma interpretação literal do texto legal. *Matar alguém* significa *causar positivamente* a morte de alguém, de forma que a imputação do resultado a uma omissão exigirá uma cláusula positivada que autorize tal extensão. Não nos parece que a assunção voluntária da tarefa de proteger um bem jurídico implique a imputação automática, sem uma norma de extensão expressa do tipo penal.

Outra crítica à proposta de SILVA SÁNCHEZ diz respeito aos contornos do *dever de garante* que unifica, em sua concepção, o conceito de omissão à ação. Tal dever derivaria de uma *assunção voluntária* do controle ou proteção, mas o autor não desenvolve com maior precisão os contornos de tal assunção.[199] Não expõe a forma pela qual se verifica essa assunção, se é possível que ocorra tacitamente ou se o mero domínio de coisas perigosas implica a posição de garantia.

Ademais, a ideia de limitar a equiparação estrutural aos casos de *assunção voluntária* impede o reconhecimento da omissão imprópria em diversos casos cujo desvalor da omissão parece corresponder à ação, por exemplo, em alguns casos de *ingerência* (CP, art. 13, § 2.º, *c*) ou nos casos de violação de certos *deveres legais* (CP, art. 13, § 2.º, *a*).[200] Nos primeiros, a conduta anterior – ainda que crie um risco não permitido – não significa uma assunção de deveres de controle ou de salvamento posterior em relação aos seus desdobramentos.

Assim, todas as omissões de salvamento posteriores à criação de *riscos não permitidos* não seriam equiparáveis à comissão. E mesmo no âmbito prévio do

---

198. SILVA SÁNCHEZ, *El delito*, p. 474.
199. DOPICO GÓMEZ-ALLER, *Omisión*, p. 615.
200. SILVA SÁNCHEZ, *El delito*, p. 464.

controle, inúmeros casos seriam excluídos da equiparação. Para usar o exemplo de DOPICO GÓMEZ-ALLER, a proposta de SILVA SÁNCHEZ afasta a *omissão imprópria* dos casos de roubo de coisas perigosas sem consciência.[201] Aquele que furta um carro e percebe posteriormente a existência de um cão perigoso no porta-malas não será *garante* em relação aos perigos derivados do animal, uma vez que não assumiu voluntariamente o controle daquele risco. Com isso, a esfera de responsabilidade fica reduzida, excluindo-se a *ingerência* do rol de fontes do *dever de garantia.*

O mesmo ocorre quando a posição de garantia decorre da lei, a não ser que se estenda a ideia de assunção a um plano genérico e anterior ao risco concreto, apontando que o policial, o médico ou o bombeiro, quando assumem suas funções, acabam por assumir também o *dever de agir* em todas as situações futuras e imprevisíveis de perigo nas quais devem atuar. Mas aqui, a nosso ver, o fundamento do *dever de garante* está mais próximo da responsabilidade *institucional* do que de uma assunção voluntária antecipada de proteção diante de riscos concretos.

No Brasil, TAVARES defende a ideia da *equiparação* entre ação e omissão, partido da premissa de que no plano *ontológico* se tratam de condutas distintas e inconciliáveis, mas que é possível uma identificação na esfera normativa.[202] Para o autor, *equiparar* os conceitos é diferente de afastar a diferença natural entre ambos, como defende HERZBERG. TAVARES aponta que o desenvolvimento de critérios de equiparação se faz necessário para limitar o alcance da punição da omissão, garantindo-lhe contornos materiais pelos quais seja possível identificar as condições que a caracterizam enquanto conduta.[203]

Sustenta, no entanto, que tais parâmetros são necessários apenas para as *omissões impróprias*, uma vez que as *próprias* estão previstas em lei e, por isso, dispensam tal estrutura. Esta equiparação é possível, segundo o autor, porque ação e omissão são *projeções da vontade* e estão no mesmo nível material de desvalor, desde que observadas algumas características da última (omissão).[204] A omissão, nesse sentido, deve ser obra de um sujeito capaz que viola um dever normativo de agir. Tal *dever* não decorre apenas de uma *cláusula legal*, mas se sustenta sobre elementos *materiais* que justificam esta operação legislativa a partir da natureza dos institutos e das relações sociais que os compõem.[205]

Assim, para TAVARES, embora a omissão seja o descumprimento de um *dever*, sempre será necessário indagar a respeito da legitimidade desta norma e

---

201. DOPICO GÓMEZ-ALLER, *Omisión*, p. 620.

202. TAVARES, *Teoria*, p. 95. O autor aponta a dificuldade para fixar um supraconceito empírico que englobe ação e omissão e que permita a construção de formulações normativas sobre eles (*Op. cit.*, p. 173).

203. TAVARES, *Teoria*, p. 165.

204. TAVARES, *Teoria*, p. 103.

205. TAVARES, *Teoria*, p. 71.

sua condição de validade em determinado sistema.[206] E esta legitimidade decorre de um processo idôneo e racional de construção intrinsecamente ligada a um processo de discussão democrático, que supere a contraprova empírica. E tal contraprova será a inatividade de um sujeito capaz de agir diante de uma determinação *normativa* da prática de uma ação idônea para proteger um *bem jurídico.*[207] Assim, para o autor, a *omissão* equiparada à ação é estruturada por elementos *normativos*, mas guarda uma base *ontológica* necessária para limitar a construção dos deveres sobre os quais se assenta.[208]

3. Posicionamento

3.1 Omissão imprópria e tipicidade

Expostas as principais propostas de estruturação da *omissão imprópria*, passemos à reflexão sobre seu conteúdo material e a forma mais adequada - a nosso ver - de seu tratamento legislativo. Para isso, a primeira questão a ser enfrentada é definir se os tipos penais da Parte Especial do Código Penal, que não indicam expressamente a forma *omissiva* de comportamento, podem ser interpretados de forma a incidir sobre essa modalidade de conduta, ou se, para isso, é necessária uma cláusula geral de equiparação prevista na Parte Geral.

Apenas para ilustrar a questão: trata-se de definir se "*matar alguém*" (CP, art. 121) é um tipo penal que apenas se realiza mediante *ação* ou se comporta também a forma omissiva de comportamento, ainda que essa modalidade de conduta não esteja prevista expressamente no dispositivo. Caso a resposta seja positiva, a previsão da *omissão imprópria* em uma cláusula geral - como aquela estabelecida no art. 13, § 2.º, de nosso Código Penal - será desnecessária. Caso negativa, a única forma de estender o tipo penal à omissão - sem ferir a legalidade - será o recurso a uma norma de adequação típica prevista na Parte Geral do Código Penal.

Como já exposto, inúmeros autores defendem que os tipos penais compreendem implicitamente a omissão, seja porque ela é *causal* em relação ao

206. TAVARES, *Teoria*, p. 204.

207. TAVARES, *Teoria*, p. 229.

208. Em linha similar, FREUND propõe uma fórmula *normativa* que resultará na equivalência jurídica entre ação e omissão, elaborando uma proposta que faz derivar a responsabilidade penal da violação de *normas*, mas de uma forma mais refinada do que a teoria dos *deveres formais*, porque busca um *substrato material* que sustente tais *deveres*: a *relação especial* do omitente com um *bem jurídico penalmente tutelável.* Tal proposta, no entanto, acaba por retomar a ideia do *dever formal*, uma vez que abdica do conceito de *posição de garante* em prol da constatação da violação de uma norma que gera uma *responsabilidade especial.* Ademais, tal postura é imprecisa, uma vez que não restam claros os contornos desta *responsabilidade especial.* Para uma exposição mais detalhada e crítica da proposta de FREUND, ver ROXIN, *Derecho Penal*, II, pp. 848 e 856, DOPICO GÓMEZ-ALLER, *Omisión*, p. 486 e CUADRADO RUÍZ, *La posición*, p. 56.

resultado, seja porque explicita uma relação de domínio do omitente com o foco de perigo que a equipara estruturalmente à comissão. Nessa hipótese, uma cláusula geral de adequação típica às omissões seria dispensável.[209]

A nosso ver a solução passa por uma análise dos parâmetros de *imputação* do resultado nos tipos penais. Nos crimes *comissivos*, o resultado – de lesão ou de perigo – é imputado à conduta porque o agente criou um *risco não permitido* desse resultado.[210] Ou seja, porque geriu seu âmbito de organização vital – constituído por seu corpo e por objetos por ele diretamente manejados – de forma a criar um curso causal não permitido em direção à lesão de bens jurídicos penalmente tuteláveis. Existe um *risco* criado pelo *próprio* agente (*risco próprio*), que modifica o mundo e afeta terceiros. A *norma de proibição*, nesse caso, tem por fundamento o principio de *não lesão* de outros integrantes da sociedade.

Já na *omissão*, em regra, não existe a criação de *um risco próprio*, mas uma inatividade diante de *riscos alheios*, derivados de terceiros ou da natureza, estranhos ao âmbito de organização do agente. Nesses casos, não há uma vedação de condutas, mas eventualmente um *dever de agir*, determinado por uma *norma mandamental*, que impõe um ato de proteção ou salvamento do bem jurídico diante de um risco que não foi criado pelo seu destinatário. Enquanto na *comissão* há um direcionamento da gestão do corpo ou de instrumentos manejados pelo corpo contra o bem jurídico, na *omissão* ocorre apenas um ato de contemplação passiva de um curso causal alheio.

Levando-se em conta tais premissas, em uma primeira análise, os tipos penais previstos na Parte Especial, que não abrigam a omissão como forma de conduta, comportam apenas comportamentos *comissivos*, apenas *ações*.[211]

---

209. Nessa linha, ainda que sobre concepções distintas de omissão, BELING – para quem o verbo *matar* compreende a ação e alguns casos de não evitação de resultado. Em *Esquema*, p. 99. Entre nós, GARCIA entende que os tipos penais da Parte Especial podem ser praticados de forma positiva ou negativa, caracterizando-se este ultimo pela existência de uma *posição de garante* GARCIA, *Instituições*, p. 269. No mesmo sentido, NORONHA defende que os tipos penais da Parte Especial podem ser praticados por ação ou omissão. Segundo o autor "*são* (crimes) *impróprios ou comissivos-omissivos, quando a omissão é meio ou forma de se alcançar um resultado posterior*". NORONHA, *Direito Penal*, p. 118. Também DOPICO GOMEZ-ALLER, *Omisión*, p. 693,

210. Nesse sentido, ROXIN, *Derecho Penal*, I, pp. 342 e ss.; GRECO, *Um panorama, passim.*; MELIA, FERRANTE e SANCINETTI, *Teoría, passim*; JAKOBS, *A imputação, passim*; CAMARGO, *Imputação, passim*

211. Nesse sentido, TAVARES, entendendo que compreender a omissão dentro do tipo penal é incompatível com o enunciado legal. TAVARES. *Teoria*, p. 157. ARMIN KAUFMANN também critica tal entendimento ao rechaçar que normas de proibição e de mandato possam ser extraídas do mesmo dispositivo. Para o autor, como já assinalado, os crimes de omissão são *outros tipos penais* dentro dos tipos penais, que devem ser revelados pelo intérprete, mas não se confundem com os tipos comissivos. ARMIN KAUFMANN, *Dogmática*, pp. 325 e ss. Em sentido contrário, SILVA SÁNCHEZ, *El delito*, p. 459 e DOPICO GÓMEZ-ALLER, *Omisión*, pp. 68 e ss.

Quando o legislador indica o ato de "*matar alguém*" ou de "*lesionar alguém*" se refere àquele que cria positivamente um *risco* de morte ou de lesão, que organiza seu âmbito de gestão próprio (corporal ou de instrumentos manejados diretamente por seu corpo) na direção da afetação do bem jurídico de outro.[212]

A não interrupção de um *curso causal alheio* que resulta na morte não está compreendida pela norma em questão. Aquele que *omite* controlar um *risco de morte* produzido por outro ou pela natureza, quando capaz de fazê-lo, não *mata*, apenas deixa que esse curso causal, estranho ao seu âmbito de gestão, se desenvolva em direção ao resultado. A mãe que deixa o filho morrer de fome e o salva-vidas que se omite de socorrer alguém não *matam*, e sim *deixam que morra*.[213] Não *criam o risco* de lesão, apenas contemplam o desencadeamento de *riscos alheios* – naturais ou criados por terceiros – estranhos ao seu âmbito de organização vital.

Por isso, não é possível compreender essa *omissão* dentro do tipo penal da Parte Especial, quando essa forma de comportamento não esteja *expressamente* prevista. Um sistema penal seguro e transparente exige que as normas sejam claras e compreensíveis para os cidadãos, de forma que possa orientar suas condutas. E, em um sentido da linguagem comum, aquele que permanece inativo diante de um curso causal alheio não *mata*, não *lesiona*, não *danifica*, por mais que tenha uma relação de proximidade com o bem jurídico.

Se os tipos penais da Parte Especial comportassem a conduta omissiva – mesmo que não explicitada – ou bem seriam insuportavelmente abrangentes, uma vez que incidiriam sobre todos aqueles capazes de impedir o resultado, ou bem deveriam ser interpretados de forma restritiva, como válidos apenas para certos atores sociais, que teriam um *dever especial* de evitar o resultado típico (garantes). No entanto, essa ultima operação já extrapolaria o âmbito da legalidade, porque o silêncio dos tipos penais não admite que o intérprete fixe sua incidência apenas sobre certas pessoas, transformando delitos comuns em *próprios*, caso cometidos mediante *omissão.*

Nesse sentido, HUERTA, após uma extensa análise das propostas dogmáticas que vislumbram nos tipos penais da Parte Especial a incorporação da

---

212. Nesse sentido, TAVARES, entendendo que compreender a omissão dentro do tipo penal é incompatível com o enunciado legal. TAVARES, *Teoria*, p. 157. ARMIN KAUFMANN também critica tal entendimento ao rechaçar que normas de proibição e de mandato possam ser extraídas do mesmo dispositivo. Para o autor, como já assinalado, os crimes de omissão são *outros tipos penais* dentro dos tipos penais, que devem ser revelados pelo intérprete, mas não se confundem com os tipos comissivos. ARMIN KAUFMANN, *Dogmática*, pp. 325 e ss., também relatado por DOPICO GÓMEZ-ALLER, *Omisión*, p. 234. Em sentido contrário, SILVA SÁNCHEZ, *El delito*, p. 459 e DOPICO GÓMEZ-ALLER, *Omisión*, pp. 68 e ss.

213. Nesse sentido, já VON LISZT apontava que a mãe que deixa o filho morrer de fome não mata a criança, mas a deixa perecer, em *Tratado*, p. 212.

omissão, se convence de que nenhuma apresenta argumentos adequados. Para a autora, a omissão não está compreendida nos tipos *comissivos*, e a *homogenização* do *heterogêneo*, não é o caminho para solucionar os conflitos do crime omissivo impróprio com o principio da legalidade.[214] A identificação de uma conduta omissiva nos tipos penais de resultado não é possível nem do ponto naturalístico, nem sob uma perspectiva social. Tal operação, segundo HUERTA, exige arrancar os critérios valorativos que regem a imputação no delito comissivo, e, por analogia, estimar que quando eles ocorrem no delito omissivo, existe uma *equiparação*, em um procedimento de analogia incompatível com as premissas da legalidade penal.[215] Portanto, para a autora, é necessária uma previsão legal expressa que permita a punição do crime omissivo impróprio.[216]

Na mesma linha, RODRIGUEZ MOURULLO. Para o autor, se os verbos típicos dos delitos de resultado da Parte Especial tem referência no *causar*, e se a omissão *não causa*, parece impossível subsumir diretamente a omissão destes dispositivos.[217] O autor ainda assinala que mesmo se fosse compreendido o omitir dentro dos tipos de resultado, ainda assim seria necessário *eleger* quais omissões, realizadas por *quais* agentes seriam ligadas ao resultado, o que exigiria uma cláusula geral de adequação.[218]

Podemos acrescentar ainda que, sob a perspectiva do *bem jurídico* tutelado, a *comissão* tem um *desvalor* mais agudo que essa *omissão*, de forma que não se faz possível a equiparação – ao menos nos casos em que se tratam de *riscos alheios*. A *condição positiva* de um curso causal, produzida por alguém que organiza o mundo para colocar em risco esse bem parece afetar mais as expectativas de preservação da dignidade humana do que a *condição negativa*, do que a omissão diante de *riscos alheios*, que – como já apontava ARMIN KAUFMANN – sequer é *produto* de alguém, porque subsiste mesmo que subtraído mentalmente o omitente.

Assim, a nosso ver, os tipos penais da Parte Especial não admitem a imputação de resultados a *omissões*, quando o risco é *alheio* ao omitente, quando o perigo não decorre de seu âmbito de organização pessoal. Nesses casos a inativi-

---

214. HUERTA TOCILDO, *Problemas*, p. 68, que escreve antes da incorporação da cláusula geral ao ordenamento espanhol.

215. HUERTA TOCILDO, *Problemas*, p. 137.

216. No mesmo sentido, CASABONA, para quem é até possível compreender certas omissões como implícitas em tipos penais de resultado, mas o mesmo não se dá com os elementos que se referem ao autor do delito, ou com os critérios para averiguar quem tem o dever jurídico de intervir. Por isso, o autor sustenta que do tipo legal da Parte Especial não é possível deduzir uma absoluta identidade normativa entre ação e omissão, em CASABONA, *Limites*, p. 37.

217. RODRIGUEZ MOURULLO, *Algunas reflexiones*, p. 850.

218. RODRIGUEZ MOURULLO, *Algunas reflexiones*, p. 851.

dade será atípica, a não ser que exista uma autorização de *equiparação* prevista expressamente em lei, como ocorre com o § 2.º do art. 13 no caso brasileiro.[219]

DOPICO GÓMEZ-ALLER critica tal concepção. Aponta que a tese de que a punição da omissão exige uma *cláusula expressa* é problemática porque impediria punir por homicídio a mãe que deixa seu filho morrer de fome se o ordenamento não contiver expressamente uma norma de equiparação. Para ele, as cláusulas gerais têm o escopo apenas de limitar a imputação do resultado àqueles que têm o *dever de garante.*[220]

Assim, o tipo penal de resultado englobaria todas as condutas ativas e as omissivas, nesse caso, sempre que verificada a *capacidade* de evitar o resultado por alguém. A cláusula geral, portanto, cumpriria uma função de *restringir* o âmbito de imputação da omissão apenas a determinadas pessoas, seja pela qualidade da função que desempenham, seja pelo *domínio* do foco de perigo ou da vulnerabilidade da vítima. A norma geral seria *limitadora* e não *expansiva.*[221]

A nosso ver, tal postura não é sustentável. A uma porque defender que a cláusula geral apenas tem a função de limitar a imputação aos garantes, significa, pelo reverso, que a ausência da cláusula geral positivada permite a expansão da punição a todos aqueles que, no contexto do perigo, tinham a possibilidade de evitá-lo e não o fizeram, com independência de sua relação especial com o risco ou com o bem violado. Quando alguém se afoga, *todos* aqueles capazes de impedir a morte seriam *homicidas.* E tal interpretação jamais foi reconhecida ou aplicada, por qualquer intérprete, antes do advento das normas gerais de adequação. Ao contrário, o que se percebe da doutrina anterior à positivação de tais normas é um profundo incômodo com a ausência de regras de imputação da omissão, como já exposto.

Portanto, as omissões referenciadas a *riscos alheios* não integram os tipos penais previstos na Parte Especial – quando esses não fazem menção expressa à

219. Nesse sentido, FRAGOSO, *Crimes omissivos*, p. 13, CHOCLAN MONTALVO, *Sobre el tipo*, p. 669, BACIGALUPO ZAPATER, *Comentário*, p. 67. Em linha similar, JAKOBS, para quem as *omissões próprias* estão previstas expressamente na Parte Especial do Código Penal. Segundo o autor, ao lado destas existem preceitos penais especiais – em regra de resultado – que somente castigam o *atuar*, de forma que sequer sugerem que o omitir constitua injusto. JAKOBS, *Derecho Penal*, p. 944. Isso não impede o autor de esfumaçar a fronteira entre ação e omissão, mas o faz reconhecendo o conceito de omissão imprópria nas mesmas bases daquele aqui defendido. Sobre o termo *"cláusula de adequação"*, preferimos este nome do que o de *clausula geral de correspondência* ou *equivalência* porque nem sempre tal dispositivo aponta para uma identidade valorativa entre comissão e omissão, sendo que em alguns ordenamentos existe a previsão expressa de uma faculdade de atenuação, como na Alemanha ou no Peru. A ideia de *adequação* engloba tanto os dispositivos de *correspondência* como os de extensão com causas de diminuição. Sobre a denominação de tais cláusulas, ver PERDOMO, *La problemática*, p. 18 e ss.

220. DOPICO GÓMEZ-ALLER, *Omisión*, pp. 680 e ss.

221. DOPICO GÓMEZ-ALLER, *Omisión*, p. 682.

modalidade omissiva de conduta – de forma que sua tipicidade dependerá de uma cláusula geral de equiparação, de caráter *constitutivo* – que, no caso brasileiro, como já exposto, é concretizada pelo § 2.º do art. 13 do Código Penal.

No entanto, nem todas as *normas mandamentais* tem por objeto o controle de *riscos alheios*. Existem situações nas quais o próprio omitente cria um *risco* para o bem jurídico com uma ação anterior e se *omite* de interromper o curso causal, quando capaz disso. Exemplo disso é o caso em que alguém atropela um pedestre e *deixa* de prestar auxílio à vitima agonizante, quando possível fazê-lo. São os casos de *ingerência*.

Nessas situações, a depender da qualidade do *risco* criado – como adiante explicitado –, a *omissão* posterior do agente capaz de interromper o curso lesivo faz parte do seu âmbito de organização pessoal, integra o *contexto* da gestão do risco *próprio*. Nesse caso – ao contrário do que ocorre quando o risco é *alheio* e estranho ao omitente – é possível dizer que uma pessoa *matou* outra pela *omissão*, uma vez que direcionou seu âmbito de organização – composto de uma ação que criou o risco e de outras condutas ativas e omissivas posteriores que o manejam para a esfera do não permitido – na direção da lesão ao bem jurídico.

Essa *omissão*, que se segue à criação de um *risco próprio*, pode ser equiparada à *comissão*, e está compreendida no teor literal do tipo penal. No caso do atropelamento seguido de *omissão de socorro*, o motorista "*matou*" alguém, literalmente.

A adequação dessa *omissão* – seguida da ação original – ao *homicídio* independe de uma cláusula expressa na Parte Geral do Código Penal. Mesmo se inexistente essa última – no caso brasileiro, o § 2.º, *c*, do art. 13 do Código Penal – tal conduta poderia ser considerada *homicídio*, ao contrário dos casos já citados em que a *omissão* se dá diante de *riscos alheios*. Aqui a *inatividade* ocorre diante de um *risco* criado pelo próprio agente, está inserida no âmbito de organização do agente, que produz e mantém um risco *não permitido* que se desdobra no resultado típico. Portanto, se encontra no mesmo patamar *normativo* da comissão e será a ela equiparada mesmo sem previsão legal expressa.

Portanto, quando a *omissão* ocorre diante de *riscos alheios* a conduta *não* está abrangida pelo tipo penal e será exigida uma *cláusula* legal de equiparação expressa – como aquela prevista nas alíneas *a* e *b* do § 2.º do art. 13 do CP. Por outro lado, a *omissão* diante de *riscos próprios* está abrigada pelo tipo penal da Parte Especial, mesmo que sua redação não indique expressamente um ato omissivo, como é o caso do *homicídio*, sendo desnecessária uma cláusula geral de equiparação.

3.2 Omissão e riscos próprios

Pelo exposto, as *omissões penalmente relevantes* podem ser divididas em dois grandes grupos: aquelas ligadas a *riscos próprios* e a *riscos alheios.* Nas primeiras, há uma *conduta positiva* anterior do omitente, que cria um *risco* para o bem jurídico e um curso causal em direção a uma possível lesão. É o caso do motorista que ao dirigir seu veículo *cria um risco* para outras pessoas. Nos casos de *risco alheio*, o *risco* para o bem jurídico é estranho ao agente, não foi produzido dentro de seu âmbito de organização. É o caso do afogamento ou do incêndio e da omissão do salva-vidas ou do bombeiro. Tais profissionais não criaram o risco, sua omissão não está atrelada a uma conduta prévia por eles praticada.

A proposta de categorização aqui defendida se aproxima daquela apresentada por JAKOBS, que defende a *divisão* dos deveres de garante em aqueles vinculados à gestão *organizacional* de alguém e os atrelados a deveres *institucionais.* No entanto, os contornos e o conteúdo destas categorias são distintos daqueles propostos pelo professor alemão.

Os aqui chamados *riscos próprios* se aproximam do que JAKOBS identifica como riscos atrelados à violação de deveres *organizacionais* (supra, 2.6.3), e existem quando a esfera de organização do agente cria um risco de lesão para terceiros. São os *deveres negativos*, associados à ideia do *nemimen laedere.*[222] Tal conceito é também similar ao que RUDOLPHI denomina de posições *secundárias de garantia*, que derivam de uma *perturbação social* decorrente de uma conduta prévia do sujeito.[223]

A criação de *riscos próprios* gera um *dever de agir.* Esse *dever de agir* surge quando a conduta positiva é necessária para manter o *risco criado* nos limites *permitidos*, ou para restituí-lo a esse patamar. A *omissão* portanto, será caracterizada como uma *falha* na gestão do *risco* criado pelo comportamento inicial, e não administrado de forma cuidadosa pelo omitente. Trata-se de uma inatividade associada ao *risco não permitido*, cujo desvalor é equiparável ao da comissão, porque fundado da ideia de *não lesão*, que impõe que cada um organize seu mundo de vida e a gestão de sua organização de forma a não afetar o espaço de gestão alheia.

O desvalor da conduta daquele que acelera o veículo em direção a um pedestre com intenção de matá-lo – e causa sua morte por atropelamento – é o mesmo daquele que deixa conscientemente de brecar o mesmo veículo ao perceber que vai em direção à vitima. Em ambos os casos o *risco* é criado pelo âmbito de organização do corpo do agente – dirigir um veículo –que se transforma em não

---

222. Em ROBLES PLANAS, *Deberes*, p. 6. Como aponta GARCIA CAVERO, nessa seara o direito penal castiga o individuo por organizar-se de forma a gerar *riscos não permitidos* que afetem bens jurídicos alheios, em *La posicion*, p. 7.

223. Em DOPICO GÓMEZ-ALLER, *Omisión*, p. 276.

permitido por uma ação ou omissão posterior, que resulta na lesão. A comissão e a omissão, nesse sentido, são equiparáveis *normativamente* – embora distintas no plano ontológico – porque refletem a má gestão de um risco criado pelo próprio agente. Em ambos os casos o agente *mata alguém.*

Note-se que tal equiparação não se fundamenta no *domínio* do foco de perigo ou da vulnerabilidade do *bem jurídico*, porque, como já exposto, tal conceito não define com precisão os contornos da omissão punível (supra, 2.4.1). A omissão que equivale normativamente à comissão é aquela que revela uma má gestão do âmbito de competências de um sujeito que cria um risco e tem o dever de mantê-lo nos limites *permitidos.*

Essa construção poderia levar à conclusão de que a omissão, nesses casos, *ingerência* carece por completo de autonomia. Se a *inatividade*, nessas circunstâncias, está sempre atrelada a uma ação anterior que *cria um risco*, esta *omissão* posterior é irrelevante para a imputação, uma vez que a lesão estaria ligada *causal e normativamente* ao comportamento positivo inicial e não à *inatividade* subsequente. Existindo ou não está última, haverá imputação. Aquele que acelera o carro na direção de seu inimigo, com intenção de matá-lo, responderá pelo resultado morte na forma dolosa, de forma que a *omissão* de brecar ou de salvamento posterior nem precisa ser levada em consideração.

Ocorre que essa irrelevância ou desimportância da *omissão posterior* nos casos em que o agente *cria ativamente* um risco que causa um resultado lesivo é apenas aparente. Em certos casos, é justamente essa *omissão posterior* que definirá a qualidade do crime ou suas circunstâncias.

Um primeiro grupo de casos nos quais a *omissão posterior* é relevante é aquele em que a *ação inicial* do agente cria um *risco permitido*, ou seja, *autorizado* pelo ordenamento, e a *omissão posterior* será a conduta que *transforma* o *risco tolerado* em *risco não permitido.* Em outras palavras, casos em que a *omissão* será o fenômeno que faz com que o *risco* ultrapasse os limites autorizados.

É o caso do motorista que dirige na velocidade adequada – conduta positiva prudente – mas esquece de brecar diante de um semáforo vermelho, causando uma colisão e a morte de ocupantes de outro carro. A ação de dirigir o veículo é *permitida*, mas a *omissão* de brecar transformou o âmbito de organização do motorista um risco *não permitido*, tornando imputável o resultado típico. Ou seja, a *omissão* é o elemento que legitima a *imputação* do homicídio ao motorista, cuja conduta inicial era adequada e permitida.

O mesmo ocorre quando não existe uma *unidade subjetiva* que englobe a ação inicial e a omissão posterior, em especial nos casos em que o *dolo* advém apenas no momento da *mossão*, da não interrupção do curso causal.

Imaginemos um motorista que dirige de forma imprudente – em alta velocidade. No momento da ação que cria o *risco não permitido*, inexiste qualquer intenção de lesionar um bem jurídico. No entanto, ao perceber que seu inimigo atravessa a rua, esse condutor *deixa* de brecar o automóvel, causando a morte da vítima. Ainda que a conduta positiva inicial seja meramente *imprudente*, a omissão posterior – o deixar de brecar – é marcada pelo *dolo*, e esse elemento subjetivo, presente *apenas* no instante da inatividade, acabará por definir a natureza do delito, da imputação do resultado, que será *dolosa*. Assim, nos casos em que se verifica o advento do *dolo* após a criação do *risco não permitido*, apenas no contexto da *omissão*, essa ultima será relevante, porque norteará a imputação final.

Em síntese, ação e omissão são condutas relevantes e equivalentes, quando integram o âmbito de organização de um individuo, ou seja, quando manejam um *risco próprio*, criado por uma conduta positiva inicial do próprio agente. Nesses casos, ambas as formas de comportamento estão compreendidas no tipo penal, ainda que esse não faça referencia expressa à modalidade omissiva de conduta.

3.3 Omissão e riscos alheios

Além de controlar seu âmbito de organização para não criar riscos para bens jurídicos alheios, os membros da sociedade têm deveres de ação fundados no *princípio de solidariedade*. A vida em comum exige que certas pessoas, diante de determinados *contextos*, ajam para proteger ou salvar bens jurídicos de riscos estranhos ao seu âmbito de organização pessoal, de *riscos alheios*, criados por terceiros ou pela natureza. Trata-se de *deveres positivos* de colaborar com a coletividade, de suprir o bem estar dos demais.[224]

É o caso do dever dos pais em relação aos filhos, ou dos deveres de proteção inerente ao exercício de certas profissões, como médico, bombeiro, salva-vidas etc. Esse dever de agir perante *riscos alheios* é o que RUDOLPHI concebe como fontes *primárias de garantia:* deveres de proteção e controle derivados de *circunstâncias sociais de convivência*, que independem da conduta prévia do *garante*.[225] Tal conceito tem alguma proximidade com o que JAKOBS caracteriza como *dever* de agir em decorrência da organização *institucional* da sociedade, embora, como já afirmado, não nos pareça que tal obrigação tenha por objetivo preservar as *instituições*, e sim os bens jurídicos por elas tutelados (supra, 2.6.3).

Se a omissão diante de *riscos próprios* tem seu desvalor fundado na violação do *dever de não lesar*, aquela atrelada a *riscos alheios* é punida por outros motivos. A inércia, nesses casos, não *lesiona*, porque o resultado não decorre do mau manejo da *competência organizacional* do indivíduo, para usar a figura de JAKOBS, mas da violação de um dever de *solidariedade*, que pode ser *genérico*,

---

224. Nesse sentido, ROBLES PLANAS, *Deberes*, p. 6.

225. Em SCHÜNEMANN, *Fundamentos*, p. 199, e DOPICO GÓMEZ-ALLER, *Omisión*, p. 274.

nos casos em que qualquer pessoa possa ser o *omitente*, ou *especial*, quando o omitente ostenta uma característica própria.[226] Nesse último caso, o legislador trabalha com a fixação de *expectativas especiais* em relação a determinadas pessoas, que desempenham certos papéis perante os demais ou que estão em situações concretas especificas que geram uma expectativa de controle de perigos ou de proteção de bens jurídicos.[227]

Nas hipóteses de *riscos alheios*, a desestabilização da segurança do bem jurídico não é *produto* de uma falha de gestão da competência organizacional omitente, mas de cursos causais externos a ela. A relação do omitente com o resultado típico, nesses casos, não é de *condição positiva*, mas de *condição negativa* que, como já exposto, não depende de qualquer figura humana para existir. Portanto, tal omissão não está compreendida em tipos penais que não apontam a forma omissiva expressamente. Ou bem figuram em dispositivos específicos – *omissões próprias* – ou existem por meio de cláusulas gerais de adequação típica – *omissões impróprias*. Não há hipótese, a nosso ver, de interpretar o *matar alguém* como um ato que abrigue a omissão de evitar a morte produzida por riscos alheios ao omitente, sem uma previsão legal expressa que autorize tal extensão da abrangência típica.

Assim, da mesma forma que o teor literal do art. 121 do Código Penal não autoriza a punição da tentativa, admitida apenas pela extensão prevista no art. 14, II, tampouco há espaço para a imputação do resultado à omissão diante de *riscos alheios*, a não ser por uma regra geral de adaptação, que no Brasil é prevista nas alíneas *a* e *b* do § 2.º do art. 13 do CP, como adiante analisado. Ainda que exista uma relação material de *domínio* ou de *proximidade* entre o omitente e o bem jurídico, a inexistência de uma cláusula geral impede a imposição – com consequências penais – do *dever de agir* diante de *riscos alheios*.[228]

Vale notar que essas *omissões* diante de *riscos alheios* parecem ter um desvalor *menor* do que a *comissão* ou a *omissão* diante de *riscos próprios*.[229] Nas

---

226. JAKOBS, *Derecho Penal*, p. 994. Para FEIJÓO SÁNCHEZ, todos os delitos, no fundo, estão ligados à gestão da liberdade de organização de alguém em relação a terceiros, mas em alguns casos a norma apenas exige que essa gestão atenda a um dever geral de não criar riscos – o que chamamos de âmbito de organização própria, que fundamentam o dever de controlar *riscos próprios* – e em outros exige que a organização atenda a deveres de solidariedade para com outros – que fundamentam o dever de controlar *riscos alheios*. FEIJOO SANCHEZ, *Imputacion*, p. 20.

227. Esta fixação de expectativas especiais é importante para a *redução da complexidade e da contingência* da vida cotidiana, garantindo-se um planejamento autônomo de vida de cada integrante da sociedade LUHMANN, *Sociologia*, I, p. 45.

228. Sobre a importância da cláusula geral para superar problemas de legalidade, de proibição de analogia e de taxatividade, ver também ROXIN, *Derecho Penal*, p. 764.

229. Nesse sentido, LASCURAÍN SANCHEZ, para quem é delicada a imposição de deveres especiais penalmente reforçados para melhorar ou suprir a autonomia alheia quando

ultimas, como apontado, viola-se um dever de *não lesar.* O agente *criou* um risco inicial, que está em sua esfera organizacional.

No caso dos *riscos alheios* o que se viola é um dever de *solidariedade*, que por mais que seja fundamental para a funcionalidade e coesão social, não tem a mesma relevância sob a perspectiva penal, porque não se trata de um *risco* originado pelo próprio agente. Aqui, mais uma vez, destacamos nosso ponto de discordância com JAKOBS, para quem o descumprimento dos *deveres institucionais*, dos *deveres positivos*, se equipara no plano normativo ao descumprimento dos *deveres organizacionais*, dos *deveres negativos.*

Em regra, as pessoas têm deveres gerais de cuidar de seu âmbito próprio de organização, evitando criar riscos que possam colocar em perigo bens jurídicos alheios. Ou seja, o direito penal tem por núcleo proibir *riscos próprios*, ou exigir condutas de *proteção* ou de *salvamento* diante destes. O mandamento para que alguém aja diante de *riscos alheios* é exceção porque, de certa forma, viola a *autonomia pessoal* e a própria liberdade humana.[230] Por isso, a equiparação da violação aos *deveres positivos* à comissão parece apresentar um *desvalor* menos intenso do que o descumprimento de *deveres negativos*, sempre ligados aos *riscos próprios.*

Em conclusão, nos casos de *riscos próprios*, a configuração de um *risco não permitido* viola o *dever de não lesar.* Nesse âmbito, ação e omissão são equiparáveis, desde que integrem o contexto de gestão organizacional do individuo, da forma exposta e esmiuçada no Capitulo subsequente. Já diante de *riscos alheios*, o desvalor da omissão se sustenta em uma ideia de *solidariedade* que, embora importante para o funcionamento social, não tem o mesmo valor do principio de não lesão de terceiros mediante comportamentos próprios.[231]

4. Técnicas legislativas

Pelo exposto, os tipos penais da Parte Especial que não mencionam expressamente a forma omissiva de conduta, comportam apenas as *omissões* diante de *riscos próprios*, mas não de *riscos alheios.* Portanto, para as primeiras não se faz necessária uma *cláusula de equiparação*, prevista na Parte Geral do Código Penal, ao contrário do que ocorre com as ultimas, cuja existência depende de previsão legal expressa, que disponha sobre os requisitos de imputação de um resultado à omissão.[232]

---

o risco que a ameaça nada tem a ver com o exercício da autonomia do obrigado (situação que se aproxima da ideia do dever de agir diante de *riscos alheios)*, em *Los delitos*, p. 76.

230. Nesse sentido, ALCÁCER GUIRAO, *Autonomia*, p. 362.

231. Algo próximo à ideia de *riscos próprios* e *alheios*, ARROYO ZAPATERO. *La proteccion, passim.*

232. Sobre a importância da cláusula geral para superar os problemas de legalidade no ordenamento espanhol, CEREZO MIR, *Curso*, p. 261, embora o autor critique a ausência de

As técnicas legislativas para a previsão das *omissões impróprias*, no entanto, variam de país para país. Há ordenamentos que não preveem qualquer cláusula geral de adequação típica, dificultando, a nosso ver, a imputação de resultados típicos a omissões diante de *riscos alheios*. Outros fixam tais cláusulas indicando com precisão as hipóteses em que os tipos penais podem ser praticados mediante omissão. A seguir, destacamos alguns exemplos de regulação da *omissão imprópria*, sem o objetivo de exaustão, mas apenas de identificar formas distintas de estipulação da equivalência de certas omissões às comissões.

O Código Penal alemão prevê a cláusula de equiparação em seu § 13: *quem omitir evitar um resultado que pertença ao tipo de uma lei penal só incorre no fato punível conforme a esta lei quando deve responder juridicamente para que o resultado não se produza e quando a omissão corresponda à realização de um tipo legal mediante uma ação.*[233] Acrescenta ainda o item (2) do mesmo dispositivo que *a pena pode ser diminuída* em certas hipóteses, criando uma atenuante *facultativa.* [234] Nota-se que a cláusula geral alemã, datada de 1975, não fala em *equiparação* entre ação e omissão, mas em *correspondência*, porque abarca tanto omissões equivalentes à ação, quanto outras menos graves, sobre as quais incide a cláusula de diminuição.[235]

Vale apontar que o dispositivo alemão não especifica as fontes do *dever de agir*, mencionando apenas que haverá imputação do resultado típico quando houver um *dever jurídico* de evitá-lo o resultado e uma *correspondência* entre ação e omissão. Esta previsão *genérica* acabou por produzir, naquele país, uma dogmática mais sofisticada e profunda sobre o conteúdo material da *omissão imprópria*, uma vez que o conceito de *correspondência* exige uma concretização em parâmetros dogmáticos, não previstos na lei.[236]

Em sentido similar à previsão alemã, a legislação portuguesa trata da *omissão imprópria* no art. 10 do Código Penal, dispondo que: "Quando um tipo legal de

---

um critério de excepcionalidade, a exemplo do existente para os crimes culposos. Na mesma linha, CASABONA, *Limites*, p. 44.

233. Tradução de Cláudia Lopez Dias, disponível em <http://www.juareztavares.com/textos/leis/cp_de_es.pdf>, acessado em 11/01/2014.

234. Assim, na Alemanha existe a possibilidade de *atenuação* da pena aplicada à *omissão imprópria*, indicando que a *correspondência* entre comportamentos não necessariamente significa *equiparação*. É possível, naquele país, que um resultado típico seja imputado a uma omissão, mas também que a pena seja atenuada. A atenuação facultativa é, no Brasil, defendida por TAVARES, *Teoria*, p. 349.

235. Sobre a substituição da expressão *equivalência* pela *correspondência* no Código Penal alemão, ver ROXIN, *Derecho Penal*, pp. 835, 927 e ss. Sobre a cláusula de atenuação do Código Penal alemão e seus desdobramentos e fundamentos, o mesmo autor, na mesma obra, p. 838.

236. Crítico à imprecisão da cláusula geral alemã, ROXIN, para quem o projeto de lei de 1958 era mais preciso porque fixava na assunção ou na provocação de uma probabilidade próxima do resultado as fontes do dever de garantia, *Em Derecho Penal*, p. 766.

crime compreender um certo resultado, o facto abrange não só a acção adequada a produzi-lo como a omissão da acção adequada a evitá-lo, salvo se outra for a intenção da lei."[237] Acresce que "a comissão de um resultado por omissão só é punível quando sobre o omitente recair um dever jurídico que pessoalmente o obrigue a evitar esse resultado" e que "no caso previsto no número anterior, a pena pode ser especialmente atenuada". Também o Código Penal italiano e o uruguaio poupam palavras para indicar a equiparação, prevendo, em seus arts. 40 e 3.º respectivamente, que *não impedir um evento diante do qual existe um dever jurídico de impedir equivale a causá-lo.*[238]

O Código Penal peruano é um pouco mais preciso, embora também não liste com precisão as fontes das posições de garantia:

> "Art. 13. Aquele que omite impedir a realização do fato punível será sancionado: I. Se tem o dever jurídico de impedi-lo ou se cria um perigo iminente que seja próprio para sua produção; II. Se a omissão corresponde à realização do tipo penal mediante um fazer. A pena do omitente poderá ser atenuada." [239]

Já o Código espanhol é mais preciso ao tratar do instituto, dispondo em seu art. 11 que:

> "Os delitos ou faltas que consistam na produção do resultado só se entenderão cometidos por omissão quando a não evitação do mesmo, ao infringir um especial dever jurídico do autor, seja equivalente, segundo o sentido do texto legal, à sua causação. A tal efeito se equiparará a omissão à ação: a) quando exista uma especifica obrigação legal ou contratual de agir; b) quando o omitente tenha criado uma ocasião de risco para o bem juridicamente protegido mediante uma ação ou omissão precedente."[240]

---

237. Extraído de: <http://www.pgdlisboa.pt/leis/lei_mostra_articulado.php?nid=109&-tabela=leis>, acesso em 22/01/2015. Procuradoria-Geral Distrital de Lisboa. Legislação. DL n. 48/1995, de 15 de março. Código Penal 1995 (versão actualizada). 35ª Atualização do Código Penal, através da Lei Orgânica n. 1/2015, de 08/2001.

238. Texto integral do dispositivo italiano: "Art. 40. Rapporto di causalità. Nessuno può essere punito per un fatto preveduto dalla legge come reato, se l'evento dannoso o pericoloso, da cui dipende l'esistenza del reato, non è conseguenza della sua azione od omissione. Non impedire un evento, che si ha l'obbligo giuridico di impedire, equivale a cagionarlo." Extraído de: <http://www.altalex.com/index.php?idnot=2205>, acesso em 23/01/2015. Altalex. Del reato. Codice penale, Libro I, Titolo III, agg. al 28.10.2013 / reato / tentativo / consumazione / reato complesso. Texto integral do dispositivo uruguaio: *3. (Relación de causalidad).* Sobre a cláusula de adequação italiana, ver FIANDACA, *Derecho Penal*, p. 577.

239. Tradução livre de "El que omite impedir la realización del hecho punible será sancionado: I. Se tiene el deber jurídico de impedirlo o se crea un peligro inminente que fuera próprio para producirlo; II. Si la omisión corresponde a la realización del tipo penal mediante um hacer. La pena del omiso podrá ser atenuada". Em GARCIA CAVERO, *La posición*, p. 3.

240. Tradução livre de "*Los delitos o faltas que consistan en la producción de un resultado sólo se entenderán cometidos por omisión cuando la no evitación del mismo, al infringir un especial deber jurídico del autor, equivalga, según el sentido del texto de la*

Note-se que o texto legal – criado em 1995 – incorpora expressamente as omissões diante de *riscos próprios* e de *riscos alheios*, embora limite a equiparação à uma equivalência *no sentido do texto legal.*[241]

Também mais preciso é o Código Penal colombiano, que trata da *omissão imprópria* em seu art. 25:

> "A conduta punível pode ser realizada por ação ou por omissão. Quem tiver o dever jurídico de impedir um resultado pertencente a uma descrição típica e não o realizar, estando em possibilidade de fazê-lo, ficará sujeito à pena contemplada na respectiva norma penal. Para este efeito, se requer que o agente tenha a seu cargo a proteção em concreto do bem jurídico protegido, ou que se lhe haja conferido como garante a vigilância de uma determinada fonte de risco, conforme a Constituição ou a lei. Constituem posições de garantia as seguintes situações: 1. Quando se assume voluntariamente a proteção real de uma pessoa ou de uma fonte de risco, dentro do próprio âmbito de domínio. 2. Quando existe uma estreita comunidade de vida entre pessoas. 3. Quando se procede à realização de uma atividade de risco, por várias pessoas. 4. Quando se houver criado, precedentemente, uma situação antijurídica de risco próximo para o bem jurídico correspondente. Parágrafo. Os números 1, 2, 3 e 4 somente se referem às condutas delitivas puníveis que atentem contra à vida e à integridade pessoal, à liberdade individual, e à liberdade e ao desenvolvimento sexual."[242]

Ley, a su causación. A tal efecto se equiparará la omisión a la acción: a) Cuando exista una específica obligación legal o contractual de actuar. b) Cuando el omitente haya creado una ocasión de riesgo para el bien jurídicamente protegido mediante una acción u omisión precedente." Disponível em <https://www.boe.es/buscar/act.php?id=BOE-A-1995-25444≥, acessado em 14/01/2014.

241. GIMBERNAT ORDEIG, *Estudios*, p. 123. Para uma discussão sobre os elementos da cláusula espanhola, ver CEREZO MIR, *Curso*, pp. 261 e SS.; MIR PUIG, *Derecho Penal*, pp. 306 e ss. e HUERTA TOCILDO, *Principales novidades*, *passim*, RODRIGUEZ MOURULLO, *Algunas reflexiones*, *passim e* CUADRADO RUÍZ, *La posición*.

242. Tradução livre de "quien tuviere el deber jurídico de impedir un resultado perteneciente a una descripción típica y no lo llevare a cabo, estando en posibilidad de hacerlo, quedará sujeto a la pena contemplada en la respectiva norma penal. A tal efecto, se requiere que el agente tenga a su cargo la protección en concreto del bien jurídico protegido, o que se le haya encomendado como garante la vigilancia de una determinada fuente de riesgo, conforme a la Constitución o a la ley." 1. Cuando se asuma voluntariamente la protección real de una persona o de una fuente de riesgo, dentro del propio ámbito de dominio; 2. Cuando exista una estrecha comunidad de vida entre personas; 3. Cuando se emprenda la realización de una actividad riesgosa por varias personas; 4. Cuando se haya creado precedentemente una situación antijurídica de riesgo próximo para el bien jurídico correspondiente. Parágrafo. Los numerales 1, 2, 3 y 4 sólo se tendrán en cuenta en relación con las conductas punibles delictuales que atenten contra la vida e integridad personal, la libertad individual, y la libertad y formación sexuales". . Extraído de: <http://www.secretariasenado.gov.co/senado/basedoc/ley_0599_2000.html>, acesso em 23/01/2015. Ley 599 de 2000 (julio 24). *Diario Oficial* No. 44.097 de 24 de julio del 2000. Nessa mesma linha, o Código mexicano: *Artículo 7º – Delito es el acto u omisión que sancionan las leyes penales. En los delitos de resultado material también será atribuible el resultado típico producido al que omita impedirlo, si éste tenía el*

A exemplo do Código espanhol, o colombiano admite a imputação de resultados típicos a omissões diante de *riscos próprios* e *alheios*.[243]

Por outro lado, há países nos quais inexiste qualquer cláusula geral de equiparação, como a Argentina, fato que exige da doutrina um esforço para o desenvolvimento de propostas de equiparação *normativas* que admitam a incorporação da omissão no sentido literal do tipo penal sem afetar o principio da *legalidade*.[244] A nosso, ver, como já exposto, nesses casos apenas as omissões diante de *riscos próprios* – os casos de *ingerência* – são admissíveis, uma vez que a omissão diante de *riscos alheios* não está contida no teor literal dos tipos penais.

No Brasil, o Código Criminal de 1830 já admitia o crime omissivo, caracterizando o delito como toda *ação ou omissão voluntária contrária à lei penal* (art. 1.º).[245] Da mesma forma, o de 1890 previa que a violação à lei penal poderia se dar por ação ou omissão (art. 2.º).[246] O texto legal era expresso ao incorporar a omissão, mas não indicava quais seus contornos, em especial em relação aos tipos penais que não faziam qualquer referência à essa modalidade de comportamento. Em 1984 foi incorporada a cláusula geral já apresentada, hoje prevista no § 2.º do art. 13, embora já no anteprojeto de Nelson Hungria, de 1962, houvesse menção à sistematização legal dos deveres de garantia.[247]

O legislador brasileiro, portanto, em 1984, inseriu na Parte Geral uma cláusula de adequação típica permite a imputação de resultados típicos à omissão, mesmo que o tipo penal na Parte Especial não preveja expressamente essa modalidade de conduta:

> "Art. 13 – O resultado, de que depende a existência do crime, somente é imputável a quem lhe deu causa. Considera-se causa a ação ou omissão sem a qual o resultado não teria ocorrido.

deber jurídico de evitarlo. En estos casos se considerará que el resultado es consecuencia de una conducta omisiva, cuando se determine que el que omite impedirlo tenía el deber de actuar para ello, derivado de una ley, de un contrato o de su propio actuar precedente. (...) Extraído de <http://mexico.justia.com/federales/codigos/codigo-penal-federal/libro-primero/titulo-primero/capitulo-i/#articulo-7>, acesso em 23/01/2015. Justitia México. Código Penal Federal. Libro primero. Título primero. Capítulo I. Reglas generales sobre delitos y responsabilidad.

243. Sobre as peculiaridades do ordenamento colombiano em relação à omissão, ver APONTE CARDONA, *Superior jerárquico*, p. 304 e ss. e PERDOMO TORRES, *La problemática, passim.* Sobre especificamente a *comunidade de perigo* como fonte da posição de garantia, ver ANDRADE CASTRO, *La posición de garante, passim.*

244. BACIGALUPO ZAPATER, Delitos, p. 17 e DANIEL CESANO, La imputacion, p. 195. O Código dispõe apenas que os delitos podem ser praticados por ação ou omissão. Disponivel em <http://www.infoleg.gov.ar/infolegInternet/anexos/15000-19999/16546/texact.htm#3>, acessado em 10.05.2015.

245. TINOCO, *Código criminal*, p. 9. Ver também, TAVARES, *Teoria*, p. 32.

246. SOARES, *Código Penal*, p. 5.

247. TAVARES, *Teoria*, p. 315.

(...)

§ 2.º A omissão é penalmente relevante quando o omitente devia e podia agir para evitar o resultado. O dever de agir incumbe a quem:

a) tenha por lei obrigação de cuidado, proteção ou vigilância;

b) de outra forma, assumiu a responsabilidade de impedir o resultado;

c) com seu comportamento anterior, criou o risco da ocorrência do resultado."

O *caput* do dispositivo dispõe que "o resultado, de que depende a existência do crime, somente é imputável a quem lhe deu causa. Considera-se causa a ação ou omissão sem a qual o resultado não teria ocorrido", indicando que a omissão – da mesma forma que a ação – pode *causar* um resultado.[248]

No entanto, o próprio legislador, antevendo a necessidade de limites à concepção estritamente causal da omissão, indicou no § 2.º que esta somente será *relevante* se existir a *possibilidade de agir* e do *dever de agir*. Assim, pode-se considerar que ao conceito aparentemente *causal* previsto no *caput* do artigo 13 são acrescidos elementos *normativos* e *ontológicos*, sendo o primeiro o *dever de evitar o resultado* e o segundo a *possibilidade* desta evitação.[249] Nos termos do Código, portanto, *toda* omissão sem a qual o resultado não ocorreria é *causal*, mas apenas aquelas nas quais exista o *poder* e o *dever* de agir do omitente são *relevantes* para a imputação. Em outras palavras, se uma criança morre afogada na piscina, *todos* os banhistas que poderiam tê-la salvo *causaram* a *morte*, mas o resultado imputável – na forma de *homicídio* – à omissão daquele que *podia* e *devia* agir, como, por exemplo, o *salva-vidas*.

A nosso ver, a redação legal merece alguns reparos. Como já exposto, a ideia de *omissão causal* apresenta problemas, porque embora a inatividade seja uma *condição negativa* do resultado, o *omitente* não o é, e a norma penal tem por destinatário o indivíduo e não o ente causal. Aquele que não salva a vida de outro não *mata*, não cria um *curso causal* que resulta na morte, mesmo que tenha uma relação de domínio do perigo ou proximidade com o bem jurídico.

Por isso, nos parece indispensável interpretar o dispositivo de forma ajustada à *realidade*: A regra do *caput*, em verdade, tem o escopo de indicar que uma *omissão* será *condição* do resultado se constatado que sua inexistência – ou seja, se presente a conduta esperada – evitaria o resultado. Aqui a lei exige uma espécie de *conditio sine qua non* invertida, na qual se constate que a ação exigida evitaria o resultado típico, com probabilidade próxima da certeza, como adiante explicitado. A essa relação *de imputação* – que não é *causal*, mas hipotética – será agregado

---

248. Sobre o tema, ver TAVARES, *Teoria*, p. 246, e DOPICO GÓMEZ-ALLER, *Omisión*, p. 689.

249. Nesse sentido, REALE JR., para quem a omissão nos termos da lei é um dado naturalístico, sujeito a um enfoque normativo. REALE JR., *Parte geral*, p. 45 e NUCCI, *Código Penal*, p. 158.

um limite *ontológico* (possibilidade de ação) e um limite *normativo* (existência do dever de garante). Com isso, ficam fixados os critérios para a *omissão imprópria*, a seguir esmiuçados.

Há quem critique a técnica do legislador de tratar a *omissão imprópria* via cláusula geral e proponha que esta seja substituída por dispositivos específicos previstos na Parte Especial, atrelados a cada tipo penal que possa ser realizado por conduta omissiva, a exemplo do que ocorre com os crimes culposos.[250] Nesse caso, a adequação típica *mediata* atualmente vigente seria substituída pela subsunção *imediata*, garantindo-se contornos mais precisos do dever de garante atinente a cada crime, bem como a limitação da equiparação apenas de tipos penais ligados a resultados mais graves, como a lesão da *vida* ou da *integridade física*.

A opção por tal técnica, em verdade, extinguiria a *omissão imprópria*, uma vez que todas as condutas omissivas estariam expressas em dispositivos da Parte Especial. Tal consequência dogmática, no entanto, não é suficiente para desmerecer a proposta, que, à primeira vista, parece mais condizente com o princípio da *taxatividade* e da *precisão* dos dispositivos legais. Ainda que a substituição da cláusula geral pela indicação expressa da forma omissiva em cada tipo penal exija um esforço legislativo considerável para identificar quais tipos penais mereceriam a punição pela inação, a técnica não seria diferente daquela usada para os crimes culposos. Bastaria a definição das hipóteses nas quais a forma omissiva é relevante e a remição a uma cláusula geral similar ao atual § 2.º do art. 13, que incidiria apenas sobre aqueles tipos penais assinalados expressamente.[251]

---

250. Nesse sentido, ZAFFARONI, *Tratado*, III, p. 465.

251. CASABONA, *Limites*, p. 41. Também defende a técnica dos crimes culposos para a forma omissiva do delito – com a indicação em cada tipo penal de sua admissibilidade – ZAFFARONI, *Panorama atual*, p. 37 e em *Limites*, p. 34 e FRANCO, *Código penal*, p. 126. HUERTA TOCILDO apresenta proposta similar, no entanto, sugere que as posições de garante não sejam previstas em cláusula geral, mas indicadas em cada tipo penal, dadas as suas peculiaridades, em *Principales novidades*, p. 50. No mesmo sentido, RODRIGUES, *A teoria penal*, p. 89 e ss. CASABONA critica tal proposta pelo excessivo casuísmo. Em *Limites*, p. 42. A nosso ver, ainda que a proposta de regulação de todas as omissões na Parte Especial seja sedutora do ponto de vista dos princípios da taxatividade e da *fragmentariedade* do direito penal, nos parece que tal operação é inviável do ponto de vista legislativo. Seria necessária uma revisão completa de todos os tipos penais, com a identificação expressa de seu possível correspondente omissivo, e das posições de garantia a ele pertinentes, distintas e peculiares. Qualquer olvido ou equivoco na redação deixaria sem punição imissões quiçá relevantes, e a casuística – frequententemente verificada no labor legislativo – poderia criar dispositivos conflitantes e abalar a sistematicidade da punição da omissão. Por isso, sem fechar em definitivo a porta para reflexões futuras, entendemos que a regulação da omissão imprópria na Parte Geral do Código Penal é adequada, e desempenha um papel satisfatório na orientação do intérprete. Os problemas de adequação da clausula geral aos tipos penais concretos existem, mas não são exclusivos da omissão, uma vez que também surgem quando se trata do instituto da *tentativa* ou do *concurso de pessoas*. Também aqui a aplicação das regras genéricas apresenta dificuldades diante de tipos penas heterogêneos, mas nem por isso se propõe sua substituição por dispositivos específicos na Parte Especial.

No entanto, e como exposto, o legislador nacional optou pela cláusula geral, fixando a imputação de resultados típicos à *omissão* por meio da exposição de situações das quais emerge um *dever de garante*, explicitadas nas alíneas do § 2.º do art. 13 do Código Penal brasileiro: o *dever legal* de cuidado, proteção ou vigilância (*a*); a *assunção* (*b*); ou a *ingerência* (criação de risco anterior, *c*).

Note-se que a cláusula geral pátria, a exemplo da espanhola e da colombiana, indica com precisão as hipóteses nas quais existe um *dever de agir* cujo descumprimento torna imputável o resultado típico previsto na Parte Especial. Esse dever de agir está atrelado a *riscos* criados pelo *próprio* garante – nos casos de *ingerência* (alínea *c* do § 2.º do art. 13) – e a *riscos alheios* (alíneas *a* e *b*), cujo desdobramento em resultado será imputável ao omitente em decorrência de lei ou de assunção.[252] Nesses casos, o legislador reconhece a legitimidade de *expectativas* construídas em torno da figura do *garante*, de quem se *espera* – com fundamento jurídico – uma ação no sentido de evitar um resultado ou de proteger um bem jurídico.[253]

Em outras palavras, a lei exige que os *garantes* protejam bens de terceiros diante de *riscos próprios*, produzidos pelo próprio *garante*, e de *riscos alheios*. No primeiro caso, como já exposto, a existência da lei ou da assunção será irrelevante, uma vez que a própria criação do *risco* – a depender da qualidade deste – já exige um ato de controle ou de salvamento, uma vez que se trata de um perigo que decorre do âmbito de organização do individuo, produzido por seu corpo ou por objeto diretamente manejáveis por ele. Assim, a *posição de garante* derivada da lei ou da assunção somente será relevante e autônoma quando a norma ou o ato tem relação com o controle de *riscos alheios*.

Há quem diga que na *assunção* o agente insere o risco no âmbito de organização do próprio *garante*, ao menos quando essa *assunção* desativa controles e proteções antes existentes, fazendo com que o *garante* assuma a integridade do bem jurídico como um dever inerente à gestão do próprio corpo.[254] Nesses casos aquele que desativa os mecanismos de proteção a bens jurídicos pela assunção acabaria por inseri-los em sua *esfera de organização*, e o fundamento da responsabilidade será o mesmo que nos casos de *riscos derivados da própria esfera*.[255]

252. Tais cláusulas são taxativas, de forma que não é possível mediante analogia criar ou aplicar outras. Nesse sentido, RODRIGUEZ MOURULLO, *Algunas reflexiones*, p. 860 e HUERTA TOCILDO, *Principales novedades*, p. 35, DEMETRIO CRESPO, *Responsabilidad*, p. 89. Em sentido contrário, diante das peculiaridades do texto legal espanhol, CUADRADO RUIZ para quem as posições legais de garante são *exemplificativas*, de forma que outras fontes formais e materiais do dever de garantia podem sustentar a imputação da omissão imprópria. *La posición*, p. 60.

253. Tais *expectativas*, por mais que pré-existam no seio das relações sociais – e por elas sejam influenciadas –, apenas criam nexos de imputação se positivadas pelo legislador. Nesse sentido, SCHÜNEMANN, *Fundamentos*, p. 170.

254. JAKOBS, *Acción y omisión*, p. 14.

255. JAKOBS, *Acción y omisión*, p. 16.

Ou seja, nos casos de *assunção*, a responsabilidade derivaria de um *risco próprio* e não de um *risco alheio*.

A nosso ver, e como já exposto (supra, 2.6.3), nem sempre a *assunção* significa o desligamento de outros mecanismos de proteção ao bem jurídico, existentes e instalados antes. É possível que as instâncias de proteção prévias continuem existindo, e nem por isso o *dever de agir* daquele que assume a segurança de um bem ou o controle de um perigo deixa de responder nos termos da lei. Imagine-se que uma criança brinca perto de uma lagoa, sem que seus pais se deem conta disso, e uma vizinha os alerta do perigo, colocando-se à disposição para vigiá-la. Nesse caso, a assunção do cuidado pela vizinha não desativou qualquer proteção da criança, porque esta já não existia no momento. Ainda assim, será responsável pela morte se, por seu descuido, o menino caia na lagoa e se afogue.

Em outras palavras, a *assunção* gera um dever de garante independentemente do fato de que o ato de *assumir* possa desativar instâncias de proteção do bem jurídico preexistentes. O mero ato de *assunção* torna o agente responsável pela evitação do resultado.

Ademais, ainda que a *assunção* afaste mecanismos de proteção existentes, isso não transforma o risco ao qual o bem jurídico está submetido em *risco próprio*. A babá que assume cuidar de uma criança pode desativar a atenção dos pais, mas nem por isso os carros que passam na rua – e que podem atropelar o infante caso haja um descuido da cuidadora – são um risco que se insere no âmbito de organização da babá. Não são *riscos próprios*, continuam sendo *riscos alheios*. Não há uma modificação na qualidade do risco, mas apenas das pessoas que detém a posição de *garantes*. Portanto, a *assunção* parece estar mais próxima – em termos de natureza jurídica – do dever *decorrente de lei* (alínea *a*) do que daquele que decorre da *criação de riscos próprios*, da *ingerência* (alínea *c*).

Feitas as considerações sobre a *assunção*, voltemos à classificação proposta.

As alíneas *a* e *b* do § 2.º do art. 13 (lei e assunção) fixam um *dever de garante* diante de *riscos alheios*. Sua inexistência impediria a imputação de resultados típicos à omissão, uma vez que o teor literal dos tipos penais não abriga a inatividade diante de *riscos* estranhos ao âmbito de organização do omitente. Trata-se, portanto, de uma *norma constitutiva*, que estende a abrangência do tipo penal para situações não incorporadas pela redação legal.

Porém, tal *norma constitutiva*, da forma que prevista no texto legal pátrio, parece afetar a ideia de *proporcionalidade*. Ao imputar resultados típicos a *omissões* diante de *riscos alheios*, sem qualquer gradação de consequências penais, o legislador acabou por desconsiderar a distinção *normativa* entre estas inatividades e as omissões ligadas aos *riscos* criados pelo *próprio* agente. Como exposto (supra 3.1), esses últimos comportamentos tem um *desvalor* adicional, são mais graves sob uma perspectiva de proteção de bens jurídicos, de forma que deveria a legislação prever uma *causa de diminuição* que indicasse uma resposta penal menos grave a esses casos.[256]

A alínea *c* do dispositivo em discussão gaz referência ao *risco* criado pelo próprio agente. Trata-se de *risco próprio.* Nesse caso, a identificação do agente com um *garante* é meramente *declarativa*, uma vez que a conduta omissiva integra a competência organizacional do omitente, como exposto. Ou seja, não seria necessária tal previsão, porque a forma omissiva da conduta, nesse caso, é *implícita* na própria redação dos tipos penais da Parte Especial.

No entanto, parece prudente e adequada a previsão legislativa expressa da imputação do resultado nesses casos, para eximir de duvidas a equivalência entre ação e omissão, em especial nas já citadas hipóteses em que o *risco* inicial é permitido e a *omissão* o transforma em *não permitido*, ou quando inexiste uma *uniformidade subjetiva* que englobe a ação inicial e a omissão posterior, situações que serão esmiuçadas e analisadas no Capítulo subsequente.[257]

Em síntese, a legislação brasileira divide as *omissões impróprias* entre aquelas referidas a *riscos próprios* e a *riscos alheios.* No primeiro caso (alínea *c* do § 2.º do art. 13 do CP), a cláusula geral tem caráter *declarativo*, e no segundo (alíneas *a* e *b* do § 2.º do art. 13 do CP), caráter *constitutivo.* Nesses casos, o agente tem um *dever de garante*, que impõe um esforço de evitação do resultado – quando o omitente tem capacidade de agir – sem o qual haverá imputação e incidirá o tipo penal correspondente na Parte Especial.

5. Da utilidade da classificação da omissão imprópria proposta e sua aplicação na seara empresarial

A divisão dos crimes omissivos *impróprios* entre aqueles ligados aos *riscos próprios* e aqueles referenciados aos *alheios* apresenta utilidades práticas. Em primeiro lugar, e como já exposto, permite identificar os casos em que a omissão é *equiparada* à comissão em termos de desvalor (*riscos próprios*) e os casos em que existe uma *diferença normativa* (*riscos alheios*). Em segundo lugar, revela quais as omissões compreendidas no próprio texto do tipo penal – ainda que não

256. No sentido de que não é possível sustentar que o delito de comissão por omissão tenha o mesmo desvalor do delito de comissão, e defendendo uma cláusula de atenuação de pena nessa seara, TORIO LOPES, em *Limites*, p. 706.

257. Para TORIO LOPEZ, a adoção de uma cláusula geral que declara punível a comissão por omissão dentro de um sistema penal constitui um avanço para coordenar essa classe de delitos com o principio da legalidade, *Limites*, p. 698. Nessa linha, GARCIA CAVERO aponta que "puede perfectamente partirse de la compreensión de que la clausula general no resulta necessária para la punibilidade de las omisiones equiparables en términos penales a las conductas activas, pero que esta falta de necesidad no impede que el legislador regule expressamente los presupuestos nacesarios para equiparar una omisión a una acción", em *Lecciones*, p. 449.

expressas (*riscos próprios*) – e quais exigem uma cláusula geral de adequação típica para que a inatividade seja punida (*riscos alheios*).

Em terceiro lugar, indica em que situações é necessário buscar um *dever de garante* externo à competência organizacional do agente. No contexto dos *riscos próprios*, o dever de garantia decorre da própria *criação do risco*, ou seja, é inerente à própria atividade, sem qualquer referência à postura de assunção ou a um dever legal específico. Não se trata, evidentemente, de uma obrigação de *evitar* qualquer resultado decorrente do risco criado – como adiante explicitado (supra IV, 3.2.1) – mas apenas de *impedir* a extrapolação dos limites do *risco permitido*, ou evitar que tal extrapolação se desdobre em um resultado típico.

Já no âmbito dos *riscos alheios*, é necessário indicar um parâmetro externo ao âmbito de organização do agente para fundamentar o *dever de garante*, sempre previsto em uma cláusula legal de adequação (que pode ser um dever legal, a assunção, uma relação de proximidade com o bem jurídico, a participação de uma comunidade de perigo etc.).

A distinção proposta facilita, ainda, a solução de inúmeros casos concretos, desde os mais simples – como acidentes de trânsito, que ilustrarão boa parte das análises subsequentes – aos mais complexos, como a identificação da responsabilidade penal no âmbito empresarial, tema polêmico e discutido com intensidade pela doutrina.[258]

Embora o presente trabalho não tenha o objetivo de analisar as peculiaridades da *omissão imprópria* na seara dos crimes empresariais, vale aqui um breve excurso sobre o tema, a fim de demonstrar a relevância prática da classificação ora proposta.[259]

A empresa é estruturada – em geral – por um complexo feixe de competências e de distribuição de trabalho, de forma vertical e horizontal, na qual cada membro desempenha suas atividades dentro de um circulo de atribuições que lhe é designado.[260] Nessa seara, a apuração das responsabilidades por atos lesivos é difícil, ainda mais quando se busca atribuí-la aos superiores hierárquicos, que em

258. Por isso, a nosso ver, os critérios dogmáticos da *ingerência*, desenvolvidos na teoria do delito para delitos comuns, são adequados para os delitos econômicos e empresariais, não sendo necessária uma dogmática própria para esses últimos. Nesse sentido, MEINI MENDEZ, quem afirma que a doutrina sobre a comissão por omissão no âmbito dos delitos empresariais não pode ser abordada de maneira diferente da teoria geral da comissão por omissão própria da Parte Geral, em *Responsabilidad*, p. 10. Ao contrário, FEIJÓO SANCHEZ que aponta a necessidade de uma dogmática especifica para enfrentar a realidade das organizações empresariais, em *Imputación*, p. 16 e ss.

259. Entenda-se aqui *crimes no* âmbito empresarial aquele grupo de delitos que lesionam bens jurídicos e interesses por meio da atuação para e por uma empresa, segundo SCHÜNEMANN, *Cuestiones*, p. 531.

260. Sobre os diferentes modelos de gestão empresarial, ver MONTANER, *Gestion empresarial*, p. 58 e ss.

geral estão distantes da execução de atos concretos que apresentam riscos para bens jurídicos.[261]

Nesse contexto, o recurso à *omissão imprópria* é frequente.[262] Diante da dificuldade de identificar uma conduta de execução direta de delitos por parte de dirigentes empresariais, recorre-se à caracterização do executivo/superior como um *garante*, que tem o *dever* de impedir cursos causais perigosos produzidos pelas *coisas* e pelas *pessoas* da empresa. A tese ora apresentada não tem a pretensão de analisar as inúmeras propostas e teses que buscam fundamentar a responsabilidade por omissão do empresário, mas, como exposto, apenas indicar a utilidade da classificação ora proposta em dividir os riscos que geram *deveres de garantia* em *próprios* e *alheios*.[263]

No âmbito empresarial, pode-se dividir a responsabilidade do empresário por *omissão* da forma estabelecida: responsabilidade diante de *riscos próprios* e responsabilidade diante de *riscos alheios.*

A primeira situação abarca aquele que, por um ato *comissivo*, cria um *riso*, permitido ou não permitido, jurídico ou antijurídico, o insere em seu âmbito de competências organizacionais, de forma que deve administrá-lo para mantê-lo nos parâmetros tolerados, ou para evitar que se desdobre em resultados típicos. Trata-se, portanto, de um *risco próprio*, cuja imputação do resultado à omissão é prevista na alínea *c* do § 2.º do art. 13 do CP.

A criação desse *risco* na empresa pode se dar pela própria instituição da pessoa jurídica, pela sua direção geral ou cotidiana, ou pela execução de atos concretos em seu nome/interesse. Assim, criam *riscos* tanto o titular da empresa como seus dirigentes, executivos, gerentes ou funcionários, bastando para isso que ajam *positivamente* gerando elementos que possam expor a perigo ou lesionar

---

261. Sobre as estratégias de responsabilização no âmbito empresarial, ver ESTELITTA, *Responsabilidade penal*, p. 52 e ss.

262. Embora também se busque a responsabilidade dos superiores hierárquicos também pela *autoria mediata* ou pelo recurso à *atuação em nome de outro*, como aponta DANIEL CESANO, *La imputación*, p 188.

263. A doutrina é controversa quando se trata de fundamentar a responsabilidade dos empresários. Há quem sustente que a responsabilidade decorre da autoridade sobre subordinados (MEINI MENDEZ, *Responsabilidad*, p. 902), do domínio sobre coisas e pessoas (SCHÜNEMANN em *Cuestiones*, p. 540, e em *Delincuencia empresarial*, p. 31, e DEMETRIO CRESPO, em *Fundamento*, p. 9), da ingerência (LASCURAIN SANCHEZ, *Fundamentos*, p. 212), dentre outros. SILVA SÁNCHEZ, por exemplo, usa sua concepção de *assunção* como elemento de equivalência entre ação e omissão para fundamentar a responsabilidade do empresário. Para o autor, o decisivo será sempre o fato do empresário, em virtude do *compromisso contraído*, assuma a função de controle dos fatos com relevância penal, em *Fundamentos*, p. 85. Para uma análise mais pormenorizada das diferentes propostas, ver DEMETRIO CRESPO, *Responsabilidad*, p. 169, e em *Fundamentos, passim.*

bens jurídicos penalmente tuteláveis.[264] Ademais, criam riscos não apenas manejando *coisas*, mas também distribuindo funções, ordenando atividades, delegando competências, em suma, dividindo o trabalho com outras *pessoas* (sobre os *deveres de cuidado* inerentes ao manejo de coisas e pessoas no âmbito empresarial, ver Capítulos IV e V do presente estudo).[265]

Isso não significa que cada uma destas pessoas seja responsável por evitar todo e qualquer desdobramento causal decorrente dos *riscos* criados na seara empresarial em direção a resultados lesivos, mas indica que estes personagens têm *coisas* e *pessoas* em seu âmbito de competência, e, portanto, têm o *dever* de respeitar as normas de cuidado (proibitivas ou mandamentais) vigentes naquele contexto.[266] O descumprimento dessas *normas* cria um *risco não permitido* e exige uma atuação positiva para evitar o resultado, de forma que o resultado típico será imputado à *omissão* com fundamento na *ingerência*.

Em outras palavras, no âmbito empresarial, aquele que *cria o risco* deve assegurar que esse *risco* seja mantido nos patamares *autorizados* e *permitidos*. Caso se *omita* e tal *risco* se desdobre em um resultado típico, esse resultado será *imputado* ao omitente, porque o agente "com seu comportamento anterior, criou o risco de ocorrência do resultado" (CP, art. 13, § 2.º, *c*).

A responsabilização do empresário com base na *ingerência* – no sentido de que esse empresário, ao dirigir a empresa "criou risco de ocorrência do resultado" (CP, art. 13, § 2.º, *c*) – é criticada por parte da doutrina. GRACIA MARTÍN,[267] por exemplo, aponta que o recurso à *ingerência* para fundamentar a responsabili-

---

264. Sobre a natureza das atribuições e as distintas responsabilidades do proprietário, do administrador e dos demais membros da empresa, ver GARCIA CAVERO, *La imputación*, p. 5. A presente tese não tem o escopo de discutir o papel/rol de acionistas, diretores e gerentes, uma vez que a premissa do estudo é definir a responsabilidade daquele que *cria o risco*, que pode ser – em regra – qualquer um destes, alterando-se apenas o conteúdo das normas de cuidado a observar de acordo com o grau de autonomia e com a extensão das competências. Sobre o tema, DEMETRIO CRESPO, *Responsabilidad*, p. 48.

265. MEINI MENDEZ fundamenta uma parte da responsabilidade do empresário pela omissão na *ingerência*, apontando que toda a atividade empresarial não deixa de ser uma atividade de risco cuja colocação em marcha cria um perigo iminente que é próprio para produzir resultados lesivos – assim, a atividade empresarial se subsume à ingerência ou ao atuar precedente como fonte do dever de garante (em *Responsabilidad*, p. 8). Nesse sentido, existe uma *responsabilidade pelo âmbito de organização* fundada no dever de assegurar que a gestão de riscos produzidos por cada um se mantenham nos patamares permitidos. Segundo GARCIA CAVERO, no âmbito da *competência por organização* – que aqui chamamos de *riscos próprios* e identificamos com a *ingerência* – os diretores executivos de uma empresa são penalmente responsáveis pela tomada de decisões que criem riscos não permitidos na administração da empresa, assim como a execução, por eles ou por seus subordinados, dos aspectos funcionais da empresa. Em *La posicion*, p. 11.

266. Como aponta REQUENA JULIANI, no âmbito empresarial, cada um responde pelos delitos que derivam de seu âmbito de organização. Em *La posicion*, p. 159.

267. *La responsabilidad*, p. 93, onde defende maior rendimento da autoria mediata para resolver tais casos.

dade do empresário restringe demais a apuração de responsabilidades na empresa, uma vez que é possível uma estruturação institucional que dilua a *criação de riscos* em diversos setores, de forma que nenhum de seus membros *criaria o risco*, ou teria os focos de perigo em seu âmbito de organização definido (estrutura de *irresponsabilidade organizada*).[268]

A nosso ver, valem aqui algumas considerações.[269] Em primeiro lugar, reconhecer que a *ingerência* (CP, art. 13, § 2.º, *c*) fundamenta parte da responsabilidade do empresário não significa afastar outras fontes de posição de garante, como aquelas decorrentes da lei (alínea *a*) ou da assunção (aliena *b*).

Em uma série de situações nas quais não existe *criação de risco próprio* pelo empresário será ainda possível a imputação por omissão, desde que exista um *dever de garante* previsto em lei ou adquirido por assunção, que o obrigue a gerenciar *riscos alheios.* Em segundo lugar, identificar a ingerência como uma das fontes da posição de garantia do empresário não significa expandir em demasia sua responsabilidade penal. Basta que a imputação respeite os critérios de limitação de responsabilidade aos desdobramentos do *risco não permitido*, como a seguir proposto.

Em síntese, sempre que um membro da organização empresarial *criar um risco* – isolado ou cumulativo com outros integrantes da corporação – tem o dever de observar as *normas de cuidado* para manter esse *risco* dentro do *permitido*, gerindo corretamente seu âmbito de competência organizacional. O descumprimento das *normas de cuidado* que transforme o *risco* em não permitido e cause um resultado típico permite a atribuição da responsabilidade penal a título de *ingerência* (CP, art. 13, § 2.º, *c*), sem que seja necessária a identificação de qualquer ato de assunção ou dever legal.

Ao lado da responsabilidade por *riscos próprios*, também na seara empresarial é possível identificar pessoas com atribuições de controlar ou gerenciar *riscos alheios.* Nesse caso, o foco não é o perigo por eles criado, mas aquele oriundo de outras pessoas ou setores, diante dos quais existe um *dever de agir*, seja para mantê-los dentro dos limites permitidos, seja para iniciar um processo de salvamento caso saiam do controle. Aqui o resultado não será imputado à omissão pela *ingerência*, mas pela existência de um *dever de garante* especifico, que seja previsto em lei ou adquirido pela assunção (CP, art. 13, *a* e *b*).

Portanto, o fundamento do *dever de agir* na seara empresarial, que sustenta a *omissão imprópria*, não parece ser o domínio do empresário sobre as coisas e pessoas da empresa, como defende um setor da doutrina.[270] Como já exposto, a

---

268. DANIEL CESANO, La imputacion, p. 201.

269. Defende a ideia de *ingerência* na seara empresarial LASCURAIN SANCHEZ, *Fundamentos*, p. 214

270. Para SCHÜNEMANN a responsabilidade decorre do *domínio material* que o empresário tem sobre elementos ou procedimentos perigosos da empresa ou do *domínio*

ideia de *domínio* carece de precisão para definir os limites da *omissão imprópria*, e pode ser confundida com a ideia de mera *capacidade*, ampliando em demasia o circulo de garantidores. Ademais, e por outro lado, acaba por restringir o mesmo círculo ao esvaziar o conceito de *ingerência*, em especial no campo do *salvamento*, como a seguir exposto (supra 2.4.1).

Assim, mais adequado fundar a responsabilidade do empresário em dois pilares: (i) quando cria um *risco próprio*, se sustenta nas *faculdades individuais de auto organização*,[271] que impõem deveres de cuidado positivos e negativos cujo descumprimento enseja a responsabilidade por comissão ou omissão (CP, art. 13, § 2.º, *c*); e (ii) quando está diante de um *risco alheio*, a *posição de garante* deriva da *lei* ou da *assunção* (CP, art. 13, § 2.º, *a* e *b*).[272]

O *domínio* do foco de perigo, portanto, será apenas uma baliza limitadora da incidência da norma penal, mas não seu fundamento último.[273] Concordamos aqui com FEIJÓO SANCHEZ, para quem a palavra chave para a imputação na seara empresarial não é *domínio*, mas *competência*, desde que entendida *competência* como o conjunto de deveres de *cuidado* incidentes sobre a esfera de atuação do empresário, decorrentes do *risco* por ele criado (ingerência) ou das atribuições por ele assumidas diante de *riscos alheios* (por lei ou assunção).[274]

A identificação, no *contexto empresarial*, de quando a omissão se dá diante de um *risco próprio* ou *alheio* tem significativo interesse prático. A uma porque, como já exposto, revela o *desvalor* da omissão, sendo, a nosso ver, maior a gravidade da omissão diante de um *risco próprio* do que de um *risco alheio*. A duas

---

funcional sobre os subordinados na organização hierárquica. Em *Cuestiones*, p. 540, também em *Delincuencia empresarial*, p. 31. No mesmo sentido, DEMETRIO CRESPO, em *Fundamento*, p. 9, e ARROYO ZAPATERO, em *Seguridad*, p. 160.

271. Ideia próxima ao âmbito de *competências organizacionais* de JAKOBS, que aqui denominamos de âmbito de riscos próprios, com as devidas matizações (como, por exemplo, a exclusão da assunção desse contexto). Nesse sentido, LASCURAIN SANCHEZ, em *Fundamentos*, p. 213.

272. Evidente que a lei e a assunção são elementos *necessários* à responsabilidade por omissão, mas não *suficientes*, como a seguir indicado.

273. FEIJOO SANCHEZ critica a ideia de *domínio* como fundamento da responsabilidade penal do empresário, uma vez que o conceito é vago e pode encerrar uma relação puramente *causal*. Ademais, nos casos de *omissão própria*, é perfeitamente possível a identificação do *domínio* sobre o desamparo da vitima e nem por isso o resultado é imputável ao omitente. FEIJOO SANCHEZ, *Imputacion*, p. 39. Na mesma linha, PEÑARADA, *Sobre la responsabilidade*, p. 410. BUJAN PÉREZ segue a ideia de fundar a responsabilidade do empresário na *aceitação de funções* como requisito independente que deve ser acrescido ao requisito do *domínio* desenvolvido por SCHÜNEMANN, em *Derecho penal*, p. 528. Mas o próprio autor reconhece que tal fundamento encontra limites para justificar um dever diante da *ingerência*, de forma que – para esses casos – define que a *posição de garantia* estará em função da licitude do curso do risco desencadeado pelo agente, cujos deveres de controle estarão em função do valor do próprio comportamento em termos de autonomia pessoal e coletiva.

274. FEIJÓO SANCHEZ, *Imputación*, p. 40.

porque tal distinção auxilia na identificação do tipo penal aplicável, incidindo diretamente o dispositivo nos casos de *riscos próprios* e exigindo-se o recurso a uma cláusula geral nas hipóteses de *riscos alheios*. Por fim, facilita a fundamentação da responsabilidade do empresário, uma vez que nos *riscos próprios* ela advém do *risco criado* e da subsequente ou concomitante violação de um *dever de cuidado*.[275] Nos *riscos alheios* tal responsabilidade deve derivar de uma previsão legal expressa que indique um *dever de garantia* atribuído àquela pessoa – ou àquela categoria de pessoas – estabelecida em um dispositivo expresso do ordenamento penal.

Assim, o empresário que cria um *risco não permitido* e omite controlá-lo (*risco próprio*) realiza um ato *mais grave* do que aquele membro da companhia que tinha o dever de *gerenciá-lo* e não o fez (*risco alheio*). Ademais, a responsabilidade penal pela produção de eventual resultado típico do primeiro prescinde da verificação da existência de um *dever de garante específico* previsto na lei ou decorrente de assunção, uma vez que a própria violação das *normas de cuidado* que caracteriza o *risco não permitido* torna o resultado imputável. Já no caso dos *riscos alheios*, a responsabilidade penal exigirá a identificação de um *dever de garante* por parte do omitente – previsto expressamente em lei ou decorrente de assunção – do contrário o ato será atípico ou se tratará de *omissão própria*.

6. Imputação do resultado

6.1 A teoria da imputação objetiva

A mera constatação da existência do *dever de garante*, em qualquer das modalidades previstas (*riscos próprios ou alheios*), não é suficiente para a imputação do resultado, do contrário cairíamos na armadilha do *dever formal*, já rechaçada. É necessário identificar que o *resultado* tem uma *relação de imputação* com o *dever de garante* não exercido, com a omissão.[276] Nem sempre a existência de um resultado lesivo e da inatividade do *garante* significam a responsabilidade penal desse último.

---

275. Como aponta GARCIA CAVERO, no caso do empresário que coloca em funcionamento uma empreitada, não é necessário fundamentar o dever de cuidado na lei ou na assunção, uma vez que ao criar a empresa, cria-se um *risco* e o empresário tem o dever de controla-los nos termos das normas de cuidado vigentes. *La imputacion*, p. 10.

276. Segundo DEMETRIO CRESPO, a posição de ingerência não pode derivar da *causalidade*, mas da *imputação objetiva* do atuar precedente, de forma que se faz necessária a criação de um *risco não permitido*. *Responsabilidad*, p. 127. Nesse sentido, TAVARES, para quem a existência do *dever de garante* não basta para a imputação do resultado. Segundo o autor, é preciso que a omissão do garante seja *equiparada* à ação. Para isso, (i) a ação esperada deve ser necessária e imprescindível para proteger o bem jurídico; (ii) o resultado não pode ser evitado pela própria vítima sem risco pessoal; e (iii) apenas em casos de bens jurídicos pessoais, excluídos os patrimoniais. TAVARES, *Teoria*, p. 345.

Para fixar os critérios desse nexo de imputação, recorremos à teoria da *imputação objetiva*, concebida como uma tentativa de superar os problemas da estrita relação causal ou da substituição da causalidade por estruturas lógico-objetivas sem referência normativa.[277] Tal teoria *normativiza* a relação conduta/resultado, e aponta que o *resultado* só pode ser *imputado* a uma conduta quando essa *cria um risco não permitido*. Assim, o fato de *causar* a morte de alguém não transforma o agente em *homicida*. Para essa *imputação*, para que se possa caracterizar o agente como *responsável penal* por aquele resultado morte, é preciso *mais* do que a *causação* – é preciso que a ação crie um *risco não permitido* de morte.

Assim, aquele que dirige seu veículo dentro das *normas de cuidado* do trânsito e atropela alguém, *causa* a sua morte, mas não é *homicida*. Há uma *conduta*, há um *resultado causado* por essa *conduta*, mas não há *imputação* porque o agente não *criou um risco não permitido* – estava dentro das regras de cautela previstas e exigidas dos motoristas. Do ponto de vista *causal*, o agente *causou* a morte. Do ponto de vista *normativo*, essa morte não pode ser *imputada* ao agente como homicídio porque o risco criado era *permitido*.

Assim, um *resultado lesivo* não é *imputado* a um comportamento por uma simples e automática relação *causal*, mas apenas quando constatada a criação do *risco não permitido*, desdobrado na lesão típica.[278] É isso, em poucas e superficiais palavras, o que propõe a teoria da *imputação objetiva*.

São muitas as variações da *teoria da imputação objetiva*, que indicam diversos critérios para identificar o que se entende por *risco permitido*, e quais os outros elementos que devem ser a ele agregados para a *imputação* mas, para os objetivos do presente estudo, pode-se apresentar como denominador comum das mais relevantes proposições nesta seara que o resultado será *imputado objetivamente* a uma conduta quando essa última (i) *cria ou aumenta um risco não permitido de resultado*; (ii) quando o risco se *desdobra* no resultado concreto; e (iii) quando o resultado está dentro do âmbito de abrangência da norma de cuidado violada.[279]

---

277. Sobre a aplicação da *imputação objetiva* à omissão, ver GARCIA CAVERO, *La posición* e MEINI MÉNDEZ, *La comisión*, p. 420 e ss.

278. Para um panorama da teoria da *imputação objetiva*, ver ROXIN, *Derecho Penal*, I, pp. 342 e ss.; GRECO, *Um panorama*, *passim*; MELIA, FERRANTE e SANCINETTI, *Teoría*, *passim*; JAKOBS, *La imputación*, *passim*; CAMARGO, *Imputação objetiva*, *passim*. SALVADOR NETTO, *Tipicidade*, p. 137 e ss. FRISCH e ROBLES PLANAS, *Desvalorar e imputar*, *passim*.

279. A criação ou o incremento do risco constitui o elemento comum das comissões, sendo que as diferenças – realização ou não do risco para efeitos de consumação/tentativa ou postura subjetiva do agente para determinação da culpa/dolo – são elementos verificados posteriormente. Nesse sentido, SILVA SÁNCHEZ, *El delito*, p. 167. Sobre o tema, ver ROXIN, *Derecho Penal*, I, pp. 342 e ss.; GRECO, *Um panorama*, *passim*; MELIA, FERRANTE e SANCINETTI, *Teoria*, *passim*; JAKOBS, *A imputação passim*; CAMARGO, *Imputação objetiva*, *passim*, FEIJOO SANCHEZ, *Imputación objetiva*, *passim*.

Os parâmetros para a verificação da imputação objetiva do resultado são mais claros nos crimes comissivos. Sua aplicação à omissão exige um esforço dogmático maior.[280]

6.2 Criação de um risco não permitido

Como já exposto, o primeiro critério para que um resultado seja *imputado* a uma conduta não é a verificação de que essa última *causou* o primeiro, mas que o comportamento *criou um risco não permitido* de afetação do bem jurídico – dirigir em *velocidade não autorizada*, realizar cirurgia *sem desinfectar aparelhos* etc.

O conceito e os contornos do que se entende por *risco não permitido* serão adiante estudados. Mas antes é necessário enfrentar um problema: a *omissão* não cria *riscos.* O risco não nasce da *inatividade.* O salva-vidas não *cria o risco* da morte por afogamento, o diretor de *compliance* de uma instituição financeira não *cria o risco* de gestão fraudulenta ou lavagem de dinheiro. Mesmo nos casos de omissão diante de *riscos próprios* não é a *omissão* que cria o risco – ela apenas altera sua *qualidade.* O motorista que *não* verifica seus freios *não* cria o risco com essa omissão. O *risco* somente é criado quando ele coloca o automóvel em movimento com freios defeituosos – ou seja, com a *ação*, com o *movimento positivo.* Aquele que dirige um veículo em alta velocidade e deixa de frear ao se deparar com uma criança responde pelo homicídio, cujo *risco* foi criado pela ação de dirigir e não pela *omissão* de frear. Mesmo que o motorista esteja na velocidade adequada (risco permitido) e deixe de frear ao ver a criança – supondo-se que seria possível fazê-lo – o *risco* foi criado pela ação, e apenas *transformado* em *não permitido* pela *omissão.*

Assim, usar a *teoria da imputação objetiva* no campo da *omissão* exige reconhecer que a ideia de que o resultado só se *imputa* a uma conduta quando esta *cria um risco não permitido* nem sempre se aplica. É preciso identificar aqui outra *relação* da conduta com o *risco não permitido*, que não seja a *criação.* E no caso da omissão, essa *relação* será a *manutenção* ou a *transformação.* Assim, ainda que a inatividade não *crie o risco*, ela será relevante se *não impedir* a *criação* ou a *continuidade* de um *risco não permitido.*

No segundo caso (*continuidade)*, há um *risco não tolerado* e o *garante* mantém sua existência. É o caso do salva-vidas que deixa de salvar um banhista jogado culposamente na piscina por terceiro. Ao jogar aquela pessoa, o terceiro *criou um risco não permitido* por ação. Ao *não salvar* o banhista o *garante* (salva vidas) *manteve* a existência desse *risco não permitido*, de forma que sua *omissão* será penalmente relevante.

No primeiro caso (*não impedir a criação)*, existe um *risco permitido* e o *garante* o transforma em *não permitido* justamente por sua omissão. É o caso do

280. Nesse sentido, TORIO LOPEZ, *Limites*, p. 701.

motorista que dirige em velocidade adequada (*risco permitido*) e deixa de brecar ao se deparar com um pedestre, podendo fazê-lo. O *risco permitido* – dirigir veículo – se transforma em *não permitido* pela *omissão*. Pode-se dizer aqui que a *omissão* não *criou o risco*, mas mudou sua *qualidade*, alterou sua *natureza*, tornando-se penalmente relevante justamente por isso.

Diante do exposto, pode-se dizer que a *omissão* é penalmente relevante quando a inatividade do *garante mantém* a existência de um *risco não permitido* ou *transforma* um *risco permitido* em não *permitido*. As características desse *risco não permitido* e seus contornos serão estudadas mais adiante.

6.3 Desdobramento do risco não permitido no resultado

Pelo exposto, a *omissão* somente será penalmente relevante se tiver uma relação de *manutenção* ou de *transformação* com um *risco não permitido*. Mas a mera *existência* desse *risco não permitido* – que se torna possível pela *omissão do garante* – não é suficiente.

Um Direito Penal voltado à proteção de bens jurídicos exige um resultado que concretize o *risco não permitido*, a não ser nos crimes de *perigo abstrato* e nos casos de *tentativa*, para os quais basta o *risco não permitido*. E esse *resultado* deve estar *ligado* à *omissão*. A *inatividade* do garante deve ser uma *condição negativa* de sua ocorrência.

A omissão do salva-vidas não será penalmente relevante se constatado que sua atuação não evitaria a morte, porque o banhista estava distante demais. A omissão do motorista em brecar também não o será se verificado que o ato de frear não impediria o atropelamento, porque o automóvel não poderia parar a tempo de evitar a colisão. Em outras palavras, é necessário identificar uma *relação* entre a inatividade e o resultado que possibilite *imputar* o último à primeira.

A natureza de tal *relação* é questão controversa na doutrina e será abordada adiante, mas é possível afirmar que o resultado será *imputável* à *omissão* se constatado que a *ação esperada normativamente* impediria sua ocorrência – que a *conduta* não realizada pelo *garante* teria condições de impedir o resultado da forma como ocorreu.

6.4 Do âmbito de abrangência da norma de cuidado

Como apontado, a *omissão* será relevante quando *mantiver* um *risco não permitido* ou *transformar* um *risco permitido* em *não permitido*. Ou seja, quando existir uma *relação* entre a *omissão* e um *risco não permitido*.

O conceito de *risco não permitido* será adiante abordado, mas sua existência deriva do descumprimento ou da inobservância de uma *norma de cuidado*. O agente/omitente deixa de observar uma *regra de cautela* que tem como *objetivo* evitar determinados resultados, proteger determinados bens, impedir determinadas lesões. Esse *escopo* da *norma de cuidado* compõe seu âmbito de abrangência. É o conjunto de consequências desagradáveis que a *norma de cuidado* procura impedir que ocorram.

Um exemplo pode esclarecer o que se entende por âmbito de abrangência da norma de cuidado: um motorista dirige em alta velocidade e *não breca* quando percebe uma senhora atravessar a rua. O veículo não encosta na senhora, mas ela morre de enfarto ao perceber que quase foi atropelada por um carro em alta velocidade. Perceba-se que, nesse caso, o motorista (i) era *garante* porque criou um risco ao dirigir seu veículo (CP, art. 13, § 2.º, *c*); (ii) sua *omissão* em brecar tinha relação com um *risco não permitido* porque *manteve* um *risco não permitido* (dirigir em velocidade vedada) e (iii) desdobrou-se no *resultado morte* porque o ato de brecar diminuiria a velocidade e a senhora não se assustaria – e não enfartaria, ou seja, a *conduta esperada* de brecar evitaria a morte.

Ainda assim, nesse caso, o *resultado morte* não pode ser *imputado à omissão* porque aquela morte, por enfarto, de susto, estava fora do âmbito de abrangência da norma de cuidado violada. A *regra de trânsito* que impõe brecar diante de pedestres tem como *escopo* preservar a vida de acidentes, atropelamentos e colisões, mas não parece que tenha em seu âmbito a evitação de sustos naqueles que atravessam a rua. Portanto, a *omissão* de brecar não é relevante para aquela morte, por estar essa última fora do âmbito de abrangência da norma que exigia a conduta omitida.

Nos casos de omissão diante de *riscos próprios*, a imputação ocorrerá sempre que a lesão estiver contida no âmbito teleológico da norma de cuidado violada, cuja inobservância criou a situação de *risco não permitido*. Nas hipóteses de omissão por *riscos alheios*, os termos da *lei* ou a extensão da *assunção* fixarão o âmbito de abrangência da imputação.[281] Mas sempre será necessário identificar a *norma de cuidado* violada pela *omissão* para verificar a pertinência do resultado com o seu âmbito de abrangência.

6.5 Da capacidade de agir

Por fim, importa destacar que a cláusula geral de adequação brasileira (CP, art. 13, § 2.º), ao contrário daquela prevista em ordenamentos de outros países, como Alemanha ou Espanha, dispõe *expressamente* sobre a *possibilidade* de ação, de forma que a omissão somente será *relevante* sob a perspectiva penal se constatada a *capacidade* do agente de agir de acordo com a norma mandamental. Aqui

---

281. Como ensina TAVARES, o garante não tem o dever de evitar qualquer lesão, mas apenas aquela no âmbito de abrangência do dever de cuidado. Assim, se a norma for genérica e impuser apenas o dever de vigilância, deve-se identificar se existia um *contexto típico* que exige o dever de atuar (ex.: pais não são responsáveis sobre qualquer acidente da criança). TAVARES, *Teoria*, p. 322.

não se trata de verificar se a *ação esperada* tinha condições de *evitar* o resultado, mas se o *garante* tinha condições, naquele contexto, de *agir* da maneira exigida.

Como já apontado, a *capacidade* é elemento nuclear da *omissão relevante*, integra sua *natureza* já na esfera pré-típica, de forma que a previsão legal apenas discorre sobre um aspecto ínsito ao instituto ora tratado.

7. Adequação típica

Pelo exposto, o *resultado* será imputado à *omissão* se: (i) existir um *dever de garante*, nos termos do art. 13, § 2.º, do CP; (ii) a inatividade *mantiver* um *risco não permitido* ou *transformar* um *risco permitido* em *não permitido;* (iii) a *ação esperada* for capaz de *evitar* o resultado que (iv) deve estar dentro do âmbito de abrangência da norma de cuidado violada.

Em outras palavras, identificado um *dever de garante* (por lei, assunção ou ingerência), a omissão será *equiparada* à ação caso exista uma relação *normativa* entre a inatividade e o resultado – aferido pelos critérios de *imputação objetiva* – e *possível* a conduta esperada pela norma. Nessas hipóteses, o resultado típico será imputado à *omissão.* Aquele que – nessas condições – não impedir a morte praticará *homicídio.*

Surge, portanto, nova questão: a cláusula geral de adequação incide apenas para tipos penais de *resultado lesivo* ou pode também ser aplicada a *crimes de mera conduta* ou de *ação determinada?*

7.1 Da omissão nos crimes de perigo abstrato ou de ação determinada

Nos tipos penais de *ação determinada*, o legislador especifica a *forma* de conduta desvalorada, podendo ou não prever a realização de um resultado lesivo como elemento do tipo penal. Caso preveja, se trata de *crimes de resultado lesivo com ação determinada.* Caso não preveja, está-se diante de *crimes de perigo abstrato.* A nosso ver, ambos são delitos de *resultado.* No primeiro caso, além da conduta específica, o legislador exige a constatação de um *resultado naturalístico.* É o caso do *homicídio qualificado* (Código Penal, art. 121, § 2.º), ou do *estelionato* (Código Penal, art. 171), em que além da conduta *determinada* é necessário verificar uma *lesão*, seja a *morte*, seja o *dano patrimonial.*

Já nos crimes de *perigo abstrato*, a materialidade típica também exige um *resultado*, mas não de ordem *naturalística.* É necessária, neste caso, a verificação da *periculosidade* do comportamento, do *risco potencial* de afetação de bens jurídicos, que também é um *resultado*, embora não lesivo sob a ótica física.[282] Daí porque tratar não parece existir diferença substancial entre as categorias típicas. Tanto os crimes de resultado lesivo, em que o legislador especifica a *forma de*

---

282. BOTTINI, *Crimes de perigo*, pp. 113 e ss.

comportamento, como os delitos de *perigo abstrato* são tipos penais de *resultado* (naturalístico ou de periculosidade) nos quais o dispositivo legal prevê expressamente os contornos do *comportamento lesivo*.

A questão é identificar se, nesses casos, o comportamento *omissivo* pode ser compreendido como típico.[283] E a resposta parece estar na própria descrição legal. Se a conduta prevista comportar – em seu sentido literal e expresso – uma *omissão*, a inatividade será típica, existindo um *crime omissivo próprio*.[284] É o que ocorre nos casos de *omissão de socorro* (Código Penal, artigo 135), no crime do art. 6.º da Lei 7.492/1986[285] e nos crimes de *prevaricação*.[286] Também inseridos nesse conjunto estão os crimes cujo bem jurídico tutelado pela norma é a *credibilidade de instituições*, como a *corrupção passiva na modalidade de receber* (Código Penal, art. 319).[287]

Por outro lado, se o comportamento descrito não compreender a conduta *omissiva*, não há forma de imputação do resultado à omissão. As cláusulas gerais de equiparação do Código brasileiro impõem um dever de *evitar o resultado* e legitimam sua *imputação*, mas não admitem ter por equivalentes comportamentos positivos praticados de forma *determinada*, uma vez que sua realização por omissão não se faz possível. Nesses casos, ou bem a omissão é atípica, ou o garante será responsabilizado por outro tipo penal que comporte a omissão, a não ser que exista um vínculo subjetivo que caracterize o *concurso de agentes*.

7.2 Da omissão nos tipos penais mistos

Ainda no campo da equiparação, tem-se a figura de tipos penais mistos, cuja realização pode comportar condutas ativas e omissivas. É o caso do *estelionato* (CP, art. 171), que, eventualmente, pode ser praticado por uma ação (venda de um

283. Sobre o tema, ver JESCHEK, *Tratado*, p. 864; SILVA SÁNCHEZ, *El delito*, p. 449. Há quem entenda que tais delitos não podem ser cometidos por omissão, como GRASSO, *Il reato*, p. 156.

284. Como ensina SILVA SÁNCHEZ, se existe uma descrição típica da ação sem vinculação a um resultado (crime de perigo abstrato) não é possível subsumir uma comissão por omissão, de forma que não existe a forma omissiva imprópria dos delitos de mera atividade. SILVA SÁNCHEZ, *El delito*, p. 441. É possível, no entanto, uma omissão nos delitos de mera atividade quando se trate de uma omissão *própria*, prevista no próprio tipo penal (*Op. cit.*, p. 441).

285. "Art. 6.º Induzir ou manter em erro, sócio, investidor ou repartição pública competente, relativamente a operação ou situação financeira, sonegando-lhe informação ou prestando-a falsamente."

286. "Art. 319. Retardar ou deixar de praticar, indevidamente, ato de ofício, ou praticá-lo contra disposição expressa de lei, para satisfazer interesse ou sentimento pessoal."

287. "Art. 319. Retardar ou deixar de praticar, indevidamente, ato de ofício, ou praticá-lo contra disposição expressa de lei, para satisfazer interesse ou sentimento pessoal.

Pena – detenção, de três meses a um ano, e multa."

bem) em conjunto com uma omissão (silêncio sobre um vício do produto, como a existência de gravames reais sobre ele).

Nesses casos, em regra, a conduta nuclear é sempre ativa, pois será necessário um comportamento *positivo* que cria um *risco*, ainda que *permitido* (ex.: propor ou participar de uma relação comercial), de forma que a *omissão* será apenas o elemento que transforma o risco em *não permitido*, garantindo a imputação do resultado à conduta inicial.[288] Haverá um *estelionato por omissão*, mas a conduta inicial será *comissiva*. Mas aqui a *omissão* também será *própria*, uma vez que é compreendida no tipo penal, no verbo de *manter*. Portanto, a cláusula geral será irrelevante para sua punibilidade, e mesmo sua inexistência não afetaria o caráter típico da omissão complementar à ação que formam o *contexto* do comportamento estelionatário.

8. Conclusão parcial

Pelo exposto, existem duas modalidades distintas de *omissão*, aquelas referidas a *riscos próprios*, produzidos dentro do âmbito de organização própria do individuo, e as referidas a *riscos alheios*, estranhos à esfera de gestão do omitente. As primeiras são diretamente ligadas ao *risco* criado pelo agente, de forma que – a depender da qualidade deste – a inatividade integra sua gestão própria, e é possível a incidência da norma penal, mesmo que o tipo não descreva expressamente a conduta omissiva e na ausência de uma cláusula geral de adequação. As ultimas são estranhas ao *risco*, de forma que sua equiparação à comissão exigirá uma cláusula geral expressa de adequação típica, que, pelo exposto, deve prever uma causa de diminuição de pena a fim de adequá-la à ideia de proporcionalidade.

A cláusula geral do Código Penal brasileiro impõe o *dever* de evitar o resultado àqueles obrigados por lei, por assunção, ou pela criação do risco anterior. Nos dois primeiros casos, há um dever de agir diante de *riscos alheios*, e no ultimo, um dever diante de *riscos próprios*.

Mas o mero *dever* não significa que qualquer resultado possa ser imputado à omissão. Será necessário (i) a *capacidade* de agir conforme a norma; (ii) a identificação de que a omissão *mantem* um *risco não permitido* ou *transforma* um *risco permitido* em *não permitido;* (iii) a percepção de que a *ação esperada* evitaria o resultado típico com probabilidade próxima da certeza; (iv) que este resultado esteja dentro do âmbito de abrangência da norma de cuidado violada pelo garante.

---

288. Vale notar que "induzir ou manter alguém em erro" é um ato que pode ser praticado mediante omissão.

CAPÍTULO IV

DA INGERÊNCIA

1. Introdução

Como exposto, o resultado típico pode ser imputado a uma *omissão* sempre que o omitente tenha um *dever de garante* previsto em lei, decorrente de assunção ou da criação anterior de um risco. Em todas essas situações, o *garante* responde pelo resultado como se o tivesse praticado. Um salva-vidas que *deixa* de salvar o banhista pratica *homicídio* e não *omissão de socorro* porque *assumiu* o dever de proteger aqueles que usam a praia ou a piscina (CP, art. 13, § 2.º, *b*). O bombeiro que *deixa* de socorrer um ferido também pratica *homicídio* porque a *lei* exige a conduta de salvamento (CP, art. 13, § 2.º , *a*).

Dentre as hipóteses de *dever de garantia*, talvez a mais controversa seja aquela prevista na alínea *c* do § 2.º do art. 13 do CP, que identifica como *garante* aquele que *criou o risco anterior do resultado*. Trata-se da *ingerência*, objeto do presente Capítulo. O *dever de garante* derivado da *lei* está limitado pelos contornos do texto legal, que desenha a responsabilidade e as fronteiras da ação esperada. Aquele decorrente da *assunção* tem por contorno aquilo que o agente *assumiu materialmente*, e seus limites são fixados pelo *ato de assunção* e se mantém enquanto existente o *contexto* da proteção do bem jurídico ou do controle do foco de perigo.

Nos casos de *ingerência*, o dever de garante existe quando o omitente, "com seu comportamento anterior, criou o risco da ocorrência do resultado" (CP, art. 13, § 2.º, *c*). Aqui não há uma *lei* ou um *ato de assunção* que delimitem o *dever de garante*. Qual a natureza do comportamento anterior que transforma alguém em garante? O risco mencionado no texto legal é um *risco não permitido* ou a criação de *qualquer risco* impõe um *dever de garante*? Qual o limite e a extensão desse dever?

Como já exposto, nas hipóteses em que a *fonte* do dever de agir é a *lei* ou a *assunção*, o *risco* que exige a ação do *garante* é *alheio* à sua esfera de organização, enquanto no caso da *ingerência* o risco é *próprio*, é criado pelo próprio *garante*, integra sua competência organizacional. Nessa situação, como já mencionado, nem seria necessária uma *clausula geral* de adequação típica como a alínea *c* do § 2.º do art. 13 do CP, embora a previsão legal seja oportuna para não deixar duvidas sobre o fato de que: "o dever de agir incumbe a quem (...) com seu comportamento anterior criou o risco da ocorrência do resultado".

O termo *ingerência*, que caracteriza o *dever de garantia* em análise é ambíguo e repleto de definições doutrinárias, ora complementares, ora contraditórias. ROXIN indica que a ingerência vem do latim *ingerere*, que significa o ato de *mesclar-se* em algo.[1] O AURÉLIO caracteriza o verbo *ingerir* como o ato de "intervir, intrometer-se".[2] Ou seja, designa a *entrada* de alguém na esfera do *outro* através de um comportamento prévio. Sob uma perspectiva do direito penal, pode-se caracterizar a *ingerência* como a criação de um *risco* para terceiros, que fundamenta a responsabilidade pelo resultado diante de certas condições.[3] Nas palavras de JAKOBS, trata-se de situações nas quais alguém introduz um perigo no âmbito de organização alheio e deixa de revogá-lo ou impedir a produção do resultado.[4]

As questões a enfrentar dizem respeito à *natureza* e às *características* da ingerência. A intenção do legislador, ao indicar a alínea *c* do § 2.º do art. 13, foi declarar *garante* aquele que cria qualquer risco, de qualquer natureza, ou limita o *dever de garantia* à criação de *certos riscos*, com *características especificas*? Quais os contornos desse risco e quais os elementos para imputar um resultado à omissão que segue à sua criação são as indagações centrais que se pretendem respondidas neste apartado.

2. Propostas dogmáticas

2.1 Introdução

O desenvolvimento da dogmática dos crimes de *omissão impróprios* se confunde com a evolução do pensamento a respeito da *ingerência.* Ora a *ingerência* se confunde com a própria estrutura da *omissão imprópria* – em especial em parte das propostas *causalistas*, que veem o fundamento exclusivo da responsabilidade penal por omissão na criação de um *risco anterior* (supra, Cap. II,

1. ROXIN, *Derecho Penal*, II, p. 899.
2. FERREIRA, *Aurélio: o dicionário*, p. 292.
3. DOPICO GÓMEZ-ALLER, *Omisión*, p. 841.
4. JAKOBS, *Acción y omisión*, p. 15. CUADRADO RUIZ, por sua vez, define bem a *ingerência* como uma estrutura complexa na qual se entrelaçam atividades causantes do resultado com inatividades não independentes deste. Em *La posición*, p. 30.

2.1) –, ora ela é a origem de uma das categorias do *dever de garante*, ladeada por outras fontes de dever, como a *assunção* ou o *dever legal.*

2.2 Ingerência e causalismo

A ideia de *ingerência* como fundamento da *omissão imprópria* remonta a STÜBEL, que já tratava da conduta precedente como geradora de responsabilidade pela não evitação posterior do resultado em meados do século XIX (1828).[5]

Nesse contexto, e sob a perspectiva inicial do *causalismo*, a ingerência se destacou como uma forma de justificar a imputação de um resultado à omissão, como já exposto anteriormente (supra, Cap. II, 2.1).[6] A relação *causal* estaria, na verdade, não na ligação da *omissão* com o resultado, mas na conexão da *criação do risco anterior*, da *conduta precedente*, com o resultado não evitado pela omissão.[7] Nesse sentido, KRUG entendia como *ações antecedentes* tanto uma ação perigosa como o ato de assumir a proteção de algo que *causa* sua desproteção por outros por uma suposta *confiança* na realização da tarefa.[8] Assim, ao motorista que causa um acidente e deixa a vítima sem socorro será imputado o resultado morte, porque há uma *relação causal* entre o ato de dirigir o veículo – criando um risco – e a lesão, mediada pela *omissão* penalmente relevante. A infração, nesse caso, seria a uma norma de *proibição* – não criar o risco – e não a uma norma *mandamental.*

A proposta *causal* com fundamento na conduta precedente não prosperou pelos motivos já indicados (supra, Cap. II, 2.1). Em primeiro lugar, fundar a equivalência ação/omissão na *ação precedente* dificulta a imputação nos casos de *assunção*, uma vez que será sempre necessária a demonstração de uma *relação causal* entre o ato de *assumir* o controle ou a proteção e alguma *desproteção* do bem jurídico diante desta assunção.[9] O mesmo ocorreria nos casos em que o *dever de agir* decorre de lei. Assim, a *conduta precedente* poderia fundamentar a imputação da omissão apenas nos casos de *riscos próprios*, mas não tem condições de embasar a imputação quando o dever de garantia for referente a *riscos alheios.*

---

5. Também indicada por KRUG (1855) e GLASER (1858) no mesmo século. Em GIMBERNAT ORDEIG, *Estudios*, pp. 64 e 141; DOPICO GÓMEZ-ALLER, *Omisión*, p. 40; e VON LISZT, *Tratado*, p. 210, BACIGALUPO ZAPATER, *Delitos*, p. 26, CUADRADO RUIZ, *La posición*, p. 30.

6. Nessa linha, MERKEL, *Derecho Penal*, p. 39. Ver, ainda, sobre o tema, TAVARES, *Teoria*, p. 332.

7. Sobre o tema, ver ARMIN KAUFMANN, *Dogmática*, p. 254; VON LISZT, *Tratado*, p. 210; e TAVARES, *Teoria*, p. 150.

8. Em VON LISZT, *Tratado*, p. 211, e em DOPICO GÓMEZ-ALLER, *Omisión*, p. 59. Na mesma linha, GLASER, também em VON LISZT, *Tratado*, p. 210.

9. DOPICO GÓMEZ-ALLER, *Omisión*, p. 70.

Mas mesmo em relação aos *riscos próprios* há problemas, já citados, relacionados ao *dolo subsequente*, que não são resolvidos de forma satisfatória.[10] Ainda que a *causalidade* esteja vinculada à conduta precedente de criação do risco, o *elemento subjetivo* levado em consideração para fins de imputação, por estas propostas, seria o presente no momento da *omissão.*[11] Aquele que causa um *acidente* por imprudência responderia por homicídio *doloso* se, após tal fato, deixasse de socorrer a vítima com intenção de vê-la morta. A nosso sentir, a superveniência do *dolo* não impede a imputação do resultado a esse título; no entanto, será necessário conferir algum papel à *omissão* posterior para que tal operação não implique a admissão do *dolo subsequente.* Ou bem a *omissão* tem algum relevo para a imputação,. ou bem deve ser descartada completamente para fins de responsabilidade, fixando-se unicamente na ação precedente os limites das consequências penais.

2.3 Ingerência e a teoria dos deveres formais

A *teoria dos deveres formais*, que, como visto, buscou substituir a explicação causal da omissão por elementos *normativos*, jogou sombra sobre a ideia da *ingerência.* A omissão penalmente relevante passou a ser aquela que viola *deveres formais*, independentemente da existência de uma *conduta precedente.* Nesse sentido, MEZGER, embora mencione a conduta precedente como fonte do dever de garantia, faz a imputação depender da identificação de um *dever jurídico* violado por esse comportamento. Para o autor, caberá ao intérprete buscar *algo mais* que uma simples relação causal entre o agir precedente e o resultado, e esse *algo mais* será a violação de um *dever formal.*[12] Tal assertiva significou, a nosso ver, um importante passo em direção à fixação dos contornos do *risco* precedente que caracteriza a ingerência, uma vez que apenas a conduta antecedente que viola um *dever*, uma *norma de cuidado*, cria uma *obrigação de agir*, de *impedir* a produção do resultado ou de um curso causal lesivo.

No entanto, na forma já assinalada (supra, Cap. II, 2.2), a teoria dos *deveres formais* peca por se eximir de identificar elementos *materiais* que permitam equiparar a ação à omissão,[13] encontrando ainda dificuldades de explicar a imputação em casos em que o omitente não descumpriu qualquer dever legal, mas *assumiu* o compromisso de evitar o resultado, como nas hipóteses previstas na alínea *b*

---

10. Por todos, MERKEL, *Derecho Penal*, p. 39.

11. DOPICO GÓMEZ-ALLER, *Omisión*, p. 60.

12. MEZGER, *Tratado*, p. 314, sem, no entanto, oferecer parâmetros claros para identificar tal dever, fundando-o na equitativa consideração dos interesses próprios do obrigado a evitar o resultado antijurídico.

13. Segundo TAVARES, a concepção do *dever de garante* como derivada da mera violação dos deveres formais situa a omissão em um plano puramente *normativo*, sem qualquer elemento empiricamente demonstrável. TAVARES, *Teoria*, p. 155. Na mesma linha, DOPICO GÓMEZ-ALLER, *Omisión*, p. 201.

do § 2.º do art. 13 do Código Penal.[14] No que se refere à *ingerência*, o lastro no simples descumprimento de um *dever*, ainda que ofereça um elemento normativo importante para sua estrutura, não indica nada além, de forma que não restam claros os contornos desse dever, sua qualidade, ou sua relação com o resultado que torne a *omissão* posterior relevante. Ademais, não supera por completo o problema do *dolo subsequente*. Se o desvalor reside unicamente na *conduta anterior*, ou a inatividade posterior é irrelevante para fins de apreciação subjetiva – o que esvazia o próprio conceito de *omissão imprópria nesses casos* – ou será necessário recorrer ao *dolo subsequente*, atribuindo relevância subjetiva a um ato não constitutivo do injusto.

2.4 Ingerência e teorias do dever de garante

A substituição das teorias do *dever formal* pelas teorias do *dever de garante*, como já apontado, foi progressiva, nem sempre caracterizando uma contradição a assunção destas com a aceitação das bases daquelas. A ideia de usar o *dever de garantia* como elemento central da *omissão imprópria* teve por norte a manutenção de seu *caráter normativo*, não derivado de um ilícito *formal*, mas sustentado em *elementos materiais* – quais sejam, a função de *garantia* atribuída a determinadas pessoas, seja por sua relação com o foco de perigo, seja por sua proximidade com a vulnerabilidade da vítima.[15]

Aqui, a ingerência deixa de derivar de uma relação *causal* entre resultado e ação precedente e passa a decorrer de uma condição *normativa* que coloca o indivíduo em posição de *garantia*, ao lado de outras situações identificadas de formas variadas pelos diversos autores.[16] A primeira proposta de sistematização destes deveres, apresentada por NAGLER, dispõe como fontes da *posição de garantia* a lei, o contrato ou imposição similar, e a ação precedente.[17] Assim, forma-se a *tríade* incorporada em diversos ordenamentos penais, como no brasileiro e no espanhol, integrada pela *ingerência* como categoria da *omissão imprópria*. RUDOLPHI, também já citado, observa na *ingerência* uma posição *secundária* de proteção de bens jurídicos derivada de uma *perturbação social* decorrente de uma conduta prévia do sujeito,[18] que pode advir de um ato prévio de *desativação de uma instância de proteção pré-existente* (ou pela *criação de riscos* que não podem ser manejados pela instância de controle existente).[19]

---

14. GIMBERNAT ORDEIG, *Estudios*, pp. 159 e ss.

15. O termo "*garante*", como já exposto, foi talhado por BINDING em 1926, segundo GIMBERNAT ORDEIG, *Estudios*, p. 132, e TAVARES, *Teoria*, p. 132.

16. Sobre o tema, ver TAVARES, *Teoria*, p. 133.

17. Em DOPICO GÓMEZ-ALLER, *Omisión*, p. 204, e TAVARES, Juarez, *Teoria*, p. 133.

18. Citado por DOPICO GÓMEZ-ALLER, *Omisión*, p. 275.

19. Citado por DOPICO GÓMEZ-ALLER, *Omisión*, p. 276.

Tais propostas permitem identificar na própria *omissão* o desvalor do comportamento, aqui tomado como um todo, como um conjunto que incorpora um *atuar precedente* que cria um *dever de garante*, posteriormente descumprido pela omissão. Abre-se aqui uma porta para a superação do *dolo subsequente*. Se a omissão é justamente a conduta que *descumpre* o dever criado pela ação precedente, ela carregará um elemento próprio de desvalor que permite qualificar subjetivamente o todo, ainda que o dolo surja apenas no instante omissivo, inexistindo no momento anterior.

Dentro das propostas identificadas como *teorias do dever de garante*, aquela apresentada por ARMIN KAUFMANN merece destaque. Como já exposto (Cap. III, 2.3.3), o autor divide os *deveres de garantia* entre aqueles atinentes ao *controle* de focos de perigo e aqueles relacionados à *proteção* de bens jurídicos, já esboçando – ainda que sem nitidez – as hipóteses de *deveres de controle e deveres de salvamento*, que posteriormente serão retomadas nas discussões sobre a *ingerência*.[20] No entanto, o instituto da *ingerência* em si é afastado como fundamento do *dever de agir* por proceder de uma perspectiva eminentemente causal, rechaçada pelo autor.

2.5 A negação da ingerência

A ideia da *ingerência* como fonte do dever de garante é rechaçada por aqueles que propõem um retorno à *natureza das coisas* para identificar a estrutura da *omissão imprópria*. SCHÜNEMANN, como já exposto (supra, Cap. II, 2.4.1), sustenta a equiparação entre ação e omissão – diferentemente de ARMIN KAUFMANN – unificando-as pelo *domínio sobre a causa ou o fundamento do resultado*.[21] Assim, a omissão será equivalente à ação quando o omitente *dominar* a *causa essencial do resultado* – espécie de domínio sobre a *fonte do perigo* – ou a *vulnerabilidade/o desamparo da vítima*.[22]

Nesse contexto, não há espaço para a *ingerência*. Ou bem o omitente tem o *domínio atual* da causa do resultado ou sobre o desamparo da vítima, ou não o tem, pouco importando o fato de ter criado o risco com o comportamento antecedente. SCHÜNEMANN afirma que na maioria dos casos de *relação de*

---

20. Nesse sentido, ARMIN KAUFMANN, pp. 289 e ss., embora seja possível antever nos deveres de controle uma possível obrigação de salvamento posterior e nos de proteção um inerente dever de controlar perigos que possam expor a perigo o bem tutelado pelo garante, como sugere DOPICO GÓMEZ-ALLER, *Omisión*, p. 236.

21. Como visto, o autor defende que os *mesmos tipos* penais são válidos para *ações* e *omissões*, embora para as primeiras seja possível uma adequação *descritiva* e para as últimas uma adequação *normativa*, em SCHÜNEMANN, *Fundamentos*, p. 383.

22. SCHÜNEMANN, *Fundamentos*, p. 383. Posição similar, como já exposto, é a de GIMBERNAT ORDEIG e de GRACIA MARTÍN, com algumas divergências quanto aos contornos do *domínio*. GIMBERNAT ORDEIG, *Estudios*, pp. 306 e ss. e GRACIA MARTÍN, *La comisión*, p. 708 e ss.

domínio existe uma ação prévia do omitente, mas é aquela e não esta o elemento decisivo para a imputação da omissão.[23] E esta relação somente torna imputável o resultado se *simultânea* à omissão, de forma que todos os resultados ocorridos *posteriormente*, quando ausente o *domínio*, não são equiparáveis à *comissão*.[24] Assim, nos casos de *ingerência*, ou bem se trata de situações nas quais o omitente continua a ostentar o *domínio* sobre a causa ou o fundamento do resultado, ou bem o agente criou um risco e *perdeu o domínio* posteriormente. Nessa última hipótese, o *domínio* pertence ao passado, e a falta de *atualidade* afasta a equiparação da omissão à ação.[25] Em síntese, para SCHÜNEMANN, todos os casos indicados como supostos de *ingerência* são, em verdade, hipóteses de violação de *deveres de asseguramento de tráfico*, reconduzíveis, em última análise, à ideia de *domínio sobre uma fonte potencial de perigo*.

Para ilustrar sua posição, SCHÜNEMANN usa o exemplo do operário que faz funcionar uma máquina e deixa que ela esquente e exploda por falta de algumas ações necessárias durante o processo de utilização. Nesse caso, segundo o autor, o fundamento da imputação pelos resultados não será o fato de fazer a máquina funcionar pela manhã (*conduta precedente*), e sim o *domínio* do agente sobre o processo de aquecimento e explosão que poderia evitar.[26] Quem dirige em alta velocidade, atropela um passante e o deixa sem socorro responde pela morte em decorrência da *ação anterior*, ou pela *omissão* de frear, uma vez que nesse instante há *domínio* sobre o perigo. Já o *deixar de salvar* posterior é irrelevante, porque a partir do acidente o autor perde o *domínio exclusivo* da situação. Pode até existir um *domínio potencial*, mas não uma posição *real* que permita a equiparação com a ação. A omissão, nesse caso, será apenas *própria*.[27]

Em outras palavras, para SCHÜNEMANN, nos casos de ingerência, ou existem elementos na conduta precedente que permitam sua punição enquanto *delito comissivo*, ou existe um *domínio atual* sobre a origem do perigo ou sobre a vulnerabilidade da vítima. Não existe a imputação por ingerência, porque fora destas hipóteses o resultado não faz incidir a norma penal sobre o omitente. Trata-se, portanto, de uma teoria de *negação da ingerência*.[28]

---

23. SCHÜNEMANN, *Fundamentos*, p. 297. Nessa linha segue BACIGALUPO ZAPATER, que até aceita a ingerência como fonte de um dever de garantia, desde que caracterizada como uma sub classe na categoria do *domínio da fonte de perigo*, em *Conducta*, p. 44.

24. SCHÜNEMANN, *Fundamentos*, p. 299.

25. O que, sem embargo, poderia fundamentar uma reprovabilidade maior do que a simples omissão própria, o que leva o autor a propor uma categoria intermediária de punição para casos de *ingerência sem domínio*. SCHÜNEMANN, *Fundamentos*, p. 364.

26. SCHÜNEMANN, *Fundamentos*, p. 297.

27. SCHÜNEMANN, *Fundamentos*, p. 338. Sobre o tema, também, TAVARES, *Teoria*, p. 333.

28. Em ROXIN, *Derecho Penal*, II, p. 902.

Tal construção é relevante, especialmente para os casos de mutação do elemento subjetivo após a suposta perda do *domínio* do foco de perigo, no momento do *salvamento*. Demonstrando seu desconforto com a ideia do *dolo subsequente* que assombra a *ingerência*, SCHÜNEMANN defende que a superveniência do *dolo* quando findo o *domínio* é irrelevante. O motorista imprudente que *deixa de salvar* de forma dolosa a vitima, que vem a falecer, responderá apenas pelo crime culposo em concurso material com a *omissão de socorro* dolosa. Isso porque o *deslavor* da conduta está atrelado ao *domínio* presente na conduta pretérita e não na omissão posterior.[29] Perdido esse *domínio*, o autor, o criador do risco anterior, se encontra diante do contexto no qual se faz necessário o salvamento como qualquer outra pessoa, e mesmo que surja o *dolo* neste momento, será um *dolo sem domínio*, e, portanto, apenas *má vontade*.

Seguem a mesma linha SANGENSTEDT e FIANDACA. O primeiro identifica a omissão relevante como aquela na qual o omitente tem uma *relação de soberania* com o substrato perigoso.[30] Para o autor, nos casos de ingerência o risco não mais pertence à *esfera de soberania* do omitente, mas ingressou na esfera da vítima, de forma que não há que se falar em dever de garantia. FIANDACA, por sua vez, aponta expressamente que a responsabilidade pela omissão no *controle* de um foco de perigo não se estende ao dever de *salvamento*, cuja punição teria como referente único a insensibilidade ou a crueldade do réu.[31]

Em sentido similar, GRACIA MARTÍN defende a ideia de *domínio* para a equiparação da ação com a omissão, mas um *domínio social*, com contornos distintos daquele desenhado por SCHÜNEMANN, como já exposto (supra, Cap. III, 2.4.3). Porém, ainda que a definição de *domínio* seja diferente, suas conclusões sobre a *ingerência* não destoam daquelas explicitadas pelos demais autores que sustentam neste elemento (*domínio)* a pedra de toque da equiparação da *omissão imprópria* com a *comissão*. Para o autor, nos casos de ação precedente imprudente e omisso salvamento doloso não existe comissão por omissão porque neste último instante falta o *domínio* do agente sobre o contexto.[32]

A nosso ver, a ideia de *domínio* defendida pelos autores expostos será relevante para fixar os contornos da *omissão imprópria* se compreendida como *capacidade de ação*, uma vez que a norma mandamental não incide nos casos em

---

29. Sobre o tema, GIMBERNAT ORDEIG, *Estudios*, p. 65. Esta diminuição do desvalor da ingerência, para SCHÜNEMANN, é minoritária na Alemanha e majoritária na Espanha, segundo DOPICO GÓMEZ-ALLER, *Omisión*, p. 851.

30. Em DOPICO GÓMEZ-ALLER, *Omisión*, p. 412.

31. FIANDACA, *Il reato*. No mesmo sentido, GRASSO, *Il reato*, p. 285.

32. GRACIA MARTÍN, *La comisión*, p. 708. Para o autor, a ingerência não fundamenta a imputação do resultado à omissão, porque não existe um ato concreto de assunção do *domínio* da situação perigosa, posterior à criação do risco. Assim, a ingerência fundamentaria apenas uma punição intermediária, entre a *omissão própria* e a *imprópria*, algo como uma *omissão pura de garante*. Crítica em DOPICO GÓMEZ-ALLER, *Omisión*, p. 863.

que a conduta exigida é impossível. No entanto, não é este o conceito de *domínio* de SCHÜNEMANN nem dos outros autores mencionados.[33] Para eles, o *domínio* não é *capacidade de agir*, mas uma relação específica e atual entre o omitente e a fonte de perigo ou o desamparo da vítima, que o coloca em uma situação *especial* diante dos demais intervenientes. Nos casos de *salvamento*, aquele que cria o risco anterior pode até ser *capaz* de salvar a vítima, mas não tem o *domínio atual* sobre a situação porque a relação de todas as pessoas com aquele contexto é igual, de forma que o *responsável* pela criação daquela situação não tem mais uma *posição especial* em relação aos demais possíveis intervenientes. Por isso, como já frisado, SCHÜNEMANN entende que a superveniência do *dolo* é irrelevante, atraindo no máximo uma *omissão de socorro* em concurso material com a conduta imprudente.

Ocorre que, fosse o comportamento posterior do agente, no momento do *salvamento*, equiparável ao de todas as demais pessoas capazes de intervir no processo causal, institutos como o *arrependimento eficaz* (CP, art.15) não teriam sustentação. Ao indicar que “o agente que, voluntariamente, desiste de prosseguir na execução ou impede que o resultado se produza, só responde pelos atos já praticados”, a lei reconhece que aquele que criou um *contexto de risco* está em uma posição *diferenciada* em relação aos demais, a ponto de reconhecer no ato de *salvamento* um elemento que afasta o *crime* da conduta inicial, mesmo na forma de *tentativa*.

Em outras palavras, a lei reconhece uma *relação especial* entre aquele que criou o risco anterior e o processo diante do qual se omite ou age no sentido de *salvar*, distinto de qualquer outro interveniente, com consequências legais relevantes. Por isso, nada obsta a compreensão daquele que *cria o risco precedente* como um personagem *qualificado* diante de seus desdobramentos causais, em especial quando tem *capacidade* de evitar o resultado. E esta *qualificação* permite, a nosso ver, perceber a *omissão posterior* como *parte integrante* da consumação, como etapa do *iter criminis*, ainda sob o *domínio* do agente. Como já apontado, tal omissão integra o âmbito de organização do individuo, e, embora ele não mais domine o *foco de perigo*, ainda mantém a *capacidade* de interromper o curso causal por ele criado.

Ademais, sob o aspecto político-criminal, não parece adequado caracterizar como concurso material entre *homicídio culposo* e *omissão de socorro* a conduta de alguém que joga imprudentemente outro em uma piscina e, ao perceber que a vítima não sabe nadar, não o salva dolosamente. Nesse caso, a *criação do risco* e a *omissão* fazem parte de um mesmo contexto comportamental, integram a gestão corporal do agente, colocando-o em um patamar distinto – em relação ao resultado lesivo – de todos os demais banhistas que assistem a cena. Nesse caso, há *homicídio doloso*. A *situação especial* do agente/omitente diante do *contexto de*

---

33. SCHÜNEMANN, *Fundamentos*, p. 275 e ss.

risco por ele criado – e não o eventual *domínio exclusivo* sobre o foco de perigo – é o elemento que legitima a equiparação da inatividade com o comportamento positivo.

2.6 *Ingerência como comissão*

Na segunda metade do século XX alguns autores voltam a caracterizar os casos de *ingerência* como *crimes comissivos.* DENCKER sustenta que a omissão na ingerência é, em verdade, um crime *comissivo* com uma fragmentação subjetiva, que agrega uma *tentativa acabada* inicial – que deve ser *típica e antijurídica* – a uma não desistência posterior, dolosa ou culposa, que complementa o *déficit* subjetivo da ação inicial.[34] Em linha similar, BRAMMSEN, para quem inexiste *posição de garantia* nos casos de *ingerência,* e sim responsabilidade pela ação precedente. Mesmo que o agir precedente ocorra sem dolo ou culpa, a inércia posterior (dolosa ou imprudente) fará com que o resultado lesivo seja imputado ao indivíduo por *ação*, uma vez que enquanto existir a possibilidade do ingerente de dirigir o curso causal e seus resultados existirá a possibilidade de surgir o dolo, e de imputação do resultado a esse título.[35] Dessa forma, atos como andar de carro ou comercializar produtos criam riscos, e a violação dos deveres de cuidado inerentes a tais atividades – por ação ou omissão – sempre ensejarão a responsabilidade pela *comissão.*[36]

A nosso ver, ainda que a proposta supere os problemas de *dolo subsequente* e explique satisfatoriamente casos como a *responsabilidade pelo produto* (infra Cap.V, 2), ela não parece resolver certas questões. Não é possível compreender a ação precedente como uma *tentativa acabada* se não existir *dolo* nesse momento. A resposta de DENCKER de que este elemento subjetivo pode ser verificado apenas no momento da *omissão* acaba por retornar ao *dolo subsequente.* Se o crime é *comissivo*, o núcleo do injusto está identificado com esse momento, de forma que o advento do dolo na omissão não tem o condão de transformar a natureza do delito.[37] Portanto, ou bem a *ingerência* é tratada como crime *comissivo*, mantendo-se o elemento subjetivo existente na *comissão* e desprezando-se eventuais transformações no momento da omissão, ou bem a *omissão* tem autonomia suficiente para conferir uma nova natureza subjetiva ao ato. O meio-termo da proposta em análise desperta o fantasma do *dolo subsequente*, pelo que não parece admissível.

---

34. Em DOPICO GÓMEZ-ALLER, *Omisión*, p. 331.
35. Em GIMBERNAT ORDEIG, *Estudios*, p. 151.
36. Em DOPICO GÓMEZ-ALLER, *Omisión*, p. 346.
37. Em DOPICO GÓMEZ-ALLER, *Omisión*, p. 335.

2.7 *Roxin e a ingerência*

ROXIN, por sua vez, reconhece a *ingerência* como fonte do *dever de agir*, mas a situa – ao contrário de SCHÜNEMANN – dentre as hipóteses de domínio sobre o foco de perigo, que, para ele, compreendem ainda os casos de dever de *vigilância* sobre coisas perigosas no âmbito do domínio do omitente e o dever de assegurar a comunidade ante certos atos antijurídicos de terceiros.[38] O autor entende que existe um *domínio* do omitente sobre o contexto fático nos casos de ingerência tanto nas situações em que ele *controla* o perigo e se omite em mantê-lo dentro dos patamares permitidos como nas hipóteses de *salvamento*, em que não há mais esse *controle* do perigo, e sim a *capacidade* de impedir um resultado. Nesse último caso, ROXIN fundamenta a imputação do resultado ao omitente por entender que, se devemos prevenir ou evitar a causação de perigos para bens jurídicos alheios, é incompreensível – sob uma ótica político-criminal – rechaçar o dever de agir em momento posterior à existência desse perigo produzido quando seu desdobramento pode conduzir ao resultado típico.[39]

Para o autor, no entanto, a imputação do resultado ao *risco anterior* deve ser construída pelos parâmetros da *imputação objetiva*,[40] ou seja, a ação prévia deve consistir em um *risco não permitido*, excluindo-se os casos em que o perigo reside exclusivamente no âmbito de responsabilidade do sujeito em risco,[41] ou se o perigo está justificado pela legítima defesa.[42] Em suma, ROXIN incorpora a ideia da *imputação objetiva* como critério reitor da *ingerência*, normatizando o instituto e limitando-o aos casos de *risco não permitido*.

2.8 *Ingerência e as teorias unificadoras*

HERZBERG, como já exposto (supra, Cap.II, 2.6.2), defende a unidade conceitual entre ação e omissão, fixando na *evitabilidade* o elemento de união entre os institutos. Assim, o resultado será imputável a um comportamento sempre que este constituir a sua não evitação evitável e o omitente ostente a condição de garante.[43] Nessa concepção, a *ingerência* acaba por abarcar ações e omissões, uma vez que a conduta precedente transforma o agente em *garante* e será o fundamento da imputação de qualquer comportamento (passivo ou ativo), pois o próprio corpo será considerado fonte de perigo e seu titular *garante* da evitação de um resultado desencadeado por ele mesmo.[44]

---

38. ROXIN *Derecho Penal*, II, pp. 884 e ss.
39. ROXIN, *Derecho Penal*, II, p. 905.
40. ROXIN, *Derecho Penal*, II, p. 907.
41. ROXIN, *Derecho Penal*, II, p. 912.
42. ROXIN, *Derecho Penal*, II, p. 915.
43. Em SILVA SÁNCHEZ, *El delito*, p. 75, e em DOPICO GÓMEZ-ALLER, *Omisión*, p. 417.
44. Em SILVA SÁNCHEZ, *El delito*, p. 46.

Em sentido similar, JAKOBS indica que a imputação de resultados típicos não depende do comportamento, se ativo ou omissivo.[45] Como visto (supra, Cap. III, 2.6.3), para o autor todos os crimes têm por base a violação de um *dever de garantia*, alguns derivados da responsabilidade pela configuração de um âmbito próprio de organização (*deveres em virtude de responsabilidade por organização*), outros derivados de deveres de levar adiante uma prestação para outros (*deveres em virtude de responsabilidade institucional*),[46] que, a nosso ver, correspondem – com os matizes já apontados – à nossa ideia de *riscos próprios* e *riscos alheios*.

Nesse contexto, a *ingerência* é representada pela violação de *deveres negativos*. Estes, segundo JAKOBS, são constituídos por deveres de *asseguramento* e de *salvamento*. Pelos primeiros, o agente deve manter os riscos derivados de sua esfera de organização dentro dos parâmetros *permitidos*, evitando riscos para além do tolerável. Aquele que anda em velocidade não permitida com seu veículo (ação) viola um *dever de asseguramento*, da mesma forma que aquele que não verifica os freios (omissão), e ambos serão responsáveis pelo resultado do atropelamento. O dever de *salvamento* é derivado também desta competência organizacional. Aquele que cria um risco prévio ao bem jurídico alheio tem o *dever de salvar*, e a omissão nestes casos também constituirá uma *lesão* pela violação de deveres de organização. O motorista que causa um acidente tem o dever de levar a vítima ao hospital ou chamar por socorro, e a inércia tornará imputável o resultado morte se ele advir. Em outras palavras, a criação de um risco anterior gera *sempre* um dever de salvamento porque usurpa a autonomia alheia de autoproteção.[47]

Nesse contexto encontra-se a *ingerência*, que, para o autor, consiste no fato de alguém introduzir um perigo no âmbito de organização alheio.[48] Para JAKOBS, quando a ingerência gera deveres de *controle* (ou *asseguramento*), estes são absorvidos pela análise dos riscos criados no âmbito de organização (ex.: aquele que dirige um carro deve frear caso alguém atravesse a rua). Porém, se o *mundo* foi constituído de forma *socialmente inadequada* pelo comportamento precedente, o responsável deve restabelecer sua configuração tolerada, do contrário sua omissão terá o mesmo desvalor da ação. De forma que a violação do *dever de salvamento* – quando a situação de perigo foi criada pelo agente – tem a mesma reprovabilidade do descumprimento do *dever de controle*. Para JAKOBS, *a ferida da vítima – em consequência do risco anterior – pertence à organização do autor e este repara esta usurpação curando a ferida*.[49] Caso não o faça, o resultado será imputável a esta omissão, de forma que a *ingerência* abarca tanto deveres de *controle de riscos* como *dever de salvamento*, e surge sempre que alguém introduz um risco no âmbito de organização de terceiros sem seu consentimento.

---

45. JAKOBS, *Derecho Penal*, p. 970.
46. JAKOBS, *Derecho Penal*, p. 971.
47. JAKOBS, *Teoría y praxis*, p. 21.
48. JAKOBS, *Acción y omisión*, p. 15.
49. JAKOBS, *Acción y omisión*, p. 16.

Importa destacar que, para JAKOBS, o *risco anterior* que fundamenta o dever de *controle* ou de *salvamento* na ingerência não necessariamente deve ser *antijurídico*. Qualquer conduta precedente que incremente os *riscos normais* gera um dever de *controle/salvamento*.[50] Aquele que dirige um automóvel, por exemplo, cria um *risco especial*, acima do *ordinário*, por uma comodidade ou facilidade e, por isso, tem o *dever* de garantir que este risco não afete o âmbito de organização alheio, de forma que qualquer perigo concreto derivado desta conduta antecedente – ainda que ela não viole qualquer norma de cuidado – impõe um dever de *salvamento*.[51] O motorista, mesmo que observe as regras de trânsito, cria um *risco especial*, de forma que o atropelamento de um pedestre por acidente, sem dolo ou imprudência, gera para o condutor o *dever de salvar*, se isso for possível e estiver dentro de suas capacidades, imputando-se o resultado à omissão nessas circunstâncias.

A nosso ver, a proposta de JAKOBS para a *ingerência* acaba por admitir como *riscos* adequados à criação de um *dever de garante* alguns *riscos permitidos*, quando praticados em determinados contextos, como no tráfego viário ou nos âmbitos da *responsabilidade pelo produto*. A nosso ver, mesmo nesses *contextos especiais*, a conduta que cria um *risco permitido* é entendida como *tolerada* e não pode ensejar um *dever de garante* distinto. Na sociedade atual, atos cotidianos, como dirigir veículos ou a venda massiva de mercadorias, criam riscos tolerados pela própria comunidade, porque necessários à dinâmica da organização social. Os resultados eventualmente advindos desses comportamentos – quando praticados nos limites aceitos – são incorporados como desfuncionalidades admissíveis e sua existência não afeta a estrutura dos sistemas.

Fazer incidir sobre cada um desses riscos *permitidos* o dever de *salvamento* estende por demais o âmbito de abrangência da imputação e impede o manejo de um dos critérios fundamentais de limitação da *imputação objetiva*: o âmbito de abrangência da norma de cuidado violada. Como adiante exposto, o ingerente só é responsável pelos desdobramentos causais que estejam no âmbito teleológico da norma violada. Portanto, é necessário que haja uma *norma violada* pela conduta precedente que oriente a esfera e a extensão do *dever de agir*. Admitir que um *risco permitido* – ainda que *especial* – seja fonte do *dever de salvamento* significa esvaziar completamente esse critério, ampliando em demasia o espaço de imputação.

2.9 Silva Sánchez e a ingerência

SILVA SÁNCHEZ, por sua vez, e como visto, defende que ação e omissão são formas de conduta equiparadas no plano da *tipicidade* pela possibilidade

---

50. JAKOBS, *Acción y omisión*, p. 17.
51. JAKOBS, *Acción y omisión*, p. 18.

de imputar o resultado ao comportamento.[52] No caso da *omissão*, a imputação equivalente à comissão dependerá da verificação da mesma *estrutura material*; do contrário, se tratará de uma *omissão pura* não equiparável.[53] Esta *equiparação*, como se viu (supra, Cap. II, 2.7), está atrelada à existência de um *dever de garantia*, que só existe se houver um *compromisso voluntário* do omitente com o controle do perigo ou com a proteção do bem jurídico.[54] Nesses casos, e apenas neles, o omitente passa a ser a extensão do âmbito de organização da esfera alheia.[55]

Nota-se, portanto, que a *ingerência* não encontra espaço na proposta de SILVA SÁNCHEZ porque nela inexiste esse *compromisso voluntário*.[56] O atuar precedente, mesmo que imprudente, não significa a assunção de um compromisso em relação ao bem jurídico, de forma que a omissão posterior não tem a mesma *estrutura* da comissão.[57] É possível, para o autor, verificar aqui uma omissão de socorro *pura de garante*, com pena agravada porque aquele que criou o risco anterior não é um simples terceiro, uma vez que afetou com sua conduta precedente o âmbito de organização da vítima. Mas essa afetação não é suficiente para equiparar a omissão à *comissão*. Caso o ato anterior seja imprudente e o resultado ocorra, haverá concurso material com o delito culposo, mas não *omissão imprópria*.[58]

As únicas ingerências que equiparam a omissão posterior à comissão ativa ocorrem, segundo SILVA SÁNCHEZ, quando um risco imprudente se transforma em doloso enquanto o perigo ainda se encontra na esfera de organização do omitente, ou nos casos em que o atuar precedente implica uma situação na qual o agente *assume voluntariamente* o controle de determinados riscos.[59]

Como já exposto, a concepção de SILVA SÁNCHEZ apresenta problemas ao atrelar a equiparação da omissão à ação a um *compromisso voluntário*, uma vez que subjetiviza o critério de imputação e exclui o da *omissão imprópria*, situações que o legislador brasileiro expressamente indica como *equiparadas*. Nas hipóteses de dever de garante decorrente de *riscos alheios* (CP, art. 13, § 2.º, *a* e *b*) é possível entrever um *compromisso voluntário*, uma vez que a assunção tem essa característica, e as hipóteses legais, em geral, também impõem o *dever de proteger/salvar* apenas a determinadas pessoas, que assumem postos ou condições *voluntariamente*.

---

52. SILVA SÁNCHEZ, *El delito*, p. 158.
53. SILVA SÁNCHEZ, *El delito*, pp. 475 e ss.
54. SILVA SÁNCHEZ, *El delito*, p. 470.
55. SILVA SÁNCHEZ, *El delito*, p. 473.
56. SILVA SÁNCHEZ, *El delito*, p. 464.
57. SILVA SÁNCHEZ, *El delito*, p. 344.
58. SILVA SÁNCHEZ, *El delito*, p. 276.
59. SILVA SÁNCHEZ, *El delito*, p. 278. Também citado em DOPICO GÓMEZ-ALLER, *Omisión*, p. 596.

No entanto, nem todos os deveres de agir diante de *riscos alheios* são açambarcados pelo *compromisso voluntário*. O dever dos pais em relação aos filhos não passa por tal *assunção expressa*, a não ser que se estenda o momento deste compromisso ao passado remoto, ao momento da relação sexual que produz a criança. Mas mesmo aqui é possível que o ato seja violento, dissensual, e nem mesmo isso desobriga a mãe de cuidar do filho nascido ou afasta a imputação por homicídio se ela deixar de alimentar a criança.

Na esfera dos *riscos próprios* as dificuldades da concepção de SILVA SÁNCHEZ são ainda maiores. Aquele que dirige em alta velocidade, ainda que assuma tacitamente um *compromisso* de frear diante de um passante, não assume um *compromisso* de *salvamento* posterior, de forma que o dever de salvar restará excluído da imputação por omissão, o que não parece correto do ponto de vista dogmático ou político criminal, como adiante exposto.[60]

2.10 Dopico Gómez-Aller e a ingerência

A concepção de DOPICO GÓMEZ-ALLER sobre *ingerência* merece uma análise mais detida porque o autor se dedica a estudar de forma minuciosa a estrutura do conceito e seus desdobramentos sob diversos prismas. Em sua extensa obra sobre o tema, aponta que o agir *precedente*, que cria riscos, gera distintos deveres para o agente: os de *controle* (asseguramento) e os de *salvamento*. Cada um deles aparece em momentos distintos do desdobramento causal do perigo gerado. O *dever de asseguramento* é, de certa forma, anterior. Existe enquanto o agente tem controle sobre o perigo criado, ou seja, quando é capaz de manejá-lo antes que este se concretize em um processo específico de afetação do bem jurídico. Pode-se dizer que há *dever de asseguramento* quando, eliminado mentalmente o foco de perigo, a lesão desaparece da representação do feito.[61] Assim, sobre o motorista de um veículo, que dirige o automóvel e tem controle sobre o processo de movimentação e parada, incide o *dever de asseguramento*, de manejar o perigo que cria pela observância das normas de cuidado vigentes.

Já o *dever de salvamento* surge quando o perigo se desdobrou em um curso causal autônomo, de forma que esse *perigo* deixa de ser relevante para a afetação do bem tutelado. Tal contexto passa a existir, portanto, quando o controle do foco de perigo não é mais essencial para evitar o resultado, uma vez que seu impedimento exige um esforço distinto.[62] No caso do motorista, o *dever de salvamento*

---

60. Para SILVA SÁNCHEZ nos casos de atuar precedente imprudente seguido de omissão *dolosa ou culposa* há uma situação de intermediária gravidade. O agente se encontra em uma relação *especial* diante do resultado, mais acentuada do que aquela em que se encontra o homem comum. No entanto, não parece adequada, para o autor, a equivalência com o crime *comissivo*. SILVA SÁNCHEZ, *El delito*, p. 305. Sobre o tema, também DOPICO GÓMEZ-ALLER, *Omisión*, pp. 820, 860.

61. DOPICO GÓMEZ-ALLER, *Omisión*, p. 867.

62. DOPICO GÓMEZ-ALLER, *Omisión*, p. 867.

aparece após o acidente, o atropelamento da vítima. A partir desse momento, o *controle* do veículo é irrelevante para o curso causal, sendo necessária uma ação distinta do *asseguramento* para garantir o salvamento do bem.

Por isso, o *asseguramento* é um ato de gestão da própria esfera de autonomia do agente, cuja realização corresponde apenas ao seu titular, enquanto o *salvamento* é uma conduta que outros podem realizar, alheia ao foco de perigo criado.[63] Para o autor, apenas a violação do *controle da própria esfera* – o *dever de asseguramento* – torna a omissão equiparável à comissão porque se trata de um ato de *gestão de um âmbito assinalado ao sujeito com absoluta exclusividade*. O mesmo não ocorre na esfera do *salvamento*, como a seguir exposto.[64]

Ao detalhar o *dever de asseguramento*, DOPICO GÓMEZ-ALLER explica que ele existe nos casos em que a vítima está *introduzida* no foco de perigo gerido pelo agente (seja porque derivado de seu âmbito de gestão, seja porque assumiu a gestão de foco alheio), de forma que são necessários certos cuidados para evitar o *output* lesivo.[65]

Dentro dos casos de violação do *dever de asseguramento*, DOPICO GÓMEZ-ALLER aponta para uma situação *peculiar*: os casos de *usurpação da gestão da esfera alheia*, que são subdivididos na (i) *usurpação de um foco de perigo* e na (ii) *usurpação da esfera da possível vítima*.[66] O primeiro ocorre quando alguém se compromete a substituir funcionalmente uma medida de controle da esfera de outro – ou seja, passa a ser a *barreira de contenção de riscos*. Em regra, esse compromisso decorre de uma *assunção*. Mas é possível também entrar *ilicitamente* na posição de titular do foco de perigo por um agir precedente, como nos casos do agente que rouba um carro e percebe posteriormente a existência de um cão perigoso no porta-malas. Nesse caso, ele assume o foco de perigo alheio, de forma que a assunção inicial (roubo do carro com cão) tem contornos distintos do momento posterior, no qual deve se dar o asseguramento (ataque do cão contra terceiros). Se essa diferença se der no aspecto subjetivo – o transporte do cão se deu fortuitamente e a omissão diante de seu ataque futuro contra terceiros foi dolosa –, haverá responsabilidade dolosa pela omissão posterior, e tal imputação decorre da *ingerência*. Nestes casos, para o autor, o resultado será imputado àquele que gerencia o foco de perigo naquele momento, e o elemento subjetivo a ser levado em conta será o da *omissão* e não aquele do agir precedente.[67]

Na segunda hipótese – *usurpação da esfera da possível vítima* – está-se diante daquele que adquire – por bem ou por mal – a gestão duradoura dos meios de proteção de um bem jurídico mediante uma delegação dos poderes de gerir

63. DOPICO GÓMEZ-ALLER, *Omisión*, p. 868.
64. DOPICO GÓMEZ-ALLER, *Omisión*, p. 446.
65. DOPICO GÓMEZ-ALLER, *Omisión*, p. 768.
66. DOPICO GÓMEZ-ALLER, *Omisión*, p. 788.
67. DOPICO GÓMEZ-ALLER, *Omisión*, p. 790.

uma parte de sua esfera (aqui não há gestão de *foco de perigo*, e sim gestão de *proteção*). Nesses casos, para DOPICO GÓMEZ-ALLER, o sujeito entra na esfera alheia mediante *ingerência* e se torna garante, de forma que a omissão posterior dolosa torna o resultado imputável a este título. Nesses casos, pode haver imputação do omisso salvamento doloso porque o agente *assumiu* a integridade do bem, ao contrário dos casos em que a criação do risco anterior não vem acompanhada dessa assunção voluntária.[68]

Já o *dever de salvamento*, para DOPICO GÓMEZ-ALLER, surge quando a eliminação hipotética ou mental do foco de perigo não afeta o desdobramento causal, porque o controle do risco anterior é irrelevante para a preservação do bem naquele momento.[69] Para o autor, a omissão nessa circunstância não é equiparada à comissão porque a evitação do resultado não está mais ligada ao âmbito de gestão exclusivo do agente, mas pode ser realizada por qualquer pessoa. O *salvamento* não é *exclusivo* daquele que criou o risco, que está diante do contexto na mesma posição que todos os outros possíveis intervenientes, razão pela qual não existe aqui *omissão imprópria*, mas apenas *omissão de socorro*, que pode eventualmente ser agravada pelo resultado ou mesmo punida em concurso material com o crime culposo se houver resultado, mas não se equipara à comissão.

A proposta de DOPICO GÓMEZ-ALLER, embora extensa e bem detalhada, apresenta alguns problemas. Em primeiro lugar, não parece correto afirmar que no âmbito dos *deveres de controle/asseguramento* exista uma *exclusividade* da gestão do perigo por parte de seu criador. Há situações em que terceiros – estranhos à criação do risco – têm *capacidade* de controlá-lo e impedir o resultado já nesse momento, e nem por isso fica excluída a imputação do resultado ao criador do perigo. Imaginemos um cão, que responde às ordens de um casal, que foge da casa porque o marido deixou inadvertidamente a porta aberta e se dirige a uma criança para atacá-la. O fato de a esposa estar presente no local dos fatos junto ao marido revela que o *poder de interromper* não é exclusivo deste último, ou seja, existem *outras pessoas* com capacidade de fazê-lo. Mas isso não afasta o *dever de controlar* o animal daquele que criou o risco – o marido que deixou a porta aberta –, cujo descumprimento ensejará a imputação do resultado a título de *omissão imprópria*. Note-se que a mesma imputação seria devida a ele se outros passantes presentes também tivessem a possibilidade de interromper o ataque e não o fizessem. Ou seja, a *exclusividade* da gestão do risco não é a característica essencial do *dever de controle/asseguramento*.

Por outro lado, não nos parece convincente a exclusão da violação do *dever de salvamento* da *omissão imprópria*. Como adiante exposto, aquele que cria um *risco não permitido* está em situação distinta dos demais possíveis intervenientes diante da agonia do bem jurídico. Não se trata de um dever comum de salvar

---

68. DOPICO GÓMEZ-ALLER, *Omisión*, p. 795.
69. DOPICO GÓMEZ-ALLER, *Omisión*, p. 770.

diante de um contexto estranho, e sim de uma obrigação perante uma situação com a qual o omitente tem uma *relação especial*, não apenas porque *causou* aquele estado, mas porque ele decorre da violação de uma *norma de cuidado* anterior. Em suma, há um contexto *normativo* que confere ao omitente, diante da necessidade de salvamento, um *status* especial que permitirá, a nosso ver, equiparar a inatividade à comissão.

3. Posicionamento

3.1 Introdução

As teses e propostas apresentadas demonstram a complexidade da questão ora enfrentada. A *ingerência* é tema difícil porque sempre se apresentou como um corpo estranho em uma dogmática pautada pela ideia de *ação* e da *relação de causalidade*, presente mesmo em diversas propostas modernas de *normatização* dos elementos de imputação. Por isso, a análise dos contornos do *dever de garante*, disposto na alínea *c* do § 2.º do art. 13 do Código Penal, exige um posicionamento prévio metodológico que abarque uma linha de pensamento e permita o desenvolvimento de suas premissas e conclusões dentro de uma lógica compreensível e consequente.

Como dito, os *deveres de garante* previstos pela lei brasileira se dividem entre aqueles que exigem uma postura diante de *riscos próprios* e aqueles que o fazem diante de *riscos alheios*. A *ingerência* está entre os primeiros, prevista na alínea *c* do § 2.º do art. 13 do Código Penal. Se o dispositivo legal menciona que o agente *deve* evitar o resultado quando, "com o seu comportamento anterior, criou o risco da ocorrência do resultado", é necessário perquirir sobre esse *risco*. Mais uma vez, cabe perguntar: são *quaisquer riscos*, mesmo os tolerados, ou apenas de *riscos não permitidos?* Aquele que cria um *risco* por meio de uma *causa de justificação* também tem o dever de evitar o resultado? E aquele que o faz sem *culpabilidade*? A *evitação* do resultado se circunscreve ao dever de *controlar* o risco criado ou se estende ao *salvamento* também? Estas questões – que na prática se apresentam em inúmeros casos concretos – merecem ser enfrentadas com algum cuidado. É o que se pretende a partir de agora.

O *dever de garante* previsto na indicada alínea *c* é caracterizado como *ingerência* porque, pelo *risco criado*, o agente se *insere* na esfera de direitos de outrem. Nesses casos, o âmbito de organização do criador do risco colide ou está prestes a colidir com o de um terceiro e o agente *deixa de controlar* o perigo ou de *reparar* o desencadeamento do curso causal lesivo. A omissão, nesse caso, significa deixar que sua *esfera de gestão* lesione o direito ou os bens de outro, turbando a ordem social pela violação da dignidade da vítima. A intervenção do direito penal, como já exposto, nesses casos, está pautada pela violação do *dever de não lesar.*[70]

Mas, para além disso, é importante frisar que a criação de um risco não permitido cria na comunidade uma *expectativa*, uma *confiança* de que o responsável pela desestabilização do foco de perigo tratará de restituí-lo aos patamares toleráveis, sempre que for possível fazê-lo. É essa *confiança*, somada ao *dever de não lesar*, que respalda a equiparação da omissão à comissão nas hipóteses de *ingerência.*[71] Não se trata, portanto, de punir alguém pela inobservância de *deveres de solidariedade*, de auxílio ao próximo, de prestação de ações positivas em prol da construção de um mundo em comum – o que justifica o dever de garante decorrente de lei ou da assunção (alíneas *a* e *b* do § 2.º do art. 13 do CP). Na *ingerência* alguém *adentra* a esfera de direitos alheia e não toma providências para impedir o resultado lesivo. A afetação de direitos decorre diretamente de uma intervenção do agente no mundo de vida do outro.

Assim, a *ingerência* é a omissão diante de *riscos próprios*. Diante desse quadro, surge novamente uma questão já exposta (supra, Cap.III, 3.2), mas que merece ser retomada e repetida: seria possível afirmar que a *omissão*, na *ingerência*, é irrelevante ou tem um espaço menos importante do que a inatividade diante de *riscos alheios*? Como já exposto, a princípio, se a *ingerência* é ligada a um *risco anterior* e o resultado está ligado a esse *risco*, a omissão posterior poderia ser entendida como não essencial. Alguém poderia afirmar: aquele que dirige um carro em alta velocidade e não freia ao ver um passante (omissão 1) – ou não o socorre após o acidente (omissão 2) – responde pela pela conduta positiva inicial de conduzir um veículo em alta velocidade, e não pela *omissão* subsequente.[72] A *omissão* é irrelevante. Por esse raciocínio, seria desnecessário identificar uma *posição de garante*, ou se o agente tem *capacidade* de evitar o resultado, uma vez que a responsabilidade pela lesão decorre apenas da *conduta anterior*, comissiva, de *dirigir o veículo em alta velocidade.*

Mas as coisas não são tão simples.

O raciocínio anterior, que despreza a *omissão* enquanto parte da conduta, e atribui o resultado à *ação anterior*, que *criou o risco*, somente é correto nos casos em que o resultado final está ligado à conduta anterior em uma mesma linha *causal* e *normativa.*[73] Ou seja, quando a *omissão* posterior não implica qualquer alteração qualitativa da imputação, seja no aspecto objetivo, seja no subjetivo.

---

70. Sobre o tema, ver JAKOBS, *Acción y omisión*, p. 28. No mesmo sentido, JESCHECK, para quem o desvalor do atuar precedente é fundado no *neminem laede*, em *Tratado*, p. 568.

71. Sobre a relação entre *ingerência* e a *confiança* da comunidade, ver SANTOS, *Direito Penal*, p. 204.

72. PASCHOAL, *Ingerencia*, p. 175.

73. TAVARES, *Teoria*, p. 149.

Assim, se alguém cria um *risco não permitido* (dirigir em alta velocidade), de forma *dolosa* (com intenção de causar a morte), e deixa de impedir o resultado (*omissão de salvamento*), este último tem relação direta com a *ação inicial*, de forma que a *omissão de salvamento* será efetivamente irrelevante para o enquadramento jurídico do comportamento. O motorista que reconhece em um pedestre seu inimigo e acelera para atropelá-lo responde pelo resultado morte, imputável à *ação* de *dirigir em direção ao inimigo* e não à omissão de salvamento posterior – que poderia no máximo ser punida como *omissão de socorro* em concurso material, à qual não se imputa o resultado.

Mas isso nem sempre se verifica. Há casos em que a *omissão* é o elemento que altera a *qualidade* do risco, é ela que transforma o risco *permitido* em risco *não permitido*. Imaginemos um motorista que dirige um veículo em velocidade adequada. Ao colocar o carro em movimento (ação) ele *cria* um risco, mas esse risco é *permitido*, sem relevância penal. Quando esse motorista vê seu inimigo atravessar a rua e *deixa de brecar* com o intuito de atropelá-lo, essa *omissão* transforma o *risco inicial – permitido –* em *risco não permitido*. Ao contrário do caso em que o motorista já dirige em velocidade *inadequada*, onde a ação já *criou* um risco *não permitido*, nessa situação a conduta *positiva* criou um *risco permitido* e a *omissão* o transmuta em *intolerável*. É a *omissão* que altera a qualidade do risco. O ato *positivo de dirigir* (conduta anterior) é irrelevante do ponto de vista *normativo* porque se trata de um *risco permitido*. A *omissão* será o comportamento desvalorado, o elemento central do injusto, porque ela transforma o risco tolerado em *intolerável*, em não permitido.

O mesmo ocorre nos casos nos quais se verifica uma alteração no elemento subjetivo no momento da *omissão*, em especial a superveniência de dolo após a conduta anterior que gera o risco, mas antes da produção final do resultado. Voltemos ao motorista que dirige de forma imprudente, em alta velocidade, e atropela alguém culposamente, e posteriormente deixa de socorrer *dolosamente* a vítima porque reconhece nela seu inimigo. Aqui, o *dolo* foi acoplado ao curso causal no momento da omissão – ainda que antes do resultado – o que permitirá, como adiante explicitado, a imputação do resultado à *omissão* a título *doloso*.

Nesses casos, a *omissão* tem um *desvalor próprio*, autônomo em relação à conduta precedente, seja porque *transformou* um risco permitido em não permitido, seja porque agregou um novo *status* subjetivo à conduta. Esse *choque de condições objetivas ou subjetivas* entre a primeira ação e a omissão posterior, capaz de alterar a qualidade da imputação, revela que a *omissão* na *ingerência* tem um papel relevante em certos casos, a tornar importante o estudo de sua estrutura e dos requisitos que permitam sua equiparação com a comissão.[74]

74. Sobre a autonomia da omissão, ver TAVARES, *Teoria*, p. 150.

Há quem sustente que na *ingerência* não existem elementos que justifiquem uma *equiparação* entre ação e omissão, uma vez que a inatividade posterior não tem a *gravidade* da comissão, ou o mesmo nível de *desvalor*.[75] A nosso ver, o *desvalor* as *omissão* nesses casos é equivalente ao da *ação*, uma vez que na produção de um resultado por *comissão* e por *omissão* na *ingerência* existe um denominador comum: a vinculação *causal* do resultado a uma *conduta* que viola os patamares do *risco permitido* e lesiona ou coloca em perigo um *bem jurídico* penalmente tutelável com imprudência ou dolo. O fato do comportamento violador da *norma de cuidado* ser uma ação ou omissão não é relevante sob a perspectiva da teoria da imputação, de forma que é perfeitamente possível atrelar a afetação do bem jurídico a um comportamento ativo ou omissivo, desde que o resultado seja um desdobramento da má gestão do âmbito de organização do indivíduo.

Em outras palavras, na *ingerência* existe a criação de um *risco não permitido* por uma *ação inicial*, mantido pela omissão, ou a *transformação* de um risco *permitido* em um *não permitido* pela inatividade, e a constatação de que essa inação é *condição negativa* do resultado, produzido dentro do âmbito de abrangência da norma violada. Existem, portanto, os fatores necessários à imputação – com as peculiaridades que serão adiante expostas. Quando o resultado deriva desse âmbito de organização próprio do agente/omitente, do seu corpo ou de instrumentos diretamente manejados por ele, o tipo penal da Parte Especial se aplica diretamente, seja ativo ou omissivo ao comportamento.

Nos casos de *ingerência* – como já exposto – sequer seria necessária uma cláusula geral de equiparação, uma vez que o *dever de agir* decorre da própria *norma de cuidado* violada pela conduta. No entanto, sua previsão é adequada e oportuna uma vez que afasta qualquer duvida sobre a imputabilidade objetiva e subjetiva do resultado à essa omissão. Isso não afasta seu caráter de *omissão imprópria*, uma vez que o comportamento omissivo não está previsto *expressamente* no tipo penal (trata-se de previsão implícita) e existe uma cláusula geral de adequação (que, embora tecnicamente desnecessária, afasta qualquer duvida sobre o caráter de *omissão imprópria* da *ingerência*).

3.2 Do risco na ingerência: caráter e natureza

3.2.1 Da conduta inicial

Assim, nos casos previstos na alínea *c* do § 2.º do art. 13 do Código Penal, o resultado é imputado à *omissão*, mas sempre atrelado a um *risco inicial*. Passemos a analisar o caráter e a natureza desse *risco*.

---

75. Nesse sentido, DOPICO GÓMEZ-ALLER, *Omisión*, p. 236 e SCHÜNEMANN, *Fundamentos*, p. 383.

A primeira condição, derivada diretamente do texto legal, é a constatação de que o omitente *criou um risco*, contextualizando-se uma situação de *risco próprio* e não de garantia por *riscos alheios.*[76] Este *risco* deve ser constatável *ex ante*, ou seja, deve ser possível ao agente *perceber* que cria um risco. Tal consideração parece evidente, até porque é explícita no texto legal, mas merece atenção porque (i) permite a *exclusão* do âmbito da ingerência dos casos de *diminuição de riscos* e (ii) exige um *comportamento ativo* que anteceda a omissão.

Assim, em primeiro lugar, a conduta que *diminui o risco* não gera qualquer posição de ingerência. Para usar um exemplo de ROXIN, ainda que não referente à omissão: aquele que observa uma pedra voando na direção da cabeça de outrem e a desvia para parte menos vital do corpo é *causa* daquela lesão da forma como ocorreu, mas não *criou* ou *aumentou* o risco – ao contrário, o diminuiu.[77] Aplicando o exemplo à ingerência, aquele que desvia a pedra não *criou risco*, portanto não tem qualquer dever especial de *salvamento* do ferido. Sua inatividade, nesse contexto, pode caracterizar a *omissão de socorro*, mas nunca uma *omissão imprópria.*

Ademais, na *ingerência* a *criação de risco* consiste em um ato positivo, comissivo, atrelado a um *movimento corporal voluntário*,[78] ou por um comportamento que se projeta *materialmente* sobre o mundo exterior.[79] O legislador exige para a *ingerência* a *criação de riscos*, e não se *cria algo* sem um *movimento corporal*, que dá início ao processo criativo – no caso, ao curso causal que desemboca no resultado.[80] A *omissão* deixa de interromper um *curso causal alheio* ou *próprio*, ou *transforma* um risco *permitido* em *não permitido*, mas não *cria esse risco.*[81] O motorista de um caminhão que deixa de acender os faróis ao transitar em uma estrada não *cria um risco por omissão.*[82] O risco deriva do ato de colocar o veículo em movimento, cumprindo à omissão, nesse caso, o papel de transformar esse risco em não permitido. Aquele que omite trancar seu cão feroz não

---

76. FEIJOO SANCHEZ, *Imputacion*, p. 26.

77. ROXIN, *Derecho Penal*, I, p. 365.

78. Como já apontava no século XIX VON LISZT, *Tratado*, pp. 193 e ss., concepção nunca abandonada plenamente, segundo GIMBERNAT ORDEIG, *Estudios*, pp. 8 e ss. Note-se que aqui não se discute a questão do conteúdo desta vontade – inerente ao dolo/à culpa –, mas apenas exclui-se do conceito objetivo de risco os comportamentos involuntários.

79. Ver, sobre o tema, TAVARES, *Teoria*, p. 119. O autor aponta que a ingerência é atrelada a um *comportamento anterior* e não meramente a um estado de coisas, como a posse de um material ou de um cão feroz (p. 332). Ainda que não identifique neste *comportamento anterior* um *movimento corporal*, entendemos que essa é uma premissa incontornável, derivada da *natureza das coisas.*

80. Por isso nos parece merecer reparos a dicção do Código Penal espanhol que prevê a criação de um risco por ação ou omissão, uma vez que esse risco não pode ser *criado* por esta última categoria de comportamentos.

81. Nesse sentido, CEREZO MIR, para quem a omissão nunca cria ou incrementa o perigo, *Curso*, p. 267.

82. Para usar o exemplo de TAVARES, *Teoria*, p. 304.

cria um risco, e sim *transforma* um risco *existente* e *permitido* (criar um animal com as devidas cautelas) em um *risco não permitido* (deixar à solta um cão feroz). Isso não significa que o resultado não possa ser *imputado* a uma omissão no plano *normativo*; apenas indica que o pressuposto da *ingerência* é um ato *comissivo* criador de um risco inicial.

Há, no entanto, uma exceção, também fundada na natureza das coisas: os casos em que o risco é criado pelo *corpo* do omitente, sem que exista um impulso inicial voluntário para desencadear o curso causal. Trata-se aqui de hipóteses excepcionais, como aquela do indivíduo que está em um ônibus quando o veículo freia bruscamente, e faz com que ele caia involuntariamente sobre um bebê. Não há aqui uma *ação*, mas é inegável que existe um *movimento corporal*, de forma que se este indivíduo se deixar ficar sobre a criança e causar sua morte por asfixia cometerá *homicídio*. Nesse caso, embora inexistente a ação, o *risco* foi criado pelo *corpo* do agente, de forma que não é possível vislumbrar um *risco alheio*, e sim um *risco próprio* criado por um *movimento corporal involuntário*. O corpo é um *foco de riscos* que devem ser dominados por seu titular ou revogados sempre que *inicie* um curso causal lesivo, ainda que involuntário – desde que o agente tenha capacidade de evitar o resultado.

Ainda a título de ilustração: imaginemos que alguém esteja no alto de uma pista de esqui e seja empurrado por outro ladeira abaixo contra sua vontade.[83] Se aquele que desliza perceber que vai em direção a uma criança, e for possível parar, deverá fazê-lo. Do contrário, as lesões corporais lhe serão imputadas porque seu *corpo* consubstanciou o risco. Trata-se, mais uma vez, de um *risco próprio*, cujo domínio é imediato, próximo, manejável com facilidade.

A concepção de que *risco* só se cria por uma *comissão* está longe da unanimidade. Autores como DOPICO GÓMEZ-ALLER e GIMBERNAT ORDEIG rechaçam tal postura por entendê-la *causalista*, defendendo que em um plano *normativo* o *risco* pode ser criado por *omissão*. Para o primeiro autor, conceber o *risco inicial* sempre como produto da ação é um equívoco, uma vez que o uso do critério causal supõe uma *expansão* do âmbito da ingerência que abarcaria (i) casos de omissão de salvamento após conduta imprudente e (ii) casos de condutas justificadas seguidas de omissão de salvamento.[84] O que importa, para ele, não é a existência de uma *ação inicial*, e sim o fato de o risco estar dentro da *esfera de autonomia* do omitente.[85] GIMBERNAT ORDEIG, para rechaçar a ideia de que o risco inicial sempre decorre da *ação*, oferece o exemplo do responsável, em um

---

83. Exemplo usado por DOPICO GÓMEZ-ALLER para afastar a ideia de que o *risco inicial* é sempre comissivo. Para o autor, nesses casos, não há *movimento muscular* inicial, mas existe o dever de asseguramento porque o corpo (que é o foco de perigo neste caso) faz parte da esfera de autonomia do omitente (DOPICO GÓMEZ-ALLER, *Omisión*, p. 761).

84. DOPICO GÓMEZ-ALLER, *Omisión*, p. 760.

85. DOPICO GÓMEZ-ALLER, *Omisión*, p. 761.

banco de sangue, pela análise da contaminação do material antes de disponibilizá-lo para os pacientes. A *omissão* deste personagem, segundo o autor, *cria* um risco não permitido, e a contaminação posterior será imputada a ele, revelando que a *criação do risco* pode derivar de uma *omissão.*[86]

Tais críticas não procedem. Em primeiro lugar, conceber que apenas a *ação* cria um *risco* não significa estruturar o delito em torno da *relação causal*, mas somente limitar a responsabilidade *por risco próprio* a um comportamento *positivo* do próprio autor. Isso não quer dizer que o *resultado* deva ser imputado necessariamente a esse comportamento inicial apenas e tão somente por conta da *causalidade.* Será necessário demonstrar, no plano *normativo*, que esse risco era, ou se transformou, em *não permitido*, assegurando-se o elemento *normativo* na imputação do resultado ao âmbito de organização próprio do agente. No entanto, se o legislador atrela expressamente a *ingerência* ao ato de *criação de um risco*, se refere a uma conduta *positiva* que coloca o omitente na posição de *titular* da fonte de perigo.

A crítica de DOPICO GÓMEZ-ALLER não procede porque, ao contrário do autor, entendemos que a omissão de *salvamento* dolosa após uma conduta imprudente tem o condão de imputar o resultado a título de dolo, como adiante destacado. Por outro lado, nos casos de criação de risco justificada seguida de omissão de salvamento, entendemos que não existirá crime, mas a exclusão do injusto não decorre da ausência do *risco inicial*, e sim de sua *justificação*, que pode se estender à inatividade de salvamento, como exposto no capítulo seguinte (infra, 4).

O exemplo da transfusão de sangue citado por GIMBERNAT ORDEIG[87] também não abala as assertivas anteriores. O funcionário displicente não *cria um risco*. Este foi *criado* pelo paciente contaminado que doou seu sangue, e por aquele que o colheu e o enviou para análise. Isso não significa que o resultado não possa ser imputado ao omitente, mas o será enquanto *risco alheio*, porque o funcionário do banco de sangue *assumiu* o papel de evitar a disseminação de material contaminado e violou tal dever ao deixar de avaliar aquele conteúdo (Código Penal, art. 13, § 2.º, *b*). Da mesma forma, o dono de uma boate que deixa de providenciar equipamentos para evitar ou combater incêndios no local *não cria* o risco por essa omissão. O *risco* está no ato positivo de abrir o espaço ao público sem as condições necessárias de segurança. Existe um ato *comissivo.* A *omissão* anterior seria inócua sem a ação que consubstanciou o risco não permitido.[88]

---

86. GIMBERNAT ORDEIG, *Estudios*, p. 66.
87. GIMBERNAT ORDEIG, *Estudios*, p. 66.
88. Nesse contexto deve ser discutido o caso da boate Alcalá 20, na Espanha, sempre referenciado por GIMBERNAT ORDEIG para tratar do tema (GIMBERNAT ORDEIG, *Estudios*, p. 59), e o caso da boate Kiss, no Brasil. Em ambos, os donos são acusados de deixar de tomar medidas exigidas pela legislação para evitar acidentes e em ambos os incêndios mataram diversas pessoas.

Caso o responsável pela abertura do local seja distinto daquele que se omitiu em cumprir as normas de segurança, o dever de agir – se o primeiro tinha ciência do descumprimento das normas pelo segundo – se refere a *riscos alheios* e será derivado da alínea *b* do § 2.º do art. 13 do Código Penal, uma vez que, ao oferecer o espaço ao público, ele *assumiu* o dever de garantir sua segurança e verificar se todas as regras vigentes foram cumpridas.

Tal premissa é importante para a solução de outros concretos apontados com frequência pela doutrina, como a responsabilidade penal do proprietário de um imóvel por acidentes em decorrência de sua má conservação (por exemplo, pela queda de uma tábua solta por estar repleta de cupins sobre alguém, tendo-se aqui por premissa que o proprietário conhecia o risco). ROXIN fixa como uma das hipóteses de *obrigação de garante* a de cuidar de coisas móveis ou imóveis que *caem* no domínio do autor, como o caso do imóvel.[89] Para esse autor, aquele que tem uma casa deve se assegurar de que os habitantes ou hóspedes não sofram danos, e, por isso, deve adotar medidas de segurança que impeçam que tais *objetos* se tornem fontes de perigo. Embora não indique tais situações como de *ingerência*, mas como uma hipótese autônoma de dever de garantia decorrente do *dever de vigilância de coisas perigosas no próprio âmbito de domínio*, a questão merece alguma reflexão.

Parece claro que o dono do imóvel *não criou o risco*. Por mais que tenha deixado de dedetizar a casa, ou de tomar providências para evitar o cupim, o risco independe de um *ato positivo prévio*. No entanto, é possível a imputação do resultado por duas razões. Em primeiro lugar, o dever de agir estará relacionado a um *risco próprio* se o dono do imóvel convidou alguém para ingressar em sua casa sem avisá-lo do perigo. Aqui há *ingerência*, existe um *risco* criado positivamente pelo agente, a quem o resultado será imputado caso todos os demais requisitos de imputação objetiva e subjetiva a seguir desenhados estejam presentes.

Por outro lado, é possível imaginar que aquela tábua pendia de uma sacada e caiu sobre um carro ou um passante sem que o proprietário do imóvel tenha contribuído *ativamente* para o contexto lesivo. Nesse caso, o dever de agir está relacionado com um *risco alheio*, derivado da natureza, sem qualquer ligação com um ato positivo anterior. Ainda que o omitente seja o proprietário da casa, ele não criou o risco, não contribuiu positivamente para aquela situação. Nem por isso o resultado deixará de ser *imputável* a ele, mas aqui será necessário fundamentar o *dever* em uma *assunção* – ainda que tácita – de controle/salvamento (Código Penal, art. 13, § 2.º, *b*) ou buscar o ato normativo que exija o reparo da casa para que não cause danos a terceiros (mesmo dispositivo, alínea *a*).[90] Ou seja, trata-se

---

89. ROXIN, *Derecho Penal*, II, p. 885.

90. O Código Civil brasileiro trata da questão em seus arts. 937 ("Art. 937. O dono de edifício ou construção responde pelos danos que resultarem de sua ruína, se esta provier de falta de reparos, cuja necessidade fosse manifesta.") e 938 ("Art. 938. Aquele que habitar

de *risco alheio*, e a imputação exigirá o recurso a fontes de garantia distintas da *ingerência*. Note-se que tal distinção é relevante na prática, uma vez que os fundamentos para a imputação são distintos e devem ser averiguados sob prismas diferentes durante uma instrução probatória ou na construção da responsabilidade concreta.

Em suma, o *dever de garante* diante de *coisas perigosas* não tem sempre o mesmo fundamento ou origem, e seus contornos e desdobramentos dependerão da constatação da existência de uma *conduta anterior* que transforma a *coisa* em uma *fonte de perigo não permitido* – caso em que se verifica o dever de garante decorrente da *ingerência* (Código Penal, art. 13, § 2.º, *c*) – ou de uma *assunção* ou de um *dever legal* que imponha ao proprietário uma obrigação de controle e de garantia (Código Penal, art. 13, § 2.º, *a* e *b*).

Mas, seja como for, parece claro que o primeiro elemento da *ingerência* é a *criação de um risco*, por um ato *positivo* daquele que se omite posteriormente.

3.2.2 Da natureza do risco na ingerência

Assentada tal premissa – que a *ingerência* tem por primeiro elemento a *criação comissiva* de um risco – passemos à análise das *características normativas* deste elemento.

A sociedade contemporânea é estruturada sobre o risco.[91] As condições para o seu funcionamento exigem a assunção e a tolerância de determinadas condutas perigosas, necessárias para os mais simples atos cotidianos. A produção de energia, o funcionamento do sistema de transportes, do comércio e de tantos outros setores fundamentais para a manutenção das bases sobre as quais se estrutura nosso modelo de desenvolvimento trazem consigo certa periculosidade. O risco zero é inviável. Comportamentos e condutas perigosas, portanto, são toleráveis e até incentivadas para garantir a dinâmica da economia, da sociedade, e assegurar o desenvolvimento e o conforto de seus componentes.[92]

---

prédio, ou parte dele, responde pelo dano proveniente das coisas que dele caírem ou forem lançadas em lugar indevido."). No entanto, se trata do *dever de reparar* e não do dever de controlar o foco de perigo ou de salvar, de forma que será necessário outro diploma legal mais específico para preencher o requisito da alínea *a* do § 2.º do art. 13 do Código Penal ou recorrer à ideia da *assunção*.

91. Nesse sentido, ver nosso *Crimes de perigo*, pp. 29 e ss. Sobre o tema, ainda, BECK, *La sociedad, passim;* GIDDENS, *As consequências, passim*; DEMAJOROVIC, *Sociedade de risco*, p. 35; PÉREZ DEL VALLE, *Sociedad de riesgos, passim*; e SUBIJANA ZUNZUNEGUI, *Prevención*, p. 83.

92. Sobre o tema, ver MAIWALD, *De la capacidad*, p. 17, e ROXIN, *Derecho Penal*, I, p. 371. Para JAKOBS, o termo *risco permitido* soa como conceito formal do qual nada cabe extrair sobre suas razões de permissão; em *Imputação objetiva*, p. 36. A nosso ver, o conceito será formal ou material a depender do conteúdo a ele atribuído. A ideia de *risco permitido* tem origem em VON BAR, que já tratava de riscos inevitáveis na convivência humana (em

No entanto, tal permissão está, em regra, condicionada ao cumprimento de *normas de cuidado*, que apresentam *pretensões de comportamento* positivo ou negativo para assegurar a manutenção dos perigos dentro dos limites *tolerados.*[93] Enquanto tais normas são observadas o risco é *permitido*, e qualquer resultado lesivo deles decorrente não pode ser imputado ao agente, ainda que exista uma *relação causal* efetiva. Do contrário, a vida se tornaria insuportável e qualquer conduta perigosa seria uma ousadia que boa parte das pessoas não estaria disposta a realizar.[94] Aquele que dirige seu veículo com observância das normas de cuidado não deixa de criar um *risco* para terceiros, mas um *risco permitido*, e qualquer lesão em decorrência do mesmo não lhe será *imputável*, já sob um prisma *objetivo*.

Voltemos à *ingerência*. Ao tratar do tema, como visto, o legislador dispõe, na alínea *c* do § 2.º do art. 13 do Código Penal, que *deve* agir para evitar o resultado aquele que, "com seu comportamento anterior, criou o risco de ocorrência do resultado". A cláusula é imprecisa porque não indica a *natureza* desse risco, se permitido ou não permitido, a ensejar dúvida na aplicação da norma. Como ensina SHECAIRA, "os elementos típicos devem ser objetivos e descritos concretamente em lei, de tal forma que seu conteúdo de sentido e significação aflore do texto a partir de uma simples interpretação".[95] Se transportarmos tais assertivas para o campo do presente estudo, fica evidente que o legislador poderia ter sido mais claro ao apontar quais *riscos* criam um *dever de garante*, orientando de forma mais precisa o intérprete.

Na ausência de uma redação mais precisa, cabe à dogmática refletir sobre a qualidade dos *riscos* descritos pela lei. Parece necessário aqui identificar o *fim*, a *ratio*, o *pensamento fundamental* do preceito legal, para identificar seu *sentido*, por um método *teleológico*.[96] Trata-se de *riscos não permitidos*, ou também é possível aplicar o dispositivo a *riscos permitidos*?

Há autores que defendem possível atrelar a *ingerência* à criação de *riscos permitidos.*[97] Para FRANK, a execução *consciente* de uma ação perigosa supõe

---

SILVEIRA, *Fundamentos*, p. 271). A ideia de *risco não permitido* não se confunde com o conceito de *adequação social*, que trata de forma mais específica algumas hipóteses de *permissibilidade*. Sobre a relação entre os conceitos de *risco permitido* e *adequação social*, ver SILVEIRA, *Fundamentos*, pp. 271 e ss. e HIRSCH, *Adecuación social*, p. 9 e ss.

93. Trata-se de casos em que se admite a realização de condutas perigosas, desde que condicionadas a determinadas ações que mantenham o nível de perigo dentro de limites permitidos. SILVA SÁNCHEZ, *El delito*, p. 256.

94. Nesse sentido, COCA VILA, *Programas*, p. 57.

95. SHECAIRA, *A construção*, p. 118.

96. ENGISH, *Introdução*, p. 132.

97. Ainda que parte dos autores citados não seja de brasileiros, a discussão dogmática em outros países – com outros sistemas legais – pode ser aproveitada. VON LISZT, como já apontado, indica a *ingerência* como fonte do dever de atuar, ao lado do *dever legal*, mas

a *assunção tácita* do dever de evitar o resultado.[98] Assim, a mera *consciência* do comportamento perigoso já impõe um *dever de garante*, ainda que o risco seja *permitido*. OTTO, por sua vez, defende que haverá ingerência quando o perigo criado for objetivamente reconhecível e derivar da própria conduta.[99] Esse autor insiste que o comportamento prévio não precisa ser antijurídico, do contrário as condutas prévias permitidas jamais criariam deveres de ação positiva (controle/salvamento). A única característica, para OTTO, que deve ser observada na conduta anterior é o fato de ter superado os limites do âmbito geral de ação à custa de uma esfera alheia, o que, segundo ele, poderia ocorrer também em comportamentos permitidos.[100]

Em linha próxima, MAURACH afirma que *toda* ação prévia que dê lugar ou incremente um risco pode fundar uma posição de garante, sem considerar eventuais qualificações jurídicas, desde que esta posição não exista por outras razões.[101] Para o autor, não há razão para desconsiderar o dever de garantia do salvamento do motorista que acertou um pedestre, ainda que respeitando a distância mínima exigida de circulação da calçada, e exigir esta conduta salvadora daquele que não observou a mesma distância.[102] Entre nós, BITENCOURT[103] defende que a criação de *qualquer risco* coloca o agente em *posição de garante*, acompanhado de NORONHA.[104]

Por outro lado, há autores que defendem que apenas *riscos específicos* orientam a *ingerência*, embora admitam que *riscos permitidos* possam integrar este conjunto.[105] KUHLEN aponta que nem todo *risco precedente* gera a ingerência, mas apenas *riscos incrementados* em relação a condutas *normais e cotidianas*, como, por exemplo, a produção e distribuição de bens massivamente no mercado

---

não esclarece, no entanto, o caráter desta ação, apontando apenas que seu núcleo é a *contrariedade ao direito* do abandono do curso causal posterior. VON LISZT, *Tratado*, p. 209.

98. Em DOPICO GÓMEZ-ALLER *Omisión*, p. 145.

99. DOPICO GÓMEZ-ALLER, *Omisión*, p. 255.

100. DOPICO GÓMEZ-ALLER, *Omisión*, p. 255.

101. MAURACH, *Derecho Penal*, p. 262. Na mesma linha, MEINI MENDEZ aponta que a ilicitude da conduta anterior não se faz necessária para a ingerência, *Responsabilidad penal*, p. 7. Também parece seguir essa linha DEMETRIO CRESPO, ao afirmar que nas ações precedentes *conformes ao direito* há um dever de impedir o resultado, embora sua incidência não seja automática e exija a verificação de *elementos ulteriores*, em *Sobre la posición*, p. 13. No mesmo sentido, LASCURAIN SANCHEZ para quem aquele que inicia um *curso de risco* deve controla-lo para evitar que resulte em uma lesão, independente de seu caráter permitido ou não permitido, em *Fundamento*, p. 212.

102. MAURACH, *Derecho Penal*, p. 262.

103. BITENCOURT, *Tratado*, p. 306, para quem: "não importa que o tenha feito voluntária ou involuntariamente, dolosa ou culposamente; importa é que com sua ação ou omissão originou uma situação de risco ou agravou uma situação que já existia".

104. NORONHA *Direito Penal*, p. 126.

105. Nesse sentido, MAURACH, *Derecho Penal*, p. 262.

consumidor.[106] Na mesma linha JAKOBS, para quem a *conduta precedente* pode gerar um dever de garantia mesmo que adequada ao Direito, desde que se trate de um comportamento com *risco superior* ao comportamento cotidiano necessário.[107] STRATENWERTH afirma não ser necessário o caráter *não permitido* da conduta precedente, bastando que ela seja *geralmente* perigosa – como circular de automóvel – e gere um perigo no caso concreto.[108] Na mesma linha, CUADRADO RUIZ, para quem aquele que criou um risco de perigo iminente de um resultado típico, ainda que sem culpa, esta obrigado a evitá-lo.[109] A restrição de imputação a riscos precedentes *antijurídicos* limitaria demasiado a incidência da norma penal, uma vez que, segundo o autor, a permissibilidade do comportamento não é motivo para exonerar o criador do risco dos esforços necessários para evitar o resultado lesivo, em circunstâncias especiais.[110]

Também acabam por chegar à mesma conclusão aqueles que rechaçam a ingerência e fundamentam o *dever de garante* no *domínio* do foco de perigo ou sobre o desamparo da vítima, uma vez que o *desvalor* da omissão não decorre da qualidade do comportamento anterior, e sim da inação diante do *domínio*, como SCHÜNEMANN.[111] Assim, não importa se foi criado um risco *permitido ou não permitido* porque o elemento central da imputação será a existência ou não de *domínio.*

Ainda nessa mesma seara WELP sustenta uma posição peculiar. O autor atrela a ingerência à prática de uma *ação prévia ilícita* que gera uma *dependência* da vítima em relação à não produção do resultado.[112] Para ele, esse é o denominador comum entre a *ação* e a *omissão penalmente relevante:* a criação de uma *relação de dependência* entre a vítima e o autor decorrente de uma ação *ilícita* prévia (sendo o caráter ilícito da conduta determinado por qualquer norma jurídica, mesmo extrapenal).[113] Assim, o cometimento de um ato *ilícito*, penal ou não penal, gera na vítima uma *confiança* de que o autor tomará as medidas para evitar o resultado, e nesta *confiança* reside a *dependência* sobre a qual se estrutura a relevância da *ação* e da *omissão.*[114] Para WELP, o resultado decorrente do *risco*

---

106. Também FREUND, para quem não há relação entre a vedação ou não do risco e a obrigação posterior de salvar, todos em ROXIN, *Derecho Penal*, II, p. 909.

107. Para JAKOBS, também há um uso permitido da liberdade *especial* – caracterizada como aquela que ultrapassa a liberdade geral de ação –, e esta autorização não é motivo suficiente para exonerar o destinatário da liberdade do emprego de esforços para limitar suas consequências. *Derecho Penal*, p. 983. Na mesma linha RUDOLPHI – em GIMBERNAT ORDEIG, *Estudios*, p. 196.

108. STRATENWERTH, *Derecho Penal*, p. 299.

109. CUADRADO RUÍZ, *La posición*, p. 30.

110. CUADRADO RUÍZ, *La posición*, p. 32.

111. SCHÜNEMANN, *Fundamentos*, pp. 351 e ss.

112. Em SCHÜNEMANN, *Fundamentos*, p. 143 e em WELZEL, *Derecho Penal*, p. 297.

113. Em SCHÜNEMANN, *Fundamentos*, p. 144.

114. SCHÜNEMANN critica tal posicionamento porque – dentre outros argumentos – vê como *absurda* a existência de qualquer *confiança* da vítima diante da violação dolosa

permitido é o mesmo que qualquer sucesso natural indesejado, de forma que não pode ser imputado ao agente.[115]

Tal concepção, em princípio, parece rechaçar o *dever de garante* diante de *riscos permitidos*. No entanto, o autor frisa que o risco precedente *permitido* exclui apenas o dever de *controle*, sendo vigente ainda o dever de *salvar*. Ou seja, aquele que cria um *risco permitido* não tem a obrigação de controlá-lo – se ele é permitido, já está dentro dos níveis suportáveis pela sociedade. No entanto, se tal risco colocar alguém em uma situação de desamparo, há um *dever de salvamento*, decorrente da *ingerência*, mesmo que o perigo anterior seja tolerado. Segundo WELP, não pode ser ônus da vítima suportar os riscos *concretos* criados pelo autor no exercício de um risco permitido. Em conclusão, os *riscos permitidos* geram um *dever de salvamento* e são admitidos na seara da *ingerência*.

Por outro lado, inúmeros autores sustentam que o *risco* que antecede a omissão na ingerência deve ser qualificado *normativamente* como risco *não permitido* ou *antijurídico*.

Nessa linha, CEREZO MIR e RUDOLPHI, para quem apenas a conduta prévia *antijurídica* fundamenta a ingerência, uma vez que os desdobramentos de condutas permitidas não podem ser imputados ao particular, mas ao Estado que admite o risco.[116] Em sentido similar, WELZEL, para quem nem todo atuar precedente pode tornar o resultado imputável a título de omissão posterior, mas apenas aquele *contrário à norma*.[117] Para esse autor, não existe a mínima razão objetiva pela qual a mera causação de um perigo deva fundar uma posição de garante.[118] Também nesse sentido ROXIN, para quem o nexo causal totalmente livre de valor não pode constituir um ponto de conexão para valorações jurídico-

---

de uma norma penal por alguém. Segundo SCHÜNEMANN, *una confianza basada em normas penales, em que uma acción contraria al Derecho Penal, ya realizada, no tenga consecuencias causales prejudiciales, resulta sencillamente absurda.* SCHÜNEMANN, *Fundamentos*, p. 148. Na mesma linha, BRAMMSEN (DOPICO GÓMEZ-ALLER, *Omisión*, p. 342).

115. Em GIMBERNAT ORDEIG, p. 275, citado também em DOPICO GÓMEZ-ALLER, *Omisión*, p. 308.

116. CEREZO MIR, *Curso*, p. 264; RUDOLPHI citado em WELZEL, *Derecho Penal*, p. 297, e em DOPICO GÓMEZ-ALLER, *Omisión*, p. 278. Este último aponta pequena mudança de posição no pensamento do autor em obras posteriores para abranger os casos de responsabilidade pelo produto no âmbito da ingerência. Na mesma linha, GARCIA CAVERO, *La posicion*, p. 8, e BACIGALUPO ZAPATER, para quem a conduta precedente na *ingerência* deve ser *contrária ao dever*. Em *Conducta*, p. 44.

117. WELZEL, *Derecho Penal*, p. 297. Na mesma linha, WESSELS, para quem o risco deve provir de uma conduta *contrária ao dever*, de forma que "a lesão de um participe do trânsito apesar do modo de conduzir isento de defeitos e de acordo com o trânsito, não funda uma posição de garantidor, mas só um dever de assistência decorrente do §330c". *Direito penal*, p. 164.

118. WELZEL, *Derecho Penal*, p. 297.

-penais, exigindo-se uma qualidade *não permitida* do risco.[119] Para JESCHECK, a mera criação de um perigo não gera o dever de garante, de forma que o risco antecedente deve – para fundar a ingerência – ser *adequado* à produção do dano, *objetivamente antijurídico*, e a violação do dever deve consistir na vulneração da norma orientada precisamente à proteção do correspondente bem jurídico.[120] Entre nós, COSTA E SILVA, para quem apenas o risco precedente doloso ou culposo fundamenta o dever de agir.[121]

Seguindo a mesma linha, DOPICO GÓMEZ-ALLER afirma que o ordenamento jurídico reconhece em cada indivíduo um *espaço de liberdade*, um âmbito de gestão exclusiva, cuja condução gera *responsabilidade*.[122] A liberdade de gestão vem acompanhada, portanto, de um *dever* de manter a própria esfera de organização em um estado tal que não lesione bens alheios. Essa *gestão* é valorada por *normas* que fixam o *risco permitido*, dentro do qual deve o indivíduo manter seu âmbito de gestão.[123] Por isso, para o autor, não parece viável a ideia de que aquele que cria um *risco* deve mantê-lo sempre à margem do processo causal danoso, e sim cuidar para que não ultrapasse o *risco permitido*.[124] Também TAVARES expõe que a ingerência fundamenta a imputação do resultado a título de omissão, desde que exista uma relação *causal* entre a conduta antecedente e o resultado e que o risco criado seja *antijurídico*.[125]

A nosso ver, o enfrentamento da questão exige, em primeiro lugar, a constatação que a criação de um *risco* pode desencadear para seu *criador* duas espécies de deveres – que podem ou não ter o mesmo desvalor: (i) um dever de *controle* e (ii) um dever de *salvamento*. O *dever de controle* é aquele que vigora enquanto o criador do risco o tem sob controle, antes de qualquer desencadeamento casual autônomo. Seu criador – enquanto o risco está sob seu domínio – tem a obrigação de mantê-lo dentro dos limites toleráveis, observando *normas de cuidado proibitivas ou mandamentais*. Assim, aquele que dirige um veículo cria um *risco permitido*, e deve *controlar* esse risco deixando de acelerar para além da velocidade autorizada (norma proibitiva) ou brecando diante de um pedestre (norma mandamental). Nesse caso, o *risco* integra o âmbito de gestão daquele que o criou, está sob seu controle.

---

119. ROXIN, *Derecho Penal*, II, p. 905. O autor expõe diversas tentativas de limitar a *ingerência* em elementos normativos, tais como a antijuridicidade do feito antecedente, a adequação, a probabilidade próxima, concluindo – com razão – que todos apenas abarcam aspectos parciais do critério mais adequado para normatizar a imputação nestes casos: a imputação objetiva. Na mesma linha WESSELS, *Direito penal*, p. 164.

120. JESCHECK, *Tratado*, p. 568.

121. COSTA E SILVA. *Código Penal*, p. 14. Na mesma linha BIERRENBACH, *Crimes omissivos*, p. 63 e ss.

122. DOPICO GÓMEZ-ALLER, *Omisión*, p. 743.

123. DOPICO GÓMEZ-ALLER, *Omisión*, p. 750.

124. Nesse sentido, SCHÜNEMANN, *Fundamentos*, p. 338.

125. TAVARES, *Teoria*, p. 336.

O *dever de salvamento* surge quando o *risco* inicial saiu desse âmbito de *controle*, dessa *esfera de gestão* do agente, e se incorporou ao mundo de vida da *vítima*. Se no contexto do *dever de controle* o foco de perigo é manejável pelo omitente, no *dever de salvamento* este foco saiu de seu domínio, ou passou a ser irrelevante para o controle do curso causal desencadeado. Voltando ao motorista. Enquanto esse dirige o veículo, existe o *dever de controle*, porque esse foco de perigo – o carro em movimento – pode ser controlado pelo agente. A partir do acidente causado – por exemplo, do atropelamento de alguém – o *foco de perigo* – o carro – deixa de ser relevante para a sequência do curso causal. Não se exige mais, por inútil, o *controle* do foco de perigo, e sim uma conduta de *salvamento* do bem jurídico. Em suma, no *dever de controle* há uma *obrigação de restituição* do risco aos patamares permitidos. No salvamento existe um *dever de revogação* de um curso causal já desencadeado e que se desligou do risco original, seja porque esse passou à irrelevância, seja porque o agente perdeu o controle do foco de perigo (mantendo, no entanto, a capacidade de salvamento).

Assim, a distinção entre o momento do *controle* e do *salvamento* é a relação do foco de perigo com o agente criador do risco e com o curso causal que se desenvolve em direção ao resultado. Se o risco inicial ainda existe e sua supressão/ seu controle tem o condão de interromper o curso causal, trata-se do âmbito do controle. A partir do momento em que o foco de risco deixou o âmbito de controle do agente, ou criou um curso causal autônomo de forma que seu controle passe a ser *irrelevante* para o resultado típico, surge o *contexto de salvamento*.

A fixação de tais conceitos é indispensável para compreender o caráter do *risco* que pauta a *ingerência* e a responsabilidade penal pela *omissão*. Nos casos de *dever de controle*, não há relevância no fato do risco anterior ser *permitido* ou *não permitido*. Em ambas as hipóteses será necessário observar as normas *mandamentais* de cuidado, e a *omissão* pode desencadear a responsabilidade pelo resultado ocorrido. Nos contextos de *salvamento*, a *omissão imprópria* somente surge diante de um *risco não permitido* anterior – derivado de uma gestão equivocada ou falha do *dever de controle* antecedente. O *risco permitido* não exige o *salvamento*, sob a perspectiva da ingerência, respondendo o omitente apenas pela *omissão própria*, se for o caso.

Passemos à análise detalhada de cada um dos contextos, a fim de explicitar melhor seus contornos. Tratemos, em primeiro lugar, do *dever de controle*.

3.3 Do risco na ingerência: o dever de controle

3.3.1 Aspectos gerais

Todo aquele que cria um *risco*, mesmo permitido, tem o *dever* de mantê-lo dentro dos parâmetros toleráveis, definidos pelas *normas de cuidado* correspondentes. Em outras palavras, apenas a *comissão* cria o risco, mas sua *desestabili-*

zação – para usar expressão cunhada por GIMBERNAT ORDEIG – pode se dar por ação ou omissão.[126]

O caráter distintivo, nessa seara, será a natureza da *norma de cautela* descumprida. Se uma *proibição* (ex.: não dirigir acima da velocidade permitida), o descumprimento se dá por *comissão;* em sendo um *mandado* (ex.: verificar os freios do veículo), haverá *omissão.* Com isso, parte-se da distinção *normativa* – admitida por parte da doutrina[127] – para fixar a espécie de comportamento sobre o qual recairá a imputação. As dificuldades para distinguir, em casos específicos, *mandados* de *proibições* não se mostram de todo relevantes, uma vez que o substancial será identificar que uma *norma de cuidado* foi violada e foi criado um *risco não permitido*, pouco importando se a conduta é uma ação ou uma omissão.[128]

Portanto, enquanto o agente tem o controle sobre o foco de perigo por ele criado, a *omissão* será relevante em dois momentos: (i) se foi criado um *risco não permitido*, há um *dever* de reconduzi-lo aos limites aceitáveis, (ii) se foi criado um risco *permitido*, há um *dever* de mantê-lo dentro deste patamar, também por atos positivos, a depender da norma de cuidado estabelecida. No primeiro caso, já existe uma violação à norma de cuidado pela ação original, que criou o risco. No segundo, é a omissão que confere ao contexto comportamental o caráter *não permitido*, que muda a qualidade do risco. Nessa última situação, a omissão é o ato de violação da *norma de cuidado* prevista.

Nota-se, portanto, que existe um *dever de agir* mesmo diante de *riscos permitidos*, quando se está no *contexto de controle.* Aquele que *cria um risco* – mesmo que permitido – tem um *dever de garantia*, não em relação ao impedimento do resultado ou à tutela de um bem jurídico, mas uma obrigação de impedir que esse risco se transforme em *não permitido*, e nessa condição produza o resultado.[129]

Isso não significa legitimar a imputação de resultados a *riscos permitidos.* Aquele que faz funcionar uma máquina, dentro dos padrões de cuidado exigidos, não responde pela explosão por superaquecimento do aparelho que eventualmente

---

126. GIMBERNAT ORDEIG, *Estudios*, p. 94. Sobre o tema, ver ainda TAVARES, *Teoria*, p. 268.

127. SCHÜNEMANN, Bernd. *Fundamentos*, p. 144.

128. Por isso, não parecem importante para os fins a que se propõe a presente tese a extensa discussão levada a cabo por ROXIN (*Derecho Penal*, II, pp. 786 e ss.) sobre o caráter ativo ou omissivo das condutas com *escasso emprego de energia*, ou da *sucessão das formas de conduta.* A questão central aqui é identificar se existe um risco não permitido criado pelo autor, de forma que a imputação estará atrelada a ele ou à omissão posterior, caso exista dolo superveniente. A discussão ganha maior relevo na Alemanha diante da causa de atenuação geral prevista para a omissão imprópria (§12, II, do Código Penal alemão).

129. No sentido de que o dever de controle na ingerência não é afastado diante dos *riscos permitidos*, ver DC, 102. Na mesma linha, ARROYO ZAPATERO, para quem, no âmbito dos *riscos permitidos* criados por alguém, o *dever de cuidado* é o conteúdo concreto do *dever de garante*, de forma que quem cumpre com os deveres de cuidado estará cumprindo com a função de garante a ele assinalada. ARROYO ZAPATERO, *La proteccion*, p. 104.

lesione pessoas ou bens. Porém, se a mesma pessoa, que fez funcionar a máquina dentro das *normas de cuidado*, percebe a iminência do superaquecimento, tem o *dever* de reconduzir o risco por ela criado aos patamares toleráveis – tem o dever de desligar a máquina, do contrário o resultado lesivo será a ela imputado. Nesse caso, o *risco permitido* inicial se transforou em *risco não permitido* enquanto ainda pertencia ao âmbito de organização do agente, e essa *mudança de patamar* impõe o *dever de agir* – que existe, portanto, apenas e tão somente diante de *riscos não permitidos.*

Nesse ponto, surge novamente a questão da *autonomia* do comportamento omissivo, em especial nos casos em que o *risco não permitido* foi criado pela *comissão.* Por exemplo, quando um motorista dirige em alta velocidade (cria risco não permitido) e não breca ao ver um pedestre. O atropelamento é imputado à *ação* de dirigir de forma imprudente ou à omissão em brecar?

Seria possível, de inicio, afirmar que tal discussão é irrelevante. Se o resultado é decorrência de uma má gestão do âmbito de organização próprio do agente, pautada pela violação de normas de cuidado, tanto faz se a imputação se refere à comissão ou à inatividade posterior, uma vez que ambas integram um mesmo contexto comportamental.[130]

Porém, a questão ganha relevo se – como já apontado – existir uma alteração no elemento subjetivo do agente entre a ação inicial e a omissão posterior. Se o motorista dirige em alta velocidade de forma culposa e deixa de brecar ao observar seu inimigo atravessando a rua. Se um empreiteiro determina que seu subordinado inicie determinada obra sem observar (por descuido) falhas no projeto apontadas por seu engenheiro, e depois, mesmo tendo ciência da gravidade do fato, se omite e não informa o trabalhador dos perigos da empreitada, dada sua inimizade com ele. O resultado lesivo será imputado ao motorista e ao empreiteiro a titulo culposo ou doloso?

A resposta dependerá da identificação de qual o comportamento (ativo ou omissivo) prepondera no caso concreto. Há quem reconheça nessas hipóteses um *concurso* entre um crime comissivo e outro omissivo e proponha a prevalência do primeiro porque se trata sempre de um ataque positivo e mais grave ao bem jurídico.[131] Para outros, aplica-se aqui a *teoria do centro de gravidade da reprovação*, pela qual prevalecerá a conduta que carrega o centro de gravidade do *desvalor*,

130. Vale notar, no entanto, que em países nos quais a legislação prevê uma causa de diminuição para a *omissão imprópria*, a discussão é relevante, uma vez que a caracterização da conduta como comissiva ou omissiva admitirá ou não a incidência do dispositivo benéfico. Não é o caso do Brasil e, como já assinalamos, nem deveria ser no que se refere à ingerência, que apresenta o mesmo desvalor da comissão.

131. Sobre o tema, ver SILVA SÁNCHEZ, *El delito*, p. 259, e ARMIN KAUFMANN, *Dogmática*, pp. 249 e ss. Defendem essa perspectiva ENGISH e WELP, Segundo ROXIN, *Derecho Penal*, II, p. 783.

que pode estar na aplicação de *energia positiva* ou na omissão em impedir o resultado.[132]

A nosso ver, a primeira proposta não é adequada diante da premissa aqui fixada da equivalência *normativa* entre ação e omissão na seara da *ingerência*, uma vez que ambos os comportamentos violam igualmente *normas de cuidado* e são, de forma positiva ou negativa, condições do resultado. A segunda é imprecisa, porque trabalha sobre a ideia de *centro de gravidade do injusto*, mas não explicita seus contornos ou parâmetros.[133]

GIMBERNAT ORDEIG propõe solução diversa, derivada de uma *equivalência normativa* entre ação e omissão. Para o autor, se a ação *precedeu* a omissão, esta última prevalecerá se na primeira inexistir dolo ou culpa. Caso contrário – se na ação houver dolo ou culpa – prevalecerá a conduta mais grave, seja a ativa ou a passiva. Se foram igualmente graves sob o prisma subjetivo, ambas concorrem.[134] Caso a omissão preceda a ação – na forma de ausência de medidas de segurança – será atípica, e, portanto, restará apenas o comportamento comissivo ao qual imputar o resultado produzido.[135]

A nosso ver, não existe nos casos expostos um *concurso de crimes*, e sim um delito único constituído por diversos comportamentos que desencadeiam e não interrompem um mesmo *curso causal*. Trata-se de um único *contexto comportamental*, ligado a atos de gestão deficiente do próprio corpo (dolosa ou culposa) atrelados ao mesmo resultado. A situação é idêntica à daquele que apunhala diversas vezes a vítima: não se trata de inúmeros crimes comissivos, onde se faz necessária uma solução concursal, e sim de várias condutas positivas em um mesmo contexto de produção do resultado. Ou seja, um único crime, que afeta o mesmo bem jurídico, praticado por um conjunto de comportamentos do mesmo agente. Nessa situação, se o primeiro golpe é imprudente e os posteriores dolosos, os últimos serão a base do injusto e da imputação subjetiva, porque a conduta *posterior* e *mais grave* será aquela que norteará a qualificação da responsabilidade penal.

Voltemos, portanto, ao *risco não permitido* criado por ação e mantido por omissão que se desdobra em um resultado lesivo. Nesse caso, há também um conjunto de condutas que violam a *norma de cuidado* e se inserem em um mesmo *curso causal*. Em sendo equivalentes ação e omissão – porque ambas violam as mesmas normas e expectativas[136] –, a imputação será norteada pelo comporta-

---

132. Defendida por MEZGER, em ROXIN, *Derecho Penal*, II, p. 783. Sobre o tema, ver, ainda STRUENSE, *Actuar*, p. 43.

133. Nessa linha, ROXIN, *Derecho Penal*, II, p. 783.

134. GIMBERNAT ORDEIG, *Estudios* p. 73.

135. GIMBERNAT ORDEIG, *Estudios* p. 74.

136. Seguimos JAKOBS, para quem não existe uma prevalência geral de uma das formas de comportamento, *Derecho Penal*, p. 942.

mento *mais grave*, que será o doloso. Se esta forma subjetiva já está presente na conduta inicial, será irrelevante o elemento subjetivo da omissão posterior. No entanto, se o *risco* foi criado imprudentemente, o advento do *dolo* na omissão prevalecerá, sem que isso signifique admitir o *dolo subsequente*, como adiante fundamentado.[137] Em suma, o motorista que *deixa de frear* de forma dolosa, e o empreiteiro que *deixa de informar*, também com dolo, respondem pelo resultado na forma *dolosa*, direta ou eventual, a depender do caso.

3.3.2 Riscos permitidos e não permitidos

Vale notar, no entanto, que em qualquer das hipóteses será necessária a violação de uma *norma de cuidado*. Ou bem o agente, já na *criação do risco*, violou tais normas e produziu um *risco não permitido*, ou bem criou um *risco permitido* e uma *omissão* posterior o transformou em *normativamente intolerável*. Em outras palavras, a *omissão* somente será relevante no âmbito do *controle* se existir previamente um risco *não permitido* ou se a própria *omissão* é o comportamento que viola uma norma de cuidado e modifica o *status* do risco. A fronteira entre o risco *permitido* e o *não permitido* é o limite da punição da omissão na *ingerência*.

Se o risco inicial for *permitido* e não houver qualquer *norma de cuidado* que exija uma conduta positiva posterior para mantê-lo nessa situação, a omissão será atípica, irrelevante para o direito penal. Aquele que faz funcionar uma fábrica com observância de todas as normas de cuidado, não tem o dever de controlar de forma *mais rígida* os riscos por ela produzidos, para além das *normas de cuidado* fixadas, e essa *omissão* não será típica, mesmo que verificados posteriormente danos ambientais.

A questão que se apresenta como subsequente será: como determinar essa fronteira entre *riscos permitidos* e *riscos não permitidos?* Se é possível que uma *omissão* transforme um risco *permitido* em um *não permitido*, é necessário indicar a forma pela qual essa transformação ocorre e quais os seus limites.

Define-se o *risco não permitido* como a conduta arriscada que viola as *normas de cuidado* vigentes determinada ordem jurídica. Trata-se de um conceito vago e impreciso, cuja definição material exige caracterizar tais normas de cuidado e definir seus contornos.[138] Para ROXIN, o *risco permitido* é a qualidade

---

137. Nessa linha, GIMBERNAT ORDEIG, para quem, nesses casos, deve-se observar o comportamento mais grave, se o ativo ou o omissivo, e reconhecer a imputação pelo último. GIMBERNAT ORDEIG, *Estudios*, p. 63.

138. Para ROXIN, o conceito de risco permitido se utiliza em inúmeros contextos, mas sobre seu significado e posição sistemática reina a mais absoluta falta de clareza, *Derecho Penal*, I, p. 371. RISCO PERMITIDO. Para CAMARGO, o *risco permitido* não tem uma definição *a priori* e depende de cada relação de comunicação concreta, CAMARGO, *Crimes econômicos*, p. 17. Sobre o tema, ver CASTAÑÓN, *El riesgo, passim.* Ainda sobre o conceito

de uma conduta que cria um risco relevante, mas que de maneira geral – independentemente do caso concreto – está permitido.[139] Esta permissão é *genérica*, autônoma em relação ao contexto concreto, ao conflito de interesses real que pode se apresentar em uma situação que permite situar o *risco permitido* no plano da *tipicidade* e não no das *causas de justificação*.[140] Tal definição acaba por identificar o comportamento imprudente e o doloso, no plano objetivo, fixando sua estrutura em um mesmo patamar: a criação de um risco sem observância das *normas de cuidado* vigentes.

As normas de cuidado são regras que fixam parâmetros de condutas para que cada um gerencie seu espectro de liberdade, delegando ao indivíduo a competência para cumpri-los de distintas formas, em cada contexto específico.[141] Ainda que a presente tese não pretenda analisar em profundidade as fontes das *normas de cuidado*, é necessário expor ao menos o elenco admitido por parte da doutrina.[142] Tais *normas* têm por fonte (i) normas e atos normativos institucionalizados; (ii) regras técnicas profissionais; (iii) deveres gerais de cautela. Nota-se, portanto, que o *risco não permitido* é um *elemento misto*, que amalgama elementos *ontológicos* e *normativos* porque carrega um aspecto *fático* – os dados reais que caracterizam uma situação como *perigosa* – e um *axiológico* – o caráter permitido ou não do contexto exige a referência a *normas de cuidado*.

A primeira categoria de *normas de cuidado* é composta de regras previstas em normas ou atos normativos institucionalizados, legitimados pelo Estado por meio de leis, decretos ou regras de natureza similar.[143] Assim, desde normas penais[144] até decretos específicos, como resoluções de órgãos reguladores

---

de risco permitido e as diversas propostas de inseri-lo em categorias dogmáticas distintas, como na tipicidade ou na antijuridicidade, ver MARTINEZ BUJAN-PEREZ, *Derecho penal*, p. 289 e ss.

139. ROXIN, *Derecho Penal*, I, p. 371.

140. ROXIN, *Derecho Penal*, I, p. 371.

141. DOPICO GÓMEZ-ALLER, *Omisión*, p. 749. Para GRACIA MARTÍN, o direito não pode dispensar aos bens jurídicos uma proteção absoluta, mas apenas diante de agressões configuradas de uma determinada maneira, que ultrapassam certas medidas de risco necessárias para o desenvolvimento da vida social, do contrário, deveria ser paralisada a vida social, *Los delitos*, p. 468.

142. Sobre as fontes do *dever de cuidado*, ver MUÑOZ CONDE, *Derecho Penal*, pp. 285 e 286; JAKOBS, *Imputação objetiva*, p. 42; GIL GIL, *El delito*, pp. 231 e ss.; e GIMBERNAT ORDEIG, p. 92.

143. ROXIN, *Derecho Penal*, I, p. 1.001. Como aponta JAKOBS, não é permitido todo o comportamento assim definido pelo *direito*, vedando-o no plano concreto ou abstrato JAKOBS, *Imputação objetiva*, p. 41, GRECO, *Um panorama*, p. 54.

144. Código de Trânsito Brasileiro, "Art. 306. Conduzir veículo automotor com capacidade psicomotora alterada em razão da influência de álcool ou de outra substância psicoativa que determine dependência."

(Anvisa,[145] Anatel,[146] Denatran[147] e outros), toda e qualquer regra que indique parâmetros de comportamentos em determinadas áreas gera um *dever de cuidado* cujo descumprimento não significa um ilícito penal em si (exceto no caso dos *crimes de perigo abstrato*), mas coloca o agente/omitente no campo do *risco não permitido*, tornando imputáveis os resultados decorrentes de sua conduta.[148] Vale notar que, nessa seara, a *norma de cuidado* exige a cautela estrita, prevista em seu conteúdo, que não pode ser substituída por medidas de cautela alternativas, a não ser que cumpriram exatamente a mesma função protetiva.[149]

Ademais de *normas e atos normativos institucionais*, também são fonte de *deveres de cuidado* as *regras técnicas profissionais*, caracterizadas como o conjunto de conhecimentos existentes e reconhecidos como válidos para certas atividades profissionais.[150] Na medicina, na engenharia e em muitas outras áreas a experiência acumulada no tempo revela normas, consolidadas ou não em dispositivos formais, que definem o campo do *permitido e do não permitido* naquela seara.

Nesse conjunto, pode-se tomar também como fonte do *dever de cuidado* os dispositivos de *autorregulação* elaborados pelos diversos setores profissionais ou representantes destes setores, uma vez que consubstanciam práticas reconhecidas naquela área como importantes para a segurança e a qualidade dos serviços.[151]

---

145. Agência Nacional de Vigilância Sanitária.

146. Agência Nacional de Telecomunicações.

147. Departamento Nacional de Trânsito.

148. A norma de cuidado pode exigir cautela *permanente* (ex.: cautela para que um cão não lesione outros) ou *periódica* (ex.: deveres de fiscalização periódica em uma fábrica). GIMBERNAT ORDEIG, *Estudios*, p. 109.

149. Questão interessante nessa seara diz respeito às cautelas compensatórias. Segundo JAKOBS, a adoção de medidas de cuidado distintas daquelas previstas na norma significa adentrar na seara do *risco não permitido*. Uma vez que o legislador ou o órgão regulador impuseram determinadas regras de cuidado, a adoção de medidas distintas não afasta o caráter *não permitido* do risco. JAKOBS, *Imputação objetiva*, p. 44. A nosso ver, tal assertiva é correta, mas o resultado apenas será imputado ao omitente se demonstrado que a conduta adequada o teria evitado, ao contrário da medida de compensação. Tal aferição, no entanto, não é feita no plano do *risco permitido*, mas na seara do desdobramento da violação da norma no resultado concreto.

150. Denominadas por ROXIN de *normas de tráfico*, em *Derecho Penal*, I, p. 1.003. Sobre as normas técnicas profissionais, ver TAVARES, *Teoria*, p. 319. GRECO assenta uma das fontes de determinação do risco permitido nas *normas de segurança*, que podem ser jurídicas ou privadas, embora nesse caso tenham menos relevância dada a ausência de sua estrutura democrática. *Um panorama*, p. 54. No âmbito empresarial, as normas extrapenais representam um instrumento útil para indicar a fronteira da permissão de condutas de acordo com as valorações específicas do sistema jurídico-penal, embora tais normas sejam a *ratio cognoscendi* e não a *ratio essendi* da tipicidade. Nessa linha, FEIJOO SANCHEZ, *Imputacion*, p. 32. Ver, ainda, PAREDES CASTAÑON, *La determinacion*, p. 161.

151. Sobre o tema da autorregulação, ver SILVEIRA e SAAD-DINIZ, *Criminal compliance*, p. 298, e COCA VILA, *Programas*, p. 43-77. Sobre a interação da autorregulação e o *risco permitido*, ver FEIJOO SANCHEZ, *Imputacion*, p. 36.

Vale notar, no entanto, que a força *normativa* de tais regras é menor do que aquela advinda dos atos normativos institucionais, reconhecidos pelo Poder Público, seja por seu *déficit democrático*, seja pela ausência de instrumentos públicos de divulgação e vigência oficial.[152] Por isso, o campo de aplicação de tais normas é menor, e a presunção de seu conhecimento pelos profissionais de determinado setor deve sempre ser analisada diante do contexto concreto.

Por fim, existem *deveres de cuidado* decorrentes do *dever geral de cautela.* Trata-se de normas *ad hoc*, válidas e aplicáveis apenas diante do *caso concreto*, fundadas em um *senso comum de prudência.*[153] Imagine-se um motorista que dirige na velocidade adequada e observa uma bola que cruza a rua. Não há norma institucional ou regra técnica que o obrigue a frear, mas é *razoável* exigir que o faça diante da possibilidade de uma criança atravessar o passeio atrás de seu brinquedo. Há, portanto, um *dever de cuidado* que vigora para aquele motorista naquele momento, diante do contexto específico no qual se encontra.

É inegável a existência e a vigência desse *dever geral de cautela*, dessas *normas de cuidado* especiais, não escritas, mas seu reconhecimento exige um esforço de reflexão, um labor para buscar os critérios que orientem o intérprete em sua identificação, buscando-se, ao máximo, afastar o *casuísmo*, embrião da arbitrariedade.

Inúmeros autores propõem parâmetros para o reconhecimento desses *deveres de cuidado.* FREUND aponta que as *normas de conduta* serão legítimas diante de uma *ponderação* entre o objetivo estatal de *proteger* determinados bens e os *interesses* sacrificados pelo seu cumprimento, de forma que o resultado não seja *disfuncional* para qualquer dos lados.[154] LASCURAÍN SÁNCHEZ expõe que a norma de cuidado existirá quando os deveres impostos sejam mais importantes para a proteção da autonomia alheia do que a autonomia sacrificada por eles – ponderação que terá por limite último a *dignidade humana.*[155] ROXIN sugere que seja analisada em primeiro lugar a *relevância social* da conduta geradora do risco e depois a magnitude do dano que eventualmente possa ser produzido e os sacrifícios que serão necessários para eliminar plenamente esse risco.[156] GRECO aponta que a fixação do *risco permitido* decorre da *ponderação* entre o interesse de proteção de bens jurídicos e o interesse geral de liberdade, que leva em conta o valor do bem, a intensidade do perigo, o interesse social na prática da ação, a

---

152. Sobre os problemas de falta de legitimidade democrática das regulações privadas, SCHÜNEMANN, *Las reglas*, pp. 307-342. Especificamente sobre os Códigos de Conduta de empresas, MONDACA, *Los códigos*, p. 111 a 131.

153. Para TAVARES, a violação do dever de cuidado pode estar atrelada a regras gerais de experiência destinadas a delimitar o alcance do risco permitido. TAVARES, *Teoria*, p. 423.

154. IFREUND, *Fundamentos*, p. 84.

155. LASCURAIN SÁNCHEZ, *Los delitos*, p. 57.

156. ROXIN, *Derecho Penal*, p. 1.011.

eficiência e a idoneidade da medida de cuidado e a existência de um custo de alternativas menos arriscadas.[157] GIL GIL sugere que a identificação das *normas de cuidado* se dá em dois momentos. Em um primeiro se realiza um *juízo de previsibilidade objetiva*, que contextualiza a conduta e seus riscos, e em um segundo se efetua uma *ponderação* dos interesses em jogo levando-se em consideração os custos que supõe a cautela exigida.[158]

A nosso ver, o critério mais adequado para identificar os *deveres gerais de cautela* é o da *ponderação*. Não uma ponderação que leve em consideração apenas o eventual peso dos *interesses* do indivíduo diante dos *interesses* da sociedade porque nesse conflito os primeiros em regra sucumbem diante dos segundos, em um utilitarismo que não oferece maiores limites para definir os contornos dos *deveres* ora analisados.[159] A *ponderação* que parece surtir efeitos restritivos é aquela que leve em consideração a relevância do bem tutelado, a probabilidade de sua lesão pela conduta e a *suportabilidade* individual ou social da observância da norma de cuidado. A exigibilidade da cautela será proporcional, portanto, à importância do bem que a norma visa a tutelar, à *probabilidade* de sua afetação pela conduta, e inversamente proporcional à afetação da liberdade do indivíduo e da funcionalidade social imposta pelo cumprimento da cautela.[160] É evidente que não se trata aqui de uma fórmula precisa, e sim de um feixe de diretrizes *normativas* que orientem o intérprete na verificação da existência de uma norma de cuidado em um cenário concreto.

---

157. GRECO, *Um panorama*, p. 52. BUJAN PEREZ, ao tratar do *risco permitido*, fixa que sua constatação sempre dependerá de uma *ponderação de interesses* entre, por uma parte, o valor do bem jurídico ameaçado, o grau de perigo que ele corre e as possibilidades de controle e, por outra, a relevância do interesse social da conduta perigosa e os benefícios que essa pode proporcionar, *Derecho Penal*, p. 291. Na mesma linha, LUZON PEÑA, *Curso*, p. 643. Para os setores sem regulação, LASCURAIN SÁNCHEZ menciona o critério da ponderação como reitor do risco permitido, que deve levar em consideração a gravidade do risco, a utilidade da atividade, a relevância do bem jurídico protegido e a consolidação histórica da autorização da conduta. Em *Fundamentos*, p. 216.

158. GIL GIL, *El delito*, p. 416.

159. Critério corretamente criticado por GRECO, para quem, nestes casos, a posição do indivíduo restará demasiado frágil, em *Um panorama*, p. 48. Vale também apontar aqui a crítica de JAKOBS em relação à fixação do risco permitido como resultado de um cálculo de custo-benefício, asseverando a falta de critérios mais adequados para estabelecer os contornos do conceito (em *Imputação objetiva*, p. 37). No entanto, não se propõe aqui estruturar o conceito de risco permitido por meio de um cálculo de custo e benefício, mas de resolver situações concretas problemáticas – em que não vigore norma institucional ou técnica – com base na ponderação *normativa* entre a importância do bem jurídico, a probabilidade de lesão e o custo da cautela para a liberdade individual e para o funcionamento social. Trata-se de algo *mais complexo* que uma mera ideia de custo-benefício social.

160. Nesse sentido, também vale a lição de SCHÜNEMANN de que é necessária uma *ponderação* para a identificação da existência da norma de cuidado no caso concreto, que leve em consideração a *utilidade* da respectiva atividade para a comunidade e o *grau de perigo* dela derivado. SCHÜNEMANN, *Fundamentos*, p. 340.

Vale notar que tal critério vigora apenas diante da inexistência de regras institucionais ou técnicas, dada sua imprecisão.[161] Caso existam normas específicas que regulem um contexto de atividades, isso significa que a ponderação mencionada já foi realizada pelo legislador, gestor ou técnico, a dispensar novas considerações, a não ser que exista um *conhecimento especial* capaz de indicar a insuficiência das regras fixadas, como adiante exposto.

Assim, quando uma bola atravessa a rua, é *muito provável* que uma criança apareça na via; o respeito à norma de cuidado que exige frear é relevante para a proteção de um bem jurídico *muito relevante* (vida, integridade física), e não é *insuportável* exigir do motorista que diminua a velocidade nessas circunstâncias. Portanto, existe aqui um *dever geral de cautela*, e a *omissão* cria um *risco não permitido.*

Por outro lado, sempre que um médico opera alguém o faz em equipe, e existe o risco que algum membro desse grupo deixe de tomar as cautelas necessárias ligadas à sua função. No entanto, o chefe do grupo não tem o *dever* de observar todos os atos dos demais participantes, porque a *probabilidade* de algum descuido é pequena (se a equipe é composta de profissionais competentes), e é *insuportável* e *desfuncional* exigir que o médico – além de suas atividades de cirurgião – permaneça atento a todos os atos dos demais auxiliares (o que não afasta o dever de agir caso tome ciência inequívoca de alguma imprudência ou imperícia).[162] Nesse caso não há o *dever geral de cautela*, e a omissão não cria um *risco não permitido.*

No entanto, duas ponderações são necessárias. A primeira diz respeito ao parâmetro que legitima a imposição desse *dever de cautela.* A segunda trata do papel da *previsibilidade* na formação do conceito em estudo.

O critério para a aferição do *dever geral de cautela* deve ser a *prognose objetiva posterior*, pela qual o intérprete se coloca no lugar do agente e indaga pela possibilidade de este realizar, naquele instante, a *ponderação* (probabilidade de lesão, relevância do bem jurídico, suportabilidade da cautela) e cumprir com o *cuidado devido.*[163] O risco para o bem jurídico, portanto, deve ser reconhecível *ex*

---

161. Nessa linha, PAREDES CASTAÑON, *La determinacion*, p. 149, para quem nos casos em que uma regra de conduta não prescreva de forma direta uma determinada ação – ou cuidado – são necessários critérios adicionais para determinar o conteúdo do dever de conduta. Esses critérios passam por uma ponderação que leve em consideração entre a utilidade da conduta e o sacrifício da segurança do bem jurídico, que será diferente em cada âmbito de atuação. PAREDES CASTAÑON, *La determinacion*, p. 155.

162. Tais premissas são a estrutura do *princípio da confiança*, pelo qual ninguém é obrigado a suspeitar que os demais participantes de determinado contexto de risco violarão as normas de cuidado vigentes. Sobre o tema, ver CALLEGARI, *O princípio*, *passim*, e BATISTA, *Maus tratos*, *passim.*

163. Sobre a prognose objetiva posterior, ver GRECO, *Um panorama*, p. 35, para quem o instituto trata de um juízo formulado sob uma perspectiva *ex ante*, levando em conta apenas

ante, uma vez que atrelar o *dever de cuidado* a uma constatação posterior afeta o caráter *preventivo* da norma de cuidado.[164]

Tal parâmetro deve, necessariamente, levar em consideração os *conhecimentos especiais* do agente/omitente. Aquele que conhece alguma peculiaridade do contexto despercebida pelos demais incorpora no cálculo da probabilidade do dano tal ciência, aumentando a abrangência da norma de cuidado para ele vigente.[165] O motorista que, por qualquer motivo, sabe que um carro cruzará o sinal fechado deve *parar* mesmo diante do farol verde. Pela *prognose objetiva posterior* será possível perceber que, para ele, a *probabilidade* do acidente é maior do que para outros que não conhecem o risco especial. Ademais, não é *insuportável* exigir que alguém freie o veículo – mesmo no sinal verde – quando percebe que outro carro ultrapassa (ou ultrapassará) o farol fechado.

Por isso, percebe-se que na formulação do *dever geral de cautela* a *previsibilidade* ganha relevo maior do que em outras normas de cuidado.[166] As *regras de cautela* previstas em *normas públicas* ou em *regras técnicas profissionais* podem perfeitamente admitir como *permitido* uma conduta *altamente perigosa*, com grande *probabilidade* de gerar danos, dentro de uma análise racional de custo-benefício. É o caso, por exemplo, da autorização para que médicos realizem cirurgias de grande risco diante das situações delicadas para a saúde de um paciente.[167] Por outro lado, estas mesmas regras podem proibir atos cuja probabilidade de lesão é remota, mas cujo potencial lesivo é intenso, como ocorre com as normas de

dados conhecidos no momento da prática da ação por um homem prudente, cuidadoso, pertencente ao círculo social ao qual pertença o autor, e os conhecimentos especiais deste último. Ver, ainda, TAVARES, *Teoria*, p. 362; JAKOBS, *Imputação*, p. 50; ROXIN, *Derecho Penal*, I, p. 367; CAMARGO, *Imputação*, p. 77; e GIL GIL, *El delito*, p. 414.

164. SILVA SÁNCHEZ, *El delito*, p. 355.

165. Sobre o tema, ver TAVARES, *Teoria*, p. 337. A questão sobre o papel das capacidades e dos conhecimentos individuais na determinação da *norma de cuidado* é intensamente debatida na doutrina. Há quem sustente que a constatação objetiva da violação da norma de cuidado, em seus aspectos *gerais*, deve deixar de lado as *capacidades especiais do sujeito*, sejam superiores ou inferiores, que serão analisadas apenas na *culpabilidade* (contra, JAKOBS, *Derecho Penal*, p. 388, e STRATENWERTH, *Derecho Penal*, p. 322). Outros entendem que as capacidades e habilidades devem ser levadas em consideração já no plano da tipicidade, como SILVA SÁNCHEZ, *El delito*, p. 268. Por fim, há os que defendem levar em consideração apenas capacidades e habilidades superiores do agente em relação do *homem médio*, deixando as inferiores para a esfera da culpabilidade. Para MUÑOZ CONDE, não importa o cuidado que no caso concreto aplicou ou podia aplicar o autor, mas qual o cuidado requerido na vida de relação social referente à realização da conduta determinada. *Derecho Penal*, p. 285. Para BUJAN PEREZ, o *prognostico objetivo posterior* é o do observador imparcial dotado de conhecimentos da experiência comum e dos conhecimentos especiais que o autor eventualmente pudesse ter, superiores aos do cidadão médio, em *Derecho Penal*, p. 276.

166. Sobre o papel de *probabilidade* na determinação do *risco permitido*, ver PAREDES CASTAÑON, *La determinacion*, p. 145.

167. DOPICO GÓMEZ-ALLER, *Omisión*, p. 76.

cuidado que incidem sobre operações nucleares. Em suma, a *probabilidade* pode ser um elemento norteador das *normas de cuidado* previstas em regras institucionais ou técnicas profissionais, mas nem sempre será o elemento mais importante.

No entanto, na seara dos *deveres gerais de cautela* a probabilidade é o vetor central. Na ausência de uma ponderação prévia do legislador ou do gestor de riscos, o reconhecimento de uma *norma de cuidado* não escrita, vigente para uma situação determinada, exigirá a verificação da *alta probabilidade* de dano, reconhecível pelo agente no momento dos fatos, uma vez que não é exigível dele uma análise detida sobre os custos e benefícios de tal ação no âmbito social e uma ponderação mais sofisticada de valores.

Em suma, e em conclusão, as *normas de cuidado* também derivam de um *dever geral de cautela*, não escrito, mas fruto de uma *ponderação* diante do contexto concreto, da exigibilidade de uma conduta determinada, em face da *relevância* do bem jurídico, da *probabilidade* de sua lesão e da *suportabilidade* da generalização de tal exigência. A violação deste dever cria um *risco não permitido* e transforma o agente/omitente em *garante*.

Pelo exposto, nos *contextos de controle*, a *omissão* será relevante quando uma conduta positiva for necessária para manter o *risco criado* dentro dos patamares permitidos, ou para restituí-lo a tais limites. Ou seja, o *dever de agir* não existe apenas diante de *riscos não permitidos* ou *contrários ao direito*, mas também diante de *riscos permitidos*, quando a própria *omissão* constitui o ato violador de uma *norma de cuidado mandamental*. Sempre que o *criador do risco* violar uma das normas de cuidado – por ação ou omissão – e houver a *possibilidade* de estabilizar novamente o foco de perigo, a omissão posterior será penalmente relevante. Caso o risco esteja dentro dos parâmetros *permitidos*, nenhuma ação será exigida, e a *omissão* não apresenta *dignidade penal*.

A fixação da *violação do dever de cuidado* como critério para identificar o *risco não permitido* não significa a adoção da teoria dos *deveres formais* como base da imputação da *omissão imprópria*. Esta proposição, como exposto, aponta que o *dever de garantia* decorre de qualquer violação dos *deveres legais* de qualquer *natureza*, sem referências *materiais* aos *riscos* criados pelo agente. A proposta ora apresentada, como explicitado, tem por base a criação prévia de um *risco*, sempre decorrente de uma *ação*, de um *ato positivo* de alguém, qualificado posteriormente como *não permitido* em decorrência de uma *comissão ou omissão*. Assim, há um elemento *material* prévio, uma ação arriscada, sobre o qual se faz um *juízo de valor* relacionado à *permissão* ou não do risco.

As *normas de cuidado* que pautam o *risco permitido* também não se confundem com *deveres formais*. A uma porque nem sempre o descumprimento de um *dever formal* cria um risco – elemento indispensável à imputação. É possível que alguém viole uma lei ou uma regra técnica profissional, mas não desencadeie um perigo para o bem jurídico. Ainda que – nesse caso – possa haver uma sanção jurídica ou disciplinar, não haverá qualquer imputação de resultados típicos. A duas porque nem sempre a *norma de cuidado* está consubstanciada em um *dispositivo legal ou formal.* Há normas de cuidado extralegais, como o já exposto *dever geral de cautela*, construído por regras não escritas, vigentes para situações especiais e criadas por um trabalho de ponderação – ou seja, distantes do conceito de *dever formal.* Nem por isso deixam de ser *normas de cuidado* capazes de fundamentar a imputação de resultados a ações ou omissões.

Por fim, atrelar um dos requisitos da imputação à violação de normas de cuidado – que inclusive podem ser extrapenais ou extralegais – não significa violar a *legalidade* ou estender por demasia a incidência da responsabilidade penal. A uma porque a imputação está vinculada a um dispositivo legal legitime. A duas porque afasta a imputação assentada apenas e tão somente na relação *causal*, exigindo-se a verificação de um desvalor *normativo* do comportamento.

Quando um agente cria um *risco permitido* que desencadeia um curso causal lesivo, há uma relação naturalística entre conduta e consequência danosa, e a forma mais adequada de afastar a imputação, nesses casos, é a exigência do descumprimento destas *normas de cuidado* para a materialização da tipicidade. O caráter *extrapenal* de parte delas não afeta a estrutura sistemática nem a autonomia do Direito Penal. Apenas garante a *subsidiariedade*, pela qual o desvalor penal somente será relevante se constituir um ilícito também para outros setores do ordenamento (ex.: Direito Civil ou Administrativo). [168]

3.3.3 Dever de controle na seara empresarial

Todo o exposto sobre o *dever de controle* é aplicável para fixar critérios de distribuição de responsabilidades na seara empresarial.[169] Nesses contextos – já apresentados (supra III, 3.4) – qualquer integrante de uma empresa que *crie um risco* tem o *dever* de mantê-lo dentro dos patamares permitidos, ou de restituí-lo a tais níveis. Ou seja, tem um *dever de controle* sobre seu âmbito organizacional, cujo descumprimento gera responsabilidade por omissão.[170] Trata-se da responsabilidade empresarial pela *ingerência*, pelos *riscos próprios.*

---

168. Como afirma SCHÜNEMANN, "la noción de que la situación jurídica meta-juridicopenal no puede ser indiferente para la posición de garante penal se deriva de la consciencia de la naturaleza secundaria o subsidiaria del Derecho Penal". SCHÜNEMANN, *Fundamentos*, p. 256.

169. Como já indicado, entenda-se aqui *crimes no* âmbito empresarial aquele grupo de delitos que lesionam bens jurídicos e interesses por meio da atuação para e por uma empresa, segundo SCHÜNEMANN, *Cuestiones*, p. 531.

170. Como já exposto, aqui não faremos a distinção entre proprietarios, acionistas, diretores, gerentes, etc. O que importa é a constatação de que alguém na estrutura empresarial cria um risco, e que tal risco deve ser controlado pela observância das normas de cuidado pertinentes – que são distintas em cada seara de competência empresarial.

Assim, cada interveniente em uma empresa pode criar *riscos* por condutas positivas.[171] Desde o titular que determina a abertura do estabelecimento, passando pelos diretores, executivos e gerentes, que administram o cotidiano da empresa, até o ultimo funcionário que executa atos concretos, todos *criam riscos*, isolados ou complementares, que integram cada âmbito de competência organizacional (além de integrarem o âmbito de gestão da própria empresa).[172] Portanto, cada um deve observar as *normas de cuidado* vigentes para sua esfera de atuação individual, garantindo a segurança nos limites toleráveis e preservando-se da imputação de resultados lesivos.[173]

Estes *riscos*, como já exposto, podem derivar do manejo direto de coisas e materiais, ou da divisão de trabalho determinada pelo empresário que atua em determinada área. Em outras palavras, a criação de *riscos* está ligada às competências sobre *coisas* e *pessoas* na órbita empresarial.[174]

---

171. Assim, ao instituir a empresa cria-se um risco, de forma que o empresário tem um dever de controlar a organização, como um risco próprio. Nesse sentido, LASCURAIN SANCHEZ, *Fundamento*, p. 214. Vale destacar que a criação do risco pode se dar por uma decisão individual ou colegiada. Os casos de decisões colegiadas apresentam peculiaridades próprias para além daquelas discutidas no presente trabalho, uma vez que envolvem princípios referenciados no concurso de pessoas. Sobre o tema, ver SILVA SÁNCHEZ, *Fundamento*, p. 116, NUÑES CASTAÑO, *Responsabilidad*, p. 152, GARCIA CAVERO, La imputacion, p. 11.

172. Para ROBLES PLANAS, o dever de controle de riscos dos órgãos superiores da empresa é a contrapartida da liberdade exercida mediante o estabelecimento da mesma empresa, de forma que a responsabilidade pela *omissão imprópria* surge onde a empresa se converte em um foco evidente de perigos, ou quando os riscos estão tipicamente unidos à atividade empresarial. Diante desses riscos, cabe ao empresário fixar mecanismos organizativos adequados para reduzi-los ao *risco permitido*. ROBLES PLANAS, *El responsable*, p. 323.

173. As normas serão distintas de acordo com a posição ocupada pelo empresário na instituição e com os riscos por ele criados. Assim, os proprietários/acionistas que instituem a empresa *criam um risco*, mas se transferem a terceiros – com autonomia – o controle da empresa, ou seja, se não desempenham funções de direção, tem deveres de cuidado menores, relacionados à direção geral da empresa e à cautela na escolha dos dirigentes. Os dirigentes, por sua vez, quando *criam riscos* tem deveres mais específicos de controle e vigilância, desde que tenham autonomia e estrutura para exercer tais funções. Nesse contexto é possível inclusive que o executor último da atividade ilícita não disponha de informações sobre tal fato, dado o caráter fragmentário de suas tarefas, isentando-se de qualquer responsabilidade Nesse sentido, SILVA SÁNCHEZ, *Responsabilidad penal*, p. 368, DANIEL CESANO, *La imputacion*, p. 181, MONTANER FERNÁNDEZ, *Gestión*, p. 79. Sobre o tema, ver ainda GARCIA CAVERO, *La imputacion*, p. 10, SCHÜNEMANN, *Cuestiones*, p. 538, MEINI MÉNDEZ, *Responsabilidad*, p. 12, DANIEL CESANO, *La imputación*, p. 183. As esferas de competência e de responsabilidade pelos *riscos criados* também depende da espécie de sociedade ou da forma pela qual ela se organiza. Assim, em uma sociedade anônima, os deveres de cuidado dos *acionistas* é significativamente distinto daqueles que incidem sobre os titulares de uma limitada, e assim por diante.

174. SCHÜNEMANN aponta que a ideia de domínio sobre a causa do resultado pode ser aplicada sem grandes dificuldades na seara empresarial, concretamente pelo domínio da vigilância exercido com os meios do poder de agrupação (direção e informação) sobre os

Em relação às últimas, há uma discussão a respeito dos *deveres de cuidado* exigíveis, uma vez que *pessoas* têm responsabilidade penal própria e, em regra, apenas elas respondem por seus atos. Nesse campo, há inúmeros trabalhos doutrinários que buscam identificar as diversas relações de poder dentro de uma empresa e as diferentes formas de repartição de responsabilidades, seja na forma horizontal, seja na vertical.[175]

O presente estudo não objetiva se imiscuir nessa complexa questão, mas é possível afirmar que, quando se tratam de relações hierárquicas, predomina a posição de que o superior não fica exonerado de todo e qualquer *dever de controle*.[176] A depender da relação constituída, da extensão da competência atribuída, da qualidade da divisão do trabalho, o empresário terá menores ou maiores deveres de acompanhamento, vigilância e fiscalização.[177]

No que concerne à *ingerência*, pode-se afirmar que o empresário *cria um risco* ao distribuir tarefas, determinar condutas, ou mesmo ao *delegar* funções e competências a terceiros, subordinados ou não, para que prestem serviços ou realizem atividades em favor ou em nome da empresa. Trata-se, em regra, de um *risco permitido*. No entanto, essas pessoas integram sua *esfera organizacional*, de forma que o empresário deverá observar as normas de cuidado vigentes para garantir que esse *risco permitido* – representado pelo trabalho de terceiros que se coloca em movimento por sua determinação – mantenha essa qualidade, ou deverá agir para restituí-lo ao patamar tolerável diante de qualquer desestabilização culposa ou dolosa, sempre que dela tenha conhecimento.

Em regra, os *deveres de controle* em relação a *pessoas* – subordinados ou delegados – no âmbito empresarial, dizem respeito à eleição, treinamento, acompanhamento, informação, supervisão e intervenção diante da constatação de que aqueles que manejam o *foco de perigo* deixaram de observar as normas de cuidado a eles impostas.[178]

---

subordinados ou em virtude da custodia sobre os objetos perigosos do patrimônio empresarial. Em *Responsabilidad*, p. 30, e em *Cuestiones*, p. 536. Ainda que discordemos do uso do conceito de *domínio* para fundamentar a responsabilidade do empresário, parece correta a ideia de que o *dever de vigilância* recai sobre coisas e pessoas que estão no âmbito de gestão/competência/organização do empresário. No mesmo sentido, DEMETRIO CRESPO, *Sobre la posición*, p. 10.

175. Para um panorama, ver BATISTA GONZÁLES, *La responsabilidad*, p. 149, e ESTELITTA, *Responsabilidade penal*, p. 108 e ss. sobre *responsabilidade vertical*, e p. 161 e ss. sobre responsabilidade *horizontal*.

176. Para DEMETRIO CRESPO, esse dever decorre do poder do superior de *dar ordens* e de reunião de informação nem sempre disponíveis ao delegado, em *Responsabilidad*, p. 94.

177. A questão dos deveres de cuidado na *delegação*, relação específica no âmbito empresarial, será analisada no Capítulo V.

178. Vale destacar que o conteúdo e a extensão de tais deveres também não é consensual na doutrina. MONTANER FERNANDEZ, por exemplo, aponta que os deveres de seleção não integram os deveres residuais. Em *Gestion empresarial*, p. 155. Sobre o tema, ver SILVA SÁNCHEZ, *Fundamentos*, p. 163 e ss. e MARAVER GOMEZ, *El principio*, *passim*, FEIJOO

Tais deveres serão mais intensos quanto menor for a autonomia daquele com quem o trabalho é dividido, de forma que a vigilância sobre um subordinado direto deve ser mais rígida do que aquela exigível do *delegante* sobre o *delegado* com autonomia de atribuições, e assim por diante.[179] Nessa seara, o *principio da confiança* é um instrumento relevante para a delimitação dos âmbitos de responsabilidade, incidindo de forma mais nítida quanto maior for a autonomia, a informação, a competência e a estrutura material transferida ao subordinado/delegado.[180] Por outro lado, quando maior a subordinação e dependência do funcionário em relação ao seu superior, menor será o *espaço de confiança*, devendo o último acompanhar de maneira mais cautelosa a atividade realizada sob seu comando.

O descumprimento dos *deveres de controle* – em regra de vigilância e supervisão – sobre pessoas torna o empresário *responsável* pelos resultados típicos, ainda que praticados diretamente pelo subordinado/delegado, uma vez que nesse âmbito a esfera da *autorresponsabilidade* é relativizada pela existência de uma hierarquia ou um mandato.[181]

Há quem sustente que o *desvalor* de sua atuação é menor do que o da conduta do executor direto do ilícito, uma vez que o superior não se envolve diretamente com os fatos, descumprimento apenas um dever de vigilância.[182] A nosso ver,

---

SANCHEZ, *Derecho penal*, p. 190 e ss., MONTANER FERNANDEZ, *Gestion empresarial*, p. 120 e ss.

179. Pode-se arriscar aqui a apontar que mesmo nos casos de autoria mediata, o fundamento da imputação é a ingerência, uma vez que o homem de trás cria um risco não permitido ao incitar alguém sem informação (erro de tipo) ou sem culpabilidade à prática do ato típico. A partir desse momento inicial, tem um dever de impedir o resultado em decorrência do *risco precedente* e não do *domínio*. De certa forma, as teorias de autoria pelo domínio da organização têm o mesmo fundamento da ingerência – embora apresentem certas peculiaridades que fogem ao escopo da presente tese. Sobre o tema ver GÓMEZ-JARA DIEZ, *Responsabilidad penal*, *passim*.

180. Sobre o principio da confiança na seara empresarial, ver SILVA SÁNCHEZ, *Fundamentos*, p. 164, MARTINEZ BUJAN-PEREZ, *Derecho penal*, p. 530, FEIJÓO SANCHEZ, *Imputación*, p. 17.

181. LASCURAIN SANCHEZ, *Fundamento*, p. 222, DEMETRIO CRESPO, *Sobre la posición*, p. 12, GRECO, *Cumplicidade*, p. 28 e ss, MONTANER FERNÁNDEZ, *Gestión*, p. 121 e ss.

182. Nesse sentido, GARCIA CAVERO, para quem o descumprimento das normas de vigilância e supervisão não podem equiparar a responsabilidade do omitente com aquele que realizou ativamente o tipo penal. Em *La posicion*, p. 393. Nessa seara, há quem proponha a criação de um dispositivo similar ao art. 130 OWiG (lei de contravenções administrativas alemã), que sanciona administrativamente o descumprimento dos deveres de vigilância na seara empresarial. Sobre o tema, ver SCHÜNEMANN, *Cuestiones*, p. 547 e ss. e SILVA SÁNCHEZ, *Fundamentos*, p. 113. Sobre as diferentes propostas de tratamento penal do empresário que descumpre o dever de vigilância, ver DANIEL CESANO, *La imputacion*, p. 206 e GARCIA CAVERO, *Derecho penal*, p. 200, MARTINEZ BUJAN-PEREZ, *Derecho penal*, p. 540, BATISTA GONZÁLEZ, *La responsabilidad*, p. 149. DEMETRIO CRESPO indica também a proposta de SCHÜNEMANN de criar um crime de perigo referenciado no

aquele que descumpre o *dever de vigilância* viola as normas de cuidado vigentes para seu âmbito de organização, de forma que deve responder da mesma forma que todos os que agem da mesma forma. O fato de a norma ser apenas de *vigilância* ou de *supervisão* não abranda o desvalor do comportamento. No entanto, vale notar que tal conduta – em regra – caracteriza uma *imprudência*, de forma que o empresário negligente responderá na forma *culposa*, afastando a incidência de inúmeros tipos penais que não abrigam tal modalidade comportamental. Por outro lado, se as normas de cuidado foram observadas, e o resultado decorre de um ato doloso, culposo do subordinado/delegado – ou mesmo de um caso fortuito – não haverá imputação ao superior, restando a discussão sobre a responsabilidade daquele que tinha o dever de controlar *diretamente* o foco de perigo.[183]

As *normas* que exigem do empresário cuidados diante de *pessoas* e *coisas* são distintas, a depender da seara na qual a empresa atue. Há âmbitos mais sensíveis – como a produção de energia, de medicamentos – em que o grau de vigilância e controle exigido é mais rígido. Há outros em que os *standarts* de conduta são menos regulados.[184] O que importa, no entanto, é que o descumprimento de tais *normas* significa uma má gestão do âmbito organizacional do empresário, tornando imputáveis os resultados daí advindos, seja pela ação, seja pela omissão.

3.3.4 Conclusão parcial

Pelo exposto, no âmbito do *controle do risco*, a omissão será relevante se deixar de conduzir um *risco não permitido* criado pelo agente ao seu patamar tolerável, ou se *transformar* o risco permitido em não permitido, pelo descum-

descumprimento do dever de vigilância e de PAREDES CASTAÑON de tratar o caso como omissão própria. Em *Sobre la posición*, p. 14. Ver aqui também PAREDES CASTAÑON, *La responsabilidad*, p. 403 e ss. e DANIEL CESANO, *La imputación*, p. 206. Sobre o novo art.31 bis do Código Penal espanhol que prevê a infração do dever de controle sobre as pessoas subordinadas a administradores e representantes, ver ROBLES PLANAS, *El responsable*, p. 320.

183. SCHÜNEMANN, *Delincuencia*, p. 35, FEIJOO SANCHEZ, *Imputacion*, p. 9.

184. Assim, na seara empresarial, as normas de cuidado não variam apenas de acordo com a posição do agente na empresa, mas também dependem do setor da economia, o numero de envolvidos na atividade, o grau de risco reputado *normal* naquela seara, as regulações existentes, enfim, todos os critérios já desenhados para a definição das *normas de cuidado* incidentes, que as fazem distintas em qualidade e em extensão em cada área específica. Como afirma BUJAN PEREZ, os limites do risco permitido são por natureza extraordinariamente variáveis, dependendo do setor de atividade, a importância dos bens jurídicos ameaçados e a relevância social da ação perigosa, em *Derecho penal*, p. 294. No mesmo sentido, PAREDES CASTAÑON, *La determinacion*, p. 141, e LASCURAIN SANCHEZ, *Fundamentos*, p. 216 e MEINI MÉNDEZ, *Responsabilidad*, p. 13. Para FEIJÓO SANCHEZ, os deveres de cuidado do empresário são medidos pelas normas institucionais e pelas regras técnicas do setor, que incluem a exigência de instituição de politicas de *compliance*, de códigos de conduta e de uma série de instrumentos que assegurem a integridade do funcionamento da empresa, em *Imputación*, p. 25.

primento das normas de cuidado *mandamentais* previstas em atos institucionais, em regras técnicas profissionais ou pautadas sobre um juízo de *ponderação*. Mais uma vez: o *dever de agir* no *contexto de controle* não existe apenas diante de *riscos não permitidos* ou *contrários ao direito*, mas também diante de *riscos permitidos*, quando uma conduta positiva é exigida para evitar sua transformação em *risco não permitido* – nesse caso, a *omissão* constitui o ato violador de uma *norma de cuidado mandamental*, é ela que *cria* o risco *não permitido*.

3.4 Do risco na ingerência: o dever de salvamento

3.4.1 Do caráter *não permitido* do risco inicial

Ao lado do *dever de controle* de riscos *próprios*, existe o *dever de salvamento*, cujos contornos merecem análise. Como visto, esse *dever* aparece quando o *risco* criado saiu do *domínio* de seu criador, ou nos casos em que desencadeou um curso causal autônomo diante do qual o manejo do *risco original* é irrelevante para evitar o resultado. É o caso do motorista que atropela alguém. A partir desse momento, o controle do *risco* inicial – o veículo em movimento – é irrelevante, uma vez que se constituiu um curso causal independente, que surge com o ferimento da vítima e pode terminar com sua morte. Ou do farmacêutico que vende um remédio sem prescrição, logo ingerido pelo consumidor. Nesse instante deixa existir o contexto de *controle* e passa a vigorar o de *salvamento*.

A questão: diante de *riscos próprios* – criados pelo próprio omitente – o descumprimento desse *dever* de *salvamento* tem a mesma estrutura *normativa* do descumprimento do *dever de controle?* É possível atribuir a tais condutas o mesmo *desvalor?* Diante de quais requisitos?

A nosso ver, a resposta nesse caso é distinta daquela oferecida quando analisado o contexto de *controle*. Lá, o risco é parte do âmbito de organização próprio do agente, e o *controle* do curso causal se confunde com o domínio desse risco. Assim, o dever de manter o risco dentro dos parâmetros *permitidos*, cumprindo as normas de cuidado proibitivas ou mandamentais vigentes vigora mesmo que esse risco estiver nos limites do tolerável. Isso porque o ordenamento objetiva justamente que, com ações e omissões, esse risco se mantenha na esfera *permitida*.

Nos casos de *salvamento*, ou o perigo fugiu ao controle do omitente, ou criou um curso causal distinto, decorrente daquele risco inicial, mas que dele se desliga, estruturando-se em um contexto próprio no qual o controle do foco de perigo original é irrelevante.

Aqui, portanto, o contexto de perigo é independente do *controle do risco* original, embora ainda esteja ligado a ele por um liame naturalístico. Nesse caso, se não quisermos cair em uma estrutura puramente *causal* de imputação, será necessário afirmar que a responsabilidade de interromper esse novo processo causal está atrelada a um *desvalor* daquele contexto que o originou. E esse desvalor só existe se o *risco* do qual se desencadeia o contexto de *salvamento* não for *permitido*, ou seja, se está ligado ao descumprimento de *normas de cuidado*, que o desestabiliza e transforma o *contexto de controle* em *contexto de salvamento.*[185]

O contexto de *salvamento* decorrente de um *risco* anterior *permitido* não coloca o omitente em uma relação especial com o bem jurídico, porque aquela consequência é – de certa forma – levada em consideração pelo legislador ou pelo gestor de riscos, quando admite o comportamento perigoso. Portanto, nesse caso, a obrigação de agir daquele que criou o risco inicial é *estruturalmente idêntica* à de qualquer pessoa diante dos fatos, indicando uma *omissão de socorro* e não uma *omissão imprópria.*[186]

A título de ilustração, o motorista que dirige em alta velocidade – que cria um *risco não permitido* – e atropela um pedestre, tem o *dever de salvar*, cuja violação pode tornar imputável o resultado típico, se presentes outros requisitos adiante estudados. Isso porque há uma falha na gestão da organização própria do omitente causalmente e normativamente ligada ao contexto de *salvamento.*

Por outro lado, aquele que conduz seu veículo de acordo com as normas de cuidado vigentes – que cria um *risco permitido* – e também atropela alguém, não tem um *dever de salvar* cujo descumprimento seja semelhante à comissão. Responderá apenas pela *omissão de socorro.* Ao dirigir respeitando as regras de trânsito, o motorista está na esfera do risco tolerado, e não tem qualquer *relação especial* com o *contexto de salvamento.* Há uma relação causal, mas não há um *nexo normativo* que torne a omissão especialmente relevante, mais grave que a *omissão de socorro.* Ou seja, sua posição diante do contexto de *salvamento* é idêntica à de qualquer outro estranho ao processo causal.[187]

Vale dizer que na seara dos *riscos permitidos*, os possíveis desdobramentos lesivos da conduta não afetam *expectativas* importantes para o funcionamento social. A *permissão* de tais comportamentos, tidos como indispensáveis à vida social, já faz com que os membros da sociedade incorporem tais possíveis desdobramentos na esfera de seu planejamento de vida. Como aponta JAKOBS, ninguém tem o dever de configurar seu âmbito de organização de forma a proteger outros de perigos inevitáveis na vida cotidiana.[188]

O *risco permitido* é um limite aos deveres de salvamento, o porto seguro que protege o agente/omitente de qualquer imputação de resultados *causados* por sua

---

185. Diante do risco não permitido, o salvamento é devido. Como afirma LASCURAIN SANCHEZ, uma vez criado o risco não permitido, o dever de garantia ampliará suas fronteiras até onde alcancem as possibilidades individuais de evitação do sujeito, em *Fundamento*, p. 212.

186. BATISTA GONZÁLEZ, *La responsabilidad*, p. 152.

187. Nesse sentido, ROXIN, *Derecho Penal*, p. 910.

188. JAKOBS, *Acción y omisión*, p. 31. Embora para JAKOBS os riscos permitidos gerem um dever de salvamento em determinadas situações, como já explicitado anteriormente.

conduta.[189] Assim, se a lesão está dentro do rol de *resultados possíveis* e tolerados, não há legitimidade – sob a perspectiva do *não lesionar* – na punição da *omissão de salvamento* posterior, ao menos com equivalência com a ação, com a causação do resultado.

A postura contrária – que sustenta que *qualquer risco* inicial origina um *dever de salvamento* posterior – apresenta problemas incontornáveis.

Em primeiro lugar, alarga em demasia o espaço de imputação na omissão, de uma forma sequer admitida no âmbito da ação, estendendo até limites insuportáveis as posições de *garantia*. Aquele que organiza uma festa em sua residência seria *garante* de qualquer acidente ocorrido no local, uma vez que, ao convidar as pessoas, submeteu-as aos riscos de um ambiente de interação massificada. Assim, se deixar de socorrer alguém que cai na piscina e não sabe nadar praticará *homicídio*, ao contrário dos demais convivas, porque *criou* aquele risco ao convidar a pessoa para o evento. Também o vendedor de cigarros teria um *dever qualificado* de salvar seu cliente em uma crise de asma, do contrário praticaria homicídio por omissão uma vez ocorrido o resultado (afinal, criou o risco do ataque ao disponibilizar o tabaco). São todos exemplos de *riscos permitidos* criados que têm, sem dúvida, uma relação *causal* com o resultado, mas não atraem, a nosso ver, a *imputação objetiva* diante da violação do *dever de salvar*, uma vez que inexiste uma *norma de cuidado* violada na origem do *contexto* em que o salvamento se faz necessário.[190]

O alargamento do âmbito de imputação nesses casos se mostra ainda excessivo porque a admissão do *risco permitido* como precedente nos *contextos de salvamento* dificulta – ou mesmo impossibilita – o uso de um critério limitador relevante e reconhecido na seara da *comissão*: o âmbito de abrangência da norma de cuidado. Como adiante exposto (infra 3.7), um resultado somente será imputado à *omissão* quando estiver dentro do âmbito da norma de cuidado violada, ou seja, em seu espectro *teleológico*. No âmbito do *dever de controle*, existe uma norma de cuidado dirigida àquele que gestiona sua esfera de organização própria, com um escopo e finalidade, que permitem identificar os cursos causais que pretende evitar. E a omissão relevante descumpre justamente essa norma.

Já no *contexto de salvamento*, o risco saiu da esfera de gestão do omitente. Portando, não existe mais uma *norma de cuidado* que possa ser violada, refe-

---

189. JAKOBS, *Acción y omisión*, p. 31.

190. Pode-se aqui remeter mesmo à antiga crítica de VON LISZT, dirigida àqueles que fundavam a *causalidade da omissão* à ação precedente – em especial criticando o *dolo subsequente* –, mas aplicável à hipótese de se admitir o *risco permitido* como elemento da *ingerência:* "D'ahi o segundo grupo de theorias representado principalmente por GLASER e MERKEL, que procuram o momento causal na acção anterior d'onde se originou o dever jurídico de agir (...) Estabeleceu-se assim uma relação invertida entre a culpa e a acção: esta não é culposa e precede talvez muitos anos à resolução criminal." VON LISZT, *Tratado*, p. 211.

rente ao âmbito de organização daquele que cria o risco original. Por isso, admitir um *dever de salvar* quando – no momento anterior – não houve uma norma de cuidado violada, significa perder a referência *normativa* da conduta desvalorada, admitindo-se a *omissão imprópria* em situações insustentáveis.

Um exemplo já mencionado ilustra bem tal questão: imaginemos que alguém dirige seu veículo dentro do risco permitido e atropela um pedestre, deixando-o manco para o resto da vida. O motorista não responde pelo resultado porque conduzia dentro dos parâmetros exigidos pela *norma de cuidado.* Anos depois, este mesmo motorista observa sua antiga vítima cruzar uma rodovia. Devido ao problema nas pernas causado pelo acidente anterior, esse passante não consegue correr ao ver um ônibus que vem em sua direção, e é atingido e jogado na margem da pista, passando a necessitar de socorro. O responsável pelo acidente pretérito é *garante* nesse caso? Tem o dever *qualificado* de *salvar* a vítima para evitar ser responsabilizado por *homicídio*?

Note-se que o motorista, no acidente original, criou um *risco* ao deixar a vitima com um problema para caminhar, e o *contexto de salvamento* verificado anos depois está ligado *causalmente* à conduta original. Se entendermos que *qualquer risco* coloca o agente em posição de garante diante do *salvamento*, o causador do acidente inicial teria o *dever especial* de salvar a vitima desse novo atropelamento, pois há uma *relação de causalidade.* Por outro lado, se compreendido que apenas o *risco não permitido* cria uma obrigação de salvar, como aqui defendido, é possível verificar que não houve em momento algum a violação de uma *norma de cuidado*, nem naquele instante da omissão, nem anos antes, quando ocorrido o acidente que causou a deficiência na vítima, de forma que o acidente *posterior*, embora tenha uma relação *causal* não tem *nexo normativo* com a conduta inicial. Por isso, o omitente responderá por *omissão de socorro*, mas não por *homicídio.*

Essa última construção – a mais adequada – só é possível se atrelarmos a *ingerência* à violação de uma *norma de cuidado*, que apontará quais desdobramentos causais serão relevantes sob uma perspectiva *normativa:* aqueles dentro de seu âmbito de abrangência. Entender o contrário, que o *dever de salvar* pode derivar de um *risco permitido*, impede a delimitação exposta. Sem *norma violada* não existe o âmbito de abrangência que fixe as fronteiras da imputação. Cria-se um dever de tutela permanente. O condutor deverá agir sempre que a vítima estiver em risco em decorrência de sua deficiência – desde que tenha capacidade de impedir o resultado –, levando a patamar próximo do insuportável o *dever de agir.*

Um segundo problema na admissão de *riscos permitidos* como fonte do *dever de garante* de *salvamento* decorre das incongruências legislativas daí derivadas. Imaginemos um acidente causado por um limpador de janelas que deixa cair o vidro que sustenta na beira de um edifício sobre um transeunte. Ele *causa* o resultado morte. Aqui podem ocorrer duas situações. A primeira: o funcionário observou todas as normas de cuidado, cumpriu-as com todas as cautelas, e estava dentro do *risco permitido.* A segunda, o funcionário foi displicente e postou a janela de forma que, segundo as regras técnicas de sua profissão, seria possível que ela se soltasse da estrutura. Ou seja, criou um *risco não permitido* por imprudência.

Em ambos os casos o pedestre atingido seria salvo se fosse levado para o hospital pelo funcionário, mas este deixou o local do acidente para fugir de responsabilidades, com a certeza de que tal ato não implicaria na morte da vítima (*dolo* na *omissão de socorro* e *culpa consciente* em relação ao *homicídio).* Caso entendamos que o *dever de salvar* está atrelado a *qualquer risco*, a qualificação jurídica dos fatos será a mesma nas duas hipóteses. Na primeira, o limpador de janelas que criou um *risco permitido* e depois se omitiu, deixando de socorrer a vítima responderia por *homicídio culposo*[191] (Código Penal, art. 121, § 3.º). Na segunda, o limpador que criou um *risco significativamente distinto*, um *risco não permitido*, também responderia por *homicídio culposo*, aqui talvez com a agravante do § 4.º do art. 121, ou seja, com 1/3 a mais de pena. A *diferença* parece pequena para distinguir condutas *estruturalmente* distintas.

A incongruência fica mais clara se analisada diante dos crimes de trânsito. Imaginemos a mesma situação dos limpadores de vidro no âmbito da direção de veículos automotores, regulada pela Lei 9.503/1997. Um motorista de caminhão dirige em velocidade não permitida – ou seja, cria um *risco não permitido* – e atropela um pedestre, omitindo o socorro. Responderá, nos termos da lei assinalada, por *homicídio culposo na direção de veículo automotor* (pena de 2 a 4 anos) agravada de 1/3 à metade por deixar de prestar socorro à vítima (Código de Trânsito Brasileiro, art. 302, *caput* e § 1.º, III).

Se esse mesmo motorista conduzia o veículo observando as *normas de cuidado*, ou seja, dentro do *risco permitido*, e atropelou alguém sem dolo ou culpa, deixando de socorrer a vítima, responderá pelo crime do artigo 304 do mesmo diploma legal ("Deixar o condutor do veículo, na ocasião do acidente, de prestar imediato socorro à vítima, ou, não podendo fazê-lo diretamente, por justa causa, deixar de solicitar auxílio da autoridade pública"), que prevê a pena de seis meses a um ano.

Ou seja, para o Código de Trânsito, a omissão após um *risco não permitido* é mais intolerável do que aquela posterior a um *risco permitido.* A diferença de tratamento entre a omissão posterior a um *risco permitido* em casos comuns e em acidentes de trânsito não parece justificável. Não há razão para o limpador de janelas que omite o socorro após um *risco permitido* responder por *homicídio*

---

191. Não nos parece incidir a agravante do § 4.º do art. 121 porque a negligência foi determinante para a modalidade culposa, de forma que o incremento da pena, a nosso ver, seria *bis in idem.*

culposo e o motorista de caminhão – que também omite socorro após um *risco permitido* – por um crime *omissivo próprio*, com pena significativamente menor.

Caso entendamos o "*risco*" que precede o *contexto de salvamento* como "*risco não permitido*", o tratamento dos diferentes casos seria mais equilibrado. O limpador de janelas que criou o *risco permitido* e se omitiu posteriormente não praticaria homicídio *por omissão imprópria*, mas por *omissão de socorro* (CP, art. 135). Tal pena é compatível com aquela imposta ao motorista de caminhão que também se omitiu após um *risco permitido*, de seis meses a um ano. Ambos responderiam por crimes *omissivos próprios*, e suas omissões não se equipariam à ação porque o comportamento antecedente estava nos limites do *risco permitido*. Já nos outros casos, do limpador ou do motorista que criam riscos *não permitidos*, o resultado morte lhes será imputado como se o tivessem causado, cada qual em seu âmbito, porque têm o *dever de salvar* diante da *ingerência*, atrelada a um *risco não permitido*.

A posição ora defendida poderia ser criticada pela exposição de situações concretas nas quais, aparentemente, há uma *percepção* político-criminal de que certos *riscos permitidos* devem gerar um *dever de salvamento.*[192] Tome-se como paradigma o caso do *trancamento na residência.*[193] Imagine-se alguém que tranca sua casa todos os dias ao sair para o trabalho. Trata-se de um ato normal, permitido, corriqueiro. Caso essa pessoa seja avisada, após chegar ao trabalho, de que havia alguém na casa antes de sua partida, que ficou presa, e que há um incêndio em andamento, parece plausível que se o proprietário – único que tem a chave – não agir para possibilitar a liberdade daquela pessoa, deve responder pela morte da vítima por *omissão imprópria.* Nesse caso, aparentemente, o dono da casa sequer criou um *risco* com seu ato cotidiano, mas ainda assim teria o *dever de salvar* aquele que está preso.

Tal questão merece reflexão. O *sentimento* de que a imputação é adequada, sob um prisma político-criminal, não afasta o dever de fundamentar a operação interpretativa.

A nosso ver, o dono da casa responderá pelo resultado produzido – pela morte por incêndio – porque há um *contexto de salvamento* derivado de um *risco não permitido.* O ato de trancar alguém em casa caracteriza o crime de *cárcere privado* (CP, art. 148), de forma que não se trata – objetivamente – de um ato *regular* e *cotidiano*, e sim de uma conduta prevista como típica, ou seja, de um *risco não permitido.* O fato de o proprietário desconhecer tal contexto o coloca em *erro de tipo* (CP, art. 20), situação que deixa de existir no momento em que ele

---

192. Nesse sentido, WELZEL, que admite a ingerência como fonte do dever de garantia, mas admite que este instituto segue sendo um problema insolúvel diante de certos casos concretos. *Derecho Penal*, p. 298.

193. Mencionado por WELZEL, *Derecho Penal*, p. 298, e MAURACH, *Derecho Penal*, p. 265.

toma *ciência* da situação. Assim, enquanto ignorar o fato, o *cárcere privado* e a morte no incêndio não lhe serão imputados. Mas a partir do momento que o dono da casa toma ciência de que trancou alguém no imóvel, sai do *erro de tipo* e tem o *dever* de *salvar* aquela pessoa da situação, ainda que não exista o incêndio. O ato de trancamento criou um *risco não permitido* para a liberdade da pessoa e – no caso concreto – para sua integridade física, de maneira que presente o elemento *normativo* que fundamenta o dever de *salvar*, que embasa a *posição de garante*, e torna imputável o resultado morte.

Caso se afaste o raciocínio do *erro de tipo*, não haverá *risco não permitido* anterior, de forma que o resultado não será imputável ao agente pela *ingerência* (CP, art. 13, § 2.º, *c*) – o que exigirá a análise da existência de outra fonte do dever de garantia, como a lei ou a assunção.

Por fim, importa enfrentar aqui a questão da autocolocação em risco da vítima perante o *dever de salvamento*. A nosso ver, nesses casos, ainda que o perigo seja ligado a uma atuação precedente de terceiro, o risco é *permitido* porque a conduta não afeta a dignidade humana, nem frustra qualquer expectativa. Se o risco é aceito pelo titular do bem jurídico, sua submissão se encontra dentro de seu âmbito de autodeterminação, afastando-se a legitimidade de incidência da norma penal. Ou seja, não existe aqui elemento para um *dever de salvar* cujo descumprimento enseje a *omissão imprópria.*

Tal postura não encontra óbice na legislação brasileira, que veda apenas o auxílio ou a cooperação ao suicídio (CP, art. 122). Aquele que ajuda alguém a tirar conscientemente sua própria vida cria um *risco não permitido* e será garante por ingerência, devendo interromper o processo ou salvar o titular do bem jurídico enquanto for capaz.[194] Fora dessa hipótese, o risco é *permitido.*[195] O motorista de táxi que dirige em alta velocidade a pedido do cliente atrasado para o aeroporto cria um *risco não permitido* para terceiros (transeuntes e outros motoristas), mas não para o passageiro, que se autocolocou em risco conscientemente. Por isso, o motorista tem o *dever de salvar* qualquer pessoa atingida pelo veículo manejado de forma imprudente, sendo *garante* destes bens jurídicos. Mas em relação ao cliente este dever não é *especial* porque o risco derivou de sua vontade, de sua recomendação consciente. Em relação a ele o *risco é permitido.* Em outras palavras, a omissão diante de terceiros será *imprópria*, mas diante do passageiro será mera *omissão de socorro.*

194. O crime aqui será comissivo se houver dolo já no momento do auxílio; no entanto, se a colaboração for imprudente, haverá da mesma forma um risco não permitido, que permitirá a imputação do resultado a título doloso, se o elemento subjetivo surgir quando o colaborador ainda era capaz de impedir o resultado.

195. Nesse sentido, ROXIN, *Derecho Penal*, I, p. 389; GRECO, *Um panorama*, p. 66; GRECO, *A autocolocação*, *passim.*

Da mesma forma, quem oferece drogas a outro não cria um *risco não permitido* para sua vida que o torne garante em caso de *overdose*. Ainda que o *oferecimento* seja *vedado* por lei, a autocolocação em risco afasta do âmbito de abrangência da norma as eventuais lesões concretas à saúde do consumidor, persistindo apenas a responsabilidade pelo *perigo abstrato* criado pelo ato, ou seja, pelo crime de *tráfico de drogas*.[196] Por outro lado, a ausência da consciência do risco por parte da vítima afasta a autocolocação em perigo, de forma que a conduta precedente ultrapassa o *risco não permitido* e torna o agente garante do impedimento do eventual resultado.[197]

No entanto, é necessário frisar que a autocolocação em perigo como fenômeno de exoneração dos demais intervenientes é relativizada na seara das relações de trabalho. Nesse campo, a existência de subordinação e de dependência econômica afeta a autonomia daquele que é exposto ao perigo. Ademais, como aponta SILVA SÁNCHEZ, o hábito do trabalhador em se submeter a certos riscos faz com que os valore de forma deficiente e – não poucas vezes – pouco racional. Assim, cabe ao superior suprir tal deficiência cognitiva por treinamentos e capacitações, bem como observar as normas de segurança no trabalho, disponibilizando meios para que o empregado se proteja dos riscos inerentes à sua atividade.[198] Tomadas tais providências, o *risco* é permitido, de forma que qualquer falta do trabalhador será a ele atribuída, isentando-se de qualquer responsabilidade os demais membros da empresa.

Pelo exposto, o *risco* que pauta o *dever de salvamento* deve ser *não permitido*, ao contrário do *risco* que gera o *dever de controle*. O *risco permitido* exonera o agente do dever de *salvar* a vítima, embora não do dever de *controlá-lo*. A posição de quem cria o *risco permitido* diante de um contexto no qual se exige o *salvamento* é a mesma de qualquer outro possível interveniente que esteja no local. Não existe uma relação *especial*, um *status* diferenciado, que imponha ao omitente um dever distinto, uma vez que o *desvalor* da omissão não decorre da relação *causal* da conduta anterior com o resultado, mas da violação *normativa* de um dever de cuidado pela ação ou omissão que antecede aquele contexto. Por isso, aquele que cria um *risco permitido* e omite o *salvamento* responderá pela *omissão de socorro* como qualquer outro, mas não pelo eventual resultado produzido.

3.4.2 Do dever de salvamento na seara empresarial

Como já exposto, na seara empresarial, todo aquele que *cria um risco* – caracterizado pelo manejo de *coisas* e pela organização do trabalho de *pessoas* – deve

---

196. ROXIN, *Derecho Penal*, II, p. 913.
197. Nessa linha, GRECO, *Um panorama*, p. 69.
198. SILVA SÁNCHEZ, *Fundamentos*, p. 203 e ss., MARTINEZ BUJAN-PEREZ, *Derecho penal*, p. 532, LASCURAIN SÁNCHEZ, *Fundamento*, p. 224, BATISTA GONZÁLEZ, *La responsabilidad*, p. 152.

observar as normas de cuidado exigíveis para mantê-lo nos *níveis permitidos*, o que significa, em regra, um dever de eleição, treinamento, fiscalização, vigilância e intervenção diante da constatação da desestabilização do foco de perigo.

No *contexto de controle*, o empresário que cria o *risco* será *garante* de que esse risco não ultrapasse os níveis permitidos. Ou seja, dever *agir* mesmo diante do *risco permitido*, quando uma conduta *positiva* for exigida pela *norma de cuidado* para manter o perigo representado pelo funcionamento da empresa nos patamares toleráveis. O diretor de produção de uma fábrica de munições pode designar terceiros – funcionários – para misturar os componentes para a composição de cartuchos. Trata-se de um *risco permitido*. No entanto, regularmente, deve organizar cursos de treinamento sobre o manejo de novos materiais, para manter esse risco nos *patamares permitidos* iniciais. A *omissão* na instituição desses cursos transforma o *risco permitido* em *risco não permitido*, e a partir desse momento, o empresário pode responder pelos resultados lesivos, desde que imputáveis objetivamente à norma de cuidado violada.

No *contexto de salvamento*, os parâmetros são mais restritos.[199] Nessa seara, como indicado, o *foco de perigo* já está fora do controle do empresário ou esse controle é irrelevante para o curso causal desencadeado. Aqui, o *dever* de impedir o resultado exige a constatação de um *risco não permitido* anterior, da violação de uma *norma de cuidado* no contexto prévio, quando o *foco de perigo* ainda era dominável pelo empresário ou por aqueles que agiram em seu nome ou por sua determinação. A inexistência de qualquer violação de *normas de cuidado* durante o período em que existia *domínio* do foco de perigo afasta o dever de *salvamento* posterior – ao menos aquele que caracteriza a *omissão imprópria*.

A fim de ilustrar o exposto, imaginemos que o diretor de fabricação de um medicamento determine a funcionários ou a delegados que iniciem a produção de um remédio específico, autorizado pelos órgãos competentes. Esse dirigente *cria um risco permitido* ao determinar tais atribuições a terceiros, de forma que deve cumprir com as normas de vigilância e supervisão, mais ou menos rigorosas a depender da organização daquela estrutura empresarial.

Enquanto o produto estiver sob o *domínio* do empresário, ele terá o dever de acompanhar sua fabricação e intervir sempre que constatar qualquer vicio ou falha que possa desestabilizar o risco permitido. A partir do momento em que a mercadoria foi vendida, a constatação posterior de perigos à saúde dos consumidores, desconhecidos no momento da fabricação, não exigirá qualquer ato de

---

199. Sobre a importância da distinção dos âmbitos de competência organizacional e institucional – base da classificação ora proposta – no âmbito empresarial, ver REQUENA JULIANI, *La posicion*, p. 164. Para o autor, os deveres do empresário derivados da *competência por organização* – aqui entendidos como aqueles diante de *riscos próprios* – dividem-se em deveres de *controle* (asseguramento) e de salvação. No âmbito de *controle* os deveres do empresário se pautam pelos limites dos *riscos permitidos*.

salvamento fundamentado na *ingerência*, porque no âmbito do *controle* – quando o empresário e seus dirigidos/delegados ainda mantinham o controle do foco de perigo – não houve qualquer inobservância das *normas de cuidado* vigentes.[200]

Em suma, na seara empresarial vigoram os mesmos critérios já desenhados para a relevância da omissão na *ingerência.* No *contexto de controle* – onde existe o *domínio* do risco – o *dever de agir* se dá diante de riscos *permitidos* ou *não permitidos.* Na seara do *salvamento* – momento posterior, quando o foco de perigo saiu do controle ou seu manejo é irrelevante para o curso causal – somente haverá *omissão imprópria* nos casos em que constatado um *risco não permitido* anterior.[201] A desestabilização de riscos permitidos, quando posterior ao *domínio* do foco de perigo, é irrelevante para a responsabilidade penal por *ingerência*, embora não afaste a *omissão própria* nos casos previstos em lei.

3.4.3 Da equivalência entre *dever de controle* e *dever de salvamento*

Constatado que o *dever de salvar* somente tem um desvalor mais intenso que a *omissão própria* quando o risco anterior tem caráter *não permitido*, resta analisar se esse *desvalor* é equivalente ao descumprimento do *dever de controle.* Faz-se necessário indagar se a violação do *dever de salvamento* possibilita a imputação do resultado típico, na forma descrita na alínea *c* do § 2.º do art. 13 do Código Penal brasileiro. Esta talvez seja a questão mais complexa no campo da *ingerência.*[202]

DOPICO GÓMEZ-ALLER divide a doutrina em dois grandes grupos. Os defensores da *teoria expansiva da ingerência* sustentam que a violação do *dever de salvamento* derivado de um *risco não permitido* é equivalente à produção ativa do resultado. Por outro lado, aqueles que negam a equiparação da *comissão* à omissão diante do descumprimento do *dever de salvamento*, mesmo na seara dos *riscos não permitidos*, seriam os defensores de teses *restritivas da ingerência.*[203]

---

200. Isso não exonera o empresário de responder pela eventual *omissão própria*, ou mesmo pela *omissão imprópria*, desde que exista um *dever de garante* adicional, distinto da *ingerência*, derivado da lei ou da assunção. Tal exemplo será retomado no Capítulo V, quando a *responsabilidade pelo produto* for abordada de forma mais detalhada.

201. Ao contrário do exposto, REQUENA JULIANI sustenta que se o comportamento prévio se encontra entre aqueles *geralmente perigosos*, haverá um dever de salvamento mesmo que estivesse dentro do *risco permitido* no momento do *controle.* Trata-se de proposta próxima à de JAKOBS que identifica um *dever de salvamento* diante de riscos *geralmente perigosos* mesmo que não ultrapassem os patamares permitidos. *La posicion*, p. 169.

202. Como aponta ROXIN, a responsabilidade pela omissão de controle de riscos criados pelo próprio omitente é reconhecida sem contestação como derivada do dever de não lesionar (*neminem laedere*), mas se torna polêmica quando se discute os deveres de *salvamento. Derecho Penal*, I, p. 901.

203. DOPICO GÓMEZ-ALLER, *Omisión*, p. 760.

Em regra, aqueles que rechaçam o *salvamento* como fenômeno inerente à *omissão imprópria* partem da concepção de que a equiparação entre ação e omissão se sustenta sobre a ideia do *domínio.*[204] Enquanto existir um *dever de controle*, passível de ser cumprido pelo agente, há *domínio* sobre o foco de perigo ou sobre o desamparo da vítima, e, portanto, a omissão é equivalente à causação do resultado. No *contexto de salvamento*, ao contrário, o foco de perigo dominado pelo agente deixa de ser relevante para o *curso causal* – a não ser como ponto inicial de seu desdobramento – e o risco passa a pertencer ao âmbito de organização da vítima.[205] Não existe mais, nesse contexto, *relação especial* de *domínio* entre o agente inicial e o perigo ou sua vítima.

SCHÜNEMANN segue essa linha. Defende que a perda do *domínio* sobre a *fonte do perigo* afasta a imputação do resultado daquele que o perdeu. Nesse caso, a remanescência do *dever de salvamento* não seria capaz de fundamentar a equivalência entre ação e omissão.[206] DOPICO GÓMEZ-ALLER também rechaça a *omissão imprópria* nos casos de violação do *dever de salvamento*, ao apontar que tal *dever* não deriva da gestão inadequada da própria esfera de organização, como ocorre nos casos de violação ao *dever de controle*, e sim da não revogação de uma consequência desta *gestão prévia*, estranha ao âmbito de exclusiva disposição do agente.[207] Para esse autor, a má gestão do dever de autonomia é o *fundamento da responsabilidade* pela *omissão imprópria*, e ela somente ocorre enquanto o *risco* está na esfera de organização do agente. O *dever de salvamento* está fora desta autonomia, é apenas *derivado* dela, e, por isso, não pode ser equivalente à comissão ou à omissão do *dever de controle.*[208]

Tal posição ganha relevo nos casos em que existe o advento do *dolo* apenas no momento do *salvamento.* Caso se compreenda que a omissão nesta etapa não equivale à comissão – pelo omitente carecer de *domínio* sobre o foco de perigo –, a transformação subjetiva não afeta o título da imputação. Aquele que dirige de forma *imprudente* e deixa de socorrer o pedestre atropelado, como dolo de que a omissão contribua para sua morte, responderá pelo *homicídio culposo* em concurso com a *omissão de socorro*, e não pelo *homicídio doloso por omissão.*[209]

---

204. Por todos, SCHÜNEMANN, *Fundamentos*, *passim*, e GRACIA MARTÍN, *La comissión*, *passim.* Sobre o tema, ROXIN, *Derecho Penal*, II, pp. 901 e ss.

205. Para SCHÜNEMANN, na maior parte dos casos de omissão no salvamento não há imputação do resultado porque falta o *domínio atual* sobre sua origem. SCHÜNEMANN, *Fundamentos*, p. 246. Na mesma linha, DOPICO GÓMEZ-ALLER, *Omisión*, pp. 30 e 400.

206. Assim, para SCHÜNEMANN, nos âmbitos dos deveres de tráfico existe um *dever de asseguramento*, mas não um *dever de salvamento.* SCHÜNEMANN, *Fundamentos*, p. 338.

207. DOPICO GÓMEZ-ALLER, *Omisión*, p. 477.

208. DOPICO GÓMEZ-ALLER, *Omisión*, p. 479. Ou seja, reconhece uma *omissão imprópria*, mas nega sua *equivalência* com a comissão.

209. SILVA SÁNCHEZ compartilha tal posição, entendendo existir – no caso de violação dolosa do *dever de salvar* – um *concurso de crimes* entre o delito *imprudente* anterior e a

Na Espanha, a tese *restritiva* ganhou força diante da redação do art. 195.3.2 do Código Penal, que trata da omissão de socorro agravada.[210] Pelo diploma, aquele que *omite o socorro* de acidente que causou *fortuitamente* ou *por imprudência* responde pela *omissão própria* agravada, redação distinta daquela existente na legislação de trânsito brasileira, que prevê, nesses casos, *aumento de pena* para o crime *culposo*, como adiante exposto.

Por isso, alguns autores espanhóis, como DOPICO GÓMEZ-ALLER, entendem que a violação do *dever de salvamento* – ainda que dolosa – fundamenta a responsabilidade apenas pela *omissão própria*, uma vez que a própria lei parece dispor dessa forma. Segundo o autor, se entendermos que a omissão *dolosa* de salvar após um acidente *imprudente* for um homicídio *doloso* teríamos as seguintes situações, válidas para a legislação espanhola (i) se o resultado morte não ocorrer seria aplicável o art. 195.3.2 (*omissão própria agravada)* – que teria aqui a natureza de uma *tentativa de homicídio doloso por omissão;* (ii) se ocorrer, seria imputado o *homicídio doloso* e não o tipo penal previsto no art. 195.3.2, com uma pena muito maior. Isso, segundo DOPICO GÓMEZ-ALLER, seria insustentável, porque nada justifica uma pena tão reduzida para a *tentativa de homicídio* se este ocorrer *por omissão* em comparação com a da *tentativa de homicídio por ação*, muito maior. Por isso, o autor defende que a *omissão do salvamento* não *equivale* a um homicídio em nenhuma hipótese.[211] Nessa circunstância, aquele que deixou de salvar responde pela *omissão própria agravada*, que não consubstancia uma *tentativa de homicídio* no caso de ausência de resultado, e sim um tipo penal autônomo e consumado.

Alguns autores, ao contrário, defendem a *tese expansiva*, pela qual a violação do *dever de salvar* é equiparável à omissão de *controle* e, portanto, tem o mesmo desvalor da comissão. Tal concepção é sustentada, em primeiro lugar, por aqueles autores que defendem a *equiparação* entre os conceitos de ação e omissão, como HERZBERG e, de certa forma, JAKOBS.[212] Para este último, a irrelevância jurídica da distinção entre ação e omissão torna também irrelevante qualquer diferença entre omissão de *controle* e de *salvamento*. Em ambos os casos, segundo o autor, existem fundamentos suficientes para imputar o resultado ao agente que criou o risco anterior, desde que seja resultado de uma má gestão de seu âmbito de organização.[213]

---

omissão própria dolosa posterior, mas não a imputação de *homicídio doloso*. Em SILVA SÁNCHEZ, *El delito*, p. 346.

210. 3. Si la víctima lo fuere por accidente ocasionado fortuitamente por el que omitió el auxilio, la pena será de prisión de seis meses a un año y multa de seis a doce meses, y si el accidente se debiere a imprudencia, la de prisión de seis meses a dos años y multa de seis a veinticuatro meses

211. DOPICO GÓMEZ-ALLER, *Omisión*, p. 723.

212. JAKOBS, *Acción y omisión*, *passim*.

213. JAKOBS, *Teoría y praxis*, p. 102.

Assim, o resultado será imputável tanto para o omitente que dirige o veículo em alta velocidade e omite frear (omissão de *controle*) como para aquele que após o acidente deixa de socorrer (omissão de *salvamento*), porque em ambos os casos o processo causal ainda está no âmbito de organização daquele que criou o risco. Como já apontado, JAKOBS chega a afirmar que a ferida da vítima *pertence ao âmbito de organização do autor*, de forma que a ausência de cuidado será uma *omissão* equiparável à sua produção, desde que existente um risco anterior com características suficientes para legitimar tal *equivalência.*[214] A *tese expansiva* também é sustentada por alguns autores que pugnam pela cisão conceitual entre ação e omissão, como CEREZO MIR, para quem a *omissão do salvamento* após um risco imprudente será imputada na forma dolosa caso este dolo surja apenas no momento posterior, no instante do *salvamento*, uma vez que a *capacidade* – elemento comum entre ação e omissão – se encontra presente também nessa seara.[215]

ROXIN também defende a ingerência no salvamento, embora aponte cabível nesses casos a aplicação da atenuante do § 13, II, do Código Penal alemão. Entende, ao contrário de SCHÜNEMANN, que no *dever de salvamento* é possível identificar um *domínio*. Para o autor, se é devido prevenir ou evitar em princípio a causação de perigos para bens jurídicos alheios, não se pode entender porque não é devido igualmente evitar, após a produção desse perigo, seu desenvolvimento posterior até o resultado típico.[216] Aquele que causa *culposamente* um acidente e omite o salvamento com *dolo* de resultado será responsabilizado nesta forma subjetiva. Do mesmo modo, aquele que age com dolo de resultado menos grave, mas cria um risco não permitido de um resultado mais grave, responderá por este último – também na forma dolosa – caso exista espaço e capacidade de salvamento e o agente não tenha atuado para o salvamento, incorporando o dolo do resultado mais grave.[217] Para ilustrar: aquele que apunhala alguém com intenção de lesão corporal e deixa a vítima sem socorro, consciente da possibilidade real de sua morte caso não seja assistida de imediato e sendo capaz de salvá-la, responderá pelo *homicídio doloso*, e não pela lesão corporal seguida de morte (CP, art. 129, § 3.º), que exige apenas a *culpa subsequente.*[218]

A nosso ver, a omissão de *salvamento* por parte daquele que criou o *risco anterior* pode ser equiparada à comissão, desde que esse risco anterior seja *não*

---

214. JAKOBS, *Acción y omisión*, p. 16.

215. CEREZO MIR, *Curso*, p. 265. No mesmo sentido, HUERTA TOCILDO, *Principales novedades*, p. 39 e MAURACH, *Derecho Penal*, pp. 262 e ss.

216. ROXIN *Derecho Penal*, II, p. 903. O autor aponta que o dispositivo do §13, II, do Código alemão sobre a atenuação da pena da omissão imprópria pode ser usado aqui, caso não constatada uma correspondência de desvalor entre a omissão do salvamento e a causação do resultado por comissão.

217. ROXIN, *Derecho Penal*, II, p. 919.

218. ROXIN, *Derecho Penal*, II, p. 919. Sobre o tema, ver DIAS, *Crime preterintencional*, pp.123-147.

permitido e que o contexto no qual o salvamento é exigido seja criado em decorrência dessa violação da norma de cuidado. Nesse caso, a situação jurídica do *omitente* é a mesma daquele que viola o *dever de controle*, porque a criação anterior do *risco* juridicamente desaprovado o coloca em uma posição *especial* diante do bem jurídico, uma posição de *garantia*, que justifica a imputação do resultado.

Vale notar que, no momento do *salvamento*, o *status* do ingerente é distinto de todos os demais possíveis intervenientes, porque ele é o responsável pela *criação do risco* que originou aquele contexto. E não se trata de *qualquer risco*, e sim de um *risco não permitido*, caracterizado pela violação de uma norma de cuidado voltada para evitar justamente a situação na qual o salvamento se faz necessário. A exposição do bem jurídico é diretamente ligada ao mau manejo da esfera de *organização* do omitente, não em um sentido apenas *causal*, mas também *normativo*, porque decorre da violação de preceitos de cuidado reconhecíveis juridicamente.

Por isso, o criador do risco anterior intolerável – ainda que na forma culposa – é um personagem *qualificado* diante de seus desdobramentos causais, em especial quando tem *capacidade* de evitar o resultado. E esta *qualificação* permite caracterizar a *omissão posterior* como *parte* da consumação, como etapa do *iter criminis*, ainda sob a capacidade de controle do agente.

Aqui, novamente, a questão da autonomia omissiva cobra relevo. Se a violação do *dever de salvamento* é equivalente ao descumprimento do *dever de controle*, desde que o *risco* anteriormente criado seja *não permitido*, qual a *relevância* dessa omissão? Não basta apenas afirmar que o resultado pode ser imputado ao *risco não permitido* antecedente, à violação do *dever de controle*? Em outras palavras, se alguém dirige de forma imprudente, atropela alguém, e deixa de socorrer a vitima, essa *omissão de salvamento* é realmente relevante? Não bastaria imputar a morte ao *risco imprudente* anterior, ou seja, à *omissão do controle* e com isso deixar de lado todas as indagações e dificuldades inerentes à essa etapa do *salvamento?*

Tal assertiva parece correta nos casos em que existe uma *uniformidade subjetiva*, que compreenda o instante da violação do *dever de controle* (criação do risco não permitido) e o descumprimento do *dever de salvamento.* Nesses casos, o resultado será atrelado à violação inicial da *norma de cuidado*, de forma que a omissão posterior será apenas mais um aspecto deste contexto, sem autonomia ou relevância dogmática.[219]

---

219. Assim, nos casos em que o agente cria um *risco não permitido* ou o *transforma* em não permitido por uma ação/omissão, e se omite no salvamento posterior – quando possível – sem *transformação* do elemento subjetivo (dolo/dolo ou culpa/culpa) não nos parece necessário o recurso à ingerência nem ao art. 13, § 2.º, porque existe uma *unidade natural* entre a conduta precedente e a omissão posterior – homogêneas do ponto de vista subjetivo. Nesse sentido, WELP, segundo DOPICO GÓMEZ-ALLER, *Omisión*, p. 304.

Tomemos o seguinte exemplo: um motorista atropela dolosamente um pedestre e deixa de salvá-lo também com intenção de alcançar o resultado morte. Existem duas condutas *dolosas*, uma no âmbito do *controle* e outra no *salvamento*. Nesse caso, a omissão posterior é relevante? Haveria aqui um *concurso de crimes* (ativo e omissivo)?

Como já exposto, parte da doutrina defende a ideia do *concurso*, no qual se destacaria a conduta *anterior*, em geral *comissiva*, porque a ação teria maior *energia criminal* que a omissão.[220] A nosso ver, se trata de um *comportamento unitário*, sendo irrelevante distinguir entre ação e omissão.

Nem sempre a conduta precedente é *comissiva*, uma vez que é possível a transformação do *risco permitido* em *não permitido* por *omissão*, como no caso do motorista que *não freia* o veículo ao ver um pedestre. Nessas situações, existiriam, pela proposta da *energia criminal*, *duas omissões*, uma de *controle* e uma de *salvamento*, ambas com a mesma *intensidade*, sem que o *concurso* possa ser resolvido em favor de alguma delas. Por isso, conforme aventado, não existem aqui dois *crimes em concurso*, e sim duas condutas distintas no mesmo contexto que integram o mesmo âmbito de organização *deficiente*, que originam e mantem um curso causal não permitido em direção à afetação do *bem jurídico*. Portanto, se existir *unicidade subjetiva*, existirá apenas um crime, composto de uma série de condutas integradas.[221]

Porém, como já exposto, a inatividade ganha relevo diante da *superveniência* do dolo no momento da *omissão de salvamento*. Imaginemos que este mesmo motorista *imprudente* reconheça na vítima o seu inimigo após o acidente, e omita o socorro com a ciência de que sua omissão será uma *condição negativa* do resultado morte – ou seja, com dolo. Esse *dolo* surge, aqui, após o exaurimento do *dever de controle*, quando seu cumprimento já não é possível. Depois do atropelamento o motorista não tem mais *domínio* sobre o foco de perigo nem *capacidade* de controlar a fonte dos riscos. No entanto, tem a possibilidade de *salvar*, de interromper o curso causal e evitar o resultado. Nesse caso, admitida a equivalência da *omissão de salvamento* com a *omissão de controle*, a inatividade dolosa faz com que o resultado seja imputável ao omitente também na modalidade dolosa. Tal constatação exigirá o enfrentamento do problema do *dolo subsequente*, o que será feito adiante.

---

220. Nesse sentido, a *teoria da causalidade*, em JESCHECK, *Tratado*, p. 548. Também nesse sentido, MIR PUIG, *Derecho Penal*, p. 298, considerando *aceitável* tal postura, mas excepcionando os casos em que exista um concurso de delitos (quando a omissão tenha um desvalor não abarcado pelo delito de ação) e nos casos de interrupção do tratamento médico. Também ROXIN, para quem nesses casos há um homicídio por omissão, mas este retrocede diante do homicídio comissivo doloso em virtude do concurso de leis, como ato posterior previamente apenado; em ROXIN, *Derecho Penal*, II, p. 919.

221. Nesse sentido, WELP, citado por SILVA SÁNCHEZ, *El delito*, p. 344.

A tese de que o *dever de salvamento* é menos grave porque o ingerente não tem *domínio* do processo de salvamento – diferentemente do que ocorre nos *contextos de controle* – não parece adequada.[222] Tal proposta parte da concepção de que não existe *domínio* do processo de *salvamento* porque, nesse contexto, outras pessoas estariam na mesma condição do ingerente de impedir o resultado. Ocorre que a existência de outras pessoas capazes de salvar a vítima não descaracteriza a ideia de *domínio*, uma vez que no *contexto de controle* também é possível a existência de terceiros capazes de manejar o risco, e nem por isso a *omissão* que o desestabiliza deixa de transformar o ingerente em *garante*.

Tomemos aqui o exemplo de uma fábrica de um produto qualquer, na qual um funcionário liga diariamente o sistema de refrigeração de certa máquina que ele mesmo fez funcionar. Há uma *criação de risco* no ato de ligar o dispositivo, mantido nos patamares *permitidos* quando o responsável aciona a refrigeração. Segundo os defensores da *teoria restritiva*, a *omissão* desse ato – que leva à explosão da máquina – é uma violação do *dever de controle* e o funcionário será responsabilizado pelo *resultado* a título de *omissão imprópria* porque o foco de perigo estava sob seu *domínio*. No entanto, vale notar que nessa situação é possível que existam outros funcionários da mesma fábrica capazes de suprir a omissão e ligar o sistema de refrigeração, impedindo o resultado. Nem por isso se nega o *domínio* do funcionário que ligou a máquina sobre o foco de perigo.

O mesmo ocorre, a nosso ver, no contexto do *salvamento*. Aquele que criou o *risco não permitido* tem o *domínio* do processo de salvamento porque é capaz de impedir o resultado e tem uma relação *especial* com a situação, criada por uma falha de seu âmbito próprio de organização. A existência de outras pessoas capazes de impedir o resultado não afeta a qualidade de *garante* do criador original do risco nem na esfera do *controle*, nem na de *salvamento*.

Por fim, afastar a *imputação* em decorrência do *dever de salvamento* leva a situações político-criminalmente insustentáveis. Seguindo essa concepção, aquele que joga outro na piscina de forma imprudente e, percebendo que sua vítima não sabe nadar, não realiza qualquer ato de salvamento com intenção de resultado morte, seria responsabilizado apenas por homicídio *culposo* em concurso com *omissão de socorro*. Isso porque a omissão do *dever de salvar* seria *própria*, e não teria o condão de imputar o resultado típico na forma dolosa, mesmo que presente o conhecimento e a intenção de resultado no instante da omissão.

Não parece essa a melhor solução. O advento do *dolo* no momento do *salvamento*, ou seja, *antes* da consumação da conduta, implica em *dolo superveniente*, que admite a transformação de todo o comportamento em *doloso*. Isso ocorre justamente porque a *omissão* posterior tem relevo para a caracterização

---

222. Como já exposto, a posição de SCHÜNEMANN, *Fundamentos*, p. 246; DOPICO GÓMEZ-ALLER, *Omisión*, pp. 30 e 400.

jurídica da conduta desde o inicio. Portanto, a omissão daquele que joga alguém na piscina – *omissão de salvamento* – é relevante e torna imputável o *resultado típico*, atraindo a forma subjetiva presente no momento da inatividade.

Alguém poderia dizer que, no caso exposto, o omitente viola um *dever de controle* e não de *salvamento.* Nesse caso, a água seria o *foco de perigo*, que continua existindo no instante em que se dá a omissão, de forma que o advento do *dolo* nesse momento seria relevante porque surgido quando o omitente ainda tinha *domínio* do risco criado. Tal postura não parece sustentável. No exemplo em questão, o *foco de perigo* que desencadeia o curso lesivo não é a água, e sim o corpo daquele que empurra a vítima na piscina. O *risco não permitido* não foi criado pela água, que já existia, mas pelo movimento corporal de jogar aquela pessoa, e sobre esse *foco de perigo* o *domínio* passou a ser irrelevante. Trata-se, portanto, de um contexto de *salvamento*, e a omissão aqui parece tão desvalorada quanto a *comissão* ou o descumprimento do *dever de controle.*

Em suma, aquele que cria um *risco não permitido* tem o dever de agir para fazer retornar o perigo aos níveis toleráveis – no campo do *controle* – ou de desencadear um processo de *salvamento*, sempre que seja capaz de fazê-lo. A omissão, em ambos os casos, tem o mesmo *desvalor* da *comissão*, imputando o resultado da mesma forma ao omitente/agente.[223] A *omissão* tem um *desvalor* próprio, integra o delito. Não se trata do mero exaurimento do curso causal, e sim de um comportamento que o completa, ainda que como condição negativa do resultado, desde que acompanhado dos demais elementos de imputação.

3.4.4 Do problema do *dolo subsequente*

A concepção aqui defendida – de incluir o *dever de salvamento* como dever de garante decorrente da ingerência – poderia ser criticada por admitir o *dolo subsequente.*[224] No entanto, não há nela qualquer tolerância a tal figura dogmática.

---

223. Nesse sentido, GLASER, em DOPICO GÓMEZ-ALLER, *Omisión*, p. 84.

224. Nessa linha, JIMÉNEZ DE ASÚA em *Tratado*, p. 426. Parece pertinente o comentário de GIMBERNAT ORDEIG a respeito do posicionamento de SCHÜNEMANN a esse respeito: "(...) no se puede imputar um resultado (doloso) de muerte a quién cuando desencadena el proceso causal (por ejemplo: mediante el atropello fortuito o imprudente) no actuava dolosamente, porque ello supondría dar entrada de alguna manera al dolus subsequens, Schünemann rechaza que la ingerencia pueda servir de base a uma omisión impropria" (GIMBERNAT ORDEIG, *Estudios*, p. 153). O próprio SCHÜNEMANN adverte que na responsabilidade por ingerência o resultado não é imputado pela culpabilidade do fato, mas por um dado subjetivo do autor existente em um momento posterior. Para o autor, há uma diferença significativa entre o *dolus agens*, existente no momento do exercício do *domínio*, e o *dolus subsequens*, caracterizado pela decisão posterior de deixar que as coisas sigam seu curso. Ainda que seja possível uma equiparação subjetiva entre ação e omissão, ela ocorre apenas nas situações em que existe *domínio*, mas não se estende a processos causais que transcorrem no exterior. SCHÜNEMANN, *Fundamentos*, p. 371.

O *dolo subsequente* se caracteriza pelo advento deste elemento subjetivo depois de praticada a conduta típica, ou de cessada qualquer possibilidade de intervenção do agente/omitente no curso causal que precede a *consumação* do delito. O surgimento do *dolo* antes da consumação, enquanto existir a possibilidade de interrupção do curso causal, revela um *dolo superveniente*, admissível dogmaticamente.

BRAMMSEM, a partir de um conceito amplo da ação, já apontava também que o dolo pode surgir desde o momento da atividade física em si até aquele em que o acontecimento ou não do resultado deixa de depender da vontade do autor – a partir daí, e apenas daí, seria *dolo subsequente.*[225] Assim, aquele que cria um risco de morte de forma imprudente – deixando veneno em uma vasilha não identificada na cozinha – e se omite em levar a vítima ao hospital, com intenção de vê-la, morta responde pela morte a título doloso, porque essa *omissão de salvamento* atrai a imputação do resultado tipico.

Não parece adequada aqui a crítica de que a punição da *omissão de salvamento dolosa* seria reprimir o *mero desejo*, a crueldade ou a insensibilidade do omitente, uma vez que não existe relação objetiva entre a omissão dolosa e o resultado. Em primeiro lugar, importa destacar que o dolo na omissão – assim como na comissão – não se constitui apenas da *vontade* de resultado, mas exige a ciência do contexto de risco e dos elementos do tipo penal, que talvez sejam mais importantes para a fixação do *instituto* do que o elemento *volitivo.*[226]

BUJÁN-PÉREZ indica que a decisão dolosa vem apoiada em um autêntico conhecimento sobre dados concorrentes no momento da realização do fato, e em uma bagagem intelectual prévia e imprescindível que proporciona ao sujeito as informações necessárias para sua tomada de decisão.[227] Ou seja, mais do que um

---

225. Em ROXIN, *Derecho Penal*, II, p. 902, e CASABONA, *Limites*, p. 34. No entanto, vale apontar que BRAMMSEN afasta a ideia de *dever de garante* nos casos de salvamento porque situa a ingerência no campo dos crimes comissivos, de forma que o advento do dolo no momento da omissão seria um *dolo superveniente* e não um *dolo subsequente*. Ainda que concordemos se tratar de *dolo superveniente*, não nos parece correta a postura de BRAMMSEN de negar um desvalor próprio da omissão – aqui seguimos a crítica de ROXIN ao autor, apontando que o *dolo* que surge no *salvamento* é distinto do dolo anterior a este momento, de forma que não há unidade subjetiva entre a *conduta anterior* e a inação posterior. ROXIN, *op. cit.*, p. 905. Também negando o *dolo subsequente* nos casos de salvamento, LAMPE, em DOPICO GÓMEZ-ALLER, *Omisión*, p. 68.

226. Não se quer, com isso, defender um conceito *normativo* do dolo, nos termos defendidos por FEIJÓO SÁNCHEZ, *La distinción*, *passim*, e VIVES ANTON, *Fundamentos*, pp. 230 e ss., que praticamente excluem o elemento volitivo para substituí-lo por um *compromisso* de atuar no sentido do tipo penal. Quer-se apenas indicar a importância da *configuração do elemento cognitivo como fundamental ao conceito*. Nesse sentido, BUJÁN-PEREZ, *O conceito significativo*, p. 46.

227. BUJÁN-PÉREZ, *O conceito significativo*, p. 48. Na mesma linha, MIR PUIG, *Derecho Penal*, pp. 241 e ss., e ROXIN, *Derecho Penal*, p. 447, para quem, sem afastar a imprescindibilidade do elemento volitivo, fixa que a *magnitude do perigo conhecido e a*

desejo, o dolo omissivo vem carregado de uma *consciência* dos pressupostos fáticos do *dever de garantia* e da capacidade de interrupção do curso causal.

Em segundo lugar, o dolo é um elemento *subjetivo*, de forma que sua constituição é integrada por um *desejo*, que apenas ganha desvalor quando direciona uma conduta específica, orientada a causar ou a não interromper o resultado. Evidente que nos crimes *comissivos* o *dolo* é mais perceptível, porque existe um direcionamento final do curso causal. A inexistência de uma *causalidade positiva* na *omissão* faz com que o dolo tenha um conteúdo distinto, referido não ao curso causal, mas à probabilidade quase certa de que a intervenção evitará o resultado. Mas isso não torna a conduta menos *desvalorada*, uma vez que a omissão é uma *condição negativa* do resultado.

Sob outro prisma, vale destacar que a ausência de direcionamento final ocorre em qualquer omissão, mesmo aquela que viola o *dever de controle*, de forma que a aceitação das criticas expostas afastaria o dolo também nesse contexto. Aquele que dirige um veículo (cria um risco permitido) e deixa de frear ao avistar um passante (transforma o risco em não permitido por uma omissão) com intenção de matá-lo não responderia por homicídio doloso, uma vez que a conduta já existia no plano fático e o dolo surgiu – como mero *desejo ruim* – com a omissão.[228] No entanto, a constituição subjetiva da conduta nesse caso – assim como na *omissão de salvamento* – é mais do que um mero *desejo*. É a repressão consciente de uma ação que interromperia o curso causal e evitaria o resultado danoso. É a manutenção consciente de uma *condição negativa* de um resultado, quando o curso causal decorre de um *risco não permitido* criado pelo próprio omitente. Por isso, a ciência do contexto fático da omissão e a vontade de manter uma *condição negativa* do resultado, mais que *insensibilidade*, revela o *dolo* daquele que tem o *domínio* do foco de perigo ou do curso de salvamento. Há algo mais que mera *crueldade:* há a não interposição consciente de uma barreira ao desdobramento causal por parte aquele que o criou o *risco não permitido.*

3.4.5 Da compatibilidade legislativa

Uma questão que merece ser enfrentada é a compatibilidade da interpretação aqui defendida com a legislação brasileira, a fim de evitar soluções político-crimi-

---

circunstância de se o sujeito tinha, desde sua posição, algum motivo para se conformar com o resultado desempenham um papel mais importante na fixação do injusto subjetivo. ROXIN, *Derecho Penal*, I, p. 447. Para PUPPE, o *propósito*, no sentido psicológico da linguagem cotidiana não pode ser um elemento do injusto, mas unicamente da culpabilidade, de forma que o *dolo eventual* é a forma básica do dolo. PUPPE, *A distinção*, p. 132.

228. Quando o agente cria um risco não permitido culposamente e mantém tal situação após perceber a situação, responderá pelo dolo superveniente. SILVA SÁNCHEZ sugere não se tratar de um suposto de ingerência, mas de *homicídio imprudente* em concurso material com *omissão de socorro*, em *Entre la omisión*, pp. 161/167.

nais inadequadas, em especial diante de dispositivos que aumentam ou agravam a pena de crimes imprudentes quando verificada a *omissão de socorro* posterior.

É o caso do art. 121, § 4.º,[229] e do art. 302, § 1.º, do Código de Trânsito Brasileiro.[230] À primeira vista, a lei considera que a omissão de *salvar* após uma conduta *culposa* apenas aumenta a pena, mas não transforma a natureza do delito. Se tais dispositivos indicam que aquele que cria um risco de forma *imprudente* de homicídio (CP, art. 121, § 4.º) ou de homicídio na direção de veículo automotor (CTB, art. 302, § 1.º, III) responde pelo crime *culposo agravado* no caso de *omissão de socorro* posterior, não parece – a uma primeira vista – haver espaço para concluir que a omissão de salvamento torna o resultado imputável a título doloso, como ora se pretende.

No entanto, outra interpretação é possível.

Os dispositivos mencionados agravam a pena do crime culposo quando, após a conduta imprudente, existe uma *omissão de socorro* com *dolo* apenas de omitir o socorro, e não de *homicídio*.[231] Aquele que anda em alta velocidade, atinge um pedestre e foge do local com a intenção de omitir o socorro, mas também com a segurança de que o salvamento será realizado por outras pessoas (por exemplo, no caso de acidente em via movimentada, onde existem outros motoristas aptos a salvar a vítima ou a chamar socorro), responderá pelo resultado morte na forma *culposa*, agravada pela *omissão de socorro*. Isso porque, embora exista *dolo* de omissão de socorro, não há *dolo*, nem mesmo eventual, de contribuir com a morte, uma vez que existe a consciência – ainda que não lastreada na realidade – de que a vítima será salva.

Por outro lado, se esse mesmo motorista deixar de prestar socorro com ciência de que sua omissão será *condição negativa* do resultado morte – ou assumindo esse risco – haverá algo mais do que o *dolo* de *omissão de socorro* (dolo de perigo abstrato). É o caso do motorista que deixa a vitima sem socorro, ciente de que está em uma estrada solitária e é pequena a probabilidade de qualquer salvação. Existe um *dolo de resultado*, um *dolo* de afetação da vida, uma *vontade*

---

229. "§ 4.º No homicídio culposo, a pena é aumentada de 1/3 (um terço), se o crime resulta de inobservância de regra técnica de profissão, arte ou ofício, ou se o agente deixa de prestar imediato socorro à vítima, não procura diminuir as consequências do seu ato, ou foge para evitar prisão em flagrante. Sendo doloso o homicídio, a pena é aumentada de 1/3 (um terço) se o crime é praticado contra pessoa menor de 14 (quatorze) ou maior de 60 (sessenta) anos. (Redação dada pela Lei 10.741, de 2003)"

230. Lei 9.503/1997, art. 302, "§ 1.º No homicídio culposo cometido na direção de veículo automotor, a pena é aumentada de 1/3 (um terço) à metade, se o agente: (Incluído pela Lei 12.971, de 2014) (...) III – deixar de prestar socorro, quando possível fazê-lo sem risco pessoal, à vítima do acidente; (Incluído pela Lei 12.971, de 2014)"

231. Vale notar que no crime de *omissão de socorro*, o elemento subjetivo se caracteriza apenas pela "consciência e vontade de omitir socorro" BARTOLI e PANZERI, *Dos crimes*, p. 707.

ou *assunção de risco* concretizada em uma *conduta negativa* quando possível impedir o resultado.[232] Nesse caso, imputável o resultado na forma do *homicídio doloso* e não por *homicídio culposo* agravado pela *omissão de socorro*.

O mesmo ocorre nos casos de *abandono de incapaz* (CP art. 133).[233] A mãe que deixa um bebê na porta de terceiros, ou em um ponto de ônibus, para se livrar do dependente, comete a *omissão própria* descrita no art. 133 do Código Penal, e a ela será imputada a qualificadora da lesão corporal ou da morte se tais resultados estiverem ligados à conduta inicial na forma preterdolosa. Nesses casos, a progenitora tem o *dolo* do abandono, mas não o *dolo* da morte ou da lesão. Porém, se essa mãe, horas depois, ouve um **cão** que se aproxima do bebê abandonado, e deixa de salvá-lo com intenção de que o animal mate a criança, responderá pela *morte* por *omissão imprópria*, na forma dolosa – desde que constatada sua capacidade de evitar o resultado. Note-se que, nesse caso, a progenitora *criou um risco não permitido* ao deixar a criança em local ermo e deixou de salvá-la com um *dolo* que surgiu apenas no instante da omissão.

Outro exemplo capaz de ilustrar a distinção ora pretendida: durante uma festa alguém empurra outro na piscina sem saber que ele não sabe nadar e, ao constatar tal fato, foge do local assustado, crente que outros convidados salvarão a vitima. Se ocorrer a morte, o autor responderá por *homicídio culposo* agravado pela *omissão de socorro* (CP, art. 135). Por outro lado, se deixar de salvar porque reconhece, após o empurrão, na vítima seu inimigo e pretende sua morte – esperando que os demais convivas embriagados não reparem no acidente – responderá por *homicídio doloso*, na forma da alínea *c* do § 2.º do art. 13 do Código Penal.

Aqui a distinção entre delito culposo *aumentado* pela omissão de socorro e o crime *doloso* por *omissão imprópria* é meramente subjetiva, como o é em todos os demais delitos. Os contornos *objetivos* dos comportamentos são os mesmos – em ambos há a criação do *risco não permitido* –, mas a relação do agente com o contexto, seja cognitiva, seja volitiva, será determinante para fazer incidir a norma penal.

Por fim, merece análise a questão da *tentativa*. Aquele que cria o *risco não permitido* com imprudência e deixa de *salvar* com dolo de alcançar o resultado responderá por *tentativa* caso o curso de *salvamento* seja empreendido por outra

---

232. A admissão do dolo eventual nessa hipótese é controversa. Há quem afaste por completo tal possibilidade, como TAVARES, *Teoria*, p. 394, enquanto outros a entendem possível, como MAURACH, *Derecho Penal*, p. 268.

233. "Art. 133. Abandonar pessoa que está sob seu cuidado, guarda, vigilância ou autoridade, e, por qualquer motivo, incapaz de defender-se dos riscos resultantes do abandono: Pena – detenção, de seis meses a três anos.

§ 1.º Se do abandono resulta lesão corporal de natureza grave:

Pena – reclusão, de um a cinco anos.

§ 2.º Se resulta a morte:

Pena – reclusão, de quatro a doze anos."

pessoa, uma vez que o resultado não ocorreu por motivos alheios à vontade do omitente (CP, art. 14, II).[234] Por outro lado, se o *salvamento* fosse inviável, ou se ocorreu a morte instantânea da vítima, não existe *domínio* do agente sobre tal processo de salvamento a afastar a própria existência da *omissão*, aproximando tal situação do crime *impossível* ou da *tentativa inidônea*.[235] Vale notar, ainda, que, caso o resultado ocorra, mas não seja possível identificar com probabilidade próxima da certeza que a omissão o teria impedido, haverá condenação apenas pelo *crime culposo*, pelo *in dubio pro reo*.

3.4.6 Conclusão parcial

Pelo exposto, o *dever de salvamento* integra o âmbito de imputação da *ingerência*, desde que o omitente tenha criado anteriormente um *risco não permitido*.

A criação de *riscos permitidos*, tolerados e admitidos, fixa a conduta precedente no mesmo patamar de um processo natural, alheio ao agente, e não caracteriza a *omissão imprópria* no contexto de *salvamento*. Não é razoável fixar uma responsabilidade pela omissão distinta de qualquer outro também capaz de agir naquele contexto, uma vez que não há um *risco precedente* que frustra expectativas jurídicas de comportamento social. Qualquer postura contrária assentaria a responsabilidade pelo *salvamento* na mera *relação causal* entre a ação anterior e o resultado, desprovida do elemento *normativo* necessário à imputação objetiva, qual seja, a inadmissibilidade do risco.[236]

Por outro lado, uma vez constatado o *risco não permitido*, existirá um *dever de salvamento* – quando tal conduta for possível ao omitente – cujo descum-

---

234. Aqui vale um pequeno excurso sobre a *tentativa* na *omissão imprópria*. TAVARES elenca as discussões existentes na doutrina sobre o momento do início da execução na omissão – se na primeira oportunidade de salvamento ou na última. Para esse autor, o início da execução da omissão imprópria ocorre no momento em que a *norma mandamental* exige a ação que naquele momento evitaria o resultado, com probabilidade nos limites da certeza. A partir desse momento, a interrupção do curso causal por terceiro – desde que alheia à vontade do omitente – admite a imputação por *tentativa*. TAVARES, *Teoria*, p. 411. Tal posição é acertada. Indo além, a nosso ver, para a *ingerência* – objeto da presente tese –, se o agente cria um risco de forma imprudente e omite o dever de salvar – do qual é capaz – com dolo, mas ocorra o salvamento por terceiro, o resultado ser-lhe-á imputado na forma de *tentativa*.

235. De forma que o previsto no parágrafo único do artigo 304 do Código de Trânsito Brasileiro, a seguir descrito, não parece compatível com um Direito Penal fundado na exclusiva proteção de bens jurídicos ("Artigo 304. Deixar o condutor do veículo, na ocasião do acidente, de prestar imediato socorro à vítima, ou, não podendo fazê-lo diretamente, por justa causa, deixar de solicitar auxílio da autoridade pública: (...) Parágrafo único. Incide nas penas previstas neste artigo o condutor do veículo, ainda que a sua omissão seja suprida por terceiros ou que se trate de vítima com morte instantânea ou com ferimentos leves"). Para uma critica ao parágrafo único do art. 304 do CTB, ver BITENCOURT, *Alguns aspectos*, p. 12. Em sentido contrário, sustentando a legitimidade da causa de aumento, 5ª Turma do STJ, *DJ* 19.12.2014, HC 269.038-RS, rel. Min. Felix Fischer.

236. Nesse sentido, DOPICO GÓMEZ-ALLER, *Omisión*, p. 820.

primento apresenta desvalor equivalente à *comissão* ou à violação do *dever de controle.*

3.5 Da capacidade de agir conforme a norma

Pelo exposto, seja no contexto do *controle*, seja no de *salvamento*, será necessária a presença de um *risco não permitido*, concomitante ou prévio à *omissão*, a depender da situação concreta. Mas a mera existência desse *risco* não é suficiente para a imputação do resultado à omissão na seara da *ingerência.* É necessário identificar elementos complementares que justifiquem e legitimem tal imputação, dentre os quais a *capacidade de ação.*

Como exposto anteriormente (supra, I, 3.4) a *omissão relevante* exige a constatação da *capacidade de agir* conforme expectativas (sociais ou jurídicas).[237] Trata-se de um elemento *normativo* construído sobre a própria *natureza das coisas*, uma vez que o impossível não é *esperado*, não se gera *expectativa* sobre algo que não pode ser praticada. Na seara jurídica, a *capacidade* continua a ser um limite à imputação. Mais especificamente na *ingerência*, somente tem o dever de *controlar* um risco ou de iniciar um *processo de salvamento* aquele com capacidade de fazê-lo.[238]

Nesse tópico, merece atenção a controvérsia sobre a natureza da conduta daquele que se coloca – dolosa ou culposamente – em situação de incapacidade de controle/salvamento.[239] Vale notar, mais uma vez, que o presente Capítulo trata apenas das hipóteses de *ingerência*, de forma que importam aqui duas situações: (i) o agente cria um risco e se torna incapaz de controle/salvamento antes de sua transformação em *não permitido* e (ii) o agente retira a capacidade/o domínio de um *garante*, impedindo-lhe de cumprir com seu dever de controle/salvamento.

Há quem resolva ambas as situações pela *omissio libera in causa.* Nesse sentido, HRUSCHKA, para quem ambos os resultados são imputáveis ao omitente, uma vez que a incapacidade foi provocada por ele mesmo.[240] Para resolver tais casos, GIMBERNAT ORDEIG propõe criar uma *terceira espécie de ações típicas*, para além das ações e das omissões: a *interrupção de um curso causal salvador possível.*[241] Tal fenômeno, para o autor, é uma categoria autônoma de conduta típica, que não se confunde com as demais. Assim, nos casos em que alguém incapacita um garante, ou que, sendo o próprio garante, se coloca em situação na qual será incapaz de agir conforme a norma, responderá

---

237. Por todos, SCHÜNEMANN, *Fundamentos*, p. 217.

238. Para TAVARES, a ingerência exige que um *poder de controle* do ingerente sobre o curso causal, ou seja, a constatação de que o sujeito *domina* as forças estáticas e dinâmicas do evento e pode interromper o curso causal. TAVARES, *Teoria*, p. 333.

239. Sobre o tema, ver SILVA SÁNCHEZ, *El delito*, p. 328.

240. Em SILVA SÁNCHEZ, *El delito*, p. 331.

241. GIMNERNAT ORDEIG, *Estudios*, p. 473.

pelo resultado porque interrompeu um curso causal capaz de obstar o resultado.[242] Para ROXIN, nesses casos não existe uma *omissão* porque no momento dos fatos não há *capacidade*, elemento essencial desta forma de comportamento.[243] Para o autor, o fenômeno deve ser tratado como uma conduta *positiva* que, no entanto, é punida como omissão, porque a norma de proibição violada (*proibição de se tornar incapaz*) deriva de um mandato, justamente aquele cujo cumprimento o omitente não tinha mais capacidade.[244]

A nosso ver, na ingerência tais hipóteses não são tão problemáticas. Na situação em que alguém cria um *risco permitido* e se coloca em estado de incapacidade de controle/salvamento diante desse foco de perigo, há uma *transformação* da natureza do risco. Se era permitido, tornou-se *não permitido* diante da situação inédita, de forma que o agente será responsável pelos resultados daí advindos, desde que observados os demais elementos de imputação.

O médico que se embriaga antes de iniciar uma cirurgia ou realiza o ato após longo período de plantão, ciente de seu déficit de atenção devido ao cansaço, cria um *risco não permitido.* Caso ocorra algum problema na operação que exija um procedimento rápido, que o profissional não seja capaz de realizar dada sua condição de embriaguez ou cansaço, o resultado ser-lhe-á imputado, ainda que demonstrada sua *incapacidade* de efetuar o salvamento naquele instante (desde que presentes também os outros elementos de imputação da omissão). Isso porque o ato desvalorado não é a *omissão*, e sim a conduta anterior de criação do *risco não permitido*, que o profissional tinha *capacidade* de evitar negando-se a realizar a cirurgia (valendo notar que o advento do *dolo*, nesse caso, será irrelevante, porque ausente a capacidade de interromper o curso causal).[245]

O mesmo vale para o caso (ii), daquele que retira de um *garante* sua capacidade de agir, por exemplo, amarrando um salva-vidas. Ao incapacitar o *garante*, o agente *cria um risco não permitido.* Portanto, mesmo que lhe falte capacidade posterior para impedir o resultado, este lhe será imputado, porque era *capaz* de evitar o *risco não permitido* no momento em que retirou do *garante original* sua faculdade de ação. Mais uma vez, no entanto, é necessário destacar que o advento do dolo após a incapacitação do garante não transforma a qualidade da imputação subjetiva se o agente não tem mais capacidade de evitar o resultado nesse momento.

---

242. GIMBERNAT ORDEIG, *Estudios*, p. 474.

243. ROXIN, *Derecho Penal*, II, p. 791.

244. ROXIN, *Derecho Penal*, II, p. 791.

245. Em linha similar, ROXIN, *Derecho Penal*, II, p. 790. SILVA SÁNCHEZ defende que o fundamento para a imputação do resultado reside no perigo para o bem jurídico existente no ato de se tornar incapaz. Assim, o salva-vidas descumpre a *norma de cuidado* no momento em que começa a se embriagar – por mais distante que ele esteja do momento concreto do perigo efetivo. Aqui reside o fundamento da imputação na *omissio libera in causa.* SILVA SÁNCHEZ, *El delito*, p. 336.

Em síntese, os casos em geral tratados como *omissio libera in causa* são, no campo da *ingerência*, imputações a condutas ativas ou omissivas anteriores, que criam o risco *não permitido* quando presente a capacidade de agir de acordo com a norma.

Pelo exposto, aquele que *cria* um *risco não permitido* ou que *transforma* um risco permitido em não permitido – por ação ou omissão – com *controle* sobre o *foco de perigo* ou sobre o *processo de salvamento* responderá pelos desdobramentos de tal conduta (desde que dentro do âmbito de abrangência da norma violada, como a seguir explicitado). Por outro lado, a omissão posterior à perda da *capacidade* de manejo do curso causal é irrelevante, de forma que o advento de dolo ou a presença de qualquer característica típica – objetiva ou subjetiva – nesse momento não incidirá sobre a qualificação jurídica do comportamento.[246]

3.6 Da omissão como condição negativa do resultado

3.6.1 Propostas dogmáticas

A *imputação objetiva* do resultado lesivo à omissão exige, até o momento: (i) a criação de um *risco*; (ii) a violação do dever de *controle* ou de *salvamento*; e (iii) a *capacidade* de agir conforme a norma mandamental.

No entanto, para que o disposto no art. 13 do Código Penal seja observado, é preciso verificar alguma *relação efetiva* entre a *omissão* e o resultado ocorrido. Não basta criar o risco e omitir o controle/salvamento quando se é capaz de agir conforme a norma. O legislador pátrio aponta que *omissão* é o comportamento *sem o qual* o resultado não teria ocorrido, o que, aparentemente, exige um *juízo hipotético*, uma espécie de *causalidade* da *inação* em relação à lesão típica. Portanto, o *desvalor do resultado* cumpre um papel na omissão, assim como também o faz nos crimes comissivos, que é justamente a *confirmação* de que a norma violada, que produz o *risco não permitido*, tinha razão de ser, e que sua orientação teleológica não é despropositada, mas cobra uma racionalidade para a proteção de bens jurídicos.[247]

Em suma, alguém pode (i) criar um *risco*– dirigir um veículo – (ii) deixar de frear ao observar um pedestre que passa (descumprimento do *dever de controle)* quando (iii) tinha capacidade para fazê-lo. Isso não basta à imputação. É necessário identificar que o resultado *não ocorreria* sem a omissão, ou seja, que a conduta de *frear* efetivamente impediria a lesão típica. Algo próximo da *causalidade* na omissão.

---

246. Nesse sentido, DOPICO GÓMEZ-ALLER, *Omisión*, p. 730.
247. Nesse sentido, GRECO, *Um panorama*, p. 98.

Como já exposto, a questão da *causalidade* na omissão sempre foi intensamente discutida na doutrina, sem resultados muito promissores.[248] Vale recordar que até a primeira metade do século XX buscou-se legitimar a punição da *omissão imprópria* em sua *relação causal* com o resultado, seja porque o causava fisicamente, seja porque seria uma *condição negativa* para sua realização. Nesse sentido, as ideias de MERKEL,[249] BINDING,[250] ENGISH,[251] dentre outros.[252]

Por outro lado, a *causalidade* na omissão foi rechaçada por autores importantes, como WELZEL,[253] ARMIN KAUFMANN[254] e SILVA SÁNCHEZ.[255] Para eles, a omissão é um nada; portanto nada causa (*ex nihilo nihil fit*).[256] Aqueles que assistem um homicídio e têm poder para impedi-lo não são *causa* daquela morte. A mãe que deixa seu filho morrer de inanição, não *causa* sua morte. O resultado advém da inanição, de forma que a imputação da morte à inação da progenitora exigiria algo distinto da *relação de causalidade*, algo de caráter *normativo*.[257]

---

248. Já VON LISZT mencionava a *infecundidade* da discussão sobre a causalidade na omissão. VON LISZT, *Tratado*, p. 211. Na mesma linha ROXIN, *Derecho Penal*, II, p. 766.

249. MERKEL, *Derecho Penal*, p. 39.

250. BINDING aponta a causalidade na ação interna do omitente para reprimir seus impulsos de executar a ação que impediria o resultado, segundo GIMBERNAT ORDEIG, *Estudios*, pp. 304 e 384, e ARMIN KAUFMANN, *Dogmática*, p. 254.

251. ENGISH defende a existência da *causalidade* na omissão a partir da constatação de que a produção de um resultado decorre de circunstâncias *positivas* (causa) e *negativas* (não interrupção do curso causal). ENGISH, *la causalidade*, p. 61, também citado em SILVA SÁNCHEZ, *El delito*, p. 286, e em ARMIN KAUFMANN, *Dogmática*, p. 77. A causalidade não é tratada como uma relação *real*, mas *mental* ou *epistemológica*, que abarca as condições negativas. SILVA SÁNCHEZ, *El delito*, p. 292.

252. Na mesma linha. M.E. MAYER, *Derecho Penal*, pp. 171 e ss. Também VON BAR e LANDSBERG, segundo TAVARES, *Teoria*, p. 112, e ARMIN KAUFMANN, *Dogmática*, p. 276. Entre nós, BRUNO defendia a causalidade na omissão, mas não uma causalidade naturalística, mas lógica, em *Direito Penal*, p. 334.

253. WELZEL, *Derecho Penal*, p. 277. Na mesma linha, MIR PUIG, *Derecho Penal*, p. 318.

254. ARMIN KAUFMANN, *Dogmática*, pp. 76 e ss., embora o autor não afaste a *causalidade* entre a omissão e o resultado, mas entre o omitente e a omissão.

255. Para SILVA SÁNCHEZ, a causalidade que caracteriza a *comissão* é sempre *real*, o que não ocorre com a *omissão*. Do contrário, segundo o autor, todas as *omissões* seriam igualmente causais e não faria sentido determinar que apenas algumas delas sejam equiparadas às ações (apenas as omissões ligadas a um *dever de garantia)*. SILVA SÁNCHEZ, *El delito*, p. 293. Para este autor, a posição de garante atua como *equivalente funcional* da *causalidade* na omissão, ou seja, supre a falta daquela, de forma que não há *causalidade* na omissão e a imputação deve ser extraída de outros fatores. Em sentido similar, CHOCLAN MONTALVO, para quem a omissão não *causa* nada, de forma que o resultado deve ser *imputado objetivamente* por critérios *normativos*, CORSETTI, *Tipo*, p. 48 e BITTENCOURT, *Tratado*, p. 302.

256. Na mesma linha, e como já citado, TAVARES, para quem a omissão não causa nada, porque nada é (TAVARES, *Teoria*, p. 366).

257. GIMBERNAT ORDEIG, *Delitos*, p. 387.

A nosso ver, o problema da concepção meramente *causal* da omissão, como já exposto, é a dificuldade de conceber que algo *negativo* possa ser *causa* de algo e a ampliação excessiva do âmbito de imputação, porque todo aquele que se *omite* diante da possibilidade de evitar um resultado poderia ser considerado *causador* do mesmo.[258]

No entanto, é possível superar tais problemas por duas vertentes.

A primeira consiste em abandonar a ideia *naturalística* de *causa* e adotar um conceito mais amplo de *condição*, que permita abarcar comportamentos positivos e negativos como estruturantes do *contexto* no qual se produz o resultado. Nesse sentido, o postulado de que a *omissão* não *causa* nada – aparentemente verdadeiro – perde seu efeito semântico diante da constatação de que a inatividade pode não *causar*, mas se mostrar *determinante* como *condição* para que o resultado aconteça. A *omissão* é um nada ontológico, mas, para além disso, é também a ausência de uma *conduta esperada*, e a possibilidade dessa *conduta* de evitar a lesão é o elemento que liga o resultado à inatividade.[259] A omissão daqueles que assistem passivamente a um afogamento quando tem capacidade de salvar a vítima é *condição negativa* do resultado, pois a conduta positiva o teria impedido. Ou seja, a omissão de todos é igualmente *relevante* em um primeiro momento para a produção do resultado, segundo o legislador brasileiro (CP, art. 13, *caput*).

A segunda vertente implica a adoção de critérios *limitadores* para tal concepção, uma vez que, como apontado, ela acaba por abarcar um número excessivo de comportamentos. Estes critérios vêm sendo desenhados ao longo de toda a presente exposição e estão previstos no § 2.º do art. 13. Trata-se da utilização do parâmetro *normativo* do *risco não permitido*, base da teoria da imputação objetiva, aqui usado para moldar a relação entre inatividade e resultado.[260] Não basta que a omissão seja *condição negativa* do resultado, ou seja, que a conduta adequada impeça a lesão; será necessária a demonstração do *dever de garante* – aqui representado pela criação do *risco não permitido* – e a capacidade de agir de acordo com a norma. A omissão daqueles que observam passivamente o afogamento mencionado é *condição negativa* do resultado, mas essa inatividade somente equivalerá à *comissão* se presentes os critérios *normativos* de imputação,

---

258. Nesse sentido, RADBRUCH, que sustenta ser a omissão um nada, e um nada não pode causar resultado, em TAVARES, *Teoria*, p. 54. Já ARMIN KAUFMANN também faz ressalvas à ideia da *causalidade* na omissão, embora reconheça que a *omissão* pode ser causal em relação a um resultado, e aponta que não há essa relação entre a *omissão* e o *omitente*, em *Dogmática*, p. 79. Na mesma linha, DOPICO GÓMEZ-ALLER, *Omisión*, p. 118.

259. Como ensinava BETTIOL. "Omitir, no campo do direito penal, não é naturalmente um non fare nulla, mas, sim, não desenvolver determinada atividade, contrariamente ao imperativo de uma norma jurídica, isso é, não observar o comando de agir." (BETTIOL, *Direito Penal*, vol. I, p. 283).

260. Para TAVARES, o critério causal-naturalístico não se sustenta nos casos de omissão justamente porque esta conduta está sempre associada à violação de um *dever*, que não existe fora do âmbito normativo. TAVARES, *Teoria*, p. 82.

ou seja, se algum desses personagens criou o *risco não permitido* para o afogamento, se assumiu ou tinha o dever *legal* de evitar o resultado.[261]

Em suma, o *omitente* não *causa* nada, mas a *omissão* pode ser uma *condição negativa* do resultado, sempre que constatado que a conduta esperada evitaria a lesão típica. Ao indicar que a omissão pode ser *causa* do resultado, o legislador, em verdade, indica que existirá uma *equivalência* no plano normativo entre a *causação* e a *condição negativa* do resultado (omissão), desde que a supressão mental da última afaste hipoteticamente a ocorrência da lesão típica e que os demais elementos previstos no § 2.º do mesmo dispositivo estejam presentes.

Nos *crimes comissivos*, a causalidade é verificada pela operação de *supressão mental*, que permite verificar a existência ou não do resultado caso o comportamento não existisse. Na *omissão* essa análise é mais complexa, uma vez que não será feita sobre a *atividade* real, e sim sobre o *comportamento esperado e possível*, ou seja, *hipotético.*[262] Nota-se, portanto, que já nessa seara será necessária uma análise *normativa*, porque se o comportamento *possível* pode ser apurado *ontologicamente*, o *esperado* depende de um juízo de valor, que será necessário já no plano da *causalidade.* Será importante a constatação de qual a *norma mandamental* vigente no caso concreto, para que o intérprete fixe a *conduta esperada.* A partir disso, será possível uma espécie de operação de *supressão mental inversa*, de forma que a existência hipotética do *comportamento* afaste o resultado.

Nesse ponto surge outro tema que tem merecido atenção da doutrina: o critério para esse *juízo hipotético*, pelo qual se constata que a conduta possível e esperada evitaria o resultado.

Um parâmetro de aferição seria a *conditio sine qua non*, de forma que a supressão mental da omissão – ou seja, o *acréscimo* do comportamento exigido pela norma – afastasse a ocorrência do resultado.[263] Nesse sentido, MEZGER[264] e, no Brasil, FRAGOSO.[265] Mesmo autores contemporâneos como JAKOBS defendem que a capacidade abstrata de agir se refere a uma ação que evite o

261. Para GIMBERNAT ORDEIG, a omissão não *causa* um resultado, mas sua proposta se aproxima à da ora defendida, porque o autor admite que esta omissão pode ser *ligada* ao resultado por elementos predominantemente normativos, sem descuidar de apontar um fundamento ontológico último: o perigo. Assim, se a ação esperada aumentar a *probabilidade* de preservação do bem jurídico, a omissão será relevante do ponto de vista do Direito Penal. GIMBERNAT ORDEIG, *Estudios*, p. 344.

262. ARMIN KAUFMANN, *Dogmática*, p. 82.

263. Sobre o tema, ver CARBONELL MATEU, *La equivalencia*, *passim*,

264. Para MEZGER, para quem a pergunta, na seara causal, deve ser a seguinte: o resultado seria impedido pela ação esperada, sugerindo que a resposta afirmativa indica uma omissão causal a respeito do resultado. *Tratado*, p. 299. Sobre essa *causalidade potencial*, ver ARMIN KAUFMANNN, *Dogmática*, p. 84.

265. FRAGOSO expõe que a omissão será relevante quando, "através de um juízo hipotético, for possível afirmar que a ação esperada, possível e devida, com segurança teria impedido o resultado" (*Lições*, p. 226). BITENCOURT defende que o *nexo causal* da

resultado, ou seja, à constatação de que se a ação tivesse ocorrido o resultado não existiria, tendo-se em vista sempre o caráter hipotético da causação.[266] Não se trata, portanto, da supressão mental inerente à causalidade na seara comissiva, mas de uma negação – a omissão é a negação de uma ação determinada – que pode também ser negada, dando-se como positivo o resultado.[267]

Nessa seara, parte da doutrina trabalha com a ideia de *probabilidade próxima da certeza.*[268] Tal teoria se assemelha à ideia da *evitabilidade*, desenvolvida como critério para reconhecer a *imputação objetiva* nos crimes comissivos.[269] Para os defensores dessa concepção, o resultado somente será *imputado* à omissão se o *acréscimo* mental da conduta esperada pela norma evitasse o resultado com uma *probabilidade próxima da certeza.* Caso exista dúvida sobre a evitação do resultado pela ação exigida, fica afastada a imputação.[270] Para TAVARES, haverá probabilidade nos limites da certeza quando, analisada a omissão em contraposição à ação devida, não exista qualquer fator que iniba ou exclua sua capacidade de evitar o resultado.[271]

A ideia da *probabilidade próxima da certeza* é criticada por GIMBERNAT ORDEIG, para quem sua aplicação é difícil, senão impossível, em inúmeros casos práticos.[272] O autor aponta que, a valer tal posição, qualquer dúvida sobre o *nexo causal* excluiria a imputação, criando-se uma situação insustentável sob um prisma político-criminal. Nesse sentido, o autor demonstra, com exemplos concretos, que na maior parte dos julgados na Espanha em que há condenação

---

omissão decorre de um *juízo hipotético de acréscimo*, em operação similar àquela realizada no âmbito dos crimes *comissivos*, mas inversa. BITENCOURT, *Tratado*, p. 304.

266. JAKOBS, *Derecho Penal*, p. 959.

267. JAKOBS, *Derecho Penal*, p. 959.

268. WESSELS, *Derecho Penal*, p. 162. TAVARES, *Teoria*, p. 389; JESCHECK, *Tratado*, p. 564, CASABONA, *Limites*, p. 39, SANTOS, Direito Penal, p. 238, FRAGOSO, *Crimes omissivos*, p. 13.

269. Sobre o tema, ver GRECO, *Um panorama*, p. 119.

270. GRACIA MARTÍN vai além. Para o autor, a imputação do resultado à omissão não decorre da probabilidade próxima da certeza, mas da constatação de que a ação exigida com segurança impediria o resultado (*La comissión*, p. 709). Nessa linha, FIANDACA, *Derecho Penal*, p. 594, e MEINI MÉNDEZ, *Responsabilidad*, p. 15. Também TORIO LOPEZ defende que no âmbito da omissão – assim como ocorre na comissão – é necessário uma segurança total de que a ação omitida teria evitado o resultado. Em *Limites*, p. 700. PÉREZ BARBERA, por sua vez, aponta que não há qualquer papel da causalidade na omissão imprópria, de forma que o critério para a imputação será fundado no conceito de certeza estatística. Em *Causalidad*, p. 124.

271. Segundo o autor, uma probabilidade objetiva de 98% a 99% de ocorrência do evento, em TAVARES, *Teoria*, p. 389. Para uma exposição dos diferentes conceitos de probabilidade, ver, na mesma obra, p. 380 e ss.

272. GIMBERNAT ORDEIG chega a adjetivar a *probabilidade próxima da certeza* como mero "recurso retórico", porque tal critério seria desprovido de qualquer equiparação com aquele usado nos crimes comissivos, nos quais se exige a *certeza* da relação causal e qualquer dúvida leva à exclusão da imputação. GIMBERNAT ORDEIG, *Estudios*, p. 290.

pela *omissão*, tal critério, embora defendido majoritariamente pela doutrina, não é observado, ou seja, é reconhecida a *imputação* em casos em que a *probabilidade* existe, mas está longe de ser *próxima da certeza*.[273] Tal fenômeno, segundo GIMBERNAT ORDEIG, é recorrente nos casos de erro médico.[274] Nessas situações, a dificuldade para saber qual seria o concreto desenrolar de uma patologia levaria quase sempre à atipicidade da conduta, pois sempre será praticamente impossível conhecer – com probabilidade *próxima da certeza* – se a ação esperada evitaria ou não o resultado.[275]

O autor acrescenta ainda outra hipótese problemática: quando a ação esperada depende de um ato conjugado com terceiros. É o caso do comerciante que vende produto sem identificação de composição com potencial alérgico. A lesão a um consumidor sensível exige a disponibilização do produto pelo vendedor e sua ingestão pelo comprador, ou seja, um conjunto de condutas subsequentes. Se esse último usa a substância e morre em decorrência de um ataque alérgico, o vendedor poderá sempre alegar que mesmo com a indicação o resultado ocorreria, porque raramente as pessoas leem as embalagens com cuidado ou porque naquele dia o consumidor poderia estar sem óculos e com dificuldade para ler a advertência.[276] Não haveria como se constatar que o aviso evitaria o resultado, com *probabilidade próxima da certeza*.

O mesmo valeria para a omissão de *recall* de produtos defeituosos. A ação esperada nessas circunstâncias é a chamada pública para a devolução da mercadoria – mas o produtor poderá sempre alegar que nem todos os consumidores atenderiam à comunicação, de forma que jamais haveria *probabilidade próxima da certeza* de que o ato impediria o dano decorrente do defeito da mercadoria.

Ainda dentro dos casos em que existe uma expectativa de ação conjugada com terceiros, GIMBERNAT ORDEIG cita o do médico que não informa o próximo plantonista sobre uma alergia do paciente a medicamento específico, de forma que o último aplica o remédio contraindicado e causa a morte do doente.[277] Para o autor, jamais haverá *certeza* de que o médico seguinte leria com cuidado o prontuário e deixaria de usar o remédio devido à informação ali constante. Ainda assim, a omissão não seria penalmente relevante porque ausente seu caráter de *condição negativa do resultado*.[278]

Por fim, GIMBERNAT ORDEIG traz o exemplo da *transfusão de sangue contaminado*, caso real ocorrido na Espanha, em que o responsável pela análise

---

273. GIMBERNAT ORDEIG, *Estudios*, p. 77.

274. GIMBERNAT ORDEIG, *Estudios*, p. 399. Ver, ainda, BUERES e ZAFFARONI, *Responsabilidad médica*, pp. 141 e ss.; TERRAGNI, *El delito culposo*, *passim*; CHAIA, *Responsabilidad médica*, pp. 66 e ss. e FRÓES e SILVA, *Direito médico*.

275. GIMBERNAT ORDEIG, *Estudios*, p. 410.

276. GIMBERNAT ORDEIG, *Estudios*, p. 85.

277. GIMBERNAT ORDEIG, *Estudios*, p. 407.

278. GIMBERNAT ORDEIG, *Estudios*, p. 407.

prévia do material deixou de cumprir com suas obrigações e repassou ao setor de distribuição pacotes contaminados com AIDS. Nessa situação, o omitente poderia arguir que, fosse seu comportamento conforme o Direito (se tivesse analisado o sangue), ainda assim poderia ocorrer a transferência de material contaminado, porque nem toda análise prévia tem condições de identificar a presença viral, em especial nos casos em que o doador está no *período de janela*, ou seja, naquele período entre a contaminação e a sinalização do fato no exame. A probabilidade de isso ocorrer – ainda que mínima – afastaria a *probabilidade próxima da certeza* de que o comportamento esperado evitaria o resultado típico.[279] Em todos esses casos, segundo GIMBERNAT ORDEIG, não existe essa *probabilidade* apregoada, mas a imputação do resultado se faz necessária sob uma perspectiva político-criminal.

Diante das dificuldades práticas da *probabilidade nos limites da certeza*, há autores que defendem que a relação de *causalidade* na omissão deve ser afirmada diante da mera constatação de que o comportamento possível e esperado *diminuiria o risco* da ocorrência do resultado típico.[280] Tal posição também se apoia em uma perspectiva político-criminal, diante de casos claros de imputação que seriam impunes pela teoria da probabilidade próxima da certeza, como aqueles mencionados por GIMBERNAT ORDEIG.[281]

Nessa linha, BACIGALUPO, para quem a adesão a um conceito *ontológico* de causalidade leva necessariamente à exclusão de sua existência no plano da omissão.[282] Porém, se admitido um conceito *normativo* de *causa*, com base na *imputação objetiva*, é possível encontrá-la na omissão, como uma inatividade com relação de *causalidade potencial* com o resultado típico. No entanto, o autor

---

279. GIMBERNAT ORDEIG, *Estudios*, p. 84.

280. Dentre os quais, STRATENWERTH, *Derecho Penal*, p. 304, e, de certa forma, CEREZO MIR, que usa a ideia da *tentativa* para atrelar o resultado à não diminuição do risco. CEREZO MIR, *Curso*, p. 273. Segundo GIMBERNAT ORDEIG, esta é a linha jurisprudencial espanhola de fato, embora a tese defendida pela doutrina majoritária seja a da *probabilidade próxima à certeza*. GIMBERNAT ORDEIG, Enrique. *Estudios*, p. 416. No mesmo sentido, OTTO, segundo ROXIN, em *Derecho Penal*, II, p. 772. Sobre o tema, ver TAVARES (em TAVARES, *Teoria*, p. 365).

281. A proposta da diminuição do risco encontra aceitação no campo do direito penal econômico, dado que nesse terreno a comprovação da probabilidade próxima da certeza – em especial no que se refere aos deveres de vigilância e supervisão de subordinados – é mais complexa, como indica MARTINEZ BUJAN-PEREZ, p. 539. Para SCHÜNEMANN, a ideia de probabilidade próxima à certeza é ineficaz na seara empresarial, de forma que o autor propõe sua substituição pela seguinte fórmula, próxima da *diminuição do risco*: "Si el resultado se produce mediante una actuación para una empresa ajustada a las instrucciones o con un objeto peligroso del patrimônio de la misma, se aplicara también el parágrafo 13.1 StGB (o bien el § 8.1 OWiG) a los sujetos autorizados para dictar aquellas instrucciones, siempre que los debidos controles hubieran dificultado considerablemente (wesentlich) el hecho (37 bis)" em *Cuestiones*, p. 541.

282. BACIGALUPO, *Delitos improprios*, p. 95.

sustenta que existirá *causalidade* quando constatado que a conduta do omitente teria *reduzido* o risco para o bem jurídico com sua conduta.[283]

Em outras palavras, o resultado será imputado à omissão quando se constate que a ação esperada *diminuiria* o risco de sua produção, sem que exista *certeza* ou *probabilidade próxima da certeza*. Tal postura tem por origem, de certa forma, a ideia de ROXIN de que a *diminuição de risco* é determinante para a imputação nos delitos *imprudentes*, de forma que será sempre necessário, nessa seara, analisar se o *comportamento conforme o direito* reduziria o risco de produção do resultado, reconhecendo a imputação sempre que este último esteja no âmbito de abrangência da *norma de cuidado* (seja um dos resultados que a norma de cuidado pretende evitar).[284] Assim, o médico que deixa de realizar no paciente um procedimento recomendado será responsável pelo resultado morte por *omissão imprópria* se constatado que a intervenção omitida *diminuiria o risco* de lesão, sem que seja necessária a constatação da *probabilidade próxima da certeza*.

O critério da diminuição do risco, no entanto, não parece compatível com o texto legal brasileiro, uma vez que o *caput* do artigo 13 aponta que a *omissão* será penalmente relevante se constatado que sua ausência – isto é, a existência do comportamento adequado – evitaria o resultado. Ou seja, o Código Penal não admite a ideia da *diminuição do risco*. Assim, ainda que o *omitente* não *cause* o resultado, a *omissão* deve ser caracterizada como uma condição negativa de sua ocorrência. Do contrário, os crimes de omissão *imprópria* não seriam delitos equiparados aos de resultado lesivo, e sim aos crimes de *perigo abstrato*, uma vez que a mera *periculosidade* da conduta (no caso, da omissão), seria suficiente para a imputação, independentemente da constatação do elo efetivo entre o comportamento e o resultado.[285]

Ademais, com isso, coloca-se em xeque o *in dubio pro reo*, uma vez que basta constatar o risco, sem qualquer necessidade de apontar a capacidade da ação exigida de impedir o nexo causal dele oriundo. Nessa linha, JAKOBS, para quem a ideia de *diminuição do risco* não é idônea para materializar a imputação

283. BACIGALUPO, *Delitos improprios*, p. 99.

284. ROXIN, *Derecho Penal*, I, p. 379. Vale destacar que o autor admite este raciocínio apenas nos casos em que exista um *risco não permitido* e duvida se a conduta conforme ao Direito evitaria o resultado, uma vez que a certeza sobre isso afasta a imputação. Também nessa linha, no que se refere à imputação objetiva, GRECO, *Um panorama*, p. 121. Ainda que a base dessa proposta seja a ideia de *aumento de risco* decorrente da imputação objetiva de ROXIN, esse autor, como abaixo exposto, defende uma posição intermediária, mas não abraça por completo a *diminuição do risco* para fundar a imputação da omissão.

285. Nesse sentido, JAKOBS, para quem a ideia de diminuição do risco permitiria a condenação por consumação sempre que o risco não fosse diminuído, independentemente da constatação desta relação efetiva com o resultado, transformando os crimes de *resultado* em crimes de *perigo*. JAKOBS, *Derecho Penal*, p. 963. Na mesma linha, GIMBERNAT ORDEIG (GIMBERNAT ORDEIG, *Estudios*, p. 421). Para uma análise crítica à teoria da *diminuição do risco*, ver MARINUCCI, *Causalità*, p. 551.

porque inverte o ônus da prova em relação à prova da ocorrência do resultado.[286] Da mesma forma, GIMBERNAT ORDEIG aponta o conflito da teoria em questão com a ideia de *in dubio pro reo* porque permite a imputação mesmo em casos nos quais seja possível constatar a irrelevância da omissão para o resultado concreto.[287]

Por fim, vale destacar que o uso do critério do *incremento do risco* nos crimes comissivos não significa, automaticamente, a idoneidade da *diminuição do risco* como elemento estruturante da imputação na omissão. É válido lembrar que, no primeiro caso, a adoção da teoria da imputação objetiva não implica necessariamente que se abra mão da *causalidade* entre o *risco* e o *resultado*, como elemento necessário. O *aumento do risco* complementa, mas não substitui, a ideia da *causalidade* no campo dos crimes comissivos.[288] Dessa forma, ainda que na forma de *condição negativa*, de *causalidade hipotética*, parece necessária a constatação de alguma relação entre a omissão e o resultado, para além da mera diminuição do risco.[289]

Ainda nessa seara, vale mencionar a posição de GRECO. O autor aponta que a teoria da *diminuição do risco* poderia ser alicerçada sob um *argumento ontológico*, uma vez que existem setores da realidade – que compreendem, por exemplo, processos microfísicos – nos quais não se aplicam as leis causais estritas, e a exigência de uma probabilidade próxima da certeza significaria a renuncia à imputação.[290] No entanto, o autor rechaça tal perspectiva ao reconhecer que nesses setores é possível que existam relações causais concretas, que apenas não são apreensíveis pela ausência de conhecimento sobre suas estruturas. E a falta de conhecimento sobre um processo especifico não significa sua inexistência, nem legitima a decisão pela *imputação*, em desfavor do réu.[291]

Por outro lado, GRECO entende que a ideia da *diminuição do risco* faz sentido de um ponto de vista *político criminal*.[292] O autor parte da premissa de que um direito penal protetor de bens jurídicos deve encarar o resultado como

---

286. JAKOBS, *Derecho Penal*, p. 963.

287. GIMBERNAT ORDEIG, *Estudios*, p. 419.

288. Sobre a necessidade de manutenção de uma base causal, mesmo nas concepções normativas de imputação, ver REALE JR., *Projeto*, que afirma – com razão – constituir a imputação objetiva um critério normativo que se soma ao nexo causal, apontando que mesmo ROXIN, "formulador inicial da teoria da imputação objetiva, não defende que venha esta a substituir o nexo de causalidade, pois apenas entende que a um resultado *causado* pelo agente só se pode imputar ao tipo objetivo se a conduta do autor criou um perigo ao bem jurídico não coberto por um risco permitido e esse perigo também se realizou no resultado concreto".

289. Bem por isso, parte da doutrina que aceita o critério do *aumento do risco* para os crimes comissivos não usa a ideia da *diminuição do risco* para a imputação da omissão. Nesse sentido, JESCHECK, que trabalha o critério da *probabilidade próxima da certeza*, em *Tratado*, p. 562, e o próprio ROXIN, como adiante exposto.

290. GRECO, *Problemas de causalidade*, *passim*.

291. GRECO, *Problemas de causalidade*, *passim*.

292. GRECO, *Problemas de causalidade*, *passim*.

uma *componente do injusto*, de forma que fique claro não ser a norma um mero capricho, mas uma determinação em prol da tutela de algo efetivo. Por isso, se a conduta exigida pela norma *melhorar* as chances de salvamento do bem – sob uma perspectiva *ex post* –, a proibição se *confirma* como razoável e justificada. Assim, em primeiro lugar seria necessário indicar que o omitente *causou* o resultado, demonstrando que a lesão teria ocorrido de forma *distinta* da efetivamente ocorrida caso a norma mandamental fosse obedecida. E, em complemento a tal critério, seria ainda necessário indicar que o comportamento esperado teria *diminuído* o risco de lesão.[293]

Diante dos problemas da *probabilidade próxima da certeza* e da *diminuição do risco*, GIMBERNAT ORDEIG busca uma solução alternativa para o problema da *causalidade da omissão* a partir de considerações sobre a *causalidade* nos delitos *imprudentes por comissão*.[294] Para o autor, na dogmática dos delitos comissivos, o conceito de *relação causal naturalística* foi aos poucos substituída pela *imputação objetiva* após o aprimoramento desta ideia por ROXIN, ao tratar, já em 1962, do *aumento do risco*, do *reflexo no resultado* e do âmbito de proteção da norma como elementos de imputação.[295]

Nesse âmbito, segundo GIMBERNAT ORDEIG, é necessário demonstrar que o comportamento arriscado *causou com segurança* a lesão do bem jurídico. Nos casos em que o agente cria um *foco de perigo* permitido e o transforma em não permitido é impossível, para GIMBERNAT ORDEIG, indicar se este resultado decorre da parcela *permitida* ou daquela *não permitida* do risco, mas é viável perceber se o resultado decorreu *com segurança* ou não do *risco inicialmente criado* (permitido ou não permitido).[296] Assim, se esse risco inicial é a *causa* do resultado, a omissão que o *desestabiliza* será relevante, não importando se o curso lesivo decorre da parcela permitida ou da parcela proibida do risco.[297] Se um médico não diagnostica por negligência uma peritonite e o paciente falece dessa doença não é necessário, segundo GIMBERNAT ORDEIG, perguntar se as medidas médicas adotadas em caso de reconhecimento da doença teriam evitado *com probabilidade próxima da certeza* o resultado morte, mas apenas indagar se o não diagnóstico desestabilizou o *foco de perigo* (doença) e se o resultado morte é decorrente deste *foco de perigo*. Em outras palavras, será sempre necessário identificar uma relação de *certeza* na causalidade, mas entre o *foco de perigo* não controlado e o resultado e não entre a conduta hipotética e sua evitação.

Portanto, a *causalidade*, para GIMBERNAT ORDEIG, decorre da constatação de que o agente criou um *risco não permitido* – ou que não manteve um *foco*

---

293. GRECO, *Problemas de causalidade*, *passim*.
294. GIMBERNAT ORDEIG, *Estudios*, p. 85.
295. GIMBERNAT ORDEIG, *Estudios*, p. 283.
296. GIMBERNAT ORDEIG, *Estudios*, p. 286.
297. GIMBERNAT ORDEIG, *Estudios*, p. 297.

de risco dentro dos limites *permitidos* – e o resultado foi causado justamente por este *risco*, seja pela parte permitida ou pela parte não permitida, uma vez que tal separação é inviável.[298] Com isso, segundo o autor, fica resolvido o caso da transfusão de sangue e o do comerciante que vende produto potencialmente alérgico sem a identificação necessária. Nessas situações, não será necessário indagar se a conduta adequada – análise do sangue/identificação do potencial alérgico – impediria o resultado, mas apenas verificar se o *risco* produzido – sangue contaminado/consumo do produto – causou o resultado. E tal análise pode ser feita sobre critérios de *certeza* e não de *probabilidade*. No caso da transfusão de sangue, o agente criou um *risco* (liberação de sangue para a transfusão) *não permitido* (sem análise adequada) e é possível constatar com *segurança* que o *risco* (liberação do sangue para transfusão) causou a contaminação. O mesmo ocorre no caso do produto sem identificação de composição alérgica. O vendedor criou um *risco* (venda de um produto) *não permitido* (sem identificação de composição alérgica). Caso se verifique – com *certeza absoluta* – que o produto causou a morte, haverá imputação, porque o resultado decorreu do *risco* criado.[299]

A primeira crítica à proposta de GIMBERNAT ORDEIG é apresentada por DOPICO GÓMEZ-ALLER, para quem o autor não resolve o problema central da *causalidade da omissão*, pois, apesar de rechaçar o *juízo hipotético* proposto pelos autores da *probabilidade próxima da certeza*, acaba por utilizá-lo indiretamente, deslocando seu foco para o *risco criado* e não para o *risco não permitido*. Segundo DOPICO GÓMEZ-ALLER, GIMBERNAT ORDEIG atribui a responsabilidade ao agente/omitente pelo simples fato de *ultrapassar* os limites do *risco permitido*. A partir deste ponto, ele será responsável por *qualquer resultado* derivado *causalmente* daquele risco, mesmo aqueles decorrentes de sua parcela *permitida*, ou seja, aqueles que ocorreriam mesmo diante da cautela devida ou do comportamento esperado. No entanto, deve ser demonstrado que o *risco* causou o resultado com *segurança*. Mas essa *segurança*, segundo DOPICO GÓMEZ-ALLER, somente pode ser aferida por um *juízo hipotético*, pelo qual se suprima mentalmente o *risco inicial* para verificar a manutenção ou não do resultado. Assim, todos os problemas do *juízo hipotético* continuariam vigentes, e seriam apenas deslocados para o *risco inicial*.[300]

---

298. GIMBERNAT ORDEIG aponta a impossibilidade de identificar se o resultado típico decorre do segmento de *risco permitido* ou de *risco não permitido* do comportamento, e cita o próprio ROXIN quando indica a inviabilidade de cisão do risco em parte *permitida* e *não permitida* para avaliar a realização do perigo no resultado de cada uma delas (GIMBERNAT ORDEIG, *Estudios*, p. 86).

299. Para GIMBERNAT ORDEIG o que importa é se o garante cumpriu ou não seu dever de manter o *foco de perigo* do qual se encarrega dentro do controle exigido – caso isso não ocorra e o *foco de perigo* cause o resultado, este será imputado à omissão do garante, "independiente de si el cumplimiento de dicha obligación hubiera podido impedir o no la producción de ese resultado". GIMBERNAT ORDEIG, *Estudios*, p. 425.

300. Nessa linha, DOPICO GÓMEZ-ALLER, *Omisión*, pp. 552 e 573.

Não nos parece uma crítica adequada, porque ao deslocar a análise da *causalidade* para a relação entre o *foco de perigo* e o *resultado*, GIMBERNAT ORDEIG se afasta do juízo *hipotético* sobre a conduta exigida pela norma, atrelando a imputação a uma *relação real* entre um *risco* existente e uma lesão. Ou seja, não será necessário indagar o que aconteceria se o comportamento *esperado* fosse realizado, e sim apenas observar se o *foco de perigo* concretamente *causou* o resultado. O juízo será de *supressão mental* e não de *adição mental*, um parâmetro que permite identificar com maior segurança a *relação* entre causa e efeito.

DOPICO GÓMEZ-ALLER ainda critica a proposta de GIMBERNAT ORDEIG por identificar nela a transformação de um delito de resultado em crime de perigo, uma vez que afasta a necessidade da comprovação do nexo causal entre o *risco* e o *resultado.*[301] Tal crítica, no entanto, parece decorrer de uma compreensão equivocada do autor. GIMBERNAT ORDEIG não rechaça o nexo causal em momento algum. Ao contrário, valoriza-o, apenas deslocando-o da *omissão* para o *foco de perigo precedente* não dominado. Para o autor, como já apontado, é necessário comprovar que *este foco* causou o resultado, mas não é indispensável demonstrar que a *conduta exigida* teria evitado sua causação.

O problema da tese de GIMBERNAT ORDEIG parece ser outro, de caráter *normativo*. Ao construir sua proposta de imputação, o autor acaba por equiparar o risco *permitido* com o *não permitido*, renunciando a uma distinção importante na seara da tipicidade. Como indicado, GIMBERNAT ORDEIG aceita a imputação se verificado que o *risco* causou o resultado, seja por sua parcela *permitida* ou pela *não permitida.*

Assim, um motorista que ultrapassa os limites de velocidade será responsabilizado por *qualquer* lesão por atropelamento, mesmo que exista dúvida se o acidente aconteceria da mesma forma se respeitados os limites de velocidade. Se compreendemos bem o autor, mesmo nos casos de *culpa exclusiva da vítima* haveria *imputação.* Se alguém se joga diante do veículo em uma estrada, o condutor que anda acima dos limites de velocidade será responsabilizado pela morte – afinal, o *foco de perigo* (veículo) foi *desestabilizado* por uma omissão do autor (deixou de andar na velocidade adequada) e este *foco de perigo* (veículo) *causou* com toda a certeza o *resultado* (morte). Note-se que a imputação existiria mesmo se constatado que a condução na velocidade adequada não impediria a morte.

A nosso ver, não procede a premissa da qual parte GIMBERNAT ORDEIG, de que é impossível separar a parcela do *risco* criado que é permitida daquela *não permitida* e constatar qual delas está *causalmente* ligada ao resultado. Tal operação, ainda que exija uma análise argumentativa apurada, deve ser efetuada pelo intérprete. Se alguém criou um *risco não permitido* e não o *controlou* ou não

301. GÓMEZ-ALLER, *Omisión*, pp. 544 e ss., citando tais críticas e seus autores.

agiu para *salvar* o bem jurídico, deve-se indagar se o resultado é decorrente da parcela *permitida* ou daquela *não permitida* do risco criado. Caso a lesão decorra do *risco permitido*, não haverá imputação, porque, como visto, não há legitimidade em sancionar alguém pelos efeitos de condutas toleradas na sociedade. Caso seja derivada da parcela *não permitida*, o agente/omitente responderá pelo resultado. Em outras palavras, ainda que exista um *risco não permitido*, não parece possível aplicar as consequências da norma penal se o resultado lesivo não decorreu dessa qualidade do *risco*.

Usemos, a título de ilustração, o exemplo de GIMBERNAT ORDEIG do comerciante que vende um produto sem identificação de seus componentes que podem causar alergia. Há um *risco não permitido*. Caso se constate que o consumidor sempre foi preocupado com sua sensibilidade alérgica e jamais teve problemas dessa natureza porque observava com cuidado a composição dos alimentos que ingeria, o resultado morte decorreu da *omissão de informação*, do risco *não permitido*, de forma que haverá imputação. Por outro lado, se o consumidor sequer sabia da possibilidade de reações alérgicas e não costumava ler embalagens do produto, o vendedor responderá pela *omissão própria*, prevista no artigo 63 do Código de Defesa do Consumidor (Lei 8.078/1990),[302] mas não haverá *relação de imputação* entre a violação da norma de cuidado e a morte. Isso porque a existência do alerta seria irrelevante – ou seja, o resultado aconteceria mesmo que o risco criado estivesse nos limites *permitidos*. Em suma, a proposta de GIMBERNAT ORDEIG peca por admitir a responsabilidade por resultados oriundos de *riscos permitidos*, ainda que de forma indireta.

No que se refere à *causalidade da omissão*, ROXIN segue linha diversa. Para esse autor, haverá *imputação* na omissão se constatado que a ação esperada *diminuiria o risco* de resultado por uma perspectiva *ex post*, desde que reconhecível o contexto *ex ante* por uma prognose objetiva posterior.[303] Ou seja, se o comportamento positivo levasse – com probabilidade próxima da certeza – a uma *diminuição do risco* para o bem jurídico tutelado, levando-se em consideração os conhecimentos totais do agente, confirmados posteriormente por uma análise concreta da situação, haverá imputação. Assim, ROXIN usa a *probabilidade próxima da certeza* para aferir concretamente a *diminuição do risco* que seria alcançada pela conduta exigida pela norma. Os pais que deixam de levar o filho ao médico diante de evidentes sintomas de doença grave respondem pela morte

---

302. "Art. 63. Omitir dizeres ou sinais ostensivos sobre a nocividade ou periculosidade de produtos, nas embalagens, nos invólucros, recipientes ou publicidade:

Pena – Detenção de seis meses a dois anos e multa.

§ 1.º Incorrerá nas mesmas penas quem deixar de alertar, mediante recomendações escritas ostensivas, sobre a periculosidade do serviço a ser prestado."

303. ROXIN, *Derecho Penal*, II, p. 772.

por omissão se constatado que o atendimento – com probabilidade próxima da certeza – diminuiria o risco do resultado.[304]

A nosso ver, ainda que ROXIN busque afastar os problemas da teoria da *diminuição do risco* com uma referência à *probabilidade nos limites da certeza*, ainda centra o desvalor no primeiro critério, de forma que todas as críticas já expostas são aqui pertinentes. Como afirmado, tal proposta não se amolda ao texto legal brasileiro, que exige a constatação de que a ausência da omissão – ou seja, a presença da ação devida – excluiria o resultado.

Por outro lado, pode-se afirmar que a ideia de ROXIN de *diminuição do risco* não é tão distinta, em termos práticos, da *probabilidade próxima da certeza*, uma vez que atrela esse último critério ao resultado *concretamente ocorrido*. Nesse caso, nos parece mais adequado manter a imputação ligada ao parâmetro mais seguro da *probabilidade próxima da certeza* do que usar um critério que conflite com o texto legal e dê ensejo a interpretações que podem ser incompatíveis com o *in dubio pro reo*, como já exposto.

3.6.2 Posicionamento

A nosso ver, e como já indicado, a *omissão* é uma *condição negativa* do resultado, de forma que a imputação deve ter por base um *juízo hipotético*, uma operação que exige a adição mental da conduta esperada e sua projeção sobre o resultado típico.[305] Embora este *juízo* seja mais fácil na ação, porque existiu um comportamento positivo orientado para o resultado, nada impede que a construção também se aplique à *omissão*. O próprio legislador a admite (CP, art. 13). Nesse caso, deve-se constatar que a existência do comportamento exigido pela norma mandamental teria impedido o resultado.

O problema, como assinalado, é o parâmetro para identificar se a ação esperada impediria a ocorrência do resultado, o critério para orientar esse *juízo hipotético*. No campo da comissão ainda existe alguma segurança para fixar a *causalidade*, uma vez que o comportamento é *condição positiva* do resultado e estrutura o curso causal de forma indispensável. No entanto, mesmo aqui há dúvidas sobre existir *certeza* absoluta de que a supressão mental do comportamento afastaria o resultado.[306] Há casos em que tal constatação é evidente, como naquele em que alguém atira e mata sua vítima, mas há outros que não. TORIO LÓPEZ aponta para o fato de o conceito de *causalidade*, no campo da ação, progressivamente

304. ROXIN, *Derecho Penal*, II, p. 772.

305. A ideia de condição negativa da omissão é exposta por REALE JR. nos seguintes termos: "a omissão como causa só pode ser relevante se constitui uma condição necessária à realização do evento". "Assim se, mesmo não omitida a ação, o evento teria ocorrido, a omissão não é causa". Em *Crime de sonegação*, p. 256.

306. Sobre a dificuldade de encontrar um conceito naturalístico mesmo na *comissão*, ver MARTINEZ BUJAN-PEREZ, *Derecho penal*, p. 274.

adotar paradigmas *probabilísticos*,[307] o que pode ser constatado por decisões judiciais em casos emblemáticos nos quais a constatação *estatística* substituiu de certa forma a *certeza causal*.[308] Em outras palavras, nem mesmo nos delitos *comissivos* é possível identificar, com toda segurança, a existência de um curso causal certo.[309] Já na esfera da *omissão* o problema é mais evidente, pois sempre será possível alegar que a conduta devida não afastaria absolutamente o resultado, diante da sempre possível anulação de seus efeitos por outra condição hipotética.

Nessa seara, portanto, a *certeza absoluta* é impraticável. Por outro lado, reconhecer que a mera constatação de que a conduta exigida *diminuiria o risco* do resultado é suficiente à imputação parece, como já exposto, atentar contra o *in dubio pro reo*, além de ir de encontro ao texto legal brasileiro. Portanto, o critério que parece exequível é: o resultado será imputável à omissão quando a adição mental da conduta exigida pela norma afasta a ocorrência do resultado, *da maneira concreta como ocorreu*, com *probabilidade próxima da certeza*. Trata-se de buscar, em elementos *ontológicos* e *estatísticos*, a relação direta entre a omissão e o resultado, apurada sempre sob uma perspectiva *ex post*, ou seja, em um momento posterior, de posse de todos os dados existentes no instante do *comportamento*.[310] Evidente que não se trata de um critério *matemático*, e sim de uma orientação ao intérprete, que deverá levar em consideração a possibilidade de que a conduta ativa evitaria o resultado em seu grau máximo, podendo, no entanto, reconhecer a imputação quando existir uma dúvida ínfima.

Vale destacar, mais uma vez, que tal probabilidade é aferida *ex post*, com base em todo o conhecimento possível sobre o contexto fático e as relações a ele inerentes. Trata-se de um *juízo hipotético* pleno. Por isso, se alguém se omite acreditando que o comportamento adequado salvaria a vítima, somente será punido se constatado que aquela conduta suprimida teria condições de evitar o resultado com *probabilidade próxima da certeza*, sob uma perspectiva global, com todas as informações sobre o contexto, mesmo aquelas indisponíveis no momento omissivo. Caso se verifique posteriormente que a conduta exigida não impediria a lesão, não existirá imputação ou *omissão imprópria*. Há uma falha de caráter do agente, constatada por sua má vontade, mas sob uma perspectiva *objetiva* a omissão não é *condição negativa* do resultado, e, portanto, será irrelevante

---

307. TORIO LÓPEZ, *Acción peligrosa*, p. 168.

308. Nesse sentido, o caso espanhol do *aceite de colza*, nos anos 1980, e da talidomida, descritos em HASSEMER, *La responsabilidad*, p. 80; CARO CORIA, *Sociedades de riesgo*, p. 179; e RODRÍGUEZ MONTAÑÉS, *El caso, passim*.

309. JESCHECK, *Tratado*, p. 564, e POPPER, *A lógica*, pp. 20 e ss.

310. SILVA SÁNCHEZ rechaça fundar a relação entre omissão e resultado sob uma perspectiva meramente subjetiva *ex ante*, que entenda como punível uma omissão que *ex post* for caracterizada como irrelevante para o resultado. Para o autor, tal postura conflita com a ideia de um Direito Penal voltado à proteção de bens jurídicos. SILVA SÁNCHEZ, *El delito*, p. 361.

para um direito penal voltado à proteção de bens jurídicos, que rechaça a punição de comportamentos inidôneos para a lesão típica (CP, art. 17).[311]

Por fim, vale destacar que existirá imputação quando a ação exigida pela norma impedisse, com *probabilidade próxima da certeza*, que o resultado ocorresse da *forma* como ocorreu. Ou seja, se constatado que o comportamento adiaria o resultado ou modificaria substancialmente os contornos de sua ocorrência, a omissão será relevante na seara penal. Para ilustrar a assertiva, voltemos ao exemplo dos pais que deixam de levar o filho ao médico. Se houver dúvida sobre a capacidade dos profissionais de salvar a criança, mesmo se fosse transportada imediatamente ao hospital, ela beneficiará os omitentes. Não existirá *omissão imprópria*. No entanto, se constatado, com *probabilidade próxima da certeza*, que o socorro imediato impediria a morte do menino naquele momento, de nada importa a alegação de que ele poderia falecer nos dias subsequentes, dado que sua doença era muito grave e complexo o tratamento. Essa morte posterior é substancialmente diferente daquela que poderia ser evitada pela conduta adequada dos pais, de forma que nesse caso a omissão equivale à comissão para fins de imputação do resultado.

Não procede aqui a crítica de GIMBERNAT ORDEIG de que o critério ora defendido seria inaplicável em diversas searas, como, por exemplo, nos casos de erro médico, onde sempre será possível alegar que a conduta *adequada* não seria suficiente para garantir um resultado benéfico ao paciente.[312] A nosso ver, e em conformidade com o exposto, o procedimento médico fora das normas de cuidado tem a *natureza* de *omissão imprópria* se constatado que a conduta esperada evitaria o resultado *da forma como ocorreu*. Assim, se constatado que a intervenção adequada e omitida preservaria a vida do paciente por mais algum tempo, ou evitaria sua morte em decorrência *daquele* desdobramento causal, haverá imputação.

Para sustentar a proposta em tela, enfrentemos os exemplos de GIMBERNAT ORDEIG.

Tratemos, em primeiro lugar, da hipótese da *transfusão de sangue*, na qual o responsável pela análise prévia do material deixa de cumprir com suas obrigações e repassa ao setor de distribuição pacotes contaminados com AIDS.[313] Nesse caso, segundo GIMBERNAT ORDEIG, e como já apontado, o omitente poderia arguir que, fosse seu comportamento conforme o direito (se tivesse analisado o sangue), ainda assim seria possível o resultado, porque nem sempre a análise prévia tem condições de identificar a presença viral, em especial se o doador estiver no

---

311. Nessa mesma linha, SILVA SÁNCHEZ, para quem o contrário do ora sustentado levaria à punição da tentativa irreal e violaria o princípio da exclusiva proteção de bens jurídicos. SILVA SÁNCHEZ, *El delito*, p. 373.

312. GIMBERNAT ORDEIG, *Estudios*, p. 77.

313. GIMBERNAT ORDEIG, *Estudios*, p. 83.

chamado *período de janela.* Ou seja, não haveria a *probabilidade nos limites da certeza* nesse caso e a omissão não seria caracterizada como *imprópria.*[314]

A nosso ver, em tal caso, ao contrário do que sustenta GIMBERNAT ORDEIG, a omissão do responsável pela análise *causou* o resultado *com probabilidade próxima da certeza.* Ainda que exista um percentual de contaminação não detectável, a possibilidade de tal fenômeno é muito pequena, mantendo-se em uma margem inferior à *probabilidade próxima da certeza* exigida para a imputação.

O mesmo ocorre nos casos em que a ação esperada depende de um ato conjugado com terceiros, também apontado como problemático por GIMBERNAT ORDEIG.[315] Trata-se dos casos em que a conduta exigida pela norma não depende *apenas* do agente, mas de uma atividade positiva de um terceiro.

Aqui existem duas situações: ou o ato é esperado da vítima, ou de terceiro que também deve observar normas de cuidado.

A primeira situação ocorre, como já exposto, no caso do produto vendido sem informações no rótulo sobre sua composição – que pode levar alguém com reações alérgicas a consumi-lo inadvertidamente. Para o autor, sempre será possível ao vendedor alegar a possibilidade de o consumidor descuidado não ler a embalagem mesmo que a informação estivesse lá, de forma que nunca existirá a *probabilidade próxima da certeza* do resultado. A nosso ver, como apontado, trata-se de uma questão de prova. A *probabilidade próxima da certeza* é um critério objetivo que deve ser demonstrado pela acusação, afastando todos os elementos que diminuam este grau de possibilidade de ocorrência do resultado. São muitas as variáveis concretas que podem fazer a diferença. Deve-se discutir se o produto é de uso corriqueiro ou não (de forma que as pessoas conheçam ou não seus efeitos em geral), se era exigida recomendação médica para sua ingestão (de forma a inserir mais um suposto garante para o caso), se o consumidor era cauteloso e observava em regra as embalagens (por meio de prova testemunhal ou outras).

No entanto, o *norte* para o intérprete está na *alta probabilidade* proposta pela doutrina, que concretiza o critério legal previsto no artigo 13, *caput*, do Código Penal. Caso constatado que o consumidor deixaria de usar o produto se a informação estivesse no rótulo com *probabilidade próxima da certeza* haverá *omissão imprópria.* Do contrário, o vendedor responderá pela *omissão própria* prevista no art. 63 do Código de Defesa do Consumidor. É certo que existirão dificuldades probatórias. Elas também existem para a aferição do *dolo eventual* e da *culpa consciente* e mesmo para a constatação do *nexo causal* em crimes comissivos.

---

314. GIMBERNAT ORDEIG, *Estudios*, p. 84.
315. GIMBERNAT ORDEIG, *Estudios*, p. 85.

Mas isso não autoriza a substituição da exigência legal – de que sem a omissão o resultado não ocorreria – por critérios distintos, por mais sofisticados que sejam.

Por outro lado – e ainda dentro das hipóteses das ações conjugadas –, há os casos de omissões em cursos causais conjugados com terceiros que também devem obediência a normas de cuidado. É o caso já citado do médico plantonista que deixa de anotar certas informações sobre alergias a medicamentos no prontuário do paciente e este morre em decorrência dessa negligência porque o profissional que assumiu o turno seguinte usou o remédio inadequado.

Segundo GIMBERNAT ORDEIG, sempre será possível ao primeiro profissional alegar que não existe *probabilidade próxima da certeza* de que o segundo médico leria o prontuário, e a impunidade seria a regra nestes casos.[316] A nosso ver, o *juízo hipotético* nesses casos deve ter como premissa que os terceiros atuariam conforme as normas de cuidado, o que exige, sem dúvida, uma análise *valorativa* do contexto, não distinta daquela que pauta a aplicação do *princípio da confiança.*[317] Assim, ainda que não exista *certeza* de que o segundo plantonista leria com cautela o prontuário elaborado pelo primeiro, deve-se partir da hipótese de que ele agiria dentro das *normas técnicas profissionais*, ou seja, se comportaria conforme o Direito, a não ser que existam fundados indícios do contrário.[318]

Por fim, analisemos o exemplo de ROXIN: aquele que omite colocar sinais de cuidado em uma obra em autopista responde pelo acidente que seguramente seria evitado por eles, ainda que seja possível imaginar que terceiros pudessem subtrair ou danificar tais sinais se fossem devidamente instalados.[319] Segundo o autor, com o qual concordamos, a possibilidade da atuação posterior dolosa ou culposa de terceiros não deve ser levada em consideração porque tal ocorrência, em verdade, constitui outro *curso causal hipotético*, distinto do primeiro, sem capacidade de excluir a imputação.[320]

Assim, o *juízo hipotético* da *probabilidade próxima da certeza* é o critério mais adequado para a identificação da *relação de imputação* na omissão. E esse *juízo*, como apontado, é aferido sob uma perspectiva *ex post*, que leve em consideração todas as condições positivas e negativas que concorreram para o resultado.

---

316. GIMBERNAT ORDEIG, *Estudios*, p. 407.

317. Segundo GRECO, a expectativa de que o agente/omitente subsequente agiria conforme o direito deriva de uma *regra de experiência* que ajuda na prova da *causalidade* da omissão anterior e da *diminuição do risco* decorrente do comportamento conforme a norma. Por isso, o juiz pode se valer dessa *regra da experiência*, que será afastada sempre que existam indicações em sentido contrário, em uma operação semelhante àquela usada nos casos de principio da confiança. GRECO, *Problemas de causalidade*, *passim.* Sobre o tema, JAKOBS, *Derecho Penal*, pp. 253 e ss.

318. JAKOBS, *Derecho Penal*, pp. 253 e ss.

319. ROXIN, *Derecho Penal*, II, p. 776.

320. ROXIN, *Derecho Penal*, II, p. 776.

No entanto, vale um alerta. Esse *critério*, embora fundado em elementos *ontológicos* e *estatísticos*, também guarda conexão com institutos *normativos*, uma vez que somente existirá imputação se a *condição* do resultado decorrer da parcela *não permitida* do risco criado pelo agente/omitente. O motorista que omite frear seu veículo ao ver um passante e o atropela e mata *causa* sua morte. Mas a *omissão de frear* somente será relevante para a imputação do resultado se constatado que a conduta esperada – frear – realmente impediria a lesão. Caso a pista estivesse molhada, e verificado que a ação esperada (frear) não impediria o acidente, a omissão não será *condição* do resultado.

Importa notar que, nesse caso, uma parte da conduta do motorista continua a ser *condição* do resultado, porque se ele não dirigisse naquele local naquele instante o atropelamento não aconteceria. Porém, a *condição* efetivamente ligada ao resultado é um *risco permitido*, qual seja, o ato de dirigir. O comportamento que ultrapassou esse nível, a conduta que qualificou o perigo – o não frear –, não pode ser caracterizado como *condição negativa* do resultado porque irrelevante para sua produção. A inexistência da omissão, o ato de frear, não impediria sua ocorrência.

Aqui, portanto, discorda-se de GIMBERNAT ORDEIG, que rechaça a ideia de *separar* os desdobramentos de riscos *permitidos* de *não permitidos*, apontando a inviabilidade de tal operação. Ao contrário do que sustenta o autor, nos parece possível identificar se a conduta que foi *condição* do resultado (positiva ou negativa) é aquela *permitida* ou a *não permitida.*[321] No primeiro caso existe imputação. No segundo não existe.

Imaginemos a conduta imprudente de um médico que deixa uma gaze no estômago de um paciente após uma cirurgia. Dias depois esse paciente morre de infecção hospitalar. Há uma relação *causal* direta entre o *risco criado* pela cirurgia e a morte, pois suprimido o procedimento aquela pessoa estaria viva ou morreria em casa de outra forma. No entanto, constata-se posteriormente (*ex post*) que aquela infecção não decorreu da negligência da gaze, e sim de problemas de higiene nos tubos que mantinham a pessoa respirando, que, somados à fragilidade pós-operatória, causou a morte. Nessa hipótese, a cirurgia (risco permitido) é *condição* do resultado, mas o esquecimento da gaze (risco não permitido) não o é, porque mesmo que o material fosse recolhido a morte aconteceria da *mesma forma.* Ou seja, ainda que uma *parte* da conduta do médico tenha relação direta – e *causal* – com o resultado, não haverá imputação se essa *parcela* está dentro

---

321. ROXIN admite implicitamente que, em certos casos, é possível separar a parte não permitida da permitida nos riscos antecedentes. Ao comentar sentença do BGH alemão que condenou um motorista que atropelou um pedestre a 120 km/h – velocidade acima da permitida – quando restou comprovado que a condução na velocidade adequada não impediria a morte, o autor critica a posição do tribunal, porque a superação da velocidade máxima não estava precisamente em conexão imediata com o acidente. *Derecho Penal*, II, p. 911.

do *risco permitido* e aquela que extrapola tais parâmetros é *estranha* ao resultado concreto.

Ainda para ilustrar o posicionamento exposto, tomemos o exemplo de SILVA SÁNCHEZ no qual o condutor de um caminhão ultrapassa um ciclista sem observar a distância correta e sem diminuir a velocidade, violando um *dever de controle* e criando um *risco não permitido* por ação e omissão. O ciclista, que estava embriagado, leva um susto, perde o controle da bicicleta e cai sob o caminhão, vindo a falecer.[322]

Nesse caso, existe o *risco não permitido* (ultrapassagem e não diminuição da velocidade), mas o resultado somente será imputável se o acréscimo mental da conduta possível e esperada afastar a ocorrência do resultado com *probabilidade próxima da certeza*. Assim, se constatado que a *diminuição da velocidade* e a manutenção da *distância correta* seriam irrelevantes para o acidente, que aconteceria – ou poderia acontecer com *probabilidade próxima da certeza* – da mesma forma, não existirá *imputação*, ainda que presente o *risco não permitido*.

Não se trata de um caso de *compensação de culpas*, inadmitido na seara penal, e sim de *culpa exclusiva da vítima*, porque o risco *não permitido* criado pelo autor é *irrelevante* para a produção do resultado. Não se nega a existência de um *vínculo causal* entre a condução do caminhão e o resultado morte. Mas essa *condição* do resultado protagonizada pelo motorista não é *desvalorada* porque se trata do mero ato de conduzir um veículo, permitido e tolerado. O comportamento que descumpriu a *norma de cuidado* não é *condição* da morte, de forma que inexistirá imputação do resultado à *omissão* – ou mesmo à ação – precedente que criou o *risco não permitido*.

Com o escopo de expor a utilidade prática do critério ora defendido, tomemos o exemplo da Ação Penal 470, que tramitou no Supremo Tribunal Federal e discutiu, dentre outros inúmeros temas, os parâmetros para a imputação de resultados de *gestão fraudulenta* de instituição financeira às omissões perpetradas por seu diretor de *compliance*.[323] Esse personagem foi condenado pelo delito por omitir, nos relatórios de controle interno do banco, a existência de concessão e renovação de empréstimos tidos por irregulares, simulados ou com garantias insuficientes. Ainda que, no caso, o suposto *dever de garante* não decorra da *ingerência* – objeto deste estudo –, mas se refira a *assunção de riscos alheios*, parte da discussão girou em torno da imputação do resultado à omissão e merece ser conhecida por abordar o tema ora posto.

Nesse contexto, a Suprema Corte discutiu se a *omissão* da menção às irregularidades nos relatórios internos do banco, dirigidos à cúpula da instituição,

---

322. Exemplo citado por diversos autores, dentre os quais SILVA SÁNCHEZ, *El delito*, p. 250.

323. Sobre o tema, ver COSTA e ARAUJO, *Compliance e* AP 470, *passim*.

teve ou não reflexos nos crimes financeiros praticados – em especial a *gestão fraudulenta*, e se isso foi suficiente para equiparar a omissão à comissão do delito. A defesa do réu, na ocasião, alegou que a indicação das irregularidades nos relatórios era irrelevante, uma vez que os destinatários de tais documentos – os dirigentes máximos da instituição financeira – as conheciam, e mais, estavam diretamente envolvidos com sua formatação. Em suma, postulou-se que a conduta exigida pela norma não impediria a *gestão fraudulenta*, de forma que não haveria um *nexo causal* ou de *condicionalidade* entre a omissão e o resultado típico.

O tribunal, no entanto, *condenou* o réu por ter *omitido* as informações dos relatórios – ou seja, reconheceu a *omissão imprópria*, como assentou o voto vencedor do relator, ministro Joaquim Barbosa: "Já quanto a (nome do réu), não há prova de que tenha participado na concessão ou renovação dos empréstimos, mas de sua ocultação os relatórios de controle interno e *compliance*".[324] O ministro Ayres Britto, no mesmo sentido, apontou que:

> "(...) quanto a este denunciado não posso deixar de consignar que muito me impressionou o fato de as provas dos autos não apontarem para um ato, uma ação tendente à realização da figura delitiva da gestão fraudulenta de instituição financeira (cabeça do art. 4.º da Lei 7.492/1986). Nada obstante, o fato é que o afrouxamento dos mecanismos de controle interno da instituição financeira (a deliberada omissão de controlar a regularidade das operações financeiras) também atinge o bem jurídico tutelado pela norma penal. (...) Tudo a atrair a regra que se extrai do inciso I do § 2.º do art. 13 do Código Penal, na medida em que esse acusado conhecia as operações ilícitas e tinha a obrigação legal e estatutária de impedir a ocorrência do resultado."[325]

Em voto divergente – e vencido –, o ministro Ricardo Lewandowski apontou que os relatórios daquele réu não eram vinculantes e a decisão final sobre a concessão/renovação dos empréstimos estava na alçada de outros diretores, também réus, de forma que o envio dos dados corretos não evitaria o resultado.[326] Embora não expresso, parece que este ministro usou do *juízo hipotético* – ou mesmo da *probabilidade próxima da certeza* – para afastar a omissão, ao indicar a falta de relevância do relatório para impedir os empréstimos discutidos. No entanto, o tribunal optou pela imputação do resultado, revelando que o mero descumprimento da norma mandamental foi relevante para a *gestão fraudulenta*, independente da questão sobre a possibilidade da ação exigida impedir o resultado típico.

---

324. Voto de Joaquim Barbosa, fls 1.196 e ss. do acórdão. No mesmo sentido, a maioria dos ministros do STF – dentre os quais Cármen Lúcia, fls.1.902 do acórdão, Luiz Fux, fls.2.732 do acórdão, Dias Toffoli, fls. 2.802 do acórdão, Gilmar Mendes, fls.2.874 do acórdão, resultando na condenação do réu – acórdão disponível em <http://s.conjur.com.br/dl/ap470.pdf>, acessado em 07/05/2015.

325. Voto Ayres Britto, fl. 2.910 do acórdão.

326. Veja fl. 2.664 do acórdão.

Se adotada a ideia da *diminuição do risco*, a decisão da Corte seria cabível, uma vez que a adoção do *cuidado devido* – a indicação expressa das irregularidades em documento oficial do banco – *poderia* fazer cessar as ilicitudes, uma vez que os superiores poderiam ficar *inibidos* diante dos relatórios e eventualmente cessar a conduta. O risco da perpetração da *gestão fraudulenta* diminuiria. Por outro lado, se adotada a *probabilidade próxima da certeza*, aqui defendida, a decisão não seria adequada, pois, sob uma perspectiva *ex post*, não é possível afirmar que a conduta exigida pela norma – a indicação dos problemas na concessão de créditos pelo banco – intimidaria os dirigentes da instituição com *probabilidade próxima da certeza*, e tal dúvida beneficia o réu, afastando a imputação do resultado, no caso, a *gestão fraudulenta*, à omissão prévia.[327]

Ainda na seara dos casos concretos, o critério da *probabilidade nos limites da certeza* foi aplicado pelo Superior Tribunal de Justiça em caso que envolveu urgência médica – com posterior morte do paciente – e a omissão da profissional de plantão, que não estava no local e não compareceu depois de chamada.[328]

Para os integrantes da 6ª Turma da Corte, não ficou claro na denúncia qualquer indício de que a presença da profissional no local dos fatos teria – com probabilidade próxima da certeza – evitado a morte do paciente. Vale aqui a transcrição de trecho do voto vencedor do relator, Min. ROGÉRIO SCHIETTI:

> "Neste contexto, quando se imputa a alguém crime comissivo por omissão (art. 13, § 2.º, *b*, do CP), é necessário que se demonstre o nexo normativo entre a conduta omissiva e o resultado normativo, porque só se tem por constituída a relação de causalidade se, baseado em elementos empíricos, for possível concluir, *com alto grau de probabilidade*, que o resultado não ocorreria se a ação devida fosse efetivamente realizada. Na hipótese em foco, a denúncia não descreveu com a clareza necessária qual foi a conduta omitida pela denunciada que teria impedido o resultado morte, com probabilidade próxima da certeza. Assim, se inexistir a descrição do liame de causalidade normativa entre a conduta comissiva por omissão e a morte da vítima, não há que se falar em materialidade de crime de homicídio, porquanto é imprescindível que a imputação esteja embasada em prova técnica, como laudo cadavérico, parecer médico ou perícia médica, que permita, com dados científicos, demonstrar com a mínima segurança que a vítima evoluiu a óbito por falta daquele atendimento médico imediato e especializado não prestado pelo acusado."[329]

---

327. Importa destacar que aqui não se analisa a omissão sob o prisma do concurso de agentes, uma vez que, nesse trecho do acórdão, tal questão não foi tangenciada. Sobre o tema, ver SAAD DINIZ, *Efeitos penais, passim*.

328. RHC 39.627-RJ, rel. Min. Rogerio Schietti Cruz, julgado em 8/4/2014.

329. Disponível em: <https://ww2.stj.jus.br/processo/revista/documento/mediado/?componente=ITA&sequencial=1312985&num_registro=201302358449&data=20140430&formato=PDF≥, acessado em 15/01/2015, sem grifos no original.

Nota-se, portanto, que a Corte adotou o critério da *probabilidade próxima da certeza* para caracterizar como relevante a omissão, na seara dos crimes *omissivos impróprios*.

Em linha similar, a mesma 6ª Turma do tribunal afastou a responsabilidade de engenheiro naval acusado de omitir informações relevantes a mergulhador contratado para reparar o casco de um navio após a ocorrência de acidente. No caso, o primeiro profissional teria deixado de informar ao segundo as características tóxicas do produto químico vazado do navio, de forma que o mergulhador deixou de usar o equipamento adequado e morreu em decorrência disso. O tribunal, ao analisar os contornos da questão, entendeu que a informação sobre a qualidade tóxica do produto não era relevante, uma vez que o equipamento a ser usado, caso o mergulhador estivesse ciente das características verdadeiras do material vazado, seria o mesmo. A intoxicação se deu porque o profissional não usou as vestimentas adequadas que deveriam ser utilizadas em qualquer operação de reparação, fosse o produto tóxico ou não. De forma que a informação completa por parte do engenheiro não impediria a imprudência do mergulhador – ao menos não com probabilidade próxima da certeza.

Merece destaque o seguinte trecho do voto do relator Min. OG FERNANDES:

> "Para que o agente seja condenado pela prática de crime culposo, são necessários, dentre outros requisitos: a inobservância do dever de cuidado objetivo (negligência, imprudência ou imperícia) e o nexo de causalidade. No caso, a denúncia imputa ao paciente a prática de crime omissivo culposo, na forma imprópria. A teor do § 2.º do art. 13 do Código Penal, somente poderá ser autor do delito quem se encontrar dentro de um determinado círculo normativo, ou seja, em posição de garantidor. A hipótese não trata, evidentemente, de uma autêntica relação causal, já que a omissão, sendo um não-agir, nada poderia causar, no sentido naturalístico da expressão. Portanto, a relação causal exigida para a configuração do fato típico em questão é de natureza normativa. Da análise singela dos autos, sem que haja a necessidade de se incursionar na seara fático-probatória, verifico que a ausência do nexo causal se confirma nas narrativas constantes na própria denúncia. Diante do quadro delineado, não há falar em negligência na conduta do paciente (engenheiro naval), dado que prestou as informações que entendia pertinentes ao êxito do trabalho do profissional qualificado, alertando-o sobre a sua exposição à substância tóxica, confiando que o contratado executaria a operação de mergulho dentro das regras de segurança exigíveis ao desempenho de sua atividade, que mesmo em situações normais já é extremamente perigosa. Ainda que se admita a existência de relação de causalidade entre a conduta do acusado e a morte do mergulhador, à luz da teoria da imputação objetiva, seria necessária a demonstração da criação pelo paciente de uma situação de risco não permitido, não-ocorrente, na hipótese. Com efeito, não há como asseverar, de forma efetiva, que engenheiro tenha contribuído de alguma forma para aumentar o risco já existente (permitido) ou estabelecido

situação que ultrapasse os limites para os quais tal risco seria juridicamente tolerado."[330]

Em suma, e pelo exposto, somente haverá *imputação* do resultado à omissão se for constatado, com *probabilidade próxima da certeza*, que a conduta adequada impediria a ocorrência do resultado, sob uma perspectiva *ex post*, levando-se em consideração os parâmetros *normativos* supra indicados.[331]

3.7 Do âmbito de abrangência da norma violada

Até o momento, a imputação da *omissão* por ingerência exige (i) a criação de um *risco;* (ii) a violação dos deveres de *controle* ou de *salvamento;* (iii) a capacidade de ação e a (iii) verificação de que o comportamento exigido pela norma impediria o resultado com *probabilidade próxima da certeza.*

Ainda assim, esses parâmetros não delimitam completamente a abrangência da omissão imprópria. Falta um critério que proteja aquele que criou um *risco não permitido* de ficar eternamente ligado a todo e qualquer desdobramento *causal* dele decorrente.[332] Tome-se um exemplo já utilizado, no qual um motorista dirige em velocidade excessiva e atropela um passante, deixando-o permanentemente manco. Anos depois, este mesmo motorista observa sua vítima atravessar uma

330. STJ, 6ª T., *HC* 68.871, rel. Og Fernandes, j. 06.08.2009, *DJe* 05/10/2009). Disponível em <https://ww2.stj.jus.br/processo/revista/documento/mediado/?componente=ITA&sequencial=878973&num_registro=200602337481&data=20091005&formato=PDF>, acessado em 15/01/2015.

331. Nessa seara, há quem discuta também a problemática – não exclusiva da omissão – das decisões colegiadas. Embora a questão não seja central para o estudo, merece algumas linhas. O problema: se em decisões colegiadas cada conduta individual pode ser considerada criadora do *risco não permitido*, lembrando-se que a abstenção (omissão) também pode ser relevante para a formação de maiorias. Em geral, a resposta é afirmativa, se o resultado lesivo for o desdobramento *causal* de cada ato individual. No entanto, a questão se torna complexa caso se demonstre que o voto do indivíduo poderia ser suprimido mentalmente sem que a decisão colegiada fosse alterada (sobre o tema, ver HASSEMER, MUÑOZ CONDE, *La responsabilidad*, p. 170 e ss.). Em tais casos parece correta a posição de ROXIN, para quem a votação do colegiado integra a decisão pela omissão à qual se imputa o resultado, de forma que cada membro somente será exonerado se demonstrar que fez todo o possível e exigível para obter uma decisão distinta (em *Derecho Penal*, II, p. 777). Do contrário, existirá um *risco não permitido* decorrente de cada voto, incorporado em uma decisão coletiva à qual se *imputa* o resultado porque a decisão contrária impediria sua produção. Há, portanto, ingerência e, seja na forma da coautoria ou da responsabilidade colateral – aplicável para as propostas que não aceitam tal concurso de agentes na omissão ou nos casos de crimes culposos –, cada membro será responsabilizado pelo resultado, na forma da alínea *c* do § 2.º do art. 13 do Código Penal. Uma das saídas para organizar a imputação seria o recurso à coautoria omissiva, nos casos de omissões *dolosas* e quiçá culposas, rechaçada pela doutrina. Sobre o tema, ver ainda, FEIJOÓ SANCHEZ, *Derecho penal*, 2007, p. 233.

332. Nessa linha está a crítica que DOPICO GÓMEZ-ALLER faz à ideia de GLASER, que reconhece na ingerência uma *continuidade* da ação inicial, como já apontado, em DOPICO GÓMEZ-ALLER, *Omisión*, p. 842.

rua. Por estar manca, ela não consegue apressar o passo e acaba atropelada por uma motocicleta. A questão: a omissão de *salvamento* pelo motorista original, tantos anos depois, o torna responsável – a título de *omissão imprópria* – pela morte?

Se levarmos em consideração os parâmetros até agora indicados, a resposta será afirmativa e o omitente será responsabilizado por *homicídio por omissão*. Existe (i) uma *criação de risco não permitido*, caracterizado pela condução em excesso de velocidade anos antes, causalmente ligado a um *contexto de salvamento*; (ii) a *capacidade de agir*, uma vez que o motorista tinha condições de levar o acidentado ao hospital; e (iii) é possível constatar – com *probabilidade próxima da certeza* – que a conduta adequada, ou seja, o *salvamento*, evitaria o resultado morte. No entanto, não parece adequado atrelar ao criador de um *risco não permitido* todo e qualquer resultado dele derivado. Criar-se-ia uma espécie de *escravidão causal*, sendo o ingerente um responsável perpétuo pela segurança do bem jurídico diante de todo e qualquer desdobramento do *risco não permitido* anterior.

ARMIN KAUFMANN – dentro de uma perspectiva *finalista* – resolve o problema pela *capacidade de direção final* do omitente, que para ele integra a *capacidade de omitir*.[333] Para esse autor, os cursos causais hipotéticos na omissão só serão imputáveis se houver – em relação a eles – direção final, ou seja, se o agente os representa como possíveis. Os resultados não representados como possíveis pelo omitente estão fora da *capacidade de omissão* (que engloba a *direção final* do omitir) e, por isso, não são imputados.[334]

A nosso ver, tal concepção acaba por vincular a imputação apenas a elementos *subjetivos*, à *representação* do agente. Porém, o fundamento das normas mandamentais é a *expectativa objetiva* da sociedade – institucionalizada pelo Direito –, de forma que a existência ou não da *representação* poderá ser avaliada como elemento adicional da tipicidade – para aferir o dolo ou a culpa – ou mesmo da culpabilidade, mas não como elemento da *imputação objetiva*. Para esta será necessário um marco objetivo, adicional, já previsto na seara dos crimes *comissivos*, qual seja, a restrição da imputação aos resultados que esteja dentro do âmbito de abrangência da norma violada.[335]

Como visto, a *omissão punível – e* em especial as *imprópria* – está atrelada *normativamente* à violação de uma *norma de cuidado*, de forma que somente haverá imputação do resultado concreto se ele estiver no espectro de lesões que

---

333. ARMIN KAUFMANN, *Dogmática*, p. 68.

334. ARMIN KAUFMANN, *Dogmática*, p. 68.

335. Nessa linha, TAVARES, ao expor que a ingerência pode fundar a imputação do resultado a título de omissão se identificados diversos requisitos, dentre os quais que o resultado seja objeto da norma de cuidado. TAVARES, *Teoria*, p. 336. No mesmo sentido, GARCIA CAVERO, *La posición*, p. 9.

a norma violada pretende evitar, sob uma perspectiva *teleológica*.[336] Em outras palavras, é necessário analisar qual o *escopo* da norma de cuidado, qual seu objetivo, o que efetivamente ela visa a proteger.[337]

Como expõe SILVA SÁNCHEZ, é preciso identificar *qual forma* de lesão ao bem jurídico é objetivada pela norma de cuidado.[338] Evidente que essa identificação nem sempre é fácil, e existem mesmo situações em que a norma tem âmbito tão amplo que é difícil fixar seus contornos.[339] No entanto, ainda que o instituto em discussão seja pouco preciso em certos casos, não há dúvida de que se trata de um instrumento importante para fixar uma diretriz de interpretação, e restringir o campo da imputação. Trata-se, em última análise, de um mecanismo legítimo de identificação da *relação de idoneidade* entre a norma de cuidado violada e o resultado verificado.

Assim, no caso do pedestre manco, a lesão causada por sua dificuldade para atravessar a rua em decorrência de problemas na perna – decorrentes de uma ação imprudente anterior – está *fora do âmbito de abrangência* da norma de cuidado violada anos antes. O motorista que causou o acidente original descumpriu norma que estabelece a velocidade adequada no trânsito. Essa norma tem o escopo de evitar acidentes *naquele momento*, em decorrência *direta* do excesso de velocidade, mas não visa a acidentes *futuros* derivados de eventuais deficiências físicas decorrentes destes atos imprudentes anteriores. Estes estão fora do seu âmbito de abrangência, de seu espectro *teleológico*, de forma que inexiste imputação do resultado àquele que criou o risco original, ainda que não permitido.

A fim de ilustrar melhor a aplicação da ideia do âmbito de abrangência em situações concretas, tomemos o exemplo de um motorista que dirige em velocidade excessiva e, ao passar, assusta uma senhora que tentava atravessar a rua, de forma que esta sofre um ataque cardíaco. Imaginemos, ainda, que a vítima seria

---

336. Nessa linha, já JESCHECK apontava que na ingerência a infração do dever deve consistir na *vulneração da norma orientada precisamente à proteção do correspondente bem jurídico* (*Tratado*, p. 568). ROXIN aponta que nos casos em que o curso causal está perfeitamente adequado ao risco não permitido, ainda restará excluída a imputação do resultado se a evitação de tais consequências não é o fim de proteção da norma. *Derecho Penal*, I, p. 378. GRECO aponta que "só haverá realização do risco se a proibição da conduta for justificada para evitar a lesão de determinado bem jurídico por meio de determinado curso causal, os quais venham efetivamente a ocorrer", *Um panorama*, p. 99.

337. Aqui se faz necessária uma *interpretação teleológica* da norma de cuidado, que parta de suas *consequências* – dos resultados que pretende impedir – e retorne para o interior do sistema, moldando a imputação de acordo com elas. Sobre o tema (interpretação teleológica), ver FERRAZ JR., *Introdução*, p. 293.

338. SILVA SÁNCHEZ, *El delito*, p. 446. Para STRATENWERTH, se a responsabilidade penal se apoia no comportamento precedente, só é possível estendê-la a consequências que, se fossem conhecidas de antemão, também deveriam ser tidas em conta desde o princípio, em *Derecho Penal*, p. 297.

339. Como ocorre nas normas destinadas a garantir a observância ao *princípio da precaução*. Nesse sentido, ver nosso *Crimes de perigo*, pp. 268 e ss.

salva se o motorista a levasse imediatamente ao médico, mas ele fugiu para evitar maiores problemas. Não há dúvidas de que os requisitos elencados para a *imputação objetiva* aqui estão: (i) há um *risco não permitido* (excesso de velocidade); (ii) há *capacidade* de salvamento; e (iii) é possível apontar – com *probabilidade próxima da certeza* – que se o motorista estivesse na *velocidade adequada* ou socorresse a vítima imediatamente a morte não correria. Em suma, trata-se de um caso de *omissão de salvamento* diante de um contexto causado por um *risco não permitido* antecedente.

No entanto, o resultado é estranho ao âmbito de abrangência da norma de cuidado violada. O escopo das normas de velocidade é evitar colisões, atropelamentos, acidentes. Não se prestam, portanto, e sob uma perspectiva *teleológica*, a prevenir sustos ou acidentes cardiovasculares. Esse resultado é *normativamente alheio* ao âmbito de abrangência da norma em questão e o motorista responderá apenas pela *omissão de socorro.*

Diferente é o caso do incêndio proposital. Imaginemos que o proprietário de um imóvel coloque fogo em sua casa com o objetivo de receber o valor de um seguro. Após agir desta forma, percebe que há uma pessoa dentro da casa, e mesmo assim não toma providências para salvá-la, de forma que ela morre queimada. Note-se que existe um *risco não permitido* (colocar fogo na casa), *capacidade* de salvamento e a percepção de que a conduta exigível (salvar a pessoa) impediria a ocorrência do resultado com *probabilidade próxima da certeza.* Resta analisar se o resultado está no âmbito de abrangência da norma. E a resposta aqui será positiva, pois a norma de cuidado violada – colocar fogo na casa sem mecanismos de segurança e controle – tem justamente o escopo de evitar danos à vida, à saúde e ao patrimônio de outros. Portanto, ao *conhecer* que alguém está em risco, no interior do imóvel, tem o *dever de agir* para salvar a vitima, pois o resultado está no âmbito de abrangência da norma de cuidado violada.

Nesse âmbito também se resolvem casos bastante debatidos pela doutrina, como aquele do motorista que dirige em alta velocidade e depois retorna para a velocidade normal, atropelando sem dolo um ciclista que aparece repentinamente à sua frente. Qual a natureza da *omissão* de salvamento nesse caso? A nosso ver, mera *omissão de socorro.* Note-se que o condutor do veículo criou um *risco não permitido*, ao dirigir em alta velocidade por um momento, que se refletiu no resultado, uma vez que a obediência às normas de cuidado durante *todo o trajeto* faria com que o carro não estivesse naquele local naquele instante. Ou seja, a colisão seria evitada. No entanto, a *norma de cuidado* violada – aquela que trata da velocidade permitida – não tem o escopo de evitar acidente *futuros*, ocorridos quando o condutor já retornou ao *risco permitido.* Tais fatos estão *fora* do âmbito de abrangência da norma de cuidado. Portanto, a omissão de salvamento será *própria.*

Por fim, ainda que o *concurso de pessoas* não integre o objeto da presente tese, merece análise neste apartado a existência de *dever de controle/salvamento* em caso de *excesso na coautoria.* O problema aqui parece menos de *concurso* e mais de *ingerência*, uma vez que no excesso não existe *acordo subjetivo*, mas pode existe um *risco não permitido* que permite a indagação sobre a imputabilidade do resultado.

Imagine-se que cinco pessoas acordam em *furtar* uma residência. Durante o processo, se deparam com a filha do proprietário, e um dos agentes decide estuprá-la. Os demais concorrentes são *garantes* da integridade da vítima, caso se constate que uma palavra ou ordem de algum impediria a agressão? Ao tratar do tema, ROXIN considera que o conhecimento da predisposição ou propensão ao excesso do coautor coloca os demais em posição de garantia em relação ao resultado advindo deste excesso.[340] De forma que a omissão acabaria por estender a responsabilidade pelo resultado típico do excesso a todos os concorrentes.

A nosso ver, tal análise deve ser realizada à luz da legislação brasileira, que dispõe, no § 2.º do art. 29 do Código Penal, que "se algum dos concorrentes quis participar de crime menos grave, ser-lhe-á aplicada a pena deste; essa pena será aumentada até metade, na hipótese de ter sido previsível o resultado mais grave".

O excesso de algum dos integrantes não é imputável aos demais, havendo no máximo um aumento de pena quando o exagero for *previsível.* Isso vale tanto para os casos em que o resultado mais grave ocorreu sem que os demais tivessem *capacidade* de impedi-lo como para as hipóteses em que o impedimento da lesão era possível aos outros coautores. A omissão nestes casos não significa uma adesão ao excesso.

Tal postura do legislador pode ser explicada pela ideia do âmbito de abrangência da norma. É bem verdade que, ao iniciar a execução do crime em concurso, os concorrentes criam um *risco não permitido.* Logo, todos são responsáveis pelos resultados derivados deste risco, desde que limitados ao âmbito de abrangência da norma violada. As consequências que estão dentro do escopo comum serão imputadas universalmente às ações ou omissões dos concorrentes. Mas o resultado decorrente do excesso não está no âmbito de abrangência da norma inicialmente violada, uma vez que não fez parte do acordo, nem das condutas concertadas. Trata-se de um ato *doloso* de terceiro – porque no excesso não há coautoria – cujas consequências são apenas a ele imputáveis, pelo principio da *responsabilidade exclusiva pelos próprios atos.*

A legislação, ao afastar a imputação geral pelo excesso – mesmo para aquele previsível – e apontar para a indissolubilidade do excesso em relação aos demais, acaba por reconhecer que o excedente está fora do âmbito de abrangência da norma violada. Portanto, exclui-se a imputação daquele que não impede o delito

---

340. ROXIN, *Derecho Penal*, II, p. 909.

adicional, não obstante seja previsto um aumento de pena em relação àquela prevista para o crime combinado e consumado.

Em conclusão, apenas os resultados típicos que integram o âmbito de abrangência da norma de cuidado violada – que gera o contexto de *controle* e/ou de *salvamento* – são imputáveis à omissão.

3.8 Do elemento subjetivo na ingerência

Para além dos aspectos *objetivos*, a tipicidade da ingerência também abriga a *culpa* e o *dolo*, sem os quais a conduta será irrelevante sob uma perspectiva criminal.

Em primeiro lugar, tratemos da ingerência *culposa.* A *culpa* deriva da conduta imprudente, imperita ou negligente, cuja estrutura mínima, a nosso ver, está ligada à existência dos elementos de *imputação objetiva.*[341]

Portanto, a *ingerência* culposa ocorrerá quando o omitente (i) desconhece o risco criado anteriormente ou os pressupostos fáticos que o caracterizam como *não permitido*, desde que tal desconhecimento persista enquanto existir *capacidade* de evitar o resultado que a norma mandamental busca evitar; (ii) conhece o *risco* e os pressupostos fáticos de sua não permissibilidade, mas desconhece sua capacidade de evitar o resultado ou não percebe a presença de meios disponíveis para empreender a ação exigida pela norma; (iii) conhece o risco e os pressupostos fáticos de sua não permissibilidade, mas atua de forma distinta daquela exigida pela norma, por imprudência, negligência ou imperícia; ou (iv) conhece o risco e os pressupostos fáticos de sua não permissibilidade, mas não atua na certeza de que alguém atuará em seu lugar, assegurando o controle do perigo ou o salvamento do bem (culpa consciente).[342]

No caso dos *contextos de controle*, a *ingerência culposa* existe quando o risco inicialmente criado pelo agente é *permitido* e se transforma em *não permitido* por *omissão.* É o caso do condutor que dirige um veículo e não freia diante de um farol fechado por falta de atenção. A *ação* inicial é permitida, mas extrapola tais limites em decorrência da *omissão*, da violação da norma mandamental de *cuidado.* Nesses casos, a *imprudência* surge com a *omissão*, e não com o comportamento anterior, admitido e tolerado.

---

341. Nesse sentido, ROXIN, para quem o tipo dos delitos imprudentes se preenche mediante a teoria da imputação objetiva: um resultado que se imputa ao tipo objetivo está causado imprudentemente, sem a necessidade de qualquer outro critério. *Derecho Penal*, II, p. 999. Contrariamente, GIL GIL, para quem a defesa de um tipo objetivo comum a delitos dolosos e imprudentes, com base na imputação objetiva, pode levar a resultados incorretos no que se refere à avaliação do risco permitido, *El delito imprudente*, p. 412.

342. Em sentido similar, ainda que com algumas distinções, ROXIN, *Derecho Penal*, II, p. 821.

Quando o *risco não permitido* já existe e o omitente *deixa de controlá-lo* ou de *salvar* o bem jurídico, a omissão *imprudente* está na mesma *linha* de desvalor que o comportamento anterior, também *imprudente*. Portanto, não guarda relevância para a imputação. Aquele que dirige em alta velocidade cria um *risco não permitido*, de forma que o *não frear* posterior é irrelevante para a imputação do resultado. Como já exposto, aqui sequer existe o *concurso de crimes*, e sim um conjunto de comportamentos que formam uma unidade, um contexto no qual ocorre o resultado, de forma que as condutas posteriores fazem parte de um todo homogêneo, sob uma perspectiva subjetiva.[343] Pode-se dizer que, nesses casos, a omissão imprudente é apenas a continuidade do *risco não permitido* criado pela conduta anterior, uma parcela do mau gerenciamento da *esfera de atribuições* do omitente sem existência material autônoma.

A *ingerência dolosa*, por sua vez, vem acompanhada da ciência do *contexto fático* na qual ocorre e de um elemento *volitivo* consistente na vontade de omitir e contribuir – com uma *condição negativa* – para a produção do resultado.

A aferição do dolo e seus contornos é objeto de intenso debate doutrinário. O presente estudo não tem o escopo de tratar exaustivamente do tema, mas apenas apresentar um panorama dentro do qual seja possível compreender a ingerência. Há quem sustente a primazia do *elemento volitivo* na caracterização do dolo, de forma a garantir um vínculo psicológico do agente com a conduta. Por outro lado, há quem atribua maior relevância, ou até a exclusividade, do *elemento normativo* na formação do *dolo*, diante das dificuldades dogmáticas e práticas da verificação da existência ou do conteúdo da vontade.[344]

O transporte do debate sobre o dolo para o campo da *omissão* é ainda mais complexo. Autores importantes, como ARMIN KAUFMANN, GALLAS e WELZEL, dentre outros,[345] rechaçam a ideia de direcionamento final da vontade na *omissão*.[346] Tal posição cobra sentido no *finalismo*, uma vez que não parece

---

343. A *omissão de salvar* pode, no máximo, *agravar* a pena do crime culposo, por exemplo, na forma do art. 121, § 4.º, do Código Penal, mas não tem autonomia típica.

344. Para um panorama da discussão, ver PUPPE, *A distinção*, *passim* e BUSATO, BUJÁN PEREZ e DÍAZ PITA, *Modernas tendências*, *passim*. GARCIA CAVERO aponta que no âmbito da omissão cada vez mais a doutrina se posta no sentido de exigir que o garante apenas deva conhecer que está omitindo cumprir uma exigência normativa e a aptidão lesiva da omissão, prescindindo do elemento volitivo, em *La posición*, p. 9. Contra a ideia de redução do dolo ao aspecto meramente cognitivo, ao menos no âmbito empresarial, DEMETRIO CRESPO, para quem é inaceitável tal redução do aspecto subjetivo, uma vez que a culpabilidade não pode ser reduzida à mera infração de dever, em *Responsabilidad*, p. 167. Para um panorama das discussões sobre o dolo na seara empresarial, ver MIRÓ LLINARES, *Dolo y derecho penal*, *passim*.

345. Como CEREZO MIR, *Curso*, p. 254, para quem o dolo na omissão consiste unicamente na consciência da não realização da ação, sendo, por isso, significativamente diferente do conceito de *dolo* na comissão.

346. Os debates sobre o elemento subjetivo na omissão são profícuos. ARMIN KAUFMANN entende que *não há dolo* na omissão porque falta, neste *comportamento*, uma

adequado verificar na *omissão* um direcionamento do curso causal, guiado pela vontade final do omitente. Há, para tais juristas, apenas um *desejo* de que o resultado seja produzido, mas não *dolo* propriamente dito.

Por outro lado, há autores que defendem a possibilidade dogmática de reconhecer o *dolo* na omissão com a mesma estrutura do dolo *comissivo*, à qual se somam algumas particularidades, como a necessidade de sua referência aos elementos fáticos que constituem o *dever de garantia.*[347] Nesse sentido, SCHÜNEMANN, que reconhece o dolo na omissão, entendendo-o presente quando o autor *conheça* sua posição de domínio e a possibilidade concreta de evitar o resultado.[348] No mesmo sentido WESSELS, para quem a omissão dolosa é a escolha entre permanecer inativo (*Untätigbleiben*) e uma ação possível.[349] Para estes pensadores, na omissão o objeto do dolo é o conjunto das circunstâncias objetivas

---

vontade de realizar a ação determinada pela norma (ARMIN KAUFMANN, *Dogmática*, p. 131). E esta *falta de vontade*, ainda que seja acompanhada de um *desejo* de ver a lesão ao bem jurídico, não caracteriza uma *direção final* neste sentido. Para esse autor, a omissão não tem *causalidade humana*, e onde inexiste a *relação causal* será impensável o fenômeno da direção final do fenômeno (*op. cit.*, p. 85). A omissão de um ato possível não se equipara à *vontade de realização* (*op. cit.*, p. 88). Para ARMIN KAUFMANN, há uma distinção entre *omissões* com base na *vontade.* Aquele que *manifesta vontade* de cumprir a ação prescrita pela norma, que tenta alcançar seu escopo, mas por um *erro evitável* não consegue, será punido por *omissão culposa*, nos casos em que esta modalidade é admitida. Já nas hipóteses em que o agente *não manifesta esta vontade*, haverá omissão *quase-dolosa* (o autor usa este termo por rechaçar a existência de *omissões dolosas*) (*op. cit.*, p. 184). Nesse sentido, também GALLAS (in ARMIN KAUFMANN, *Dogmática*, p. 87). No entanto, para *distinguir* a falta de vontade de situações nas quais o agente teve *vontade* de agir de acordo com a norma, mas por um *erro evitável* acabou sem alcançar a finalidade exigida, ARMIN KAUFMANN denomina as primeiras omissões *quase-dolosas* e as últimas *omissões imprudentes*, que se distinguem não pela *consciência/inconsciência* da situação fática, mas pela *existência/inexistência* de agir conforme a norma (*op. cit.*, p. 142). WELZEL também sustenta a ausência de uma vontade de realização orientada ao omitir, afirmando faltar aqui um *dolo de feito* similar ao existente na ação (*Derecho Penal*, p. 277). Admitimos a possibilidade de dolo na omissão. Embora não exista *causalidade* no omitir em relação ao resultado, pode haver uma consciência e vontade de *criação do risco não permitido* – nos casos de *riscos próprios não permitidos* – ou em relação ao descumprimento de um dever quando se tem domínio de um *foco de perigo* ou de um *processo de salvamento* – nos casos de riscos alheios ou equiparáveis.

347. ROXIN, *Derecho Penal*, II, p. 815; MIR PUIG, *Derecho Penal*, p. 318; JESCHECK, *Tratado*, p. 573.

348. SCHÜNEMANN, *Fundamentos*, p. 427. Também BACIGALUPO parte de premissas finalistas para admitir o dolo na omissão, ao contrário do que sustentam WELZEL e ARMIN KAUFMANN. Para o autor, na omissão o dolo é a finalidade dirigida a um objetivo não coincidente com aquele esperado pela norma, ao qual se soma a consciência da ameaça de produção do resultado, e a aprovação ou ratificação do mesmo. *Delitos impróprios*, p. 109.

349. WESSELS, *Direito penal*, p. 166. DOLO. CHOCLÁN MONTALVO defende que o *dolo* na omissão não abarca o elemento *volitivo*, constituindo-se apenas do *cognitivo. Sobre el tipo*, p. 677. A nosso ver, o dolo da omissão deve compreender a consciência e a vontade de todos os elementos do tipo penal, da mesma forma que na *comissão.* Não há razão para o dolo ter *menos* elementos na omissão. Se o *querer* é meramente subjetivo na omissão, também o é na *comissão*, uma vez que a direção ativa do curso causal pode ter inicio imprudente e se

do tipo penal, mais as circunstâncias que fundamentam a posição de garante – no caso em estudo, da ingerência. Ao dolo típico, portanto, pertencem a vontade de permanecer inativo com o conhecimento de todas as circunstâncias típicas objetivas e com a consciência de que o impedimento do resultado é possível, sendo admitido também o dolo eventual.[350] ZAFFARONI segue a mesma linha. Embora admita que o *dolo omissivo* apresente *particularidades*, entende que deve ser aceito dogmaticamente, porque abarca uma atividade final proibida, dirigida à realização de um tipo.[351] No mesmo sentido, REALE JR. defende a existência de dolo na omissão, desde que o agente conheça e queira a omissão em si, bem como o desencadear do processo causal decorrente do não fazer, como propriedade do não agir para ocasionar o resultado.[352]

As últimas posições parecem corretas.

O *dolo*, tanto na comissão como na omissão, é um elemento subjetivo, de forma que sempre será composto pela atitude interna do sujeito, seja a vontade, seja o conhecimento, seja a composição de ambos, sempre referida aos elementos típicos. O controle ou direcionamento do *curso causal* nos crimes comissivos e o domínio do foco de perigo ou do processo de salvamento nos omissivos integram a imputação objetiva, de forma que ao *dolo* só resta o posicionamento subjetivo, de querer/assumir o risco do resultado conhecendo o contexto no qual se atua positiva ou negativamente. Assim, a *omissão dolosa* não é a mera vontade de não fazer, e sim a *exteriorização* desta vontade pela realização de algo *distinto* do esperado pela norma quando há ciência do contexto típico e existe possibilidade fática de agir de acordo com tal expectativa.[353] A omissão diante da *possibilidade de ação* é uma *tomada de postura* diante de um determinado contexto que permite a responsabilização penal.[354]

O dolo, na ingerência, deve abarcar a consciência (i) sobre os elementos fáticos do *risco não permitido* criado pelo omitente – ainda que apenas no momento do salvamento[355] –, (ii) sobre a capacidade individual do omitente de controlar o risco ou de levar adiante um processo de salvamento, e (iii) sobre

---

transformar em dolosa com o mero advento do *querer* antes da consumação, sem qualquer contribuição fática adicional.

350. Também STRATENWERTH aceita o dolo direito e eventual na omissão, *Derecho Penal*, p. 310.

351. ZAFFARONI, *Tratado*, III, p. 481.

352. REALE JR, *Instituições*, p. 224. Na mesma linha, FRAGOSO, *Crimes omissivos*, p. 14.

353. SILVA SÁNCHEZ, *El delito*, p. 175.

354. SILVA SÁNCHEZ, *El delito*, p. 176.

355. Note-se que esse primeiro elemento do dolo é na ingerência o correlato à consciência dos elementos fáticos sobre os quais se constrói o dever de garante, que existe para a *omissão imprópria* diante de *riscos alheios*. Vale lembrar que no plano da tipicidade encontra-se apenas a consciência destes pressupostos fáticos, porque a consciência do *dever* se situa na esfera da culpabilidade. Nessa linha, ROXIN, *Derecho Penal*, II, p. 818.

a possibilidade de o *resultado* ocorrer caso a conduta não seja realizada, e (iv) a vontade ou a assunção do risco da produção do resultado em decorrência da *condição negativa* representada pela omissão.[356]

Para ROXIN – e tal posição nos parece acertada – tanto na omissão como na ação é possível antever um comportamento direcionado a metas, a objetivos, de forma que a vontade de resultado, ou ao menos sua assunção, integram o dolo.[357] Por isso, tanto o dolo *direto* como o *eventual* podem ocorrer na seara dos crimes omissivos.[358] Nada justifica o afastamento desta última categoria.[359] É evidente que existem problemas dogmáticos na fixação da fronteira entre dolo eventual e culpa consciente na omissão, mas são os mesmos verificados no terreno dos crimes comissivos, de forma que esse não parece ser um argumento válido para afastar a modalidade apenas para os delitos ora tratados.[360]

Por isso, existe *dolo* na omissão, caracterizado não apenas pela vontade e consciência de *omitir*, mas também pela postura subjetiva do omitente em relação ao resultado.[361] É necessário que ele *queira*, ou ao menos tenha *consciência* de que sua inatividade é *condição negativa* da produção do resultado cujo mandamento normativo pretende evitar. A integração do *dolo* na estrutura da *omissão imprópria* é relevante para a resolução de problemas concretos, como a distinção, no âmbito do *dever de salvamento*, dos casos de delito imprudente com pena agravada pela omissão de socorro e dos casos de *omissão imprópria dolosa* pela violação do dever de impedir o resultado, como já assinalado.

---

356. REALE JR. parece apontar no sentido da necessidade de um *elemento volitivo* no dolo na omissão imprópria, ao afirmar que – nesses casos – o agente deve querer a omissão e também o desencadear do processo causal decorrente desse não fazer, como propriedade do não agir para ocasionar o resultado. Em *Crime de sonegação*, p. 255.

357. Nessa linha, JESCHECK, *Tratado*, p. 574, e ROXIN, *Derecho Penal*, II, p. 819. Este último autor, no entanto, remete à interpretação dos tipos penais específicos a verificação concreta da possibilidade de elementos subjetivos especiais na omissão.

358. ROXIN, *Derecho Penal*, II, p. 817. Em sentido diverso, rechaçando a possibilidade de reconhecimento do dolo eventual na omissão imprópria, TAVARES, *Teoria*, p. 394, BACIGALUPO, *Delitos impróprios*, p. 109, PASCHOAL, *Ingerencia*, p. 76.

359. BACIGALUPO ZAPATER apresenta algumas reflexões sobre o *dolo eventual* na omissão, e aponta que é diferente a conduta do salva-vidas que se afasta de seu posto pensando que parte considerável dos banhistas são exímios nadadores se encarregarão de qualquer necessidade de salvamento (culpa consciente), daquela da babá que deixa a criança atravessar a rua e, antevendo o perigo, não se importa com o resultado (dolo eventual). Em *Delitos*, p. 111. A nosso ver, aquele que causa um acidente de forma imprudente também pode deixar de prestar socorro acreditando que alguém o fará em seu lugar (culpa consciente) ou omitir-se assumindo a possibilidade de um agravamento no estado de saúde da vitima pela falta de socorro (dolo eventual). Daí porque nada afasta a legitimidade do *dolo eventual* na omissão.

360. ROXIN, *Derecho Penal*, II, p. 815.

361. Para CEREZO MIR, o dolo na omissão imprópria não abarca apenas a ausência da ação devida, mas também a possibilidade e a necessidade de evitação do resultado mediante aquela ação, *Curso*, p. 319.

Aquele que cria um *risco* de forma imprudente tem – após a saída do risco de sua *esfera de domínio* – o *dever de salvar*, como já exposto. Caso deixe de cumprir este dever também de forma imprudente (por exemplo, aquele que atropela um pedestre não percebe que foi criada uma situação em que o socorro é necessário) responderá, se a vítima falecer, pelo crime culposo na forma simples, porque não houve *dolo* de resultado morte, nem *dolo* de omissão de socorro.

Se, por outro lado, o mesmo motorista *deixa de salvar* conhecendo a necessidade de socorro, mas com a *certeza* de que outras pessoas o farão, uma vez que o acidente se deu em lugar movimentado e próximo a um posto policial, responderá pelo crime *imprudente* agravado pela *omissão de socorro* – uma vez que o concurso de crimes é afastado pela especialidade dos dispositivos penais especiais válidos para tal situação. Por fim, se após o acidente imprudente o condutor deixa de prestar o socorro com *dolo* de resultado – com vontade e ciência do contexto de *salvamento*, assumindo o risco de que ninguém mais impeça o curso causal e o resultado ocorra – ser-lhe-á imputado o resultado morte na forma dolosa (*omissão imprópria*).

O mesmo raciocínio se aplica aos casos de *omissão* qualificada pelo resultado. Aquele que *omite* para criar um *risco não permitido* (por exemplo, deixa de frear o veículo ao perceber um pedestre que atravessa a rua) pode o fazer com *dolo* em relação a um resultado menos grave do que aquele efetivamente ocorrido. Por exemplo, o condutor do veículo pode *querer* apenas a *lesão corporal* da vítima, ou seja, agir com *dolo de lesão*, desde que tenha segurança subjetiva de que sua conduta não causará um resultado superior ou mais intenso, ou seja, que não *assuma o risco* eventual de causar a morte. Nesse caso, a omissão será de *lesão corporal* e o resultado concreto será imputado ao motorista a título de culpa, fazendo incidir a norma da lesão corporal seguida de morte, na forma *omissiva imprópria* (CP, art. 129, § 3.º).

Pelo exposto, o elemento subjetivo na *omissão* tem os mesmos contornos daquele existente nos crimes comissivos. A forma *culposa* exige que a omissão tenha transformado um *risco permitido* em um *risco não permitido*, desde que o resultado concreto seja desdobramento desta *parcela* não permitida do risco e esteja no âmbito de abrangência da norma violada. A mera existência deste contexto objetivo já é suficiente para a *culpa inconsciente* – despojada de aspectos subjetivos –, sendo para a *culpa consciente* exigida a ciência da existência do *risco não permitido* e a segurança subjetiva de que o resultado não ocorrerá. A forma *dolosa* exige a *ciência* do risco não permitido e a *vontade* ou ao menos a *assunção do risco* do resultado.

4. Ingerência e causas de justificação

A criação do *risco não permitido* pertence à *tipicidade*, enquanto a caracterização desse risco como *injusto* atrela-se à *antijuridicidade*.

Um dos debates comuns na seara da *ingerência* é a existência de *deveres de controle* ou de *salvamento* derivados de comportamentos precedentes justificados, cujo descumprimento torne imputável o resultado típico na forma de *omissão imprópria*.

Em termos concretos: aquele que cria um risco em legítima defesa ou em estado de necessidade, por exemplo, tem o *dever* de evitar o resultado ou de interromper o curso causal depois de cessado o contexto justificado? Tem o *dever de salvamento?* O agente que atira em seu agressor, cessando nesse momento o contexto de legítima defesa, e omite seu socorro, sabedor de que sua omissão provavelmente o levará à morte, viola um *dever de salvamento* capaz de imputar a ele o resultado lesivo? E no caso de *estado de necessidade*, a resposta seria a mesma?

Há quem sustente que o comportamento precedente, mesmo que *justificado*, transforma o agente em um *garante* que deve salvar o agressor caso tenha capacidade para isso. Para MAURACH, aquele que age em legítima defesa é garante do salvamento do agressor, o que é coerente com sua posição de que não é necessário que a conduta precedente crie um *risco não permitido* para o resultado.[362] Em linha similar, WELP defende que há um dever de garante nos casos de condutas justificadas sempre que o resultado *excessivo* seja conhecido ou conhecível *ex ante*, no momento da conduta típica.[363] O *excesso* será imputado porque o agressor deve suportar de forma justificada apenas a reação nos limites do Direito.

Por outro lado, há quem defenda se tratar de um caso de mera *omissão de socorro*, porque o autor do atuar precedente não é o agredido, mas o agressor.[364] Portanto, não haveria qualquer *dever de garantia* derivado de um ato de ingerência estranho ao omitente. Nessa linha, SILVA SÁNCHEZ, para quem os atos justificados que colocam em perigo bens jurídicos não constituem *situações de perigo típicas* para apreciação de uma omissão relevante, uma vez que o ordenamento não pode obrigar alguém a impedir um ato que lhe está facultado.[365]

Há autores, ainda, que distinguem as hipóteses de *ingerência* diante de condutas justificadas, separando as situações de *legítima defesa* das demais. Existiria uma *extensão do contexto de justificação* que recairia sobre o comportamento daquele que reage à agressão injusta, dentro dos contornos da *causa de exclusão da antijuridicidade* – e depois se omite no salvamento do agressor, deixando-o agonizar. Nessa linha, FREUND afirma não existir dever de *salvamento* após a

---

362. MAURACH, *Derecho Penal*, p. 263.

363. Em ROXIN, *Derecho Penal*, II, p. 915, e em DOPICO GÓMEZ-ALLER, *Omisión*, p. 313.

364. Nessa linha, MEZGER, *Tratado*, p. 314; WELZEL, *Derecho Penal*, p. 296, JIMÉNEZ DE ASÚA, *Tratado*, p. 426.

365. SILVA SÁNCHEZ, *El delito*, p. 359. Tal posição é adequada, para JESCHECK, quando se trata de *legítima defesa*, em *Tratado*, p. 568.

legítima defesa pela ausência da *responsabilidade especial*, na qual o autor fundamenta o injusto decorrente do descumprimento de qualquer norma de conduta.

Para JAKOBS, nas ações prévias justificadas só existirá um *dever de salvamento* quando não se possa imputar à pessoa posta em perigo a necessidade de intervenção, ou seja, no *estado de necessidade agressivo*.[366] Na mesma linha, TAVARES, para quem nas ações justificadas a omissão posterior é permitida, de forma que não existe o dever de garantia, com exceção dos casos de *estado de necessidade agressivo*.[367] ROXIN, em sentido similar, afasta a existência de um *dever de garante* na *legítima defesa* com fundamento na autocolocação em perigo do agressor, que se insere ilicitamente na esfera de reação da vítima, embora persista o dever geral de socorro.[368] Esta autocolocação em perigo, no entanto, não existe no *estado de necessidade*, de forma que aqui, segundo o autor, persiste o *dever de agir* e o eventual resultado será imputado à omissão.[369]

Peculiar, por fim, a posição de DOPICO GÓMEZ-ALLER, para quem, na legítima defesa, apenas a violação do *dever de controle* gera responsabilidade por omissão – garantindo que a reação seja razoável e dentro dos limites permitidos. Para o autor, não existirá dever de *salvamento* se a reação se manteve nos contornos da causa de justificação.[370]

A nosso ver, a discussão sobre a abrangência da *causa de justificação* pode ou não se confundir com a definição dos contornos do *dever de garante* na ingerência, a depender da postura que se adote em relação à antijuridicidade. Como visto, o dever de garante, nos casos em estudo, é fixado pela existência de um *risco não permitido* prévio. Assim, se sustentada uma divisão clara entre tipicidade e antijuridicidade, o caráter do *risco* que estrutura o primeiro instituto não tem relação essencial – mas apenas indiciária – com a *justificabilidade* do comportamento. O *risco* estará referido às *normas de cuidado*, e a *causa de justificação* às normas que autorizam eventualmente um *risco não permitido* diante de certo conflito concreto entre bens jurídicos.

Porém, um setor doutrinário defende que algumas *causas de justificação* estão lastreadas, em verdade, sobre *normas permissivas*, que excluem o próprio caráter *não permitido* do risco antecedente, como é o caso do estrito cumprimento do dever legal ou do exercício regular do direito.[371] Nesses casos, dada a ausência

---

366. JAKOBS, *Derecho Penal*, p. 985.

367. TAVARES, *Teoria*, p. 341. Na mesma linha, BRAMMSEN, segundo DOPICO GÓMEZ-ALLER, *Omisión*, p. 349.

368. ROXIN, *Derecho Penal*, p. 916.

369. ROXIN, *Derecho Penal*, II, p. 917.

370. DOPICO GÓMEZ-ALLER, *Omisión*, p. 329, valendo lembrar que para o autor a violação do *dever de salvar* não se equipara à violação do *dever de controle* mesmo em casos não justificados.

371. Tal posição tem origem na teoria dos *elementos negativos do tipo*, desenvolvida por MERKEL, pela qual o tipo penal compreende todas as circunstâncias relevantes para

de *conflitos* inerente a essas *causas de justificação* – ao contrário do que ocorre na legítima defesa ou no estado de necessidade –, o risco da ação precedente seria *permitido*, ou seja, já no plano da tipicidade inexistiria *omissão imprópria*.

A nosso ver, tal concepção parece razoável.

As causas de justificação que implicam *colisão de interesses*, como a legítima defesa e o estado de necessidade, não integram a tipicidade, nem mesmo como elementos negativos. Esta última categoria existe quando o comportamento é aquele previsto na *descrição típica*, em seu aspecto objetivo e subjetivo, sempre constituído por uma conduta que cria um *risco não permitido* com projeção sobre o resultado típico. Essa *permissividade* do risco é auferida pela conduta em si, e não diante de um contexto de *colisão de interesses*, em que os bens conflitantes são sopesados em valor e diante das circunstâncias concretas. Por isso, parece possível incorporar – como defende ZAFFARONI e, para os crimes omissivos, ROXIN – o estrito cumprimento do dever legal e o exercício regular do direito em um conceito *amplo* de tipicidade, uma vez que tais *causas de justificação* existem com independência da superposição de interesses.

Mas o mesmo não ocorre com as demais excludentes de antijuridicidade. Estas existem diante desse já exposto quadro de conflito, de contraposição de bens jurídicos, em um contexto de agressão ou de perigo, que exige um sopesamento cauteloso do intérprete sobre a existência ou não das circunstâncias que autorizam uma conduta *típica*. Ou seja, tais *causas de justificação* são analisadas após a confirmação de que a conduta anterior criou um *risco não permitido* para o bem jurídico, *risco* que pode ser *justificado*, compreendido como *justo*, diante de certa realidade fática. Aqui, portanto, se trata de uma categoria autônoma, não porque descolada do ato criminoso, mas porque o critério de apreciação é distinto e leva em consideração uma perspectiva diferente.

---

determinar a licitude ou ilicitude de uma conduta, incluindo-se aqui as causas de justificação. Sobre o tema, ver SILVEIRA, *Fundamentos*, pp. 59 e ss. ZAFFARONI parte dessa postura para erigir a teoria da *tipicidade conglobante*, cujo caráter é mais restrito porque aceita que apenas algumas das hoje chamadas causas de justificação seriam transladadas à tipicidade. Sobre o tema, ver ZAFFARONI, *Tratado*, III, pp. 503 e ss., que inclui no conceito de tipicidade elementos tradicionalmente considerados como excludentes de antijuridicidade, como o *cumprimento de dever*, a *colisão de deveres* – que diferencia do estado de necessidade justificante – e a *disposição do bem jurídico pelo titular*, dentre outros. ROXIN entende tal postura acertada, mas apenas para os delitos omissivos deve-se partir desse *tipo global de injusto* que cubra tipicidade e antijuridicidade em um mesmo conceito, uma vez que caracteriza tais delitos como crimes de *infração de dever*. Para ROXIN, estariam fora desta concepção ampla as causas de justificação que envolvem colisão de deveres ou o estado de necessidade justificante (em *Derecho Penal*, II, p. 823). No Brasil, REALE JR. abriga as causas de justificação no tipo penal, ao fixar que só é típico o que for lesivo por um valor por não e realizar a ação iluminada pelo sinal positivo do valor presente em uma causa de justificação, de forma que "*os tipos penais requerem a ausência de causas de exclusão, como elementos negativos do fato delituoso*" (em REALE JR., *Instituições*, p. 147).

Isso não afasta o caráter *indiciário de antijuridicidade* da *tipicidade*, nem mesmo a possível existência de elementos *normativos*, que exijam uma antecipação dessa análise, na descrição típica. Apenas aponta para uma necessária separação dentro da estrutura do delito que permita a compreensão de suas diferenças e facilite conclusões dogmáticas que façam sentido.

Mas, ainda que se rechace a postura ora adotada e se abrace uma ideia de *tipicidade global*, que abarque todas as *causas de justificação* no âmbito do tipo penal, as conclusões a seguir explicitadas mantêm sua validade. Isso porque, mesmo nesse último caso, a indagação pela tipicidade de um comportamento exigirá primeiro a análise das *normas objetivas* que incidem sobre a ação/omissão (normas permissivas/proibitivas) e depois a existência ou não de *contextos de justificação*. Em suma, há uma sequência, uma lógica que exige a análise da existência do *risco não permitido* antes e do *contexto de justificação* depois. Aquele que atira em outro cria um *risco não permitido* de morte, que uma vez desdobrado no resultado redundará na imputação do *homicídio doloso*. A existência de um *contexto* de agressão injusta será apreciado em um momento posterior, quando analisada a *justificação* do *risco não permitido* diante de uma situação específica (agressão, perigo ou outras hipóteses de justificação).

Pelo exposto, a estrutura do *tipo penal* é materialmente diversa das *causas de justificação*. O que implica afirmar que, no campo da *ingerência*, a busca pela existência ou não do *risco não permitido* precede a indagação sobre as *causas de justificação*. Aquele que cria o *risco não permitido* e se omite em *controlá-lo* ou em *salvar* o bem afetado realiza o *tipo penal omissivo impróprio*. A questão sobre a existência ou não de uma *causa de justificação* que autorize o comportamento naquele contexto é diversa e incide sobre outra categoria dogmática, estranha à *ingerência*.

Aquele que – em *legitima defesa* – desacorda com um soco seu agressor em uma praia, sabedor de que o mar subirá em breve e poderá matá-lo por afogamento, criou um *risco não permitido*, de forma que haverá imputação pelo resultado a título doloso. Questão diversa é saber se tal *homicídio doloso* típico está ou não justificado pela *legítima defesa*. Parece-nos que os desdobramentos do *risco não permitido* inicial que extrapolem os *limites* da *causa de justificação* exigem um ato de *controle* ou de *salvamento*, tornando o omitente imputável pelo *excesso*.[372]

O mesmo vale para os casos de *exclusão de culpabilidade*. A existência da *excludente* não afeta a existência de um *contexto de ingerência* anterior, objetiva e genericamente válido no plano da tipicidade. Aquele que em uma situação de *inimputabilidade* (por exemplo, embriagado fortuito, Código Penal, art. 28, § 1.º), de *erro de proibição* invencível (Código Penal, art. 21, segunda parte) ou

---

372. O que não impede a exclusão da culpabilidade pelo *excesso esculpante*. Sobre o tema, FRANCO, *Do crime*, p. 202.

de *inexigibilidade de conduta diversa* (Código Penal, artigo 22) cria um *risco não permitido*, deve agir diante do *contexto de controle* ou de *salvamento* se no decorrer do curso causal retomar sua capacidade de compreensão da norma ou de agir de acordo com suas determinações.

A inexistência de *culpabilidade* não afeta a natureza do *risco criado* nem o *dever de agir*, garantindo apenas a *desculpa* do omitente caso a excludente se mantenha até a consumação do tipo penal. A existência de uma *escusa* inicial não é suficiente para afastar o *dever de controle* ou de *salvamento* quando verificada sua cessação ainda no curso causal.[373]

4. Conclusão

Findas as reflexões, voltemos à indagação inicial: quais os contornos do risco mencionado pelo legislador na alínea *c* do § 2.º do art. 13 do Código Penal? Quais os elementos necessários para imputar um resultado típico à omissão que segue à criação desse risco?

Pelo exposto, a *omissão imprópria* em decorrência da *ingerência* se estrutura sobre um contexto de *controle* ou de *salvamento*. Em ambos os casos é necessária a violação de uma *norma de cuidado*, sendo que no primeiro ela pode se dar no âmbito de um *risco permitido* (quando a omissão viola o dever de cuidado, como na omissão em brecar um carro), e no segundo será necessário que a situação na qual o *salvamento* é necessário decorra de um *risco não permitido* anterior criado pelo próprio agente.

A imputação do resultado típico à omissão nesses casos exigirá, ainda, o reconhecimento da *capacidade* de agir conforme a norma mandamental, a constatação de que a inatividade é *condição negativa* desse resultado com *probabilidade próxima da certeza*, e que o prejuízo está dentro do âmbito de abrangência da norma de cuidado violada.

Por fim, é necessária a constatação da culpa, em regra reconhecida pelos elementos objetivos já expostos, ou do dolo, caracterizado pelo conhecimento do contexto fático exposto e pela vontade de colaborar com o resultado com uma *condição negativa*, ou seja, com a omissão.

---

373. Ao contrário, DOPICO GÓMEZ-ALLER, para quem atribuir o resultado àquele que omite o salvamento em situação criada por seu atuar precedente – quando este precedente ocorreu em situação de inimputabilidade – é *excessivo* (DOPICO GÓMEZ-ALLER, *Omisión*, p. 622).

CAPÍTULO V

APLICAÇÃO DO MODELO PROPOSTO

1. Introdução

O objetivo do presente Capítulo é verificar se a estrutura da *omissão imprópria* definida nos apartados anteriores é capaz de enfrentar e solucionar questões concretas e complexas, que desafiam a dogmática contemporânea, oferecendo respostas distintas ou fundamentando de maneira mais clara aquelas já existentes e aceitas.

O que se pretende, portanto, é averiguar a capacidade de rendimento do modelo para algumas questões intrincadas, aqui escolhidas pela frequência com que surgem em discussões acadêmicas, e também pela assiduidade nos tribunais.

Os temas escolhidos são: a responsabilidade pelo produto, a delegação, exoneração e transferência de risco em estruturas horizontais e/ou verticais; e a interrupção de cursos causais salvadores. Vale notar que não se pretende exaurir cada um destes complexos temas, mas apenas verificar se o modelo sugerido é aplicável nessas searas.

2. Da responsabilidade pelo produto

Os debates sobre a responsabilidade pelo produto, tema amplamente discutido pela doutrina, tem por objeto a extensão e a natureza da responsabilidade de fabricantes e distribuidores de produtos defeituosos, antes e/ou depois de tomarem ciência desta qualidade da mercadoria que oferecem ao público.[1]

---

1. O tema ganhou destaque com o julgamento de casos rumorosos na Alemanha – caso *Leaderspray* (sentença do Tribunal Supremo BGHSt 37, 106 – e na Espanha – caso da Colza (sentença do Tribunal Supremo, NStZ 1994, 37). Sobre o tema, ver KUHLEN, *Necesidad y*

Discute-se o *momento* e os *pressupostos* que separam a mera suspeita sobre a má qualidade do produto da dúvida razoável (que exige uma atuação de *proteção* ou de *salvamento* dos consumidores); no que consiste essa *proteção* ou *salvamento;* a natureza da omissão nessa seara; os critérios para *imputação* quando a distribuição – ou sua continuidade – decorre de uma *decisão colegiada*, e outros temas complexos.[2]

Dentro dos limites do presente estudo, dentre todas as questões que envolvem o tema, importa analisar uma por seu envolvimento direto com a *omissão imprópria*: a natureza da responsabilidade penal do produtor/distribuidor de um produto que o coloca à disposição de terceiros, no mercado, com observância de todas as *normas de cuidado* vigentes – ou seja, dentro do *risco permitido* –, e que, por informações adquiridas posteriormente descobre que aquela mercadoria pode causar danos à saúde dos consumidores.

A questão: nesse caso, o produtor/distribuidor é *garante* em relação aos eventuais danos à saúde dos consumidores? Existe aqui um *dever de controle* ou de *salvamento* capaz de imputar a ele resultados lesivos a título de *omissão imprópria?* Ou o fabricante/negociante responderá apenas pela *omissão própria* prevista no art. 64 do Código de Defesa do Consumidor, agravada pelo resultado?[3] O modelo de *omissão imprópria* proposto nos Capítulos anteriores oferece alguma vantagem no enfrentamento dessa questão?

O *produtor* é garante da qualidade do produto, porque ao oferecê-lo ao mercado *cria o risco* à saúde dos consumidores, caso a mercadoria não esteja em condições adequadas. Quando a figura do *produtor* é uma pessoa jurídica, os indivíduos que a compõem terão o dever de garantia de acordo com suas atividades e/ou posições na empresa, como destacado no próximo item. O diretor de produção, que organiza a estrutura para a fabricação do produto, *cria o risco*, de forma que será garante *por ingerência* (CP, art. 13, § 2.º, *c*), enquanto o diretor de fiscalização ou medição será garante *por assunção* (CP, art. 13, § 2.º, *b*) porque

---

limites, p. 68, quem aponta, ainda outros julgados relevantes sobre o tema, como o caso do protetor de madeira (BGHSt 41, 206).

2. Sobre o tema, ver HASSEMER, MUÑÓZ CONDE, *La responsabilidad*; ROXIN, *Derecho Penal*, II, pp. 921 e ss.; CANCIO MELIÁ, *El caso Contergan*. pp. 63-76; BOTTINI, *Indagações*, pp. 4-5, IÑIGO CORROZA, *La responsabilidad*; VOGEL, *La responsabilidad* pp. 95-104; PAREDES CASTAÑÓN, pp. 421-438; KUHLEN, *Necesidad y límites*. pp. 67-90, TIEDMANN, *Parte general*, p. 5. ESCOBAR VÉLEZ, *La responsabilidade*, *passim*.

3. "Art. 64. Deixar de comunicar à autoridade competente e aos consumidores a nocividade ou periculosidade de produtos cujo conhecimento seja posterior à sua colocação no mercado (...) Parágrafo único. Incorrerá nas mesmas penas quem deixar de retirar do mercado, imediatamente quando determinado pela autoridade competente, os produtos nocivos ou perigosos, na forma deste artigo."

"Art. 76. São circunstâncias agravantes dos crimes tipificados neste Código ocasionarem grave dano individual ou coletivo;"

não *cria o risco*, mas *assume* o dever de verificar o respeito às *normas de cuidado* vigentes.

Tratemos, em primeiro lugar, do âmbito do controle, caracterizado pelo momento em que o produtor domina o *foco de perigo*, ou seja, tem sob seu domínio o produto que fabrica e pretende distribuir no mercado. Nessa seara, como já exposto, existem *normas de cuidado* que devem ser observadas, sejam proibitivas (não usar determinados componentes químicos tóxicos), sejam mandamentais (esterilizar as máquinas de produção). O descumprimento dessas normas significa a criação de um *risco não permitido* – por ação ou omissão – de forma que o produtor/distribuidor responderá por eventuais lesões à saúde dos consumidores.[4]

No entanto, a questão que gera debates, na seara da *responsabilidade pelo produto* não é essa. O que se discute é a hipótese em que o distribuidor/produtor respeita todas as *normas de cuidado* até o momento em que disponibiliza a mercadoria a terceiros, e, descobre em momento posterior, por alguma razão (ex. novos estudos técnicos), que aquele *cuidado* não era suficiente, e o produto tem potencial de afetar a saúde dos consumidores.

O caso paradigmático é o *Lederspray-fall.*[5] O fabricante de certo *spray* para couros na Alemanha o produziu e distribuiu o produto de acordo com as normas vigentes naquele país, de forma que os gestores da empresa, ao menos de início, não tinham ciência ou suspeita de que o produto afetaria a saúde dos consumidores. O tema ganhou relevo quando chegaram à empresa os primeiros relatos de problemas de saúde de consumidores, possivelmente relacionadas com o uso do produto. O problema foi discutido no Conselho de Administração da empresa, que decidiu manter sua comercialização e não alertar os consumidores dos possíveis perigos no manuseio do *spray.*[6]

Note-se que – no caso em tela – existem *duas condutas* distintas. A primeira é a decisão de *manter* a fabricação/distribuição do *spray* mesmo diante de indícios razoáveis de seus efeitos nocivos. Nesse caso, há um *conhecimento específico* de que o risco do produto está acima do tolerável, que transforma o risco, antes *permitido*, em *proibido*, sendo exigível a suspensão da distribuição do spray, já na esfera do *controle* do foco de perigo, ainda dentro do domínio do fabricante.

A segunda é a decisão de *não retirar* o produto já distribuído do mercado, ou não *alertar* os consumidores de seus efeitos prejudiciais. Nesse caso, a mercadoria já deixou seu âmbito de domínio, de forma que qualquer atividade se daria

4. Como ocorreu nos casos Contegran (Alemanha) ou do óleo de colza (Espanha), citados e discutidos amplamente por GIMBERNAT ORDEIG, *Estudios*, p. 206, por DEMETRIO CRESPO, *Responsabilidad*, p. 44, e PAREDES CASTAÑON. *Limites*, *passim*.

5. Caso citado e discutido por praticamente todos aqueles que tratam do tema da responsabilidade pelo produto. Por todos, ver GIMBERNAT ORDEIG, *Estudios*, p. 180; ROXIN, *Derecho Penal*, II, p. 921; TAVARES, *Teoria*, p. 370.

6. GIMBERNAT ORDEIG, *Estudios*, p. 180.

no âmbito de salvamento. Nesse caso, os empresários são *garantes* da saúde dos consumidores ou respondem pela *omissão própria* já citada, prevista no Código de Defesa do Consumidor (CDC, art. 64)?

No caso do *spray* de couro, a Justiça alemã condenou os diretores da empresa pelas lesões corporais produzidas aos consumidores. O tribunal de instância daquele país reconheceu a relevância da *omissão* pela violação do *dever de asseguramento do tráfico* (dever de controle), que, no caso, compreendia o dever de observação e acompanhamento do produto distribuído, mesmo quando produzido dentro dos parâmetros do risco permitido.[7]

O BGH (instância superior), sem rechaçar expressamente a ideia do *dever de tráfico*, embasou sua decisão na *ingerência*.[8] Entendeu que a empresa criou um *risco não permitido* ao distribuir um produto e não o recolher após ter ciência de sua periculosidade.[9] Diante do argumento de que o fato *precedente* observou todas as regras de cuidado, o tribunal buscou encontrar na atividade *prévia* da empresa uma *infração de dever*, apontando que o ordenamento jurídico proíbe em princípio a criação de perigos que depois se desdobrem em danos para as pessoas se não houver intervenção do criador do perigo no curso dos acontecimentos. Ou seja, o tribunal alemão fixou um critério *ex post* para caracterizar o *risco não permitido* e condenar os empresários pela lesão corporal *em comissão por omissão*, tangenciando, segundo GIMBERNAT ORDEIG, o *regresso ao infinito*.[10]

O fundamento usado pelo BGH para fundamentar a condenação foi objeto de intensas discussões doutrinárias.[11] SCHÜNEMANN assevera que, nesse caso, existiu apenas *omissão de socorro*, uma vez que no momento da ação não existia a informação sobre os riscos do produto para a saúde humana e, quando sobrevinda a percepção do risco, o fabricante já não tinha o *domínio da coisa*.[12] Para o autor,

7. Esta posição é acompanhada na doutrina por SEELMANN, AK, 1990, segundo GIMBERNAT ORDEIG, *Estudios*, pp. 186 e ss.

8. ROXIN, *Derecho Penal*, II, p. 921; TAVARES, *Teoria*, p. 370.

9. GIMBERNAT ORDEIG, *Estudios*, p. 183. Vale destacar que no outono de 1980 a empresa recebeu notícias de casos de usuários do produto que sofreram danos à saúde – acumulação de líquidos nos pulmões –, mas o chefe do departamento de química assegurou que tais fatos não tinham relação com o uso do *spray* de couro. O BGH entendeu que, a partir desse momento, a produção e a introdução do produto no mercado justificava a punição por *lesão corporal dolosa* (dolo eventual) *ativa* dos diretores responsáveis (em GIMBERNAT ORDEIG, *Estudios*, p. 182).

10. GIMBERNAT ORDEIG, *Estudios*, p. 203.

11. Ao tratar de tal posicionamento, GIMBERNAT ORDEIG indica que "existe unanimidad en rechazar la tesis del BGH de que el hacer precedente de introducir el producto en el mercado pueda ser considerado '*objetivamente contrario al deber*'". GIMBERNAT ORDEIG, *Estudios*, p. 189. Nesse sentido, BRAMMSEM, segundo GÓMEZ-ALLER, *Omisión*, p. 138.

12. SCHÜNEMANN, *Cuestiones básicas*, p. 539.

aquele que agiu dentro das normas de cuidado até a perda do *domínio* do produto, não tem o *dever de garante* por seus eventuais resultados lesivos.[13]

JAKOBS sustenta o contrário. Para o autor, se o produto tem alto grau de risco – superior àqueles tolerados na vida diária –, há um dever constante de vigilância por parte dos produtores, mesmo em casos de risco permitido e de salvamento. Haveria, assim, uma ingerência permanente em face da qualidade do risco.[14] No mesmo sentido FREUND, para quem há responsabilidade porque a conduta prévia de distribuição de produtos em massa é, em si, um risco *incrementado* ou *qualificado.*[15] Seguindo a linha do Tribunal Alemão, KUHLEN assevera ser possível reconhecer uma *posição de garante* e um dever de agir no produtor que conhece posteriormente a periculosidade do produto, ou seja, nos casos em que, no momento da distribuição, o risco do produto era aparentemente permitido.[16] Para o autor, o fabricante está obrigado, como garante, a assegurar de que os usuários de seus produtos fiquem a salvo dos danos para sua saúde que ameacem surgir com o uso correto do artigo em consequência de sua qualidade.[17] Assim, se o produto é comercializado em massa, se existe o perigo de lesões graves e esse decorre de um problema do produto, há o *dever de agir*, que vai desde o alerta até o reparo ou a substituição do material, a depender da situação concreta.[18]

ROXIN rechaça tal postura, criticando a alternância do conteúdo dos deveres em face da qualidade do risco e sugere que a qualidade do risco só pode ser analisada *ex ante.*[19] Ou é permitido, ou não é. Assim, ROXIN critica a decisão do BGH, afastando a legitimidade da ingerência nos casos de *riscos*

13. SCHÜNEMANN, *Delincuencia*, p. 33. O autor expõe que a saída pelo fundamento da ingerência estende desmedidamente a posição de garante e é contraditória com a ideia de que tal posição de garante deriva de uma violação de um dever conhecida no momento da conduta. Em *Responsabilidad*, p. 32. O fundamento do dever de retirada/advertência após a distribuição do produto, segundo SCHÜNEMANN, não está na *ingerência*, mas no domínio pelo desamparo parcial da vítima, uma forma de posição de garante por *assunção*, derivada da confiança que o consumidor tem – em especial em produtos de marca – sobre os atos de acompanhamento e fiscalização da qualidade do produto, inclusive após sua circulação. Tambem em *Responsabilidad*, p. 33.

14. JAKOBS, *Derecho Penal*, II, p. 984.

15. ROXIN, *Derecho Penal*, II, p. 922.

16. Vale notar que o autor, para isso, usa um exemplo de um fabricante de janelas com defeitos, no qual não resta claro se os dirigentes da empresa conheciam os riscos no momento da fabricação. Porém, o próprio autor dá a entender que esse conhecimento não foi apurado nos autos, razão pela qual partimos da premissa de que não existia, e o risco, sob a ótica do produtor, era permitido. Em KUHLEN, *Necesidad*, p. 82. No mesmo sentido, DEMETRIO CRESPO, para quem não é possível afirmar a infração objetiva de um dever, sem que a conduta viole os patamares do risco permitido, em *Responsabilidad*, p. 129.

17. KUHLEN, *Necesidad*, p. 83.

18. KUHLEN, *Necesidad*, p. 86.

19. ROXIN, *Derecho Penal*, II, p. 921. No mesmo sentido KUHLEN e RUDOLPHI, segundo GIMBERNAT ORDEIG, *Estudios*, p. 275.

antecedentes permitidos porque no momento da distribuição não havia qualquer indício de periculosidade do produto.[20] Ademais, segundo o autor, aceitar aqui a ingerência afastaria a responsabilidade do diretor da empresa que assumiu o cargo em momento posterior à distribuição e que, conhecendo a periculosidade, manteve a atitude omissa – afinal, ele não *criou* risco algum, apenas *assumiu* um *risco alheio.*[21] É personagem estranho à ingerência.

O autor defende que o resultado poderia ser aqui imputado à omissão em decorrência da *assunção*, uma vez que o adquirente do produto deve confiar que o distribuidor não apenas observará o risco permitido no momento da comercialização, como o informará de todos os riscos posteriormente conhecidos.[22]

A nosso ver, a responsabilidade pelo produto dependerá do âmbito do perigo, se está no campo do *controle* ou no campo do *salvamento.*

Como já exposto, enquanto um *risco*, um *foco de perigo*, estiver sob o *controle* de alguém, com o *dever de garante*, e dentro de sua *esfera de gestão*, ele será responsável por mantê-lo nos limites do *risco permitido*, ou seja, por obedecer ao complexo de normas mandamentais e/ou proibitivas que regulam aquele setor. Trata-se do *dever de controle*, que existe enquanto os produtos compõem o âmbito de gestão do produtor/distribuidor. Ao tomar ciência da *periculosidade* do produto enquanto ele integra tal âmbito, o produtor passa a ter um *conhecimento especial* de que aquele risco *não é mais permitido*, de onde nasce o dever de impedir sua *distribuição.* A *omissão* fará com que o resultado seja imputado ao omitente seja por ingerência – quando a pessoa física participou da *criação do risco* (CP, art. 13, § 2.º, *c*) – seja por *assunção* ou por *dever legal*, quando o integrante da empresa exerce cargo ou função dos quais derive a obrigação de agir (CP, art. 13, § 2.º, *a* e *b*).

A partir do momento em que o *foco de perigo*, o *produto*, sai do âmbito de gestão do produtor, não existe mais o *dever de controle.* Resta analisar a persistência de um *dever de salvar.*

Como já exposto, o *dever de salvar* decorre necessariamente de um *risco não permitido* prévio, da inobservância das *normas de cuidado* vigentes quando o perigo ainda era mantido sob o domínio do agente. No caso em discussão, a distribuição foi realizada sem que qualquer norma de cuidado fosse descumprida, ou seja, dentro da seara do *risco permitido.* Assim, por mais que haja uma relação *causal* entre a lesão e o uso do produto, não há um nexo *normativo*, restando apenas a responsabilidade pela *omissão própria*, na forma do Código de Defesa do Consumidor (CDC, art. 64).

---

20. ROXIN, *Derecho Penal*, II, p. 921.
21. ROXIN, *Derecho Penal*, II, p. 922.
22. ROXIN, *Derecho Penal*, II, p. 926.

A solução do BGH alemão para o caso do *spray* de couro não parece adequada porque, em verdade, acaba por reconhecer um *dever de salvar* diante de *riscos permitidos*, pois a constatação *ex post* dos problemas do produto não pode retroceder ao momento anterior à sua distribuição. O Tribunal alemão tentou reconhecer aqui um *contexto de controle*, mas no instante em que os efeitos nocivos vieram à tona o distribuidor/fabricante não tinha mais o *domínio* do foco de perigo. Trata-se de uma situação *de salvamento*, mas essa é restrita aos casos de *riscos não permitidos* constáveis *ex ante* – diferente do que ocorreu no caso analisado.

Poder-se-ia afirmar que mesmo após a perda do *domínio* do foco de perigo o empresário tinha o *dever de informar* os consumidores sobre os riscos e recomendar o não consumo, ou organizar um *recall*. Tais atos estariam sob o *domínio* do produtor, sob seu âmbito de gestão. No entanto, tal assertiva não se sustenta. É bem verdade que o *dever de informar* está sob *controle* do produtor, mas o *risco* não está mais. Como já exposto, o *dever de controle* existe apenas e tão somente quando o *foco de perigo* está sob a gestão ou o domínio do agente. A possibilidade de interromper o curso causal de forma distinta do *controle do perigo* está inserida no *contexto de salvamento*. Se a única forma de salvar alguém é pela informação, que possibilita uma espécie de autodefesa, evidente a ausência de *controle* do risco e o caráter de *salvamento* da conduta. Essa última situação é assemelhada ao caso daquele que conduz um animal perigoso que se descontrola e segue em direção a um passante. O dever de gritar, de alertar a possível vítima, é um *dever de informar*, mais próximo do *salvamento* do que do *controle*. E esse dever, como já explicitado, só existe se o *risco* anterior não é *permitido*, o que não ocorre no presente caso.

Não é distinta a posição do legislador brasileiro. Ao dispor expressamente que o ato de deixar de comunicar aos consumidores a nocividade ou a periculosidade de produtos cujo conhecimento seja posterior à sua colocação no mercado é crime de *omissão própria*, que pode ser agravado pelo resultado lesivo (CDC, art. 64), o legislador deixa claro que essa violação do *dever de salvar* é grave, desvalorada, mas não se equipara à *comissão* ou ao descumprimento de um *dever de controle*.

Em síntese, se levado em consideração o modelo ora defendido, somente será *responsável pelo produto* aquele que criou o risco e o tem sob seu *controle*, em seu âmbito de gestão, no momento em que a periculosidade se torna conhecida. A partir do momento em que o produto deixa a seara de *controle* não existe responsabilidade derivada da *ingerência* porque, na esfera do *salvamento*, o dever de garantia está sempre atrelado a um *risco não permitido* anterior, inexistente no caso dado o desconhecimento dos atributos perigosos no momento da produção/distribuição.[23]

3. Da responsabilidade pela conduta de terceiros (condutas complementares, delegação e transferência)

3.1 Das condutas complementares

Outra questão diretamente relacionada aos limites e à estrutura da *omissão* é sua relação com a conduta de terceiros estranhos ao *risco criado* pelo omitente e a natureza dos atos de delegação ou transferência de *risco* por aquele que o criou.

O primeiro tópico engloba os casos em que o *garante* descumpre as *normas de cuidado* exigidas em seu âmbito de atuação – e cria um *risco não permitido* – que é complementado ou suplementado por atos dolosos ou culposos de terceiros, em uma somatória indispensável à produção do resultado. Nesses casos, é possível *imputar* o resultado lesivo ao *garante inicial*, que criou ou deixou que fosse criado o *risco original*, caso venha a se omitir em momento posterior, diante de atos de terceiros, quando podia agir para impedir a lesão?

A princípio, ninguém responde por atos dolosos e culposos de terceiros.[24] Mas nos casos em tela há uma peculiaridade: o agente criou um *risco não permitido* original, de modo que está ligado ao resultado de alguma forma, não apenas sob a perspectiva *causal*, mas também de forma *normativa*. Nessas situações, a intervenção posterior de um terceiro, que ingressa no curso causal, afasta a imputação pelo resultado do criador do *risco não permitido* inicial, ainda que constatado que ele teria condições de evitá-lo com uma nova intervenção?

Para aqueles que entendem ser o *domínio do foco de perigo* a base da responsabilidade por omissão, como SCHÜNEMANN, a resposta será positiva, dada a ausência de um domínio *pessoal* do suposto garante sobre o processo causal extraviado.[25] Segundo esse autor, somente haverá *domínio* sobre atos de *terceiros* quando estes forem *incapazes* – absolutamente subordinados ao garante – ou quando existir um *poder de mando jurídico* sobre os penalmente *capazes*.[26] Em sentido similar, OTTO, sob a perspectiva do *dever de garante*, afasta a ideia de responsabilidade por omissão imprudente diante de conduta dolosa de terceiro porque entre aquela e o resultado há uma mediação estranha à ingerência.[27] Também RUDOLPHI entende que nos casos de ingerência a conduta precedente

---

23. Nesse sentido, LASCURAIN SANCHEZ defende a inexistência de um *dever de garantia* do produtor em relação a *riscos* conhecidos com posterioridade à sua correta introdução no mercado. *Los delitos*, p. 92 e ss.

24. Nesse sentido, ROXIN, *Derecho Penal*, II, p. 892.

25. SCHÜNEMANN, *Fundamentos*, p. 377.

26. SCHÜNEMANN, *Fundamentos*, p. 378.

27. In DOPICO GÓMEZ-ALLER, *Omisión*, p. 255.

deve ser a última coisa interposta por uma ação humana, de forma que a mediação imprevista de um terceiro afasta a imputação.[28] O autor, no entanto, faz duas exceções: (i) quando o terceiro que realiza a conduta não é responsável por sua própria atuação (ex.: inimputável), e (ii) quando a atuação do terceiro era previsível e evitável, em uma cumplicidade imprudente seguida de omissão dolosa.

Para TAVARES a ação culposa de terceiros não afasta, em princípio, a responsabilidade por ingerência, mas a imputação exige a incidência de todos os critérios previstos em lei, sendo aqui aplicável o disposto no § 1.º do art. 13 ("*a superveniência de causa relativamente independente exclui a imputação quando, por si só, produziu o resultado; os fatos anteriores, entretanto, imputam-se a quem os praticou*"). O autor ilustra sua posição com o caso do carnavalesco que deixa fogos de artifício em local inadequado em sua residência, usados posteriormente por hóspede de forma também inadequada, causando incêndio na região.[29] Segundo TAVARES, há uma *relação de causalidade*, mas o resultado lesivo não poderá ser imputado à omissão inicial porque se trata de causa posterior relativamente independente.[30]

JAKOBS, por sua vez, sustenta que existem *deveres de controle* sobre a conduta de outras pessoas: (i) nos casos de *participação* em ações perigosas de terceiros (indução, cumplicidade, coautoria) – uma vez que se cria um *risco não permitido* no âmbito da própria organização;[31] (ii) nos casos de *utilização de coisas perigosas* dentro do âmbito de gestão *por parte de outras pessoas* – que ocorre quando o uso de certos bens não está dentro do *risco permitido* se aquele que usa não ostenta certas qualidades (ex.: se empresto material radioativo para terceiro devo me certificar de que ele tem condições de cautela, assim como se empresto meu carro) – o empresário coloca para manejar suas máquinas aqueles que têm treinamento; (iii) quando exista um *domínio sobre os terceiros*, como no caso do carcereiro que é capaz de evitar um crime praticado pelo preso.[32] Fora daí inexiste responsabilidade penal, uma vez que, pela *proibição de regresso*, ninguém deve exceder seu rol de competências para conjurar um perigo de terceiros.[33]

A nosso ver, o problema da omissão diante de atos de terceiros após a violação do *dever de cuidado* pelo agente inicial – criação do risco não permitido – deve ser enfrentada com base nos parâmetros já desenvolvidos. O critério do *domínio* de SCHÜNEMANN não soluciona efetivamente a questão, uma vez que em certos casos não há *domínio* sobre a vontade do terceiro que adentra no curso

28. In DOPICO GÓMEZ-ALLER, *Omisión*, p. 278.
29. TAVARES, *Teoria*, p. 334.
30. TAVARES, *Teoria*, p. 335.
31. JAKOBS, *Derecho Penal*, p. 976.
32. JAKOBS, *Derecho Penal*, p. 977.
33. JAKOBS, *Acción y omisión*, p. 32.

causal, mas é possível o *domínio* sobre os riscos derivados de sua conduta, ou mesmo a possibilidade de *domínio físico* sobre seu comportamento que permita, em princípio, a criação de uma *expectativa jurídica* de salvamento. A questão, por isso, não é solucionada pela verificação apenas do *domínio*, e sim do âmbito de abrangência da norma de cuidado violada.[34] Deve-se averiguar se a determinação normativa violada pelo *garante inicial* tem o escopo de evitar resultados produzidos por atos posteriores de terceiros.

Em regra, as normas de cuidado impostas aos *garantes* não têm em seu âmbito de abrangência a finalidade de impedir resultados ocorridos em decorrência de atos *dolosos/culposos* de terceiros, a não ser nos casos de *concurso de agentes* ou de situações nas quais o criador do risco tem *domínio completo* sobre aquele que dá sequência ao curso causal.[35] Assim, se alguém deixa *imprudentemente* um pacote de veneno com aspecto de açúcar sem identificação sobre uma mesa e um terceiro, conhecedor da qualidade letal do produto, o oferece ao seu inimigo, não há imputação do resultado ao primeiro agente, mesmo que este deixe de *salvar* aquele que agoniza. Embora a *omissão* na identificação do veneno crie um *risco não permitido* que se refletiu efetivamente no resultado (a vítima não teria usado o produto se visse o alerta no recipiente), a *norma* violada não guarda no âmbito de abrangência o possível manejo doloso de tal descuido.[36]

No entanto, a exoneração do *dever de agir* diante de atos *dolosos* de outros intervenientes não se aplica aos casos em que a *norma de cuidado* exige também a atuação diante da conduta de terceiros. É o que ocorre, por exemplo, no caso de normas dirigidas aos donos de casas de espetáculos para que mantenham em funcionamento dispositivos para prevenção e combate a incêndios. A norma abrange a proteção diante de *qualquer incêndio*, produzido por acidente natural ou por seres humanos, de forma dolosa ou culposa. Por isso, se determinado estabelecimento não possui porta anti-chamas e por esta *omissão* diversas pessoas morrem em decorrência de um incêndio produzido *dolosamente* por alguém, o proprietário *omisso* responderá pelas mortes cuja evitação seria possível se existentes os dispositivos de segurança mencionados.[37] Nesse sentido, é forçoso

---

34. Nesse sentido, GRECO, *Um panorama*, p. 115.

35. Nesse sentido, JAKOBS, *Derecho Penal*, p. 977. Importa destacar, mais uma vez, que a discussão em tela se limita ao âmbito da ingerência, ou seja, não trata dos casos em que o omitente tinha o *dever legal* ou *assumiu* o dever de evitar atos dolosos de terceiros. Para uma panorâmica sobre tal discussão na Alemanha, ver PAWLIK, *La libertad*, pp. 201 e ss.

36. Vale destacar que se o agente inicial *sabe* que haverá um uso doloso de terceiro, seu comportamento cria um risco não permitido que lhe imputa o resultado, cuja qualidade de coautoria, participação ou autoria colateral dependerá dos critérios para a fixação de responsabilidade no concurso de agentes.

37. É o caso da discoteca Alcalá 20, discutido por GIMBERNAT ORDEIG, *Estudios*, p. 247. Para o autor, se o proprietário de uma discoteca deixa de tomar as precauções anti-incêndio, será responsabilizado pelas mortes mesmo que exista dúvida sobre a origem criminosa do fogo, porque a norma de cuidado não fixa tal distinção (GIMBERNAT ORDEIG, *Estudios*,

reconhecer a possibilidade de *autoria colateral* entre conduta dolosa e culposa, desde que as normas violadas nesta última tragam em seu âmbito de abrangência a evitação de resultados produzidos por comportamentos intencionais de terceiros.[38]

No caso de *concurso de pessoas*, o início da execução do delito dentro dos limites do acordo subjetivo acarreta a mútua imputação, seja pelas ações, seja pelas omissões que constituem o *iter criminis*. No entanto, tal vínculo se limita ao âmbito do *acordo* entre os concorrentes, que não são *garantes* dos excessos de algum deles. O âmbito de abrangência das diversas normas violadas por quem inicia a execução de um crime em conjunto não tem, em regra, o escopo de impedir que um dos concorrentes ultrapasse os limites do acordado, tanto que o excesso acarreta no máximo a exasperação da pena pelo tipo penal originalmente almejado, sem que os demais sejam *garantes* do comportamento daquele que extrapola o ajuste (CP, art. 29, § 2.º).

Aqui vale citar como exemplo o caso da invasão da Reitoria da Universidade de São Paulo, ocorrida em 8 de novembro de 2011, quando um grupo de estudantes ocupou o imóvel para protestar contra determinadas posturas da Reitoria e alguns picharam suas paredes e destruíram o mobiliário do local.

Na falta de qualquer elemento que permitisse individualizar as condutas, o Ministério Público ofereceu denúncia contra todos, utilizando-se para isso da figura da *omissão imprópria*, nos seguintes termos:

> "No tocante aos danos ocorridos e constatados por meio dos laudos periciais juntados aos autos, também é correto afirmar que todos contribuíram, por ação ou omissão, pela ocorrência. O fato de terem os acusados invadido a reitoria, tornou-os responsáveis pelas ações ocorridas no interior desta; assim, mesmo que por omissão, que, neste caso, é penalmente relevante, nos termos do artigo 13, § 2.º, alíneas *b* e *c*, do Código Penal, todos devem responder pelos danos ocorridos ao patrimônio público (*§ 2.º – A omissão é penalmente relevante quando o omitente devia e podia agir para evitar o resultado. O dever de agir incumbe a quem: ... b) de outra forma, assumiu a responsabilidade de impedir o resultado; c) com seu comportamento anterior, criou o risco da ocorrência do resultado*). Em outras palavras, ao ingressarem indevidamente no local todos eles assumiram o risco de provocar o resultado, e, portanto, tinham a obrigação de agir para evitá-lo." [39]

Nota-se aqui certa confusão entre os conceitos de *criação de risco* e *mútua imputação* no concurso de pessoas. Certamente aqueles que invadem um prédio público criam um *risco não permitido* e são responsáveis pelos desdobramentos deste ato, nos limites do âmbito de abrangência da norma penal. No caso em tela,

---

p. 247, ao citar o caso da discoteca e a interessante manifestação do Ministério Público: "La causa del incendio es secundaria, y si hubiese sido provocado, ello sólo habría determinado que se sentase una persona más en el banquillo de los acusados.").

38. Nessa linha, GIMBERNAT ORDEIG, *Estudios*, p. 249.

39. Denuncia oferecida nos autos 2484/2011, em 04 de dezembro de 2012.

a *norma* violada – proibição de adentrar certas dependências públicas sem autorização – tem o escopo de preservar a regularidade dos serviços e o patrimônio diante dos atos daquele que descumpre o preceito. Não parece estar no seu âmbito de abrangência impedir o excesso dos demais que concorreram para o ato. Ou seja, aquele que extrapola o ajuste firmado entre os concorrentes pode, com sua conduta, aumentar a pena dos demais – caso efetivamente o comportamento fosse previsível, nos termos do 2.º do art. 29 do Código Penal –, mas não transforma a todos em *garantes* de atos dolosos dos mais exacerbados.

No caso do comportamento *culposo posterior*, a resposta será a mesma, ou seja, dependerá da norma violada no caso concreto.

Imaginemos que um motorista passe um farol vermelho, de forma imprudente, e quase atropele um pedestre. Este, para desviar do automóvel, pula para a outra faixa e é abatido por uma motocicleta que seguia em velocidade excessiva. Fixemos, por hipótese, que se o motociclista estivesse em velocidade adequada teria tempo para frear e evitar a colisão. Há, nesse caso, *culpa concorrente*. Ambos os motoristas criaram *riscos não permitidos* desdobrados no resultado concreto, de forma que a lesão ou a morte está no âmbito de abrangência da norma de cuidado violada. Assim, ambos têm o *dever de salvamento* – se possível – e a omissão tornará o resultado imputável, inclusive a título *doloso*, se tal estado de ânimo surgir nesse instante. Ou seja, o ato *culposo* do terceiro não exonera aquele que criou o *risco não permitido* inicial – desde que essa conduta seja, ao menos, imprudente.

Por outro lado, no exemplo de TAVARES do carnavalesco[40] a resposta será distinta. A norma violada pelo dono da residência se refere ao acondicionamento dos fogos de artifício, que visa a impedir acidentes decorrentes do mau armazenamento do material, mas não se destina a evitar seu uso posterior por um hóspede imprudente. Por isso, o *risco não permitido* inicial não se projeta sobre o resultado. Ainda que exista um *nexo causal*, não há *relação normativa*, porque o ocorrido está fora do âmbito de abrangência da norma de cuidado violada, é estranha ao seu sentido teleológico.

Nessa seara também pode ser enfrentado o caso do dono de um bar que serve bebida a cliente visivelmente embriagado e não o impede de sair com seu veículo do estacionamento do estabelecimento após a ingestão do produto em excesso. Será ele responsável pela conduta de *dirigir embriagado* (Lei 9.503/1997, art. 306) ou pelos eventuais acidentes posteriores? A nosso ver, a partir do momento em que nosso ordenamento não exclui a culpabilidade pela *embriaguez*, supõe-se – mesmo que pela controversa ideia da *actio libera in causa* – que aquele que age nestas condições responde por seus atos. O vendedor de bebidas não cria um

40. TAVARES, *Teoria*, p. 335.

risco não permitido ao oferecer um produto legalizado, de forma que qualquer desdobramento posterior não está na sua órbita de *cuidado.*

Ainda que o produto não fosse permitido – ex.: venda de drogas –, o âmbito de abrangência da norma proibitiva não abarca, a nosso ver, situações de autocolocação em risco, exceto em casos nos quais é nítida a intenção de suicídio do consumidor (CP, art. 122), nem a exposição de terceiros a riscos pela conduta exclusiva do consumidor.[41] Em outras palavras, nesses casos a conduta *imprudente* ou mesmo *dolosa* do embriagado não estende a responsabilidade pelos resultados àquele que oferece o produto.

Para ilustrar o exposto e validar sua aplicação concreta, tomemos como exemplo um caso julgado pelo Superior Tribunal de Justiça, nos autos do HC 134409.[42] A questão envolveu o proprietário de um terreno com um sítio arqueológico, que sabia que seu aproveitamento econômico exigia ações de resguardo do chamado "*bloco de testemunho*", ou seja, o resguardo de uma parte do imóvel. Ao que consta, este proprietário vendeu o terreno a terceiros sem informá-los de tal restrição, entregando aos compradores um projeto de loteamento que sugeria a supressão do local resguardado.[43] Em suma, *deixou de informar* a necessidade de preservação do sítio arqueológico, que foi destruído pelos adquirentes, ignorantes das restrições. Por tal *omissão*, o proprietário original foi denunciado pelo crime do art. 62, I, da Lei 9.605/1998.[44]

O Superior Tribunal de Justiça trancou a ação penal por entender que o crime em questão é *comissivo* e não existia qualquer *dever de garante* incidente sobre o proprietário original, que não estava obrigado por lei a informar a existência do sítio arqueológico, não assumiu o encargo de proteção, nem criou o risco precedente. Assim dispôs trecho do acórdão:

> "O que se extrai dos autos é que o paciente não tinha o dever de informar os compradores, no ato da venda do terreno, acerca da existência de sitio arqueológico que deveria ser preservado, motivo pelo qual eventual aplicação da alínea *c* do § 2.º do art. 13 do Estatuto Repressivo se daria em exacerbaria elasticidade, pois a partir do momento em que houve a alienação da propriedade, ele já não tinha mais como evitar o resultado, um dos requisitos para que se tenha a condição de garante."

A decisão parece acertada, mas seus fundamentos podem ser ajustados pelo *modelo* ora proposto para a *omissão imprópria.*

---

41. Nesse sentido, RUDOLPHI, para quem o resultado não é imputável quando o próprio titular do bem jurídico é consciente da criação do perigo (in DOPICO GÓMEZ-ALLER, *Omisión*, p. 277).

42. STJ, HC 134.409, 5ª Turma, rel. Min. Jorge Mussi, votação unânime.

43. Dados constantes do relatório que antecede o voto.

44. "Art. 62. Destruir, inutilizar ou deteriorar:
I – bem especialmente protegido por lei, ato administrativo ou decisão judicial."

Aquele que vende um imóvel sem informar eventuais restrições a seu uso e oferece projeto de loteamento sem menção ao sítio arqueológico cria um *risco* para o patrimônio histórico,[45] mas não parece que seja um *risco não permitido* para esse bem, na medida em que inexiste norma ou regra explícita que o obrigue a prestar tal informação. Seria possível alegar que existe um *dever geral de cautela*, pelo qual o vendedor deve prestar ao comprador todas as informações relevantes sobre o bem transacionado, em especial aquelas que diminuem seu potencial econômico. Ainda assim, o escopo na *norma de cautela* seria evitar prejuízos patrimoniais ao comprador, que apenas depois perceberia a impossibilidade da exploração econômica de parte do terreno. Não está em seu âmbito de abrangência o mau manejo ou uso do imóvel pelo adquirente, que tem um *dever* próprio e autônomo de se informar de eventuais restrições quando for efetuar o loteamento, independentemente dos dados apresentados pelo vendedor.

Em suma, o vendedor não tinha efetivamente o *dever de garante.* Porém, tal exoneração não decorre da *incapacidade* de evitar o resultado, como apontou o tribunal, mas pelo fato de o resultado ser estranho ao âmbito de abrangência da eventual norma de cuidado violada.

Fundamentar a exclusão do *dever de garantia* na *incapacidade* de impedir o resultado, porque o terreno não estava mais sob o domínio do proprietário inicial, levaria a soluções político-criminalmente insustentáveis. A transferência de propriedade sem as *informações* necessárias exonera o vendedor do *dever de garante* apenas quando a norma eventualmente violada não tem relação com o resultado concreto.

No caso em tela, como visto, o eventual *risco não permitido* seria ao patrimônio do comprador e não ao patrimônio histórico. Porém, nem sempre o resultado está *fora do âmbito* da norma violada pela sonegação de informações. Imagine-se um proprietário de terras que instalou armadilhas de caça em vários pontos ocultos do local. Ao vender o imóvel há um *dever de informação* sobre tais dispositivos, cuja omissão implica na violação de uma *norma de cuidado* que tem em seu âmbito de abrangência a evitação de danos à integridade física dos adquirentes. Nesse caso, a ausência da conduta adequada, da prestação de informações, torna o vendedor *garante* da segurança daqueles que ingressam na propriedade, porque o *risco* inicialmente permitido de colocar as armadilhas de caça se transformou em *não permitido* pela ausência da informação.

Aqui, a adoção do raciocínio usado pelo Superior Tribunal de Justiça excluiria a responsabilidade do vendedor pela eventual morte de uma criança em decorrência do acionamento da armadilha de caça, dada sua *incapacidade*

---

45. Vale destacar que a análise aqui se limita à afetação do bem jurídico da lei de crimes ambientais, sem levar em consideração o eventual *estelionato* contra o patrimônio do comprador, que demandaria uma averiguação de outros pressupostos estranhos ao objetivo do presente estudo.

de evitar o resultado. No entanto, no caso em tela, existe a *capacidade* de agir de acordo com a norma, que não consiste em *evitar* que a vítima acione a armadilha – situação fora do alcance do omitente –, mas no cumprimento do *dever de informar*, esse, sim, dentro das possibilidades de atuação do vendedor.

Note-se que a situação concreta é distinta daquela exposta no tópico sobre a *responsabilidade pelo produto*. Em ambos o omitente está diante de um *dever de salvamento*, porque o terreno/produto está fora de seu âmbito de domínio. No entanto, aqui a violação do *dever de informar* enseja a *omissão imprópria* e lá apenas a *omissão própria*. A diferença de tratamento dos casos decorre da qualidade do *risco* anteriormente criado. Na venda do terreno, o proprietário *conhece* as armadilhas, o perigo. Trata-se, portanto, de um *risco não permitido*. Na responsabilidade pelo produto – ao menos na hipótese aventada – o produtor não conhece os riscos no momento da distribuição, de forma que o *risco* é *permitido* que o exonera do *dever de salvamento* (ligado à *omissão imprópria)*.

Em suma, não parece correto apontar como causa de exoneração do *dever de garante* a falta de *capacidade* do vendedor para evitar o resultado após a transferência, quando existe um *risco não permitido*. Esta *capacidade* deve existir no momento da *omissão*, e no instante em que a *informação* sobre o sítio arqueológico (no primeiro caso) ou sobre a armadilha (no segundo caso) deixou de ser dada, o omitente era capaz de fornecê-la. Mais: tal capacidade continuou a existir *a posteriori*, uma vez que a comunicação da existência do sítio arqueológico/armadilha poderia ser realizada a qualquer tempo, restituindo o risco ao patamar *permitido*. A partir de então os eventuais resultados lesivos seriam imputados aos novos proprietários, já cientes dos perigos ou limitações da propriedade.

A única distinção entre o caso do sítio arqueológico e da armadilha, portanto, é a extensão do âmbito de abrangência da norma violada, que exonera o vendedor no primeiro caso e mantém a responsabilidade no segundo. Mas a *capacidade* de ação, em ambos, existe e não é suficiente para exonerar o vendedor de qualquer responsabilidade.

Pelo exposto, resta claro que o critério do âmbito de abrangência da norma – que integra o modelo de ingerência ora proposto – oferece uma diretriz relevante para a solução dos problemas apresentados. Não se trata, evidentemente, de um parâmetro fixo, que permita de antemão solucionar casos hipotéticos com precisão, mas presta um importante serviço prático, pautando a argumentação e evitando o casuísmo.[46] Por ele, a criação de um *risco não permitido* ensejará uma *posição de garante* em relação à conduta de terceiros – dolosa ou culposa – que posteriormente integra o curso causal apenas se tal situação está abrangida pelo *âmbito da norma violada*; do contrário, vigora o princípio da *autorresponsabili-*

---

46. Sobre o controle racional dos enunciados dogmáticos e os riscos do casuísmo, ver SILVA SÁNCHEZ, *Aproximación*, pp. 422 e ss.

dade e o interveniente posterior responderá pela lesão típica, incidindo sobre o primeiro o disposto no § 1.º do art. 13 do Código Penal.

3.2 Da ingerência e das atividades delegadas

3.2.1 Aspectos gerais

Passemos à *delegação do risco*, questão polêmica e atual, em especial na seara dos crimes econômicos e naqueles cometidos dentro de estruturas do Poder Público, âmbitos nos quais a determinação dos contornos da divisão do trabalho é fundamental para definir responsabilidades penais.[47]

Nas organizações empresariais privadas ou públicas[48] – e em outras esferas de organização humana – é comum, e até imprescindível, a *delegação* de atividades e do controle de riscos. Pode-se definir a *delegação* como uma espécie de *divisão de trabalho* onde o *delegante* passa atribuições/competências para o *delegado* para que atue em seu nome, mas com um certo grau de autonomia, sempre dos limites do ato.[49]

---

47. Sobre o tema, SILVA SÁNCHEZ, *Deveres*, p. 157; MARTINEZ BUJAN PÉREZ, *Derecho Penal*, p. 158; DEMETRIO CRESPO, *Responsabilidad penal*, *passim*; LASCURAÍN SÁNCHEZ, *Fundamento*, *passim*; MONTANER FERNÁNDEZ, *Gestión empresarial*, *passim*.

48. Sobre a delegação no âmbito da discussão na seara das Forças Armadas, ver APONTE CARDONA, *Superior jerárquico*, p. 311 e ss.

49. Para SILVA SÁNCHEZ, a delegação é o ato pelo qual alguém (delegante) cede ou repassa a outra pessoa (delegado) uma competência ou poder para o exercício de determinada atividade em seu nome, em *Fundamentos*, p. 94 e DEMETRIO CRESPO, *Responsabilidad*, p. 105. No entanto, a caracterização do ato de delegação não é pacífica na doutrina. Embora a maioria dos autores a compreenda em um sentido amplo, como um repasse de funções com um espaço de autonomia do delegado (LASCURAIN SANCHEZ, *Fundamento*, p. 205), há quem a limite aos casos em que o *delegante* seja competente sobre o objeto delegado (de forma que o administrador de uma empresa, que detém competência *geral* sobre os diversos setores de atividades, não *delega* tarefas no setor de *produção* ou *construção*, mas apenas *designa* tarefas) (MONTANER FERNÁNDEZ, *Gestión empresarial*, p. 86). Vale notar que – na seara empresarial – existem diversas formas de divisão de trabalho, além da delegação, como a mera designação de tarefas, as ordens diretas, etc. Dada a diversidade e a heterogeneidade da organização empresarial, seria impossível abarcar todas as formas de distribuição de trabalho e competência, bem como seus efeitos sobre os deveres de garantia existentes na ingerência. Diante disso, optamos por tratar da delegação, por se tratar de um fenômeno comum na distribuição dos deveres decorrentes da ingerência – não apenas no âmbito empresarial – e frequentemente visitado pela doutrina. No campo da ingerência, a discussão sobre a definição mais ampla ou restritiva da delegação não parece importante, uma vez que o *delegante* é aquele que *cria o risco*, portanto, é aquele que tem *competência direta original* para gerenciá-lo. Sobre a delegação, ver SCHÜNEMANN, *Delincuencia*, p. 24 e ss., TERRADILLOS BASOCO, *Cuestiones*, p. 35 e ss., BATISTA GONZÁLEZ, *La responsabilidade*, p. 35 e ss.

A questão que merece ser abordada: aquele que *cria o risco* pode delegar os deveres de *controlá-lo* ou de *salvamento* a outras pessoas? Tal delegação afasta a responsabilidade do *garante* originário? Em que medida? Há algum *dever residual de ação* que remanesce capaz de atrair a responsabilidade pela *omissão?*[50]

Vale destacar, em primeiro lugar, que o presente estudo tem por objeto a *omissão imprópria* e não a natureza da *delegação* de funções dentro de organizações complexas. Portanto, a natureza e as espécies e delegação, os requisitos de sua validade e seus desdobramentos para aqueles que recebem a incumbência não fazem parte da análise ora apresentada.[51] A presente análise também se limita aos casos de *delegação* do *dever de controle* e do *dever de salvamento*, e não à delegação de outras *atividades* ou de *competências*.

Também não serão abordadas as situações em que a omissão do *delegante* é fruto de um *acordo* com o delegado, em uma soma de esforços conjunta para a violação da norma de cuidado e realização do resultado – ou seja, as hipóteses de *concurso de agentes* dentro da organização empresarial/pública. Os problemas do *concurso* na seara omissiva têm dinâmica específica e exigiriam a análise de teorias e de estruturas dogmáticas distantes do escopo do presente trabalho, enveredando em uma seara distinta, com peculiaridades próprias.[52]

---

50. ARMIN KAUFMANN já se aproxima de tal problemática ao discorrer sobre a participação na omissão, fixando alguns parâmetros importantes para a presente discussão. ARMIN KAUFMANN, *Dogmática*, p. 199.

51. Sobre o tema, ver MONTANER FERNÁNDEZ, *Gestión empresarial*, p. 73-121. No âmbito da delegação inúmeros outros problemas poderiam ser abordados, mas que fogem ao escopo do presente trabalho, como o dos requisitos de validade material da delegação – em MONTANER FERNÁNDEZ, *Gestion empresarial*, p. 106 e ss – da figura do delegado sem meios, do subordinado dominante em razão do domínio dos fluxos de informação, dentre outros mencionados por BUJAN PEREZ, em *Derecho penal*, p. 536 e ss. Também é estranho às análises aqui empreendidas, por exemplo, o debate sobre a responsabilidade por omissão dos administradores de sociedades de certa natureza, – como as anônimas – sobre atos praticados por outros administradores. A uma porque não se trata de delegação, a duas porque não se referem à ingerência. É o que ocorre no caso dos administradores de sociedades anônimas, para os quais vale o seguinte dispositivo: "O administrador não é responsável por atos ilícitos de outros administradores, salvo se com eles for conivente, se negligenciar em descobri-los ou se, deles tendo conhecimento, deixar de agir para impedir a sua prática. Exime-se de responsabilidade o administrador dissidente que faça consignar sua divergência em ata de reunião do órgão de administração ou, não sendo possível, dela dê ciência imediata e por escrito ao órgão da administração, no conselho fiscal, se em funcionamento, ou à assembleia-geral." (Lei 6.404/1976, § 1.º do art. 158). Tal responsabilidade é estranha à delegação. Ademais, qualquer responsabilidade aqui não decorre da ingerência, mas de um dever expressamente previsto em lei, uma vez que o omitente aqui não cria qualquer risco não permitido.

52. Na seara dos crimes empresariais, BACIGALUPO ZAPATER, por exemplo, enfrenta a questão do *concurso de agentes* sob a perspectiva do *domínio dos fatos*. Assim, se presente o *domínio* e o dolo do resultado, o dirigente será *autor*. Ausente o *domínio* e presente o dolo, haverá *participação*, em *Curso*, p. 149. Em uma perspectiva mais genérica, há quem afaste a *coautoria* nos crimes *omissivos*, como WELZEL (*Derecho Penal*, p. 304),

O presente estudo, portanto, se limita a identificar se a *delegação* de deveres de *controle* ou de *salvamento* por parte do *garante* o exonera de qualquer *dever de garantia* ou se remanesce alguma obrigação mandamental cujo descumprimento ainda torne imputável o resultado típico à omissão, sob essa perspectiva.

3.2.2 Da delegação do dever de controle

i) Delegação do controle de riscos permitidos e não permitidos

Iniciemos a análise pelos *deveres de controle* do *garante*. Pelo modelo exposto, aquele que cria um *risco* (ingerência) ou aquele que em decorrência da *lei* ou da *assunção* tem o dever de *controlar riscos alheios*, obriga-se a observar as *normas de cuidado* atinentes a esses *riscos*, de forma que o resultado típico lhe será imputado na forma da *omissão imprópria* caso esse risco se transforme em *não permitido* (i). Porém, para tal imputação, será ainda necessário demonstrar a (ii) *capacidade* do agente para – no caso concreto – agir conforme a norma (*capacidade de ação)*, (iii) que a omissão foi uma *condição negativa do resultado* com a *probabilidade próxima da certeza*, *e* (iv) que o resultado estava no âmbito

ARMIN KAUFMANN (ARMIN KAUFMANN, *Dogmática*, p. 202), BATISTA, *Concurso de agentes*, p. 86, PRADO, *Curso*, p. 573. Também TAVARES *Teoria*, p. 405, para quem o dever de agir seria *individual*, de forma que inviável o concurso, mas possível a *autoria colateral*. Por outro lado, outros autores sustentam a possibilidade de concurso, desde que seja infringido um dever que somente poderia ser cumprido em conjunto, como CEREZO MIR, *Curso*, p. 272. Admite a coautoria no Brasil NUCCI, *Código Penal*, p. 293. Para ROXIN, não existe coautoria nos crimes omissivos porque se tratam de crimes de infração de dever, exceto quando o dever infringido seja o mesmo e com unidade subjetiva, em que admite inclusive a coautoria entre um autor por comissão e outro por omissão, em *Derecho Penal*, II, pp. 802 e 811. Na mesma linha, JESCHECK (*Tratado*, p. 582) e STRATENWERTH, para quem, no entanto, tal constatação carece de consequências práticas (*Derecho Penal*, p. 316). No campo da *autoria mediata*, há quem a entenda inaplicável à *omissão*, dada a ausência de *domínio* sobre o *instrumento* (CEREZO MIR, *Curso*, p. 273; BACIGALUPO ZAPATER, *Principios*, p. 641; STRATENWERTH, *Derecho Penal*, p. 314; BATISTA, *Concurso de agentes*, p. 88.), e há quem defenda sua apenas existência em determinadas situações (JESCHECK, *Tratado*, p. 583). Por fim, a participação na omissão ou por omissão é admitida por ROXIN, *Problemas básicos*, p. 239, II, p. 667, SILVA SÁNCHEZ, *Delitos*, p. 306; JESCHECK, *Tratado*, p. 582; STRATENWERTH, *Derecho Penal*, p. 317. No Brasil, por BITENCOURT, *Tratado*, p. 425; NUCCI, *Código Penal*, p. 279. Em sentido contrário, ARMIN KAUFMANN, para quem todos os omitentes são *autores* (desde que verificados os requisitos legais), uma vez que, para o autor, na omissão não existe *causalidade* ou *dolo*, e não seria possível *colaborar* com algo que não é *causal* em relação ao resultado típico, ou induzir um comportamento *sem dolo* (ARMIN KAUFMANN, *Dogmática*, p. 203; WELZEL, *Derecho Penal*, p. 305; CEREZO MIR, *Curso*, p. 273). Para TAVARES, a instigação a outro para não prestar o socorro devido ou será irrelevante da perspectiva penal ou o instigador será autor de um crime *omissivo* em si, sendo desnecessária a categoria em questão. TAVARES, *Teoria*, p. 299. Sobre o tema da participação, ver ainda RUEDA MARTÍN, *Participación*, *passim.*

de abrangência da norma violada. Cumpridos tais requisitos, o resultado pode ser imputado *objetivamente* à omissão.

Resta verificar como tais elementos se aplicam na seara da *delegação.*

Comecemos pelo *risco não permitido* (i). O diretor de uma empresa que organiza a produção ou a distribuição de um bem *cria* um risco ao oferecer aos consumidores algo para seu uso, e tem o *dever* – decorrente da *ingerência* – de observar um complexo rol de normas proibitivas e mandamentais que se aplicam à sua área de atuação. O mesmo ocorre com o diretor de fiscalização e com outros que em decorrência de *lei* ou de *assunção*, assumam *posição de garante.* Caso deixem de cumprir as *normas de cuidado* – por ação ou omissão – e criem um *risco não permitido*, *devem* impedir o resultado, do contrário ele lhes será imputado a título de *omissão imprópria.*

A questão: é possível *delegar* para alguém esse *controle*, esse dever de manter os riscos *próprios* ou *alheios* nos limites do *permitido?* A resposta é afirmativa. A dinâmica da atividade empresarial prevê a delegação de funções justamente para racionalizar os atos e permitir sua multiplicação. Por isso, é adequada e até necessária a delegação dos deveres de *controle* de *riscos permitidos* dos quais o empresário é garante.

Porém, a *delegação*, a princípio, só gera efeitos em relação ao *dever de garantia* quando se trata do *controle* de *riscos permitidos.* Caso o garante tenha descumprido as *normas de cuidado*, de forma a criar um *risco não permitido*, sua gestão ou controle pode até ser delegada, mas este ato não exonerará das imputações pelo resultado, a título de *omissão imprópria.*

O diretor de obras de uma empresa que determina a construção de uma barragem sem observância das normas de cuidado será responsável por qualquer acidente derivado deste *risco não permitido* (desde que dentro do âmbito de abrangência da norma violada), mesmo que *delegue* a supervisão do funcionamento do engenho a terceiros. A criação do *risco não permitido* atrai o dever personalíssimo por seu *controle/salvamento* àquele que manejou de forma intolerável os perigos produzidos dentro de seu próprio âmbito de gestão (*riscos próprios)*, ou não observou as normas de cuidado pertinentes aos *riscos alheios* quando garante por lei ou assunção, de forma que ele será responsável pelos resultados derivados da ação/omissão.

A *delegação* do *controle* de um *risco não permitido* gera efeitos apenas nos casos em que o *ato de* delegação tenha por objeto *expresso* a atribuição ao *delegado* o controle *desse* risco concreto, desde que ele seja *capaz* de fazer retornar o perigo aos *níveis permitidos* e assuma expressamente tal função.

Assim, o diretor de uma farmacêutica *cria um risco não permitido* ao determinar a produção de medicamentos sem os testes necessários, mas pode *delegar* a um técnico químico a função de analisar a qualidade de todos os lotes produzidos antes de distribui-los ao público. Nesse caso, há um *risco não permitido* (produção de medicamentos sem os testes), mas a delegação é possível, desde que o técnico tenha ciência do descumprimento da norma anterior e capacidade para verificar a idoneidade do produto. A delegação – nesses casos – é o ato de restauração do controle do foco de perigo.

ii) Dos deveres residuais do delegante

O ato de *delegação* do controle de *riscos permitidos* – ou *não permitidos* quando possível – não exonera por completo o *delegante* de seus *deveres de garantia* – apenas os transforma.

SILVA SÁNCHEZ indica que a *delegação* de competências no âmbito empresarial é um mecanismo de *transferência* e de *transformação* de posições de garantia.[53] A *transferência* indica que outra pessoa assume os deveres de garantia originalmente assumidos ou assinalados pelo delegante – no caso, o *dever* de controlar os riscos. A *transformação* aponta que o dever do delegante não desaparece por completo, e sim se transforma em dever de *vigilância* e *supervisão*.[54] Tais deveres compreendem o dever de *eleição* de um delegado capaz de exercer a garantia – sob uma perspectiva *ex ante* de prognose objetiva posterior;[55] – o dever de *instrumentalização* – dever de fornecer os meios, informações e instrumentos adequados para que o delegado cumpra os seus deveres;[56] o dever de *vigilância regular* sobre suas atividades – que não significa um acompanhamento detalhado, que tornaria inútil o ato de delegação, mas uma supervisão periódica por meio de relatórios, de apontamentos, ou da designação de um terceiro que desempenhe tal função (técnico de *compliance* ou similar);[57] e, em consequência, o dever de

53. SILVA SÁNCHEZ, *Deveres*, p. 157. Tambem em BATISTA GONZALEZ, *La responsabilidad*, p. 94.

54. SILVA SÁNCHEZ, *Deveres*, p. 157. No mesmo sentido, MONTANER FERNÁNDEZ, *Gestión empresarial*, p. 87, GIMBERNAT ORDEIG, *Estudios*, p. 246 GARCIA CAVERO, *La imputación*, p. 6. e TAVARES, *Teoria*, p. 321. Para MEINI, quando o objeto da delegação consista justamente nas funções de vigilância e controle, a posição de garante se delega completamente. Em *Responsabilidad*, p. 369. No mesmo sentido DEMETRIO CRESPO, *Responsabilidad*, p. 108. Para PEÑARADA RAMOS a delegação válida exclui o dever primário de garante, em *Sobre la responsabilidade*, p. 411 e ss. Também sobre a transformação do dever de garante pela delegação, FIORELLA, *Il transferimento*, p. 44 e ss.

55. Sobre o tema, ver ARMIN KAUFMANN, *Dogmática*, p. 199, BATISTA GONZALEZ, *La responsabilidad*, p. 94.

56. BATISTA GONZALEZ, *La responsabilidad*, p. 94.

57. Como afirma ROBLES PLANAS, não se pode exigir da cúpula da empresa um total controle de riscos que derivam da mesma, mas apenas uma adequada organização da vigilância, pela correta organização dos processos internos, disposição de mecanismos de segurança, e o dever de conhecer o desempenho destas atividades. ROBLES PLANAS, *El responsable*, p. 323. No mesmo sentido, LASCURAIN SANCHEZ, *Fundamentos*, p. 222 e DEMETRIO CRESPO, *Responsabilidad*, p. 108.

intervir diante da constatação de que o *delegado* extrapolou os limites do *risco permitido.*[58]

O *delegante*, portanto, mantém sua relação com o *risco* por ele criado, ou do qual é garante por lei ou assunção, mas de forma atenuada e qualitativamente diferenciada.[59] Tal fenômeno ocorre tanto na delegação *vertical* – que se dá no interior de uma estrutura funcional, hierarquicamente organizada, como uma empresa ou um órgão da administração pública – como na delegação *horizontal*, que ocorre nas cessões de poderes a terceiros para que atuem em nome e no interesse do delegante ou de sua corporação, como no caso de advogados e de representantes em geral.[60]

O conteúdo e os limites destes deveres de *vigilância* e *supervisão* é controverso. SCHÜNEMANN, fazendo uso de sua ideia de *domínio*, afirma que o que fundamenta e delimita os contornos desse dever de *vigilância* é o grau de assunção da posição de domínio pelo delegado, pouco importando as cláusulas formais da delegação.[61] Assim, o *delegante* continua responsável pelo resultado de que tem *domínio*, em regra, sempre que o *delegado* deva seguir suas instruções e, no caso concreto, as tenha seguido.[62] Em outras palavras, o ato de *delegação* pode

---

58. SILVA SÁNCHEZ, *Deveres*, p. 158. BACIGALUPO ZAPATER também prevê a *competência residual* do delegante, consistente no dever de vigilância periódica do delegado para verificar o cumprimento da delegação. Segundo DEMETRIO CRESPO, o dever de intervenção existe porque da delegação surge a obrigação para o empresário de não incrementar, pela mesma, os riscos de lesão para bens jurídicos de terceiros, devendo, para isso, atuar diante de perigos conhecidos no momento em que se produz a delegação ou frente aos demais que sejam conhecidos posteriormente, em *Sobre la posicion*, p. 12. Na mesma linha, MEINI, *Responsabilidad penal*, p. 367, e ROBLES PLANAS, *El responsable*, p. 323.

59. Para BOTTKE, a manutenção de certos deveres na delegação – e na atividade empresarial em geral – decorrem da equitativa compensação social dos efeitos internos e externos da organização de um círculo vital específico que fundamenta o poder em um grau elevado, em *Responsabilidad*, p. 140. Como afirma PEÑARADA RAMOS, a delegação não afeta o núcleo do dever originário consistente em ordenar a observância do dever de cuidado para evitar que o circulo de organização da empresa afeta direitos de terceiros. Em *Sobre la responsabilidad*, p. 420 (p. 411-430). Na mesma linha, FRISCH, *Problemas fundamentales*, p. 112, MARTINEZ BUJAN-PEREZ, *Derecho penal*, p. 534, SCHÜNEMANN, *Cuestiones básicas*, p. 535 e ss., GALLEGO SOLER, *Criterios*, p. 108, MONTANER FERNANDEZ, *Gestion empresarial*, p. 208, BACIGALUPO ZAPTER, *Curso*, p. 154.

60. Vale citar aqui a redação da proposta dos Eurodelitos para o fenômeno da delegação, no apartado 14 do art. 15: "La delegación de responsabilidad sólo exime de responsabilidad penal si se refiere a un determinado segmento de la actividad y existe certeza de que el delegado puede realizar eficazmente las tareas y competências que le han sido transferidas. Lo anterior no modifica ni la responsabilidade por la elección, vigilancia y control, ni la responsabilidade general derivada de la organización", em MARTINEZ BUJAN-PEREZ, *Derecho penal*, p. 438.

61. SCHÜNEMANN, *Fundamentos*, p. 396.

62. Segundo o autor, o reconhecimento de relações escalonadas revela que o poder fático sobre uma coisa pode ser estabelecido não apenas por sua detenção física, mas também mediante uma organização na qual o dirigente possua um poder central sobre todas as coisas

exonerar o *delegante* dos excessos cometidos pelo *delegado*, mas não o exonera do dever de zelar pelo cumprimento das diligências delegadas.[63] GIMBERNAT ORDEIG assume que os deveres de *vigilância* e *supervisão* são *secundários*, e limitados ao *foco de perigo* objeto do ato de delegação.[64] Nessa linha, vale menção às lições de BATISTA GONZÁLEZ, para quem os titulares dos órgãos de organização de uma empresa assumem um compromisso de controlar os riscos por ela produzidos, permitidos ou não permitidos, de forma que aqueles que têm competência sobre um âmbito de organização devem sempre preocupar-se que esse âmbito não tenha efeitos externos daninhos, mesmo que o manejando através de atos de *delegação.*[65]

A discussão mais profunda sobre o conteúdo e a extensão dos *deveres de vigilância e de supervisão* remanescentes no âmbito da *delegação* é estranha à presente tese, uma vez que abarcaria questões dogmáticas outras, como o concurso de agentes na seara empresarial, a autoria mediata, o domínio sobre organizações, dentre outros.[66] O que aqui importa é fixar que a *delegação* é um ato de *gestão de risco*, e, como tal, se insere na lógica dos *deveres de controle* como *omissão imprópria* se o delegante, por ação ou omissão, descumpre *normas de cuidado* atinentes a tal ato. Tais normas, como exposto, se restringem aos *deveres de vigilância* e de *supervisão*, de forma que seu descumprimento cria um *risco não permitido* capaz de imputar o resultado típico à omissão do *delegante*.

Mas isso não basta.

---

integradas na organização. *Fundamentos y límites*, p. 342. Para o autor, a ideia de *domínio* como elemento material do *dever de garante* se aplica ao âmbito empresarial, sempre que alguém tenha o *senhorio* sobre coisas e procedimentos materiais perigosos ou tenha *responsabilidade de garantia sobre subordinados. Delincuencia*, p. 33. ROXIN vai além e sugere que a relação de *domínio* não existe apenas na esfera *vertical*, mas pode ocorrer de forma *horizontal*. Para esse autor, em situações de normalidade é possível e recomendável a divisão *horizontal* de âmbitos de responsabilidade entre os diretores de um negócio, mas se um destes personagens identifica com clareza que outro não cumpre com seus deveres, ou se existe uma situação de anormalidade ou crise na instituição, valerá o princípio da responsabilidade global de todos. ROXIN, *Derecho Penal*, II, p. 899. A nosso ver, tal concepção estende demais a responsabilidade penal, uma vez que os limites entre a identificação com clareza de infração de deveres por outro direito não tem contornos claros, e também não estão precisados os elementos que permitam identificar esta situação de crise, que transforma o critério individual de imputação em global.

63. SCHÜNEMANN, *Cuestiones basicas*, p. 30. No mesmo sentido, MEINI, *Responsabilidad*, p. 300.

64. GIMBERNAT ORDEIG, *Estudios*, p. 322. Na mesma linha, BATISTA GONZÁLEZ, *La responsabilidad*, p. 147.

65. BATISTA GONZALEZ, *La responsabilidad*, p. 91. Para a autora, o ato formal de delegação não será relevante, mas o exercício real e material das funções próprias de uma determinada esfera de competência. *La responsabilidad*, p. 93.

66. Para um panorama mais preciso, ver ESTELITTA, *Responsabilidade penal*, p. 145 e ss.

Como apontado, a omissão somente será relevante se a atuação no sentido da norma for possível. A *capacidade* de agir conforme a norma (ii) é elemento essencial da *omissão imprópria*. Isso significa que o dever *residual* do empresário – na seara do *controle* – está sempre ligado ao seu *domínio* sobre os instrumentos de supervisão que materializam o *dever de garante*, ou seja, o *delegante* terá o *dever de agir* apenas se for cognoscível a violação do dever de cuidado pelo delegado e este tiver condições de retomar o *controle* do risco desestabilizado quando de sua verificação.[67] Nessa seara, também cobra relevo o *principio da confiança*, de forma que o *delegante* pode confiar que o delegado (desde que bem escolhido) cumprirá com suas determinações e observará as normas de cuidado vigentes para sua esfera de atribuições, devendo incrementar a vigilância ou supervisão ordinárias apenas de houver indícios do contrário.[68]

Se o ato do *delegado* foi suprimido da esfera de vigilância, estava fora do âmbito de supervisão, ou foi propositalmente ou imprudentemente mascarado, não ha *capacidade* de exercer controle sobre ele por parte do *delegante*.[69] A delegação pressupõe atos de vigilância e supervisão dentro de um espaço de razoabilidade, de forma que qualquer ato externo ao âmbito de controle do *delegante*, que não seria perceptível sob por uma *prognose objetiva posterior*, é estranha à sua *capacidade* de controle, e a omissão não será relevante sob o prisma ora analisado.

---

67. Tal análise deve ser feita com cautela – e se confunde em diversos momentos com a própria definição dos limites da norma de cuidado de vigilância e supervisão – sempre levando-se em consideração que o ato de controlar a atividade do delegado supõe uma esfera de liberdade deste, dentro da qual age com autonomia e onde vigora a autorresponsabilidade na seara penal.

68. Para BACIGALUPO ZAPATER, dentro dos limites da delegação vigoram os institutos do princípio da confiança, em *Curso*, p. 259 Assim, o delegante pode confiar que o delegado agirá nos limites do cuidado devido, exceto se existir algum elemento concreto que aponte para o contrário. Sobre o tema, ver ROXIN, para quem "quién se comporta debidamente en la circulación puede confiar en que otros también lo hagan, siempre y cuando no existan indicios concretos para suponer lo contrario". *Derecho Penal*, I, p. 1.004. Também GRECO, para quem "ninguém, ao agir, precisa preocupar-se com a possibilidade de que outra pessoa possa se comportar erradamente e, com isso, concorrer para a produção de um resultado indesejável". Em *Um panorama*, p. 59. Na seara dos crimes econômicos, ver REQUENA JULIANI, *La posicion*, p. 175 e MONTANER FERNÁNDEZ, *Gestión empresarial*, p. 121 e ss.

69. Segundo CARVALHOSA, a responsabilidade por seleção de funcionários sem idoneidade ou capacidade ou pelas fraudes por estes cometidas, no curso do contrato de trabalho, inclui-se no capítulo do dever de diligência (Lei SA, art. 153). "Em ambas as hipóteses – *in elegendo* e *in vigilando* – a responsabilidade do administrador será por fato próprio, e não de terceiro. Sua responsabilidade será configurada objetivamente. Para sua caracterização, deve ser considerado o vinculo hierárquico do administrador com o empregado inapto ou faltoso. Outrossim, deve ser considerado o conhecimento do administrador com respeito aos atos praticados pelo subordinado, no caso de responsabilidade *in vigilando*. Se o subordinado oculta ou torna difícil ou mesmo impossível o controle de tais fatos fraudulentos pelo administrador, deve ser relevada a responsabilidade deste pelos fatos ilícitos ou ilegais praticados pelo funcionário" (CARVALHOSA, *Comentários*, p. 444).

Também de acordo com o modelo apresentado, para que o resultado seja atribuído à omissão do *delegante* é necessário identificar que a *omissão* é *condição negativa do resultado* (iii), ou seja, que a ação exigida pela norma mandamental teria evitado o resultado *com probabilidade próxima da certeza*, como exposto anteriormente (Cap. IV, 3.6).

Imaginemos uma indústria farmacêutica. Se o diretor de produção – o *delegante* – descumpriu uma norma de vigilância – por exemplo, deixou de requerer ao *delegado* (gestor dos testes nos medicamentos) relatórios sobre os testes realizados em determinados lotes de medicamentos – não será responsável pelos eventuais danos à saúde dos consumidores caso constatado que os relatórios existentes – e não entregues – estavam adulterados. Nesse caso, o *delegante* seria *capaz* de agir de acordo com a norma, ou seja, de requerer e analisar os relatórios. Mas tal conduta seria *irrelevante* para impedir o curso causal, de forma que a omissão não foi – nesse caso – *condição negativa do resultado.*

Por fim, vale destacar que, no âmbito da *delegação*, também cobra relevo o âmbito de abrangência da norma de cuidado (iv). Se a delegação deixa *deveres residuais*, há uma *norma de cuidado* que resta – que determina prudência na *eleição*, na *instrumentalização* e na *vigilância regular* – e deve ser observada pelo *delegante.* O descumprimento dessa norma somente torna relevante a omissão do delegante se o resultado estiver dentro de seu *espaço teleológico.*

Assim, o *delegante* não responde pelos atos dolosos ou culposos de um funcionário sob sua supervisão se tais atos estão fora do espaço de *delegação.*[70] Se o diretor de produção de uma fábrica de cigarros *delega* a alguém a atividade de produzir o material, deve supervisionar apenas e tão somente este setor e os desdobramentos de tais trabalhos.[71] Portanto, ainda que saiba que esse trabalhador furta quantidade significativa de material todos os dias em área vizinha, não tem qualquer dever de evitar o resultado em decorrência do ato de *delegação.* A imputação, se existente, estará fundada no *dever legal* ou na *assunção*, devendo a existência de tais obrigações ser demonstrada por seus próprios fundamentos, distintos do ato de *delegação.*

Em suma, ainda que não se adentre na discussão sobre o conteúdo material dos deveres de *vigilância e fiscalização*, que remanescem na seara da *delegação*, o modelo apresentado fixa limites nesse setor. Aquele que *cria um risco* – ou é obrigado por lei ou em decorrência de assunção a controlar *riscos alheios* – pode *delegar* o *dever de controle*, desde que (i) observe as normas de cuidado atinentes aos *deveres remanescentes* de supervisão ou vigilância, evitando os *riscos não permitidos* decorrentes da violação de tais preceitos. Uma vez violados tais deveres – ou seja, constatada a *omissão* de supervisionar ou vigiar o responsável

70. Nesse sentido, GIMBERNAT ORDEIG, *Estudios*, p. 322.

71. Sobre o tema, ver DEMETRIO CRESPO, *Responsabilidad*, p. 93 e FEIJÓO SANCHEZ, *Derecho penal* p. 184 e ss.

pelo controle dos riscos criados pelo *delegante* – o resultado típico será imputado, desde que (ii) constatado que o *delegante* tinha *capacidade* de exercer essa vigilância/supervisão naquele contexto concreto, (iii) que a ação normativamente exigida *evitaria* o resultado (com *probabilidade próxima da certeza)* e (iv) que a lesão/perigo estão dentro do âmbito de abrangência da norma de cuidado violada (dever de vigilância/supervisão).

3.2.3 Da delegação do dever de salvamento

Como exposto, o *dever de salvamento* surge quando o risco criado pelo agente – ou aquele que por lei ou assunção deve *controlar* – saiu de seu *controle*, ou quando seu manejo é irrelevante para impedir o curso causal por ele iniciado.

Nessa seara, somente existe um *dever de agir*, ligado à imputação do resultado, se o risco que saiu do controle do agente era um *risco não permitido.* Ou seja, é decorrente do descumprimento prévio do *dever de controle.*[72]

Quando se trata da *delegação* do *dever de salvar*, portanto, está-se diante da situação onde alguém *descumpre normas de cuidado*, gera com isso um *risco não permitido* e *delega* a terceiro o dever de *salvamento.* É o caso do diretor de uma empresa que determina a construção de uma barragem irregular que está à beira de um rompimento inevitável, e contrata alguém para tomar medidas para preservar o meio ambiente e as pessoas da região quando o acidente ocorrer (atos de *salvamento).*

Tal delegação exonera o delegante da responsabilidade pelo resultado?

Como já exposto, a delegação do *controle* do *risco não permitido* não exonera o delegante da responsabilidade pelo resultado, a não ser que o ato de delegação tenha por objeto expresso o gerenciamento desse risco específico, que o delegado tenha ciência dessa peculiaridade *e* seja perfeitamente capaz de impedir o resultado. Da mesma forma, o *dever de salvar* – inerente ao contexto de criação do *risco não permitido* – não se transforma ou extingue com a delegação, permanecendo em sua integralidade na esfera de atribuições do delegante, a não ser que o ato de delegação tenha por escopo o *salvamento* e o *delegado* seja absolutamente *capaz* de levar a cabo o processo de *salvamento.* Nesse caso, a imperícia, imprudência ou a omissão dolosa do *delegado* imputará exclusivamente a ele o resultado típico.

Assim, no caso da barragem, existe um *dever de salvar* decorrente da inobservância das normas de cuidado em momento anterior, que pode ser *delegado*

---

72. Nessa seara, vale a menção à posição de BATISTA GONZALEZ no que se refere aos crimes econômicos. Nessa seara, a autora diferencia os deveres de controle dos deveres de salvamento, propondo uma expansão dos primeiros mesmo para riscos permitidos – relativizando expressamente a ideia da autorresponsabilidade penal – e a limitação dos últimos aos casos em que existe uma ação prévia antijurídica. *La responsabilidad*, p. 93.

desde que aquele que assume o dever conheça todas as suas circunstâncias e seja capaz de efetuar o *salvamento*. A partir daí, se o *delegado* descumprir as *normas de cuidado* vigentes será o único imputado pelo resultado.

3.2.4 Constelação de casos

Uma vez vislumbrada a possibilidade de adequar os limites da *delegação* ao modelo ora proposto, passemos a testar a adequação de tal operação em alguns casos concretos.

GIMBERNAT ORDEIG apresenta para discussão, sobre este tema, um caso recorrente na jurisprudência: o do paciente de certo hospital que morre no período pós-operatório por falta de supervisão adequada do anestesista, incapaz de atendê-lo diante do excesso de tarefas no plantão.[73] O autor discute se, para além da responsabilidade do anestesista, é possível imputar a morte ao diretor de atendimento do hospital, caso ele tenha ciência de que a falta de profissionais na unidade exigia de um mesmo anestesista o acompanhamento de vários pacientes ao mesmo tempo, criando-se o risco (concretizado na prática) de negligência caso dois ou mais necessitassem de cuidados simultaneamente.[74]

A nosso ver, o diretor de atendimento *cria um risco próprio* ao admitir pacientes para procedimentos cirúrgicos na unidade hospitalar (*risco permitido)* e *delega* o *controle* destes *riscos* aos profissionais médicos que atuam no local. Esse risco se transforma em *não permitido* quando ele *mantém* a permissão para entrada de pacientes ciente da carência de material humano da unidade. Nesse caso, a *delegação* do manejo de tais *riscos* às equipes médicas – como ao anestesista – não exonera o diretor de responsabilidade, uma vez que ele não dota o *delegante* dos meios para cumprir seu dever de garantia. O *déficit* de estrutura e/ou organização conhecido pelo diretor é um *risco não permitido* que torna a delegação ineficaz, ao menos sob o aspecto da responsabilidade pela *omissão imprópria*, caso o resultado venha a ocorrer.[75] Assim, caso o paciente mal atendido morra em decorrência do déficit estrutural do hospital – conhecido e perpetuado pela omissão do diretor – existirá *omissão imprópria* a ele atribuível.

Outro caso concreto que envolve o tema em discussão é aquele enfrentado pela 6ª Turma do Superior Tribunal de Justiça nos autos do Habeas Corpus 115.641. O caso tratava da morte de um jovem que foi eletrocutado ao nadar em piscina de clube durante uma festa noturna.[76] Discutiu-se, entre outras coisas, a responsabilidade por *omissão* dos organizadores do evento, que liberaram o uso da piscina em evento com distribuição de bebidas alcoólicas, inclusive a menores

---

73. GIMBERNAT ORDEIG, *Estudios*, p. 71.
74. GIMBERNAT ORDEIG, *Estudios*, p. 72.
75. GIMBERNAT ORDEIG, *Estudios*, p. 71.
76. STJ, REsp 115641, julgado em 27/03/2012, rel. Min. Sebastião Reis Junior, 6ª Turma, decisão unânime.

de idade, e não tomaram providências diante de falhas nas instalações elétricas, realizadas por empresa terceirizada. Em suma, o caso envolvia (i) a criação de um *risco não permitido* pelos organizadores da festa (distribuição de bebidas a menores de idade em festa próxima a piscina) e (ii) a *delegação* da manutenção elétrica a empresa para evitar problemas na piscina.

No que se refere aos problemas do evento em si (piscina e bebidas alcoólicas), o *risco não permitido* foi criado pelos organizadores da festa. Resta saber se ele se *desdobrou* no resultado e se este estava no âmbito de abrangência da norma de cuidado violada. A 6ª Turma do STJ afastou a existência da *causalidade* do risco não permitido – ou seja, de seu desdobramento no resultado –, uma vez que a morte ocorreria mesmo que as cautelas fossem tomadas. O resultado, pelo que consta da decisão, não decorreu de ingestão excessiva de bebidas, mas de parada cardíaca por choque elétrico em decorrência das más instalações elétricas na piscina. Ou seja, ainda que tenha existido um *risco não permitido*, não houve *relação* deste com o resultado, uma vez que a conduta adequada não afetaria o contexto, com a *probabilidade próxima da certeza*, critério aqui usado para legitimar a imputação.

Excluída a responsabilidade pelo *risco não permitido* consistente na distribuição de bebida a adolescentes, resta analisar se o mesmo elemento esteve presente no ato de *delegação* da instalação do material elétrico. Ao analisar os dados constantes nos autos, a turma entendeu que os organizadores da festa contrataram empresa idônea para a realização do serviço, fato que afastaria a responsabilidade dos *delegantes*.

Correta a posição da corte, a nosso ver.

No caso, existiu *delegação horizontal* – em que não há uma relação de hierarquia ou subordinação – com as mesmas características de qualquer *delegação*, que exonera o *delegante* do dever original de cuidado, mas mantém uma obrigação residual de *eleição, instrumentalização e vigilância.*

Na situação, foram eleitos profissionais aparentemente habilitados para o trabalho e não existiram indícios de falta de condições para o desempenho das atividades nem de falhas na *vigilância*, uma vez que não havia motivo para que os organizadores suspeitassem do perigo e de uma suposta imperícia dos contratados. As falhas na proteção das instalações elétricas decorreram da *negligência* ou da *imperícia* do *delegado*, dentro de seu âmbito exclusivo de atuação, e a responsabilidade não se estende ao *delegante.*

Em outras palavras, tratou-se da delegação do *controle* de um *risco permitido*, onde o delegante observou as *normas de cuidado* a ele atinentes, de forma que a imprudência dos *delegados* não se estende ou contamina aqueles que se mantiveram dentro da seara dos perigos tolerados.

Ainda nessa seara, vale trazer o julgamento do Habeas Corpus 67.286 pela 2ª Turma do Supremo Tribunal Federal, que afastou, com propriedade, a responsabilidade do proprietário de uma construtora pela morte de um funcionário que não usava o material de segurança exigido para as atividades, disponível no local.[77] Como fundamento, a corte apontou a inexistência do *dever de garante* do proprietário diante de empregado que deixa de usar os sistemas de segurança por sua própria vontade, uma vez que não existe obrigação legal, assunção ou criação do *risco* antecedente nesses casos. A corte entendeu que seria um *absurdo* considerar a contratação da obra e de seus empregados como fato gerador de riscos.

A nosso ver, a conclusão da Suprema Corte foi correta, mas as premissas merecem alguma consideração.

Não é *absurdo* considerar a realização de uma obra a *criação de um risco.* A empreitada é um *risco*, e a função do proprietário da construtora é manter este *risco* dentro dos níveis adequados, mesmo que pela *delegação* do dever de controle e de salvamento a subordinados, conferindo-lhes estrutura e meios para o exercício de tais funções. Ou seja, trata-se da *criação de* um *risco* que impõe aos proprietários um *dever de controle* para mantê-los dento dos limites *permitidos.* No caso em questão, o proprietário da obra *delegou* o *dever de garante* a um funcionário responsável e competente para cuidar da segurança dos trabalhadores (cumprimento do *dever de eleição*), disponibilizou os equipamentos necessários para essa segurança (cumprimento do *dever de instrumentalização*), e não havia motivos para suspeitar de qualquer desídia (cumprimento do *dever de* vigilância).

Ademais, o *risco não permitido* está excluído diante da *autocolocação* em perigo da vítima, pois os equipamentos de segurança não foram usados por decisão do próprio trabalhador. Por isso, não houve qualquer violação da *norma de cuidado*, de forma que o *risco* criado pela obra ficou dentro dos limites tolerados e o resultado não pode ser imputado a qualquer conduta do delegante e nem mesmo do delegado.

Por fim, tomemos o caso de um acidente em parque de diversões. O empresário ou grupo de empresários que organiza o empreendimento e o abre ao público cria um *risco*, mas distribui e delega atribuições, resistindo em sua esfera de *competência organizacional* apenas o *dever de vigiar/supervisionar.*

Pois bem, imaginemos que tais empresários tenham ciência de que o cinto de segurança de um brinquedo/atração está com defeito, ou seja, que o *risco* natural de uma atração do um parque de diversões extrapolou a seara do permitido. Nesse caso, o foco de perigo (brinquedo) está dento de sua *esfera de controle*, de forma que eles têm o dever de ordenar o conserto do dispositivo de segurança ou de determinar a inutilização do assento. Se não tomam tais providências – sabendo do perigo – não podem usar do argumento de que *delegaram* a terceiros a segurança das atrações para exoneração da responsabilidade penal pela omissão *imprópria*,

77. STF, julgado em 31/03/1989, rel. Min. Carlos Caldeira, decisão unânime, acessado em 02/05/2015.

uma vez que descumpriram o *dever de vigiar/supervisionar*, que abrange a *intervenção* em caso de constatação – regular ou excepcional – da existência de um *risco não permitido* no âmbito de atribuições delegadas.[78]

Por outro lado, caso o assento seja inutilizado e o responsável pela segurança do brinquedo – um *delegado* displicente – suprima o aviso de inutilização, sem que seus superiores tenham ciência do fato, a tipicidade se exaure no âmbito do delegado, uma vez que não há descumprimento de qualquer *dever de controle*, nem mesmo residual, por parte de seus superiores – caso não saibam da imprudência.[79]

3.2.5 Conclusão parcial

Pelo exposto, nota-se que o modelo desenvolvido para a *omissão imprópria* se aplica aos casos de *delegação* e permite a solução de situações concretas pelas seguintes, e já expostas, diretrizes: quando há um *dever de garante* – decorrente da criação de risco anterior, da lei ou de assunção – (i) somente se admite delegação do *controle* de *riscos permitidos*, que transformam o *dever de garantia* em *dever de vigilância e supervisão*, salvo casos excepcionais já expostos. O descumprimento das normas de cuidado referentes à *vigilância e supervisão* – por omissão – tornam imputável um resultado típico se (ii) o *delegante* era capaz da vigilância e supervisão do ato específico (iii) se a omissão do delegante for uma *condição negativa* do resultado com *probabilidade próxima da certeza* e (iv) se o resultado estiver dentro do âmbito de abrangência da norma de *supervisão e controle* descumprida pelo *delegante*, de forma que qualquer ato de subordinado estranho à esfera de supervisão será inimputável objetivamente ao superior, mesmo que ele tenha ciência de sua existência e deixado de tomar qualquer providência para impedir o resultado.

Por sua vez, a delegação de *deveres de salvamento* – que pressupõe um *risco não permitido* anterior – somente exonera o delegante se o ato tiver por escopo o *salvamento* e o *delegado* seja absolutamente *capaz* de levar a cabo esse processo de *salvamento*.

---

78. Nessa linha, AUGUSTINA SANLLEHÍ, *El delito*, p. 178.

79. Nesse sentido, a decisão do Tribunal de Justiça do Estado de São Paulo que trancou ação penal contra o presidente de parque de diversões acusado de homicídio por omissão por fatos similares aos descritos no exemplo. Para o relator, "se alguém – dentro desta cadeia hierárquica – deixar de observar as cautelas a seu cargo, ou descurar de suas obrigações diretas e imediatas, poderá dar azo ao infortúnio, sem que com isso se possa lançar responsabilização penal aos que acreditavam legitimamente que aquele desidioso estava a bem cumprir seu dever" (HC 2094135-82.2014.8.26.0000, 2ª Câm. de Direito Criminal do TJSP, rel. designado Des. Alex Zilenovski, j. 18/08/2014).

3.3 Dos atos de transferência de risco

A *transferência* do risco é distinta da *delegação*. Aquele que *recebe* a incumbência não age no *interesse* do outro (como na delegação), mas em seu próprio, de forma que incorpora o risco – e os bônus/ônus dessa transferência – completamente ao seu âmbito de gestão. Passa a manejá-lo sem qualquer orientação ou limite porque não tem a obrigação de responder ao *transferente*.

A questão aqui colocada: aquele que *cria um risco* – ou é garante de *riscos alheios* por lei ou assunção – pode *transferir* o dever de *controle* ou de *salvamento* a terceiro, fora das hipóteses de *delegação?* Quais os contornos e limites dessa *transferência?*

A princípio, aquele que cria – ou é garante por lei ou assunção – um *risco permitido* pode transferir completamente seu *controle* a terceiros.

Nessa seara, ao contrário do que ocorre na *delegação*, é possível a *exoneração completa* do *dever de garante*, de forma que não reste nem a obrigação *residual* de vigilância ou supervisão.[80] Isso porque o *transferido* assume o risco como parte integrante de seu âmbito próprio de organização e tem liberdade completa para manejá-lo, em seu interesse próprio, sem qualquer satisfação ou obrigação de seguir instruções ou orientações do *transferente.* É o caso do médico que faz uma intervenção cirúrgica em um paciente. Ao operá-lo, *cria um risco* e tem o dever de *controlar* seus efeitos ou *salvar* o paciente caso este ultrapasse os patamares permitidos. No entanto, após o procedimento, ao entregar o paciente aos cuidados de outro profissional ou de seus familiares, *transfere* a eles o *dever de cuidado*, libertando-se de qualquer responsabilidade por descuidos futuros.

Para que tal *transferência* exonere completamente o criador do risco de seus deveres, será necessário identificar (i) no risco transferido um *risco permitido*, com a exceção descrita adiante, (ii) a condição de *garante* daquele a quem o risco é transferido, e (iii) a capacidade de domínio do risco por parte daquele a quem o risco é transferido. Nesses casos, a *transferência* afasta do *transferente* o dever de observar qualquer *norma de cuidado* após o ato, de forma que não resta qualquer obrigação de *controle* ou de *salvamento* uma vez aperfeiçoado o ato.

Porém, da mesma forma que no âmbito da *delegação*, a transferência exonera o *transferente* quando o *risco* transferido é *permitido*. Nos casos de *risco não permitido*, a *transferência* somente exonera o transferente se o *transferido* tiver perfeita ciência de todas as características do perigo, tenha capacidade de restituí-lo aos limites *permitidos* e concorde com tal transferência (ou seja obrigado por lei a evitar o resultado).

---

80. BATISTA, *Maus tratos*, p. 285. Na mesma linha. NOVOA MONREAL, *Fundamentos*, p. 144.

Assim, aquele que tem um carro com freios desgastados cria um *risco não permitido* ao utilizá-lo. Ao vender o veículo, *transfere* um *risco não permitido.* Tal ato somente será válido – no sentido de exonerar o vendedor do *dever de garante* – se o comprador for informado do problema, tenha capacidade de restituir o risco aos níveis toleráveis (por exemplo, trocando as pastilhas) e esteja de acordo, ainda que tacitamente, com a assunção desta tarefa.

Voltemos ao caso do médico que esqueceu uma gaze no estômago do paciente, durante uma operação. Se o responsável pela cirurgia detecta uma *infecção* originada por essa negligência e transfere o doente aos cuidados de outro profissional com competência e capacidade para debelar o problema, não responderá pelos eventuais resultados danosos, desde que este último esteja completamente ciente da situação e aceite o encargo. A *transferência* do dever de agir para um *garante* com *capacidade* de impedir o resultado reinsere o risco no patamar *permitido*, de forma que o *transferente* estará exonerado da obrigação de impedir o resultado. Os freios com problemas e a infecção do paciente, nas mãos de profissionais com capacidade de impedir o resultado, não são *focos de perigo* desestabilizados.

Os contornos de validade da *transferência*, no que se refere à exoneração do *dever de garante*, se aplicam ao *dever de controle* e ao *dever de salvamento.* Em relação ao último, é válido também destacar que a transferência não exonera o criador do *risco não permitido* do *dever de agir*, a não ser, como exposto acima, nos casos em que o *transferido* conheça os contornos do risco, tenha capacidade de agir e seja *garante* – ou seja, tenha *assumido* o dever de interromper o curso causal ou esteja submetido ao *dever legal* de fazê-lo. Assim, aquele que atropela imprudentemente um pedestre está exonerado do *dever de salvamento* – no que se refere à *omissão imprópria* – se transferir, expressa ou tacitamente, este *dever* a um bombeiro, policial ou médico presente no local, que assuma ou tenha o *dever legal* de impedir o resultado, com capacidade para tal.

No entanto, é necessário que a *transferência*, nesses casos, ocorra de forma consciente e voluntária por parte do *transferente*, uma vez que o curso causal específico já teve início e o bem jurídico já está exposto aos efeitos diretos da conduta inicial do agente/omitente, de forma que a interrupção de seus desdobramentos somente afastará a imputação se revestida das características da *desistência voluntária* ou do *arrependimento eficaz*. Em outras palavras, caso alguém com *dever legal* (Código Penal, art. 13, § 2.º, *a*) interceda no processo de salvamento, ou um terceiro assuma a *posição de garante* (alínea *b*) contra a vontade do criador do risco, é cabível a imputação da *tentativa* a este último, desde que presente o dolo de resultado, uma vez que o curso causal danoso, iniciado por seu risco *não permitido*, foi interrompido de maneira alheia à sua pretensão.

Por fim, é necessário que aquele a quem o risco é transferido tenha *capacidade* de cumprir com as normas de cuidado vigentes, ou seja, que tenha condições de assumir o *domínio* do *foco de perigo*.[81] Caso não *conheça* todas as circunstâncias do *risco* envolvido na transferência – por falta de informações por parte do transferidor – ou não tenha capacidade para exercer os mandamentos normativos, o ato não terá eficácia, não exonerará o criador original do risco de seus deveres de garantia.

Assim, no caso do paciente com infecção pelo esquecimento da gaze em seu estômago, se o médico para quem o doente é transferido não consegue impedir o alastramento do problema por negligência própria, a ele será imputado o resultado, e não ao profissional original. Ainda que este último tenha criado um *risco não permitido* ao olvidar a gaze no operado, estabilizou o perigo ao transferi-lo a alguém com *capacidade* de solucionar o problema, conhecedor de seus contornos, que assumiu a tarefa de *garante*. Ou seja, reconduziu o risco ao patamar *permitido*. A negligência do segundo médico conduziu a uma segunda desestabilização, independente da primeira, de forma que o *desvalor normativo* está atrelado à última conduta – ativa ou omissiva – e não à primeira. Por outro lado, se o segundo médico usou de toda sua habilidade para debelar o problema, mas não teve sucesso, o resultado será imputado ao primeiro profissional, porque o fracasso revela que o risco criado por ele não foi *estabilizado*, ou seja, nunca voltou ao patamar *permitido*.

Ainda a título de ilustração, tomemos o caso discutido pela 5ª Turma do Superior Tribunal de Justiça nos autos do Habeas Corpus 94.543, (julgado em 17.09.2009). Tratou-se do rompimento de uma barragem situada em imóvel pertencente originalmente ao Grupo Matarazzo e depois a outros proprietários.[82]

No caso, os primeiros proprietários empreenderam a construção de uma barragem que, por suas qualidades técnicas, deveria ter sido desativada no ano de 1993. Por *omissão* do Grupo, isso não ocorreu. Posteriormente a fazenda foi adjudicada por funcionários da empresa e revendida a terceiros. Em 2003 a barragem foi rompida, causando inundações e prejuízos, razão pela qual o Grupo Matarazzo e seus diretores à época foram denunciados pela prática do crime do art. 254 do Código Penal e outros.[83] A discussão girou em torno da existência ou não do *dever de garante* de tais dirigentes, uma vez que a entidade – e as pessoas físicas a ela ligadas – não tinha mais *possibilidade* de evitar o dano quando de sua ocorrência, pois o imóvel estava em mãos de outros proprietários. A corte acabou por trancar a ação penal por reconhecer a inexistência, de plano, do *crime omissivo impróprio*, diante da ausência do *dever de garantia* pela *impossibilidade/incapacidade* dos denunciados de impedir a inundação.[84]

---

81. Nesse sentido, JAKOBS, *Derecho Penal*, p. 974.

82. Para uma análise detalhada do caso, ver CORSETTI, *Tipo de omissão*, p. 41-53, onde o autor chega a conclusão similar à apresentada.

83. Lei 9.605/1998, art. 54, *caput* e § 2.º, e art. 68.

84. Com o voto contrário do Min. Napoleão Nunes Maia Filho.

A nosso ver, tal decisão merece reparos.

O acórdão partiu da premissa de que o Grupo Matarazzo era *garantidor* da solidez da barragem e, por isso, somente seria responsabilizado pelo resultado em caso de *possibilidade* de evitar o resultado, se tivesse *domínio* da situação e *capacidade* de impedir o dano, elementos inexistentes dado que a propriedade não era mais do grupo.

No entanto, se partirmos do modelo de *ingerência* proposto, e das considerações ora tecidas sobre a *transferência* do risco, a conclusão sobre a responsabilidade dos proprietários originais parece distinta. Ao determinar a construção da barragem, os diretores do Grupo Matarazzo criaram um *risco* ambiental, e ao não a desativar no prazo previsto *transformaram* este risco em *não permitido.* Ou seja, trata-se de um caso de *ingerência* no qual o criador do risco o *transformou* em não permitido por *omissão*, violando as *normas de cuidado* vigentes no âmbito de *controle.*

Nesse momento, aqueles dirigentes tinham *domínio* do foco de perigo, ou seja, *capacidade* de manter o risco nos limites permitidos, pois a empresa era proprietária da barragem. Ademais, constatou-se que a omissão foi *condição negativa* do resultado, uma vez que sua *desativação* (conduta exigida pela norma) impediria o resultado *com probabilidade próxima da certeza* e que o dano ambiental é justamente a lesão que a norma descumprida buscava evitar (resultado no âmbito de abrangência da norma). Assim, mesmo que ocorrido anos depois, os requisitos para a imputação objetiva do resultado estão presentes no caso concreto.[85]

Resta saber se a *transferência* exonerou os proprietários originais da responsabilidade. Como visto, a *transferência* do *risco não permitido* só se faz possível se o *transferido* conhece sua existência, tem capacidade de impedir o resultado e assume o *dever de garantia* (ou tem o dever legal de fazê-lo). No caso, se os dirigentes do Grupo Matarazzo tivessem *informado* os adquirentes/adjudicatários do perigo e ainda assim estes optassem por receber a propriedade, haveria uma *transferência válida* do dever de garante que exoneraria os primeiros proprietários. Em outras palavras, se trataria de uma autêntica *transferência* do risco não permitido caso o comprador *conhecesse* a circunstância dos problemas técnicos da barragem e *assumisse* o dever de controlar o *risco*, com capacidade para tal. Nesse caso, como já explicitado, o risco transferido se equipara a um *risco permitido*, uma vez que os problemas técnicos da barragem seriam de conhecimento de alguém que assumiu seu controle com condições e tempo de corrigi-los antes de qualquer acidente.

---

85. Problema relevante do caso concreto é o inicio do prazo prescricional, que, em regra, começa a ser contado da consumação do delito. O tema, que foge ao objeto da presente tese, é discutido na Alemanha por KUHLEN, *Necesidad*, p. 89.

Pode-se dizer que, no caso em tela, a transferência com a informação correta repassaria ao comprador o *dever de garante*. No entanto, não foi o que ocorreu. A ausência de informação induziu o adquirente em erro sobre o elemento fático que constituiria a condição de *garante*. E esse *erro* atrai ao seu causador – o vendedor – a responsabilidade pelo resultado (Código Penal, art. 20, § 2.º).

Assim, ao contrário do que foi decidido pelo STJ, o vendedor original era responsável pelas lesões decorrentes do acidente, uma vez que a *transferência* foi ineficaz no que concerne à exoneração do *dever de garantia*. A corte sustentou que, no momento do acidente, os dirigentes que criaram o risco original não tinham mais capacidade de evitar o resultado. No entanto, a *capacidade* de ação – elemento estruturante da *omissão imprópria* – não é constatada no momento do acidente, mas no instante da *omissão* que cria o risco não permitido (não desativação da barragem) ou daquela que vicia a *transferência* – omissão de informação sobre o perigo. Nesse último caso, pode-se afirmar que os dirigentes iniciais mantiveram por todo o tempo a capacidade de *controle* do risco por meio da possibilidade de *informar* do perigo o novo proprietário, ainda que após a transação. Nesse caso, o adquirente da barragem poderia ou *assumir* o controle do risco – mantendo a propriedade – ou desfazer o negócio, restituindo ao seu criador o *risco não permitido* e sua *capacidade* de controle. O silêncio manteve o *risco* em patamares *não permitidos* e em erro o novo proprietário, legitimando a condenação, ao contrário do decidido pela Corte Superior.

Em conclusão, e por todo o exposto, no plano da *omissão imprópria*, a *delegação* é distinta da *transferência*. Na primeira, o delegante transfere estritamente ao delegado o *dever de controlar os riscos*, mas mantém um *dever residual* de bem eleger o *delegado*, de garantir estrutura para que cumpra com sua função e de vigiar razoavelmente suas atividades. Na *transferência* há um deslocamento completo do *dever de garantia* para aquele a quem é transferido o *foco de perigo*, desde que ele conheça integralmente seus contornos, assuma ou tenha a obrigação legal de *controle/salvamento* e apresente capacidade para agir de acordo com o esperado.

4. Da interrupção de cursos causais salvadores

Outra questão concreta que merece atenção é o caso, bastante discutido na doutrina, da *interrupção dos cursos causais salvadores*. Trata-se da situação em que alguém obsta um *processo de salvamento* em curso, interrompendo o curso do *impedimento* do resultado. É o que ocorre quando alguém para um médico a caminho para um atendimento de emergência, retira uma boia salva-vidas da água que seguia em direção àquele que se afogava, ou do diretor de uma empresa que suspende um processo de *recall*.

A doutrina, ao enfrentar a questão, divide as hipóteses de *interrupção* em cursos salvadores próprios e de terceiros. O primeiro caso engloba as situações nas quais o próprio omitente inicia o processo de salvamento e depois o interrompe. O segundo trata de cursos salvadores criados por outras pessoas e interrompidos pelo omitente.

Na primeira situação, há quem aponte se tratar de uma *omissão por comissão*, uma vez que o omitente *age* positivamente para impedir um resultado.[86] Por outro lado, há quem aponte se tratar de uma *omissão própria*, caso o omitente que iniciou o curso salvador não tenha o *dever de garante* original, ou seja, não tenha criado o risco, ou a obrigação legal ou decorrente de assunção de evitar o resultado. Vale mencionar que ROXIN e GIMBERNAT ORDEIG fixam um limite a esta última solução no *ponto de não retorno.*[87] Assim, a partir do momento em que o elemento de salvação alcançou a esfera da vítima, a interrupção toma características de *comissão*, uma vez que o processo causal deixa de ser hipotético e passa a ser real.[88]

SILVA SÁNCHEZ, por sua vez, defende a existência de três situações distintas: (i) interrupções produzidas no marco da *tentativa inacabada de salvação* (quando o processo de salvação ainda depende da conduta do agente), que se caracterizariam como *omissões*; (ii) aquelas realizadas no marco da *tentativa acabada* (quando o processo de salvação está em curso e independe da conduta do agente – ex.: a boia já está na água) – nestes casos a interrupção *cria um risco*, de forma que existirá uma *comissão por omissão*; (iii) casos nos quais a vítima já tenha alcançado o meio salvador, situação na qual a retirada do mesmo caracteriza uma *comissão.*[89]

Nos casos de *interrupção de cursos salvadores alheios*, há a interrupção de um curso *natural* de salvamento ou de uma ação de terceiros, seja pelo impedimento físico (ex.: amarrar aquele que pretende salvar outrem), seja pela coação

86. ARMIN KAUFMANN defende a natureza *comissiva* da interrupção do curso de salvamento. Para o autor, não há relação de causalidade entre o *omitente* e a *omissão* (porque a omissão não depende apenas do não comportamento do omitente e sim da ausência de interferência de outros cursos causais salvadores), mas há entre a *omissão* em si e o *resultado lesivo*. Por isso, aquele que *impede* o salvamento é *causa* daquela *omissão específica* e, portanto, *causal* em relação ao resultado. Por isso, não existem os chamados delitos *omissivos por comissão*, pois em todas estas hipóteses ocorre a *comissão* que causa uma *omissão* que, por sua vez, determina o resultado (ARMIN KAUFMANN, *Dogmática*, p. 214). Também ENGISH, segundo GIMBERNAT ORDEIG, *Estudios*, p. 428.

87. ROXIN, *Problemas fundamentais*, pp. 176 e ss.; GIMBERNAT ORDEIG, *Estudios*, p. 432.

88. ROXIN, *Problemas fundamentais*, pp. 176 e ss.; GIMBERNAT ORDEIG, *Estudios*, p. 432. No mesmo sentido, WESSELS, para quem a interrupção de ações próprias pode ser concebida como *omissão*, desde que ocorra antes que a ação de salvamento tenha alcançado o objeto em perigo e lhe aberto uma possibilidade razoável de salvamento. *Direito penal*, p. 160.

89. SILVA SÁNCHEZ, *El delito*, p. 281.

moral, pelo convencimento ou mesmo pelo induzimento do salvador a erro.[90] Para tais situações, há quem defenda que sempre existe uma *relação de causalidade* entre a interrupção e o resultado, de forma que a conduta será *comissiva.*[91] Por outro lado, existem posições que sustentam se tratar de um crime *comissivo* sem fundamentar a imputação na *causalidade*, e sim no juízo hipotético da *probabilidade próxima da certeza* de que o resultado seria impedido pela ação interrompida.[92]

Em sentido oposto, SILVA SÁNCHEZ, que parte de sua concepção de que o crime *comissivo* exige uma *causação real*, uma relação naturalística entre o comportamento e o resultado, para afirmar que nos casos em tela *não* existe *comissão.*[93] Esse autor defende que aquele que interrompe um *curso salvador alheio* age de forma perigosa e, por isso, atrai para si um *dever especial*, um *dever de garante* que o obriga a evitar o resultado.[94] Trata-se, portanto, de *omissão imprópria*. Há quem resolva o problema com recurso à ideia de *autoria mediata*, solução restrita aos casos em que o curso de *salvamento* está relacionado a uma conduta humana, e não a forças naturais.[95] Nesse caso, aquele que *impede* o salvamento seria o *autor mediato* da omissão, uma vez que, pela coação física ou moral, impediria o agente-instrumento (em geral em *inexigibilidade de conduta diversa*) de cumprir com a norma. ARMIN KAUFMANN, com razão, critica tal postura, porque o agente impedido *não omite nada*, uma vez que lhe falta a *capacidade de ação*, e o interruptor tampouco o faz, uma vez que seu comportamento é *comissivo* e não *omissivo.*[96]

Por fim, vale destacar a posição de GIBERNAT ORDEIG. Para esse autor, caracterizar como *comissivos* tais comportamentos não é adequado, dada a

---

90. Hipóteses apresentadas e discutidas por ARMIN KAUFMANN, *Dogmática*, pp. 211 e ss.

91. ARMIN KAUFMANN afirma a existência de causalidade nestes casos. *Dogmática de los delitos de omisión*, p. 203. Na mesma linha, WESSELS, para quem a interrupção de ações alheias de salvamento por atos positivos, por via da coação, engano, preenche os pressupostos de um *delito comissivo*, *Direito Penal*, p. 161.

92. Segundo GIMBERNAT ORDEIG, GRUNWALD defende esta posição, em *Estudios*, p. 449.

93. SILVA SÁNCHEZ, *El delito*, p. 297.

94. SILVA SÁNCHEZ, *El delito*, p. 299. A discussão sobre os contornos da interrupção dos cursos salvadores alheios também versa sobre a natureza do ato daquele que destrói os meios necessários para a ação de salvamento (por exemplo, aquele que destrói seu barco salva-vidas para que ninguém possa salvar seu inimigo que se afoga). Para uma panorâmica desta discussão, ver SILVA SÁNCHEZ, *El delito*, pp. 310 e ss. Concordamos com a posição deste autor, para quem haverá *omissão própria* se a pessoa não for garante e sua atuação se limitar a emprestar seus bens. Do contrário, se o salvamento estiver em curso, haverá *comissão por omissão* – seja de quem for a propriedade dos instrumentos de salvamento, porque existe a criação suplementar de risco para o bem jurídico (*op. cit.* p. 311).

95. Posição de MEZGER, *apud* ARMIN KAUFMANN, *Dogmática*, p. 203.

96. ARMIN KAUFMANN, *Dogmática*, p. 203.

ausência de *relação de causalidade concreta*. Para ele, a conduta interruptora apenas impediu um salvamento, mas não *causou* o resultado.[97] Por isso, entende que na interrupção de cursos causais *alheios* há uma *terceira forma de realização típica*, para além dos delitos de *ação* e de *comissão por omissão*.[98] Não se trata de um crime de *ação* porque lhe falta o *nexo causal*, nem de omissão, porque seu núcleo é um agir *positivo*. Portanto, trata-se de uma *categoria distinta* daquelas tradicionais. Essa *categoria distinta* se divide em dois grupos. O primeiro abriga os casos em que um *não garante* interrompe o curso salvador iniciado por outro *não garante* (ex.: C esconde a chave do veículo de A, que se propunha a levar um enfartado ao hospital, quando nenhum deles ostentava a posição de garante).[99] GIMBERNAT ORDEIG entende inadmissível subsumir estes casos ao crime de *homicídio* previsto na Parte Especial do Código, concluindo que se trata de *omissão própria*.[100] Por outro lado, aquele que interrompe um curso salvador de um *garante* (ex.: salva-vidas), ou, sendo *garante*, interrompe curso salvador alheio, pratica a *omissão imprópria*.[101]

A questão da interrupção dos cursos salvadores, a nosso ver, é solucionada pela estrutura da *omissão imprópria* ora defendida, diante de duas situações distintas.

A primeira situação é aquela na qual o curso salvador está ligado diretamente ao âmbito de gestão próprio do agente, e não constitui uma linha causal autônoma em direção à proteção do bem jurídico. Nesses casos, ou bem o agente tem um dever de garante original (decorrente de lei, assunção ou do risco inicial) ou poderá decidir pela continuidade ou interrupção do processo de salvamento sem incidir na *omissão imprópria*, embora possa responder pela *própria* a depender do *contexto típico*. Assim, aquele que nada em direção a alguém que se afoga, não responderá por *homicídio por omissão* caso desista de continuar o processo de salvamento ao reconhecer na vitima seu inimigo.

A segunda ocorre quando existe uma linha causal de salvamento, autônoma em relação ao *interruptor*, que seguramente impedirá o resultado – ou o fará com probabilidade próxima da certeza. Nesse caso estão compreendidas *todas* as hipóteses de *cursos salvadores alheios* em andamento e aqueles *cursos salvadores próprios* já desligados do âmbito de gestão própria do agente. Assim, aquele que atira uma boia na direção a quem se afoga *criou* um *curso salvador próprio* que se desliga de sua esfera de gestão, da mesma forma que o diretor de uma empresa que dá uma ordem de *recall* de bens defeituosos. Nesses casos, seja pelo *controle*, seja pelo inicio de um curso de salvamento independente, o risco está *estabili-*

97. GIMBERNAT ORDEIG, *Estudios*, p. 446.
98. GIMBERNAT ORDEIG, *Estudios*, p. 462.
99. Exemplo em GIMBERNAT ORDEIG, *Estudios*, p. 462.
100. GIMBERNAT ORDEIG, *Estudios*, p. 462.
101. GIMBERNAT ORDEIG, *Estudios*, p. 463.

zado, uma vez que o bem jurídico tutelado não será lesionado, a não ser que haja uma interferência concreta.[102]

A interrupção, nesses casos, significa uma *desestabilização* que cria uma dinâmica de *risco* nova, estranha ao contexto anterior. Trata-se de uma nova submissão do bem jurídico a um *risco não permitido*, ao qual será imputado o resultado se presentes os requisitos já expostos.[103] Em outras palavras, se a interrupção significar a violação de uma norma de cuidado (proibitiva ou mandamental), o responsável por ela manejou de forma equivocada seu âmbito de organização e criou um *risco não permitido*, seja por ação, seja por omissão. A partir deste momento, o resultado será imputado ao agente pela falha na organização de seu âmbito de gestão dirigida – dolosa ou culposamente – à *lesão* de outro.

Assim, seja o curso salvador *próprio* ou *alheio*, a partir do momento em que o contexto de risco está *estabilizado*, qualquer afetação de seu desdobramento seguro será um *risco não permitido* criado pelo próprio agente, um *risco próprio*, de forma que a ele será imputado o resultado. Não procede aqui a crítica de GIMBERNAT ORDEIG, para quem a responsabilidade do garante é ligada à possibilidade de salvamento e esta nem sempre se verifica após a interrupção do curso causal.[104] E para responder a tal ressalva não é necessário sequer recorrer à ideia da *omissio libera in causa*, como faz SILVA SÁNCHEZ.[105] Aquele que interrompe um curso causal cria um *risco não permitido*, de forma que o resultado será imputável ao seu comportamento, independentemente de sua capacidade de controle ou salvamento posterior.

A *capacidade* subsequente, como já exposto, será relevante apenas nos casos de transformação do elemento subjetivo após a interrupção do curso causal, para imputar o resultado na forma dolosa. Assim, aquele que desliga por imprudência

---

102. O curso causal deve aparecer como relevante para o salvamento em uma perspectiva *ex ante* – caso se constate *ex post* que sua continuidade não garantiria a idoneidade do bem jurídico, será *tentativa inidônea*. SILVA SÁNCHEZ, *El delito*, p. 269.

103. Vale notar que os casos ora discutidos têm por premissa o início do curso causal de salvamento, uma vez que a subtração, ocultação ou inutilização de material de salvamento em contexto de desastre, antes de iniciado o curso de salvamento, caracteriza a *omissão própria* prevista no art. 257 do Código Penal ("Subtrair, ocultar ou inutilizar, por ocasião de incêndio, inundação, naufrágio, ou outro desastre ou calamidade, aparelho, material ou qualquer meio destinado a serviço de combate ao perigo, de socorro ou salvamento; ou impedir ou dificultar serviço de tal natureza: Pena – reclusão, de dois a cinco anos, e multa.").

104. GIMBERNAT ORDEIG, *Estudios*, p. 455.

105. SILVA SÁNCHEZ indica que a *capacidade* nestes casos é irrelevante, porque estaríamos diante de uma situação similar à *omissio libera in causa*. SILVA SÁNCHEZ, *El delito*, p. 300. O autor usa o exemplo do paralítico, em uma cadeira de rodas, que golpeia o salva-vidas capaz de salvar alguém que se afoga, destacando que o paralítico se torna *garante*, sendo a incapacidade irrelevante pela *omissio libera in causa* (*op. cit.* p. 301). A nosso ver, ao golpear o salva-vidas, o paralítico não se torna garante, mas cria um *risco não permitido* ao desestabilizar o contexto de salvamento, sendo-lhe imputável o resultado caso se verifique que o salvamento ocorreria com a probabilidade nos limites da certeza.

o aparelho hospitalar que mantinha uma pessoa viva responderá por homicídio culposo caso ocorra a morte, ainda que seja incapaz de religá-lo a tempo do salvamento. Caso, após o acidente, o imprudente perceba no paciente seu inimigo e deseje sua morte, apenas responderá por homicídio *doloso* se constatada sua *capacidade* de reparar o dano ao aparelho e salvar a vítima – caso contrário, a vontade será apenas um desejo, incapaz de alterar o contexto fático, de forma que a imputação ainda será a título *culposo*.

O mesmo vale para o agente que interfere sobre o *garante*, retirando-lhe a *capacidade* de cumprir com seu dever de impedir um resultado.[106] Nem sempre, nestes casos, está-se diante da *interrupção* de um curso salvador imediato, porque entre a retirada do *domínio* e o momento no qual a conduta esperada era necessária pode haver um espaço temporal significativo. Mas isso não importa. Caso se constate que a retirada da *capacidade/domínio* do garante seja um *risco não permitido*, pelos critérios já indicados, haverá imputação do resultado, desde que dentro do âmbito de abrangência da norma de cuidado. Esta situação de *risco não permitido* – que torna o agente responsável pela *garantia* do outro – vigora até que seja *normalizada* a situação pela assunção de outro garantidor.[107] Assim, aquele que deixa inconsciente o responsável pelo aviso da passagem do trem e este abalroa um veículo que passava desavisado sobre os trilhos será responsável pelo resultado, uma vez que criou um *risco não permitido*, que se desdobrou no resultado, no âmbito de abrangência da norma de cuidado violada.[108]

Nesta seara da interrupção dos cursos salvadores discute-se o caso da reanimação médica de paciente com parada cardíaca ou em situação similar.[109] Há grande polêmica sobre se tratar de *ação* ou *omissão* o ato do médico que desiste do processo de reanimação, ou que desliga o aparelho que mantém vivo o paciente através do bombeamento artificial de sangue.[110]

Há quem defenda tratar-se de um caso clássico de *omissão*, uma vez que o paciente está vivo pelas mãos do médico, seja porque ele realiza a massagem cardiovascular, seja porque o mantém conectado a um aparelho eletrônico que nada mais seria que sua *longa manus*.[111] Nessa linha, ROXIN entende que, nesses

---

106. Situação discutida por SCHÜNEMANN, *Fundamentos*, p. 206.

107. Não parece correta aqui a crítica de SCHÜNEMANN de que esta proposta levaria ao absurdo de transferir àquele que mata uma mãe a responsabilidade pela assistência da criança até que se encontre um tutor (em SCHÜNEMANN, *Fundamentos*, p. 206). Nesse caso, a responsabilidade vai até o momento em que o poder público é acionado, uma vez que existem programas de assistência que evitam o desamparo. No entanto, se o agente mata uma mãe lactante em um local isolado, deverá zelar pela alimentação do bebê até a cessação do desamparo, do contrário responderá pela morte deste.

108. Exemplo de RUDOLPHI, in SCHÜNEMANN, *Fundamentos*, p. 205.

109. Sobre o tema, SILVA SÁNCHEZ, *El delito*, p. 314.

110. Por todos, ver SCHÜNEMANN, *Fundamentos*, p. 332.

111. SCHÜNEMANN esclarece que, em sua ótica, em ambas as situações o agente tem *domínio da fonte de perigo*. SCHÜNEMANN, *Fundamentos*, p. 332. Nas palavras do autor,

casos, embora exista uma conduta *positiva*, o comportamento deve ser subsumido ao tipo penal pela *omissão imprópria* – na categoria dos crimes omissivos por comissão –, para que seja possível excluir a tipicidade diante da ausência do *dever de garante* em casos de ausência de obrigação de prolongar a vida do paciente, segundo as regras médicas.[112] Para esse autor, se considerado o ato de *desligar* como uma *ação*, não haverá forma de escapar da *tipicidade* do homicídio nessas situações.[113] Por outro lado, considerar tais condutas *omissivas* admite argumentar que o médico não tem mais o *dever jurídico* de prolongar por meios artificiais uma vida que inevitavelmente virá a se extinguir. Ausente o *dever de garante*, ausente a *tipicidade*.[114] Trata-se, portanto, de uma *omissão* através do *fazer* que será lícita desde o momento em que se tenha provado *impossível* alcançar o fim de recuperação pretendido com a máquina.

Na mesma linha SILVA SÁNCHEZ, que defende o caráter *omissivo* do desligamento dos aparelhos, de forma que aquele que interrompeu o processo de salvamento será *garante* em relação aos resultados.[115] Para esse autor, entender estes casos como *comissivos* acarreta o mesmo problema político-criminal aventado por ROXIN, em especial nos casos de desligamento de aparelhos de pacientes em situação extrema, sem possibilidade de recuperação, porque tal conduta seria caracterizada como *homicídio doloso por comissão* e a exclusão do caráter criminoso do feito exigirá complicadas construções dogmáticas. Caso se compreenda tal fenômeno como *omissão de tratamento*, é possível imputar um *homicídio* em *comissão por omissão*, deixando aberta a possibilidade de gradação da *reprovabilidade* diante das regulamentações médicas referentes à *continuidade de tratamento* para pacientes terminais.[116]

Por outro lado, há quem verifique uma diferença na natureza da conduta de acordo com o ato que mantém o paciente vivo, indicando como *omissão* o comportamento daquele que cessa a massagem cardíaca e como *comissão* o desligamento do aparelho que mantém o paciente vivo, uma vez que esta última é uma conduta *positiva* e *causal* em relação ao resultado morte.[117] Nessa linha,

---

"que el médico abandone los intentos de reanimación apagando el corazón-pulmón artificial pulsando un botón (acción), o no continuando el masaje cardíaco, será asimismo del todo indiferente para la valoración jurídica". TAVARES entende se tratar de delito *omissivo* porque neste caso há prevalência da norma *mandamental*, que atrai para a omissão o *ponto de gravidade da conduta* (TAVARES, *Teoria*, p. 303). Na mesma linha, MIR PUIG, *Derecho Penal*, p. 298, e ENGISH, em SILVA SÁNCHEZ, *Delitos*, p. 315.

112. ROXIN, *Derecho Penal*, II, p. 794. Na mesma linha, HIRSCH, *Interrupción*, p. 335.

113. ROXIN, *Problemas fundamentais*, p. 186.

114. ROXIN, *Problemas fundamentais*, p. 186.

115. SILVA SÁNCHEZ, *El delito*, p. 315.

116. SILVA SÁNCHEZ, *El delito*, p. 317. Para o autor, a conexão do aparelho pode ser identificada com uma tentativa *acabada* de salvamento, cuja *interrupção* (ou desistência) tem contornos de *omissão imprópria*, uma vez que o salvador *assume* uma posição de garante diante do curso criado.

117. JESCHECK, *Tratado*, p. 548; CEREZO MIR, *Curso*, p. 256.

GIMBERNAT ORDEIG, ao explicar que o último ato é *comissivo* porque há uma clara e evidente *relação de causalidade* entre a desconexão e a morte, uma vez que a máquina efetivamente mantinha o paciente vivo.[118] Seria o mesmo que retirar o salva-vidas de alguém que está no mar e não sabe nadar.[119]

A nosso ver, a questão do médico pode ser solucionada pela estrutura apresentada para a *omissão imprópria.* O médico que recebe um paciente necessitado de cuidados imediatos é garante de *riscos alheios*, uma vez que não criou qualquer perigo. Por isso, não se está diante da *ingerência*, mas de um *dever de garante* derivado da lei ou da assunção, cujos contornos são fixados pelas normas de cuidado relacionadas a estas fontes de garantias. O descumprimento de tais normas por ação ou omissão – por exemplo, as normas técnicas que vigoram para o atendimento médico de urgência – equivale à criação de um *risco não permitido*, de forma que o resultado será imputado ao profissional, desde que verificados os demais requisitos para a responsabilidade penal. Assim, se as normas de conduta médica fixam um determinado procedimento para reanimação e o profissional deixa de cumpri-las, seja por ação, seja por omissão, ser-lhe-á imputado o resultado, desde que exista um desdobramento concreto – constatado que o procedimento exigido salvaria o paciente ou retardaria sua morte – e que o mesmo esteja no âmbito de abrangência da norma violada.

Por outro lado, se o paciente foi atendido e está estabilizado, ainda que por aparelhos, aquele que os desliga *cria* um *risco não permitido*, uma vez que o perigo decorrente dos problemas de saúde daquele que está submetido a tratamento está controlado, ao menos naquele instante. Aqui, portanto, há *ingerência*, porque existe uma desestabilização do *foco de perigo*, com independência do fato de ser o médico ou terceiro estranho ao contexto quem desliga o aparelho.[120] Nesse caso, o resultado será imputado à conduta, desde que constatado que o procedimento foi contrário às normas de cuidado, com independência de suas características ativas ou omissivas. Trata-se de um ato inerente ao âmbito de gestão própria do agente, que *cria um risco* não permitido, e não age para restituí-lo aos patamares admissíveis.

A complexa questão sobre a possibilidade de reanimação do paciente e suas chances de sobrevida ou sobre a licitude do desligamento em casos de sofrimento é estranha ao presente debate, limitado aos requisitos para a *imputação objetiva.* Assim, se o desligamento consistir em um *risco não permitido*, de acordo com os parâmetros vigentes em determinada sociedade, e se constate que a conduta

---

118. GIMBERNAT ORDEIG, *Estudios*, p. 482.

119. GIMBERNAT ORDEIG, *Estudios*, p. 482. Este autor aponta que a possível exculpação no âmbito da culpabilidade nada afeta a natureza *comissiva* do ato típico.

120. Vale destacar que a maior parte da doutrina entende que será *comissivo* o ato de desligar o aparelho praticado por um terceiro, distinto do médico responsável pela *conexão.* Para uma exposição detalhada sobre esta concepção e seus defensores, ver SILVA SÁNCHEZ, *El delito*, p. 315.

adequada – não os desligar – evitaria ou postergaria a morte, haverá *imputação*, ainda que posteriormente a conduta seja *justificada* ou *desculpada* por alguma das causas admitidas pelo Direito.[121]

Por fim, vale destacar que a solução não será distinta se entendermos que a situação de *estabilidade* do paciente por meio de aparelhos é dependente do médico, de forma que qualquer conduta *deste* profissional não seria *ingerência*, porque ele não cria um risco novo, e sim deixa de impedir o curso causal de um perigo anterior. Desligar o aparelho seria o mesmo que parar de massagear o peito do paciente com as próprias mãos.

Ainda que tal assertiva não nos pareça adequada – porque a *estabilização* por aparelhos é distinta da continuidade da massagem manual, uma vez que as máquinas funcionam autonomamente e sua manutenção independe da atuação daquele profissional –, considerar o ato do médico como *ação* ou *omissão* é irrelevante. A indagação essencial aqui é se a conduta do profissional violou uma *norma de cuidado* e criou um *risco não permitido*, sendo o resultado considerado um desdobramento direto desse comportamento no âmbito de abrangência da norma violada. A resposta afirmativa levará à imputação, independentemente da natureza do ato.

---

121. Vale destacar, ainda, que a existência de regras médicas que autorizem o desligamento pode afastar o caráter *não permitido* do risco, e isso independe da natureza ativa ou omissiva da conduta. Sobre o tema, ver DIAS, *A ajuda médica*, p. 15-40; ROXIN, *Estudos* pp.165 a 187; BARROSO, *A morte*, pp. 19-53.

CONCLUSÕES

Por todo o exposto, concluímos que:

Ação e omissão são conceitos distintos sob a perspectiva ontológica (conduta positiva e negativa) e sob um prisma normativo (descumprimento de normas de proibição e de mandato). No entanto, no plano da tipicidade, podem ser equiparados como institutos conformadores da *esfera de organização* do indivíduo ou como elementos que configuram seu espaço de *responsabilidade institucional.*

A *omissão relevante* – no plano pré-jurídico – é um *não fazer algo esperado* quando se é capaz de agir de acordo com uma expectativa. Quando essa expectativa decorre da *norma penal*, tem-se a *omissão penalmente relevante.*

As *omissões penalmente relevantes* são divididas em *próprias e impróprias.* O*missão própria* é a inatividade prevista expressamente em tipo penal específico, de forma que a imputação prescinde de qualquer norma geral de adequação. O*missão imprópria* é a inatividade não descrita expressamente em tipos penais, à qual se imputa o *resultado* por uma interpretação extensiva – nos casos de *ingerência* – ou por meio de uma cláusula geral de adequação típica, prevista que estende expressamente a abrangência de um tipo comissivo à conduta omissiva – nos casos de dever de garantia por lei ou assunção.

As *omissões impróprias* se dividem em omissões diante de *riscos próprios* e de *riscos alheios.* No primeiro caso, o omitente maneja de forma *inadequada* sua *esfera de organização*, extrapolando os limites de *risco permitido* por ação ou omissão. Nesses casos, há um *dever* de agir para impedir o resultado fundado no *dever de não lesar*, concretizado na alínea *c* do § 2.º do art. 13 do Código Penal, de *desvalor* equivalente ao da comissão. Nesse caso, sequer seria necessária uma *clausula geral* de adequação para imputar o resultado típico à omissão.

No segundo caso, o omitente não *cria* o risco, mas tem, por lei ou por assunção, um *dever institucional* de evitar o resultado decorrente de *riscos alheios*, resultante de um sentimento de *solidariedade especial* reconhecido pelo legislador e fixado nas alíneas *a* e *b* do § 2.º do art. 13 do Código Penal. Nesses casos, a *omissão* não equivale à comissão, de forma que seria cabível – *de lege ferenda* – a previsão de uma causa de diminuição de pena aplicável a esses casos.

A divisão dos crimes omissivos *impróprios* entre aqueles ligados aos *riscos próprios* e aqueles referenciados aos *alheios* apresenta utilidades práticas: em primeiro lugar permite identificar os casos em que a omissão é *equiparada* à comissão em termos de desvalor (*riscos próprios*) e os casos em que existe uma *diferença normativa* (*riscos alheios*). Em segundo lugar, revela quais as omissões compreendidas no próprio texto do tipo penal – ainda que não expressas (*riscos próprios*) – e quais exigem uma cláusula geral de adequação típica para que a inatividade seja punida (*riscos alheios*). Em terceiro lugar, indica em que situações é necessário buscar um *dever de garante* externo à competência organizacional do agente. No contexto dos *riscos próprios*, o dever de garantia decorre da própria *criação do risco*, ou seja, é inerente à própria atividade, sem qualquer referência à postura de assunção ou a um dever legal específico. Já no âmbito dos *riscos alheios*, é necessário indicar um parâmetro externo ao âmbito de organização do agente para fundamentar o *dever de garante*, sempre indicado pela cláusula geral de adequação.

A criação de *riscos próprios* caracteriza a *ingerência* (Código Penal, art. 13, § 2.º, *c*). Nessa seara, é necessário que o agente *crie* um risco por um comportamento *positivo*. Enquanto esse agente tem *controle* do foco de perigo criado – enquanto está sob seu domínio (*contexto de controle*) – deve observar as normas de cuidado vigentes, de forma a manter o risco dentro dos parâmetros *permitidos*. Nessa seara, a *omissão* será penalmente relevante caso viole uma norma mandamental de cuidado, caracterizando uma gestão falha do risco criado pelo omitente.

A partir do momento em que o *risco criado* deixa o âmbito de gestão organizacional do agente, ou que seu controle passa a ser irrelevante para impedir um curso causal lesivo por ele originado, cria-se o *contexto de salvamento*. O controle do risco nesse caso é irrelevante, sendo necessária uma conduta de *salvamento* para a proteção do bem jurídico. O *dever de salvar* só existe – no que se refere à imputação da *omissão imprópria* – se constatado que o contexto no qual se exige o salvamento decorre da violação de uma norma de cuidado anterior, ocorrida quando o agente ainda tinha o domínio do foco de perigo. Em outras palavras, só existe um *dever de salvamento* – sob uma perspectiva de *omissão imprópria* – se existiu um *risco não permitido* prévio que possa ser imputado ao omitente.

A violação do *dever de controle* ou de *salvamento* não é suficiente para a imputação de resultados típicos à omissão. Para tal, será necessário ainda verificar (i) a *capacidade* do omitente para reconduzir o risco aos patamares aceitáveis (*controle*) ou de *salvar* o bem jurídico em perigo (*salvamento*); (ii) que a conduta omitida impediria a ocorrência do resultado, com *probabilidade próxima da certeza*; (iii) que o resultado está dentro do *âmbito de abrangência da norma violada*; e (iv) o dolo ou a culpa na omissão.

Verificados tais requisitos, o resultado será imputado à omissão de *controle* ou de *salvamento*, de forma que a superveniência do *dolo* nesta etapa fará com que o delito seja punido a esse título (crime doloso), ainda que a criação do *risco* original seja apenas imprudente.

No âmbito da *ingerência*, somente será *responsável pelo produto* aquele que criou o risco e o tem sob seu *controle* em seu âmbito de gestão, no momento em que a periculosidade se torna conhecida. Caso os riscos do produto sejam conhecidos após exaurido o *contexto de controle*, não existirá o *dever de salvamento*, respondendo o omitente apenas pela *omissão própria* prevista no Código de Defesa do Consumidor;

Nos âmbitos empresariais, a delegação do *dever de controle* a terceiros não exaure, mas transforma os *deveres* do *delegante* em deveres que mantém a obrigação de vigilância e supervisão sobre as atividades do *delegado;*

Ainda na delegação, a inobservância de tais *deveres* de vigilância e supervisão torna imputável o resultado típico eventualmente produzido, na forma de *omissão imprópria*, se verificado ser *possível* essa vigilância/supervisão naquele contexto concreto (*capacidade de agir de acordo com a norma)*, que a ação normativamente exigida *evitaria* o resultado (com *probabilidade próxima da certeza)* e que a lesão/perigo estão dentro do âmbito de abrangência da norma de cuidado violada (dever de vigilância/supervisão).

A *delegação* é distinta da *transferência.* Na primeira, o delegante transfere estritamente ao delegado o *dever de controlar os riscos*, mas mantém um *dever residual* de bem eleger o *delegado*, de garantir estrutura para que cumpra com sua função e de vigiar razoavelmente suas atividades. Na *transferência* há um deslocamento completo do *dever de garantia* para aquele a quem é transferido o *foco de perigo*, sem qualquer dever residual, desde que o *transferido* conheça integralmente seus contornos, assuma ou tenha a obrigação legal de *controle/ salvamento* e apresente capacidade para agir de acordo com o esperado. Nesses casos, ausente qualquer obrigação de *controle* ou *salvamento* que fundamente a *omissão imprópria.*

BIBLIOGRAFIA

ABANTO VÁSQUEZ, Manuel A. *Autoría y participación y la teoría de los delitos de infracción del deber*. Revista Penal, n. 14. Espanha: Universidades de Huelva, Salamanca e Castilla-La Mancha. 2004.

ABOSO, Gustavo Eduardo. *Los límites de la autoría mediata*. Montevidéu, Buenos Aires: B de F. 2012.

AGUSTINA SANLLEHÍ, José R. *El delito en la empresa. Estrategias de prevención de la criminalidad intra-empresarial y deberes de control del empresario*. Barcelona: Atelier. 2010.

ALCÁCER GUIRAO, Rafael. *Autonomía, solidaridad y deber de socorro*. Anuario de Derecho Penal y Ciencias Penales, LIII. Madrid: Ministerio de Justicia. 2000.

AMBOS, Kai. *Imputación de crímenes de los subordinados al dirigente. Un estudio comparado*. Bogotá: Temis. 2008.

ANDRADE CASTRO, Jason Alexander. *La posición de garante en virtud de una comunidad de peligro*. Bogotá: Universidad Externado. 2012.

ANDRADE, Pedro Luiz Bueno de; SHECAIRA, Sérgio Salomão. *Compliance e o Direito Penal*. Boletim do Instituto Brasileiro de Ciências Criminais, n. 222, maio. São Paulo: Instituto Brasileiro de Ciências Criminais. 2011.

ANDREUCCI, Ricardo Antunes; AZEVEDO, Davi Teixeira. *Omissão e política criminal*. Revista de Direito Penal e Criminologia, n. 33, jan./jun. Rio de Janeiro: Forense. 1982.

APONTE CARDONA, Alejandro. *Superior jerárquico, omisión impropia y posiciones de garantía*. Revista Brasileira de Ciências Criminais, n. 100. São Paulo: Revista dos Tribunais. 2013.

ARROYO ZAPATERO, Luís; GÓMEZ COLOMER, Juan Luís; NIETO MARTÍN, Adán. *El Derecho Penal económico en la era Compliance*. Valencia: Tirant lo Blanch. 2013.

AZEVEDO, Davi Teixeira. *O Direito Penal no Código de Trânsito Brasileiro*. In: Ibidem. *Atualidades no Direito e Processo Penal*. São Paulo: Método. 2001.

BACIGALUPO SAGGESE, Silvina. *Cuestiones específicas de la participación en Derecho Penal económico*. Madrid: Centro de Estudios Ramón Areces. 2010.

BACIGALUPO ZAPATER, Enrique. *Comentario al art. 11*. In: CONDE-PUMPIDO TOURÓN, Cándido; BARJA DE QUIROGA, Jacobo López. *Comentarios al Código Penal*. Barcelona: Bosch. 2007.

_____. *Compliance y Derecho Penal*. Pamplona: Aranzadi. 2011.

_____. *Conducta precedente y posición de garante en el Derecho Penal*. Anuario de Derecho Penal y Ciencias Penales, XXIII. Madrid: Ministerio de Justicia. 1970.

_____. *Curso de Derecho Penal económico*. 2ª ed. Madrid: Marcial Pons. 2005.

_____. *Delitos impropios de omisión*. Colección Cuadernos Luís Jiménez de Asúa, n. 25. Madrid: Dykinson. 2006.

_____. *Delitos impropios de omisión*. Madrid: Dykinson. 2006.

_____. *Principios constitucionales de Derecho Penal*. Buenos Aires: Hammurabi. 1999.

BARROSO, Luís Roberto; MARTEL, Letícia de Campos Velho. *A morte como ela é: Dignidade e autonomia individual no final da vida*. Revista da Escola da Magistratura do Estado do Rio de Janeiro, n. 50. Rio de Janeiro: EMERJ. 2010.

BÁRTOLI, Márcio; PANZERI, André. *Parte especial – Título I. Dos crimes contra a pessoa*. In: FRANCO, Alberto Silva. *Código Penal e sua Interpretação: Doutrina e Jurisprudência*. 8ª ed. São Paulo: Revista dos Tribunais. 2007.

BATISTA GONZÁLEZ, Maria Paz. *La responsabilidad penal de los órganos de la empresa*. In: BACIGALUPO ZAPATER, Enrique. *Curso de Derecho Penal económico*. Madrid: Marcial Pons. 1998.

BATISTA, Nilo. *Concurso de agentes: uma investigação sobre os problemas da autoria e da participação no direito penal brasileiro*. 4ª ed. Rio de Janeiro: Lumen Juris. 2008.

_____. *Maus tratos, omissão imprópria e princípio da confiança em atividades médico-cirúrgicas*. Revista Brasileira de Ciências Criminais, n. 38. São Paulo: Revista dos Tribunais. 2002.

BAYÓN MOHÍNO, Juan Carlos. *Los deberes positivos generales y la determinación de sus límites: observaciones al artículo de Ernesto Garzón Valdés*. Valencia: Universidad de Alicante. 1986.

BECK, Ulrich. *La sociedad del riesgo mundial: en busca de la seguridad perdida*. Barcelona: Paidós. 2008.

BECHARA, Ana Elisa Liberatore Silva. *Bem Jurídico-Penal*. São Paulo: Quartier Latin. 2014.

BELING. Ernst Von. *Esquema de derecho penal. La doctrina del delito-tipo*. Buenos Aires: Rodamillans, 2002.

BERCOVICI, Gilberto. *Constituição Econômica e Dignidade da Pessoa Humana.* Revista da Faculdade de Direito da Universidade de São Paulo, n. 102. São Paulo: Universidade de São Paulo. 2007.

BETTIOL, Giuseppe. *Direito Penal.* Campinas: Red Livros. 2000.

BEULKE, Werner; SATZGER, Helmut; WESSELS, Johannes. *Strafrecht Allgemeiner Teil.* 2ª ed. Heidelberg: Mueller. 1978.

BIERRENBACH, Sheila. *Crimes omissivos impróprios.* 3ª ed., revista, ampliada e atualizada. Niterói: Ímpetus. 2014.

BITENCOURT, Cezar Roberto. *Alguns aspectos do crime omissivo impróprio.* Boletim do Instituto Brasileiro de Ciências Criminais, n. 140, julho/especial. São Paulo: Instituto Brasileiro de Ciências Criminais. 2004.

_____. *Tratado de Direito Penal. Parte geral.* 17ª ed. São Paulo: Saraiva. 2012.

BOBBIO, Norberto. *Teoria da Norma Jurídica.* 5ª ed., revista. São Paulo: Edipro. 2012.

BOTTINI, Pierpaolo Cruz. *Crimes de perigo abstrato e princípio da precaução na sociedade de risco.* 2ª ed. São Paulo: Revista dos Tribunais. 2010.

_____. *Indagações sobre a responsabilidade penal da empresa pelo produto defeituoso.* Boletim do Instituto Brasileiro de Ciências Criminais, n. 194, jan. São Paulo: Instituto Brasileiro de Ciências Criminais. 2009.

BOTTKE, Wilfried. *Responsabilidad por la no evitación de hechos punibles de subordinados en la empresa económica.* In: LUZÓN PEÑA, Diego Manuel; MIR PUIG, Santiago. *Responsabilidad penal de las empresas y sus órganos y responsabilidad por el producto.* Barcelona: Bosch. 1959.

BRAMMSEM, Joerg. *Infidelidad del Consejo de Vigilancia.* Revista de Derecho Penal: Consecuencias jurídicas del delito, n. 2. Buenos Aires: Rubinzal Culzoni. 2009.

BUERES, Alberto Jesús. ZAFFARONI, Eugenio Raúl. *Responsabilidad médica. Aspectos civiles y penales.* Buenos Aires: Hammurabi. 2009.

CAETANO, Matheus Almeida; MACHADO, Fábio Guedes de Paula; MOURA, Bruno de Oliveira. *Algumas considerações sobre a causalidade no Direito Penal.* De Jure – Revista Jurídica do Ministério Público de Minas Gerais, n. 15. Belo Horizonte: Ministério Público do Estado de Minas Gerais. 2010.

CALLEGARI, André Luís. *O princípio da confiança no Direito Penal.* Boletim do Instituto Brasileiro de Ciências Criminais, n. 78, maio. São Paulo: Instituto Brasileiro de Ciências Criminais. 1999.

_____. *Teoria geral do delito e da imputação objetiva.* 3ª ed., revista e ampliada. São Paulo: Atlas. 2014.

CAMARGO, Antônio Luís Chaves. *Crimes econômicos e imputação objetiva.* In: COSTA, José de Faria; SILVA, Marco Antônio Marques. *Direito penal especial, processo penal e direitos fundamentais.* São Paulo: Quartier Latin. 2006.

_____. *Imputação objetiva e direito penal brasileiro*. São Paulo: Cultural Paulista. 2002.

CANCIO MELIÁ, Manuel. *El caso Contergan cuarenta años después*. Revista Liberdades, n. 7. São Paulo: Instituto Brasileiro de Ciências Criminais. 2011.

_____; SILVA SÁNCHEZ, Jesús María. *Delitos de organización*. Montevidéu, Buenos Aires: B de F. 2008.

CARBONELL MATEU, Juan Carlos. *La equivalencia significativa en la comisión por omisión*. Cuadernos de Política Criminal, n. 113. Madrid: Edersa. 2014.

CARDENAS POVEDA, Margarita; DUSSAN HERNANDEZ, Omar; VARGAS GARCIA, Jaime. *Delitos por omisión impropia. Posición de garante de los miembros de la fuerza pública*. Bogotá: Ibañez. 2011.

CARO CORIA, Dino Carlos. *Sociedades de riesgo. Bienes jurídicos colectivos y reglas concursales para la determinación de la pena en los delitos de peligro con verificación de resultado lesivo*. Revista Peruana de Ciencias Penales, n. 9. Lima: IDEMSA. 2006.

_____; et alii. *Anuario de Derecho Penal Económico y de la empresa*. 2012.

CARO JOHN, José Antonio. *Algunas consideraciones sobre los delitos de infracción de deber*. Anuario de Derecho Penal. Lima: Pontificia Universidad Católica del Perú. 2003.

_____. *Sobre la identidad de imputación a la acción y la omisión*. Anuario de Derecho Penal. Santiago: Université de Fribourg. 2009.

CARVALHO, Américo Taipa de. *Direito Penal. Parte geral. Questões fundamentais: teoria geral do crime*. 2ª ed., reimpressão. Lisboa: Editora Coimbra. 2011.

CARVALHOSA, Modesto. *Comentários à Lei de sociedades anônimas*. 6ª ed. revista e atualizada, 2ª tiragem. São Paulo: Saraiva. 2014.

CASANOVAS YSLA, Alain. *Legal Compliance. Principios de cumplimento generalmente aceptados*. Madrid: Difusión Jurídica. 2013.

CEREZO MIR, José. *Curso de Derecho Penal Español*. 6ª ed., reimpressão. Madrid: Tecnos. 2004.

CERNICCHIARO, Luiz Vicente. *Crime comissivo por omissão*. Revista Síntese Direito Penal e Processual Penal, vol. 2, n. 7. Porto Alegre: IOB. 2001.

COCA VILA, Ivó. ¿Programas de cumplimiento como forma de autorregulación regulada? In: MONTANER FERNÁNDEZ, Raquel; SILVA SÁNCHEZ, Jesús María. *Criminalidad de empresa y compliance. Prevención y reacciones corporativas*. Barcelona: Atelier. 2013.

COMPARATO, Fábio Konder. *A afirmação histórica dos Direitsos Humanos*. 8ª ed. São Paulo: Saraiva. 2013.

_____. Ética. São Paulo: Companhia das Letras. 2006.

CORSETTI, Michelangelo; SCCHUTT, Julia Flores. *Tipo de omissão imprópria*. In: BUSATO, Paulo César. *Teoria do Delito – Série Direito Penal Baseado em Casos*. Curitiba: Juruá. 2012.

COSTA e SILVA, Antônio José da. *Código Penal dos Estados Unidos do Brasil Commentado*. Volume 1. São Paulo: Companhia Editora Nacional. 1930.

COSTA JR., Heitor. *Teorias acerca da omissão*. Revista dos Tribunais, vol. 587, set. São Paulo: Revista dos Tribunais. 1984.

COSTA JR., Paulo José da. *Nexo Causal*. 4ª ed. São Paulo: Revista dos Tribunais. 2007.

COSTA, Álvaro Mayrink. *O comportamento omissivo e o dever de atuar*. In: KUEHNE, Maurício; et alii. *Ciência Penal: coletânea de estudos. Homenagem a Alcides Munhoz Netto*. Curitiba: JM. 1999.

COSTA, Helena Regina Lobo da. *A Dignidade Humana: Teorias de Prevenção Geral Positiva*. São Paulo: Revista dos Tribunais. 2008.

CUADRADO RUIZ, María Angeles. *La comisión por omisión como problema dogmático*. Anuario de Derecho Penal y Ciencias Penales, L. Madrid: Ministerio de Justicia. 1997.

_____. *La posición de Garante*. Revista de Derecho Penal y Criminología, n. 6. Madrid: Universidad Nacional de Educación a Distancia. 2000.

CUELLO CONTRERAS, Joaquín. *Dominio y deber fundamento común autoría y modalidades del delito*. Revista para el Análisis del Derecho, n. 1. Barcelona: InDret. 2011.

CUERA ARNAU, María Luisa. *Criterios de imputación de la comisión por omisión. Critica a su ampliación*. Revista de Derecho Penal: Imputación, causalidad y ciencia, n. 2. Buenos Aires: Rubinzal Culzoni. 2010.

CHAIA, Rubén. *Responsabilidad penal médica*. Buenos Aires: Hammurabi. 2006.

_____. *Sobre el tipo del delito de comisión por omisión*. Revista Actualidad Penal. Madrid: Wolters Kluwer. 1994.

D'ÁVILA, Fábio Roberto. *Ofensividade e Crimes Omissivos Próprios*. Lisboa: Editora Coimbra. 2005.

DANIEL CESANO, José. *La imputación penal en el ámbito de la empresa y las estructuras omisivas: bases para su análisis*. Revista Vniversitas, n. 119. Bogotá: Pontificia Universidad Javeriana. 2009.

DECOMAIN, Pedro Roberto. *Código Penal alemão. Tradução, comparação e notas*. Porto Alegre: Fabris. 2014.

DEMAJOROVIC, Jacques. *Sociedade de risco e responsabilidade socioambiental: perspectivas para a educação corporativa*. São Paulo: USP. 2000.

DEMETRIO CRESPO, Eduardo. *Fundamento de la responsabilidad en comisión por omisión de los directivos de las empresas*. In: _____; SERRANO-PIEDECASAS,

José Ramón. *Cuestiones actuales de Derecho Penal empresarial*. Madrid: Colex. 2010.

_____. *Responsabilidad penal por omisión del empresario*. Madrid: Iustel. 2009.

_____. *Sobre la posición de garante del empresario por la no evitación de delitos cometidos por sus empleados*. Centro de Investigación Interdisciplinaria en Derecho Penal Económico. Artigo disponível em: <http://www.ciidpe.com.ar/area1/posicion%20de%20garante.Demetrio%20Crespo.pdf>. Acesso em 11.05.2015.

DIAS, Jorge de Figueiredo. *A "ajuda médica à morte": uma consideração jurídico-penal*. Revista Brasileira de Ciências Criminais, n. 100. São Paulo: Revista dos Tribunais. 2013.

_____. *Crime preterintencional, causalidade adequada e questão de facto*. Ciência Penal: Doutrina, jurisprudência, legislação, n. 3. Rio de Janeiro: Forense. 1975.

_____. *Direito Penal: Parte Geral*. 2ª ed., 2ª reimpressão. Lisboa: Editora Coimbra. 2012.

DOPICO GÓMEZ-ALLER, Jacobo. *Omisión e Injerencia en Derecho Penal*. Valencia: Tirant lo Blanch. 2006.

_____. *Presupuestos básicos de la responsabilidad penal del compliance officer y otros garantes en la empresa*. Pamplona: Aranzadi. 2012.

ENGISCH, Karl. *La causalidad como elemento de los tipos penales*. Buenos Aires: Hammurabi. 2008.

ERNST MAYER, Max. *Tratado de Derecho Penal. Parte General*. Montevidéu: B de F. 2007.

ESCOBAR VÉLEZ, Susana. *La responsabilidad penal por productos defectuosos*. Valencia: Tirant lo Blanch. 2012.

ESTELLITA, Heloísa. *O princípio constitucional da isonomia e o crime de omissão no recolhimento de contribuições previdenciárias (art. 168-A, § 1.º, I Código Penal)*. In: Ibidem. *Direito Penal empresarial*. São Paulo: Dialética. 2001.

_____. *Responsabilidade penal de dirigentes de empresas por omissão. Estudo sobre a responsabilidade omissiva imprópria de dirigentes de sociedades anônimas, limitadas e encarregados de cumprimento por crimes praticados por membros da empresa*. São Paulo: Marcial Pons. 2017.

FARIA, Antônio Bento de. *Código Penal Brasileiro (Comentado)*. Volume II. 2ª ed. Rio de Janeiro: Record. 1958.

FEIJOÓ SÁNCHEZ, Bernardo. *Autoría y participación en organizaciones empresariales complejas*. Revista de Derecho Público, n. 21. Bogotá: Universidad de los Andes. 2008.

_____. *Autorregulación y Derecho Penal de la empresa: una cuestión de responsabilidad individual?* In: ARROYO JIMÉNEZ, Luis; et alii. *Autorregulación y sanciones*. Valladolid: Lex Nova. 2008.

_____. *Cuestiones actuales de Derecho Penal Económico*. Montevidéu, Buenos Aires: B de F. 2009.

_____. *Derecho Penal de la empresa e imputación objetiva*. Madrid: Reus. 2007.

_____. *Imputacion de hechos delictivos e estructuras empresariales complejas*. La Ley Penal, n. 40. Madrid: Wolters Kluwer. 2007.

_____. *Imputacion objetiva en el Derecho penal económico y empresarial*. Revista para el Análisis del Derecho, n. 2. Barcelona: InDret. 2009.

_____. In: DEMETRIO CRESPO, Eduardo; SERRANO-PIEDECASAS, José Ramón. *Cuestiones actuales de Derecho Penal empresarial*. Madrid: Colex. 2010.

_____. *La distinción entre dolo e imprudencia en los delitos de resultado lesivo. Sobre la normativización del dolo*. Cuadernos de Política Criminal, n. 65. Madrid: Edersa. 1998.

FERRAZ JR, Tércio Sampaio. *Introdução ao Estudo do Direito*. 2ª ed. São Paulo: Atlas. 1994.

FERRÉ OLIVÉ, Juan Carlos. *Sujetos responsables en los delitos societarios*. Revista Penal, n. 1. Espanha: Universidades de Huelva, Salamanca e Castilla-La Mancha. 1998.

FERREIRA, Aurélio Buarque de Holanda. *Aurélio: o dicionário da língua portuguesa*. 7ª ed. Curitiba: Positivo. 2008.

FERRO VEIGA, José Manuel. *Los nuevos ámbitos de la delincuencia empresarial. Fotografía urbana de la delincuencia mercantil*. Alicante: Club Universitario. 2013.

FEUERBACH, Paul Johann Anselm von. *Tratado de Derecho Penal común vigente en Alemania*. Buenos Aires: Hammurabi. 2007.

FIANDACA, Giovanni. *Il reato comissivo mediante omissione*. Milão: Giuffrè. 1979.

_____. *Sulla configurabilitá del tentativo nei delitti di omissione indice penale*. L'Indice Penale, n. 10. Pádua: CEDAM. 1976.

_____; MUSCO, Enzo. *Derecho Penal: Parte General*. Bogotá: Temis. 2006.

FIGUEROA ORTEGA, Yván. *Delitos de infracción de deber*. Madrid: Dykinson. 2008.

FIORELLA, Antonio. *Il trasferimento di funzioni nel diritto penale dell'impresa*. Florença: Nardini. 1985.

FIRMO, Aníbal Bruno de Oliveira. *Direito Penal*. Volume 1. 3ª ed. Rio de Janeiro: Forense. 1967.

FRAGOSO, Heleno Cláudio. *Crimes Omissivos no Direito Brasileiro*. Revista de Direito Penal e Criminologia, n. 33, jan/jun. Rio de Janeiro: Forense. 1982.

_____. *Lições de Direito Penal: Parte geral*. 5ª ed. São Paulo: José Bushatsky. 1978.

FRANCO, Alberto Silva. *Código Penal e sua Interpretação: Doutrina e Jurisprudência*. 8ª ed. São Paulo: Revista dos Tribunais. 2007.

_____. *Do crime*. In: _____. *Código Penal e sua Interpretação: Doutrina e Jurisprudência.* 8ª ed. São Paulo: Revista dos Tribunais. 2007.

FRISCH, Wolfgang. *Comportamiento típico e imputación del resultado*. Madrid: Marcial Pons. 2004.

_____. *Desvalorar e imputar: sobre la imputación objetiva en Derecho Penal*. 2ª ed. Montevidéu: B de F. 2006.

_____. *Problemas fundamentales de la responsabilidad penal de los órganos de dirección de la empresa. Responsabilidad penal en el ámbito de la empresa y de la división de trabajo*. In: LUZÓN PEÑA, Diego Manuel; MIR PUIG, Santiago. *Responsabilidad penal de las empresas y sus órganos y responsabilidad por el producto*. Barcelona: Bosch. 1959.

GALIANI, Tulio. *Il problema dela condotta nei reatti omissivi.* Napoles: Jovene. 1980.

GALLAS, Wilhelm. *La Teoría del Delito en su Momento Actual*. Barcelona: Bosch. 1959.

GARCÍA ARÁN, Mercedes; MUÑOZ CONDE, Francisco. *Derecho Penal: Parte General*. 8ª ed. Valencia: Tirant lo Blanch. 2010.

GARCIA CAVERO, Percy. *Derecho Penal económico. Parte general*. Lima: Ara Editores. 2003.

_____. *La imputación jurídico-penal a los membros de la empresa por delitos de dominio cometidos desde la empresa*. Centro de Investigación Interdisciplinaria en Derecho Penal Económico. Artigo disponível em: <https://www.unifr.ch/ddp1/derechopenal/obrasportales/op_20091005_03.pdf>. Acesso em 12.05.2015.

_____. *La imputaición objetiva en el Derecho Penal económico*. Derecho Penal Contemporáneo. Revista Internacional. n. 6. Santiago: Legis. 2004.

_____. *La posicion de garantia del empresário: a proposito del caso utopia*. In: ALONSO ÁLAMO, Mercedes. *Homenaje al profesor Dr. Gonzalo Rodriguez Mourullo*. Madrid: Civitas. 2005.

_____. *Otra vez sobre la responsabilidad penal del administrador de hecho: una cuestión general y otra particular*. Revista para el Análisis del Derecho, n. 3. Barcelona: InDret. 2006.

GARCÍA RAMÍREZ, Sergio. *Introducción al derecho mexicano*. Ciudad de México: UNAM. 1981.

GARCIA, Basileu. *Instituições de direito penal*. 7ª ed., revista e atualizada. São Paulo: Saraiva. 2008.

GARZÓN VALDÉS, Ernesto. *Deberes positivos generales y su fundamentación*. Valencia: Universidad de Alicante. 1986.

GIDDENS, Anthony. *As consequências da modernidade*. São Paulo: Unesp. 1991.

GIL GIL, Alicia. *El delito imprudente: Fundamentos para la determinación de lo injusto imprudente en los delitos activos de resultado*. Barcelona: Atelier. 2007.

GIMBERNAT ORDEIG, Enrique. *Causalidad, Omisión e Imprudencia*. Revista Brasileira de Ciências Criminais, n. 17. São Paulo: Revista dos Tribunais. 1997.

_____. *Cursos causales irregulares e imputación objetiva*. Montevidéu: B de F. 2011.

_____. *Delitos cualificados por el resultado y causalidad.* Buenos Aires: B de F. 2007.

_____. *Estudios sobre el delito de omisión*. 2ª ed. Montevidéu, Buenos Aires: B de F. 2013.

_____. *La omisión impropia en la dogmática alemana. Una exposición*. In: Ibidem. *Ensayos Penales*. Madrid: Tecnos. 1999.

_____. *Riesgo permitido y comisión por omisión imprudente: a propósito de la sentencia de 9 de diciembre de 2003, de la Sala III de la Cámara Nacional de Casación Penal argentina*. La Ley, n. 88. Madrid: Wolters Kluwer. 2011.

_____. *Sobre los conceptos de omisión y de comportamiento*. Anuario de Derecho Penal y Ciencias Penales, XL. Madrid: Ministerio de Justicia. 1987.

GOMES, Mariângela Gama de Magalhães. *O Princípio da Proporcionalidade no Direito Penal*. São Paulo: Revista dos Tribunais. 2003.

_____. *Teoria geral da parte especial do Direito Penal*. São Paulo: Atlas. 2014.

GÓMEZ-JARA DÍEZ, Carlos. *Autoorganización empresarial y autorresponsabilidad empresarial. Hacia una verdadera responsabilidad penal de las personas jurídicas*. Revista Electrónica de Ciencia Penal y Criminología. Disponível em: <http://criminet.ugr.es/recpc/08/recpc08-05.pdf>. Acesso em 14/05/2015.

_____. *La problemática de la administración desleal de los órganos societarios en el Derecho Penal español. Un tipo de administración desleal en el artículo 252 del Código Penal?* In: _____; JAKOBS, Günther; SCHÜNEMANN, Bernd. *La administración desleal de los órganos societarios*. Barcelona: Atelier. 2008.

_____. *Limites penales a la remuneración de los administradores?* In: BACIGALUPO SAGGESE, Silvina; BAJO FERNÁNDEZ, Miguel; GÓMEZ-JARA DÍEZ, Carlos. *Gobierno corporativo y Derecho Penal: mesas redondas, derecho y economía*. Madrid: Centro de Estudios Ramón Areces. 2008.

_____. *Responsabilidad penal de los directivos de empresa en virtud de su dominio de la organización? Algunas consideraciones críticas*. Revista Brasileira de Ciências Criminais, n. 68. São Paulo: Revista dos Tribunais. 2007.

GONZÁLEZ DE MURILLO, José Luis Serrano. *La responsabilidad penal de los miembros de las fuerzas policiales por no impedir delitos*. Revista de Derecho Penal y Criminología, n. 2. Madrid: Universidad Nacional de Educación a Distancia. 2009.

GONZÁLEZ RODRÍGUEZ, José Luis. *Información personal y deber de colaboración: los asuntos Egin y Nueva España*. Revista para el Análisis del Derecho, n. 1. Barcelona: InDret. 2004.

GRACIA MARTÍN, Luís. *La comisión por omisión en el Derecho Penal español*. Revista Actualidad Penal. Madrid: Wolters Kluwer. 1995.

_____. *La responsabilidad penal de los administradores y representantes de la empresa por delitos especiales*. In: DEMETRIO CRESPO, Eduardo; SERRANO-PIEDECASAS, José Ramón. *Cuestiones actuales de Derecho Penal empresarial*. Madrid: Colex. 2010.

_____. *Los delitos de comisión por omisión*. In: CEREZO MIR, José. *Modernas tendencias en la ciencia del Derecho Penal y en la criminología*. Madrid: Universidad Nacional de Educación a Distancia. 2001.

GRANDIS, Rodrigo de. *A responsabilidade penal dos dirigentes nos delitos empresariais*. In: SOUZA, Artur de Brito Gueiros (org.). *Inovações no direito penal econômico. Contribuições criminológicas, político-criminais e dogmáticas*. Brasília: ESMPU. 2011.

GRASSO, Giovanni. *Il reato omissivo improprio. La struttura obiettiva della fattispecie*. Milão: Giuffrè. 1983.

_____. *L'anticipazione della tutela penale: i reati di pericolo e i reati di attentato*. Rivista Italiana di Diritto e Procedura Penale, fasc. 3, jul./set. Milão: Giuffrè. 1986.

GRECO FILHO, Vicente. *Imputação objetiva: o que é isso?* Artigo disponível em: <www.ibccrim.org.br>. Acesso em 04.05.2015.

GRECO, Alessandra Orcesi Pedro. *A autocolocação da vítima em risco*. São Paulo: Revista dos Tribunais. 2004.

GRECO, Luís. *Cumplicidade através de ações neutras. A imputação objetiva na participação*. Rio de Janeiro: Renovar. 2004.

_____. *Problemas de causalidade e imputação nos delitos omissivos impróprios*. São Paulo: Marcial Pons. 2018.

_____. *Princípio da ofensividade e crimes de perigo abstrato*. Revista Brasileira de Ciências Criminais, n. 49. São Paulo: Revista dos Tribunais. 2004.

_____. *Tem futuro a teoria do bem jurídico? Reflexões a partir da decisão do Tribunal Constitucional alemão a respeito do crime de incesto (§ 173 Strafgesetzbuch)*. Revista Brasileira de Ciências Criminais, n. 82. São Paulo: Revista dos Tribunais. 2010.

_____. *Um panorama da teoria da imputação objetiva*. 2ª ed. Rio de Janeiro: Lumen Juris. 2007.

_____; TÓRTIMA, Fernanda Lara. *O bem jurídico como limitação do poder estatal de incriminar?* Rio de Janeiro: Lumen Juris. 2011.

GÜNTHER, Klaus. *De la vulneración de un derecho a la infracción de deber. Un "cambio de paradigma" en el Derecho Penal?* La Insostenible situación del Derecho Penal. Granada: Comares. 2000.

HASSEMER, Winfried. *História das Ideias Penais na Alemanha do Pós-Guerra*. Revista da Procuradoria Geral da República, n. 2. São Paulo: Revista dos Tribunais. 1992.

_____. *La responsabilidad por el producto en derecho penal.* Valencia: Tirant lo Blanch. 1995.

HEFENDEHL, Roland. *El dominio del hecho en las empresas desde una perspectiva criminológica.* Revista de Derecho Penal y Criminología, vol. 25 n. 75. Bogotá: Universidad Externado. 2004.

_____. *La Teoría del Bien Juridico.* Madrid: Marcial Pons. 2007.

HEINE, Günther. *La responsabilidad penal de las empresas. Evolución internacional y consecuencias nacionales.* Anuario Derecho Penal '96: Responsabilidad Penal de las Personas Jurídicas. Lima: Grijley. 1997.

_____. *Modelos de responsabilidad jurídico-penal originaria de la empresa.* In: GÓMEZ-JARA DÍEZ, Carlos. *Modelos de autorresponsabilidad penal empresarial. Propuestas globales contemporáneas.* Bogotá: Universidad Externado. 2008.

HERNÁNDEZ BASUALTO, Héctor. *Apuntes sobre la responsabilidad penal (imprudente) de los directivos de empresa.* Revista de Estudios de la Justicia, n. 10. Santiago: Centro de Estudios de la Justicia. Facultad de Derecho. Universidad de Chile. 2008.

HERNANDEZ PLASENCIA, José Ulises. *Delitos de peligro con verificación de resultado: concurso de leyes?* Anuario de Derecho Penal y Ciencias Penales, XLVII, fasc. 1. Madrid: Ministerio de Justicia. 1994.

HILGENDORF, Eric. *Relación de causalidad e imputación objetiva a través del ejemplo de la responsabilidad penal por el producto.* Anuario de Derecho Penal y Ciencias Penales, LV. Madrid: Ministerio de Justicia. 2002.

HIRSCH, Hans Joachim. *Interrupción del tratamiento y eutanasia.* In: Ibidem. *Derecho Penal. Obras completas.* Tomo II. Buenos Aires: Rubinzal Culzoni. 2008.

HUERTA TOCILDO, Susana. *Principales novedades de los delitos de omisión en el Código Penal de 1995.* Valencia: Tirant lo Blanch. 1997.

_____. *Problemas fundamentales de los delitos de omisión.* Madrid: Ministerio de Justicia, Centro de Publicaciones. 1987.

HUNGRIA, Nelson. *As "concausas" e a causalidade por omissão perante o novo Código Penal.* Revista Forense, n. 89. Rio de Janeiro: Forense. 1942.

ÍÑIGO CORROZA, Mária Elena. *La responsabilidad penal del fabricante por defectos de sus productos.* Barcelona: José María Bosch. 2001.

IZQUIERDO SÁNCHEZ, Cristóbal. *Comisión por omisión. Algunas consideraciones sobre la injerencia como fuente de la posición de garante.* Revista Chilena de Derecho, vol. 33 n. 2. Santiago: Pontifica Universidad Católica de Chile. 2006.

JAKOBS, Günther. *A imputação objetiva no Direito Penal.* 4ª ed. São Paulo: Revista dos Tribunais. 2013.

_____. *Acción y omisión en Derecho Penal.* Bogotá: Universidad Externado. 2000.

_____. *Bases para una teoría funcional del Derecho Penal*. Lima: Palestra. 2000.

_____. *Derecho Penal del Enemigo*. 2ª ed. Madrid: Civitas. 2014.

_____. *Injerencia y dominio del hecho. Estudios sobre la parte general del derecho penal*. Reimpressão. Bogotá: Universidad Externado. 2004.

_____. *La competencia por organización en el delito omisivo*. Bogotá: Universidad Externado. 1994.

_____. *La imputación objetiva en Derecho Penal*. Madrid: Civitas. 1996.

_____. *La imputación penal de la acción y de la omisión*. Bogotá: Universidad Externado. 1996.

_____. *Teoría y praxis de la injerencia*. Anuario de Derecho Penal y Ciencias Penales, LII. Madrid: Ministerio de Justicia. 1999.

JAVIER RITTER, Claudio. *Un panorama sobre las distintas estrategias de atribución de responsabilidad en los delitos empresariales*. Centro de Investigación Interdisciplinaria en Derecho Penal Económico. Artigo disponível em: <http://ciidpe.com.ar/area1/panorama.ritter.pdf>. Acesso em 14/05/2015.

JESCHECK, Hans-Heinrich; WEIGEND, Thomas. *Tratado de Derecho Penal. Parte General*. 2ª ed. Granada: Comares. 2003.

JIMÉNEZ DE ASÚA, Luis. *Tratado de Derecho Penal*. 5ª ed. Buenos Aires: Losada. 1992.

ARMIN KAUFMANN, Armin. *Dogmática de los delitos de omisión*. 2ª ed. Madrid: Marcial Pons. 2006.

KÖHLER, Michael. *La imputación subjetiva: Estado de la cuestión*. In: ROXIN, Claus; et alii. *Sobre el estado de la teoría del delito (Seminario en la Universidad Pompeu Fabra)*. Madrid: Civitas. 2000.

KUHLEN, Lothar. *Cuestiones fundamentales de compliance y derecho penal*. In: _____; MONTIEL, Juan Pablo; URBINA GIMENO, Íñigo Ortiz de. *Compliance y teoría del Derecho Penal*. Madrid: Marcial Pons. 2013.

_____. *Necesidad y límites de la responsabilidad penal por el producto*. Anuario de Derecho Penal y Ciencias Penales, LV. Madrid: Ministerio de Justicia. 2002.

_____; MONTIEL, Juan Pablo; URBINA GIMENO, Íñigo Ortiz de. *Compliance y teoría del Derecho Penal*. Madrid: Marcial Pons. 2013.

LAPORTA, Francisco J. *Algunos problemas de los deberes positivos generales. Observaciones a un artículo de Ernesto Garzón Valdés*. Doxa: Cuadernos de Filosofía del Derecho, n. 3. Valencia: Universidad de Alicante. 1986.

LASCURAÍN SÁNCHEZ, Juan Antonio. *Fundamento y límites del deber de garantía del empresario*. Madrid: L.H. Tiedemann. 1995.

_____. *Hacia un Derecho Penal económico europeo*. Madrid: Universidad Autónoma de Madrid. 1995.

_____. *Los delitos de omisión: fundamentos de los deberes de garantía*. Madrid: Civitas. 2002.

_____. *Salvar al oficial Ryan. Sobre la responsabilidad penal del oficial de cumplimiento*. In: CORCOY BIDASOLO, Mirentxu; GÓMEZ MARTÍN, Víctor; MIR PUIG, Santiago. *Responsabilidad de la empresa y compliance*. Montevidéu, Buenos Aires: B de F. 2014.

LEITE, André Lamas. *Notas sobre os crimes omissivos no contexto do Direito Penal das Ordenações*. Porto: Faculdade de Direito da Universidade do Porto. 2006.

LEÓN BERINI, Arturo González de. *Autorregulación empresarial, ordenamiento jurídico y Derecho Penal. Pasado, presente y futuro de los límites jurídico-penales al libre mercado y a la libertad de empresa*. In: MONTANER FERNÁNDEZ, Raquel; SILVA SÁNCHEZ, Jesús María. *Criminalidad de empresa y compliance. Prevención y reacciones corporativas*. Barcelona: Atelier. 2013.

LESCH, Heiko H. *Intervención delictiva e imputación objetiva*. Anuario de Derecho Penal y Ciencias Penales, XLVIII. Madrid: Ministerio de Justicia. 1995.

LOPES, Fábio Motta. *Aspectos polêmicos dos crimes omissivos*. Revista Brasileira de Ciências Criminais, n. 75. São Paulo: Revista dos Tribunais. 2008.

LUHMANN, Niklas. *Sociologia do Direito*. Rio de Janeiro: Tempo Brasileiro. 1983.

LUISI, Mariana. *Os crimes omissivos impróprios*. Revista da Associação dos Juízes do Rio Grande do Sul, n. 111. Porto Alegre: AJURIS. 2008.

LUNA, Everardo da Cunha. *A causalidade na omissão, no anteprojeto de Código Penal*. Revista Brasileira de Criminologia e Direito Penal, ano 2 n. 6. Rio de Janeiro: Instituto de Criminologia. 1964.

LUZ, Yuri Corrêa da. *Entre bens jurídicos e deveres normativos: Um estudo sobre os fundamentos do Direito Penal contemporâneo*. Monografias do Instituto Brasileiro de Ciências Criminais, n. 64. São Paulo: Instituto Brasileiro de Ciências Criminais.

LUZÓN PEÑA, Diego Manuel. *Curso de Derecho Penal. Parte general I*. 1ª ed., 2ª reimpressão. Madrid: Universitas. 2002.

_____. *Derecho Penal de la circulación: estudios de la jurisprudencia del Tribunal Supremo*. 2ª ed. Barcelona: PPU. 1990.

_____. *Injerencia, comisión por omisión y omisión de socorro*. In: Ibidem. *Derecho Penal de la circulación: estudios de la jurisprudencia del Tribunal Supremo*. 2ª ed. Barcelona: PPU. 1990.

MAIWALD, Manfred. *De la capacidad del rendimiento del concepto de "riesgo permitido", para la sistemática del Derecho Penal*. Bogotá: Universidad Externado. 1996.

MANES, Vittorio. *Il principio di offensività nel diritto penale*. Turim: Giappichelli. 2005.

MANSDÖRFER, Marco. *Responsabilidad e imputación individuales em la ejecución de tareas en un grupo.* Revista para el Análisis del Derecho, n. 2. Barcelona: InDret. 2007.

MARAVER GOMEZ, Mario. *El principio de confianza en Derecho Penal.* Madrid: Civitas. 2009.

MARINUCCI, Giorgio. *Causalità reale e causalità ipotetica nell'omissione impropria.* Rivista Italiana di Diritto e Procedura Penale. Milão: Giuffrè. 2009.

MARTÍNEZ ESCAMILLA, Margarita. *La imputación objetiva del resultado.* Madrid: Editoriales de Derecho Reunidas. 1992.

MARTÍNEZ-BUJÁN PÉREZ, Carlos. *A concepção significativa da ação de T. S. Vives e sua correspondência sistemática com as concepções teleológico-fundamentais do delito.* In: BUSATO, Paulo César. *Modernas tendências sobre o dolo em Direito Penal.* Rio de Janeiro: Lumen Juris. 2008.

_____. *Derecho Penal económico y de la empresa: Parte Especial.* 4ª ed. Valencia: Tirant lo Blanch. 2013.

MARTOS NUÑES, Juan Antonio. *Análises jurídico penal de la omisión impropria o comisión por omisión.* Revista General de Derecho Penal, 25, 2016.

MAURACH, Reinhart. *Tratado de Derecho Penal.* Barcelona: Ariel. 1962.

MEINI MENDEZ, Iván Fabio. *La comisión por omisión: una interpretación alternativa del art. 13 CP.* Anuario de Derecho Penal. Lima: Pontificia Universidad Católica del Perú. 2003.

_____. *Responsabilidad penal de los órganos de dirección de la Empresa por comportamientos omisivos. El deber de garante del empresario frente a los hechos cometidos por sus subordinados.* Lima: Pontifica Universidad Católica del Perú. 1999.

_____. *Responsabilidad penal del empresario por los hechos cometidos por sus subordinados.* Valencia: Tirant lo Blanch. 2003.

_____. *Sobre la posición de garante del empresario por la no evitación de delitos cometidos por sus empleados.* Centro de Investigación Interdisciplinaria en Derecho Penal Económico. Artigo disponível em: <http://www.ciidpe.com.ar/area1/posicion%20de%20garante.Demetrio%20Crespo.pdf>. Acesso em 13/05/2015.

MENDOZA BUERGO, Blanca. *La configuración del injusto (objetivo) de los delitos de peligro abstracto.* Revista de Derecho Penal y Criminología, n. 9. Madrid: Universidad Nacional de Educación a Distancia. 2002.

MENESES, Tobias Barreto. *Delitos por omissão.* Estudos de Direito, vol. 1. Aracaju: Estado de Sergipe. 1926.

_____. *Dos delitos por omissão.* In: Ibidem. *Estudos de Direito.* Ed. Fac-símile. Brasília: Senado Federal, Conselho Editorial. 2004.

MERKEL, Adolf. *Derecho Penal: Parte general.* Montevidéu, Buenos Aires: B de F. 2004.

MEZGER, Edmundo. *Tratado de Derecho Penal*. 3ª ed., revista e atualizada. Madrid: Revista de Derecho Privado. 1957.

MIR PUIG, Santiago. *Derecho Penal. Parte General*. 9ª ed. Montevidéu, Buenos Aires: B de F. 2004.

MIRÓ LLINARES, Fernando. *Dolo y Derecho Penal empresarial. Debates eternos, problemas modernos*. Cuadernos de Política Criminal, n. 113. Madrid: Edersa. 2014.

MONTANER FERNÁNDEZ, Raquel. *Gestión empresarial y atribución de responsabilidad penal*. Barcelona: Atelier. 2008.

MUNHOZ NETTO, Alcides. *Os crimes omissivos no Brasil*. Revista da Associação dos Juízes do Rio Grande do Sul, n. 29. Porto Alegre: AJURIS. 1983.

NAVAS MONDACA, Iván. *Los Códigos de Conducta y el Derecho Penal Económico*. In: MONTANER FERNÁNDEZ, Raquel; SILVA SÁNCHEZ, Jesús María. *Criminalidad de empresa y compliance. Prevención y reacciones corporativas*. Barcelona: Atelier. 2013.

NESTLER, Cornelius. *El principio de protección de bienes jurídicos y la punibilidad de la posesión de armas de fuego y de substancias estupefacientes*. Granada: Comares. 2000.

NIETO MARTÍN, Adán. *Autoría y participación en el Derecho Penal Económico*. Portal Iberoamericano de Derecho Penal. Disponível em: <http://portal.uclm.es/descargas/idp_docs/doctrinas/autoria%20y%20participacion%20en%20el%20derecho%20penal%20economico%20adan%20nieto.pdf>. Acesso em 14/05/2015.

NORONHA, E. Magalhães. *Direito Penal*. Volume 1. 19ª ed. São Paulo: Saraiva. 1981.

NOVOA MONREAL, Eduardo. *Fundamentos de los delitos de omisión*. Buenos Aires: Depalma. 1984.

NUCCI, Guilherme de Souza. *Código Penal Comentado*. 10ª ed. São Paulo: Revista dos Tribunais. 2010.

_____. *Código Penal Comentado*. 14ª ed. Rio de Janeiro: Forense. 2014.

NUÑEZ CASTAÑO, Elena. *Responsabilidad penal en la empresa*. Valencia: Tirant lo Blanch. 2000.

PAREDES CASTAÑÓN, José Manuel. *El límite entre imprudencia y riesgo permitido en Derecho Penal: es posible determinarlo con criterios utilitarios?* Anuario de Derecho Penal y Ciencias Penales, XLIX, fasc. 3. Madrid: Ministerio de Justicia. 1996.

_____. *La determinación del nivel de riesgo permitido: un caso de derecho penal económico*. Revista de Derecho y Proceso Penal, n. 12. Pamplona: Aranzadi. 2004.

_____. *La responsabilidad penal por productos defectuosos; problemática político-criminal y reflexiones de* lege ferenda. In: CORCOY BIDASOLO, Mirentxu; et alii. *Derecho Penal de la empresa*. Pamplona: Universidad Publica de Navarra. 2002.

_____. *Límites de la responsabilidad penal individual en supuestos de comercialización de productos defectuosos*. El Poder Judicial en el conjunto de los Poderes del Estado y de la Sociedad, n. 33. Madrid: Poder Judicial. 1994.

_____; RODRÍGUEZ MONTAÑÉS, Teresa. *El caso de la colza. Responsabilidad penal por productos alterados o defectuosos*. Valencia: Tirant lo Blanch. 1995.

PASCHOAL, Janaina Conceição. *Ingerência indevida: os crimes comissivos por omissão e o controle pela punição do não fazer*. Porto Alegre: Fabris. 2011.

PAWLIK, Michael. *La libertad institucionalizada*. Madrid: Marcial Pons. 2010.

PEÑARADA RAMOS, Enrique. *Sobre la responsabilidad en comisión por omisión respecto de hechos delictivos cometidos en la empresa (y en otras organizaciones)*. In: DÍAZ-MAROTO Y VILLAREJO, Julio. *Liber amicorum en homenaje al profesor Antonio González-Cuéllar García*. Madrid: Colex. 2006.

PERDOMO TORRES, Jorge Fernando. *Dos cuestiones actuales en la dogmática del delito de omisión: sobre la supuesta accesoriedad y sobre solidaridad*. In: *El funcionalismo en Derecho Penal. Libro homenaje al profesor Günther Jakobs*. Bogotá: Universidad Externado. 2003.

_____. *El delito de comisión por omisión en el nuevo Código Penal colombiano*. Bogotá: Universidad Externado. 2001.

_____. *Posición de garante en virtud de confianza legítima especial*. Bogotá: Universidad Externado. 2008.

PÉREZ BARBERÁ, Gabriel. *Causalidad, resultado y determinación. El problema del presupuesto ontológico de los delitos de resultado en ámbitos estadísticos o probabilísticos. In dubio pro reo y certeza en la determinación probabilística*. Buenos Aires: Ad Hoc. 2006.

PÉREZ DEL VALLE, Carlos. *Sociedad de riesgos y reforma penal*. Madrid: Poder Judicial. 1996.

POPPER, Karl Raimund. *A lógica da pesquisa científica*. 2ª ed. São Paulo: Pensamento Cultrix. 2014.

PRADO, Luiz Regis. *Algumas notas sobre a omissão punível*. Revista dos Tribunais, vol. 872, junho. São Paulo: Revista dos Tribunais. 2008.

_____. *Curso de Direito Penal brasileiro*. 12ª ed. São Paulo: Revista dos Tribunais. 2013.

PRITTWITZ, Cornelius. *La posición jurídica (en especial posición de garante) de los compliance officers*. In: KUHLEN, Lothar; MONTIEL, Juan Pablo; URBINA GIMENO, Íñigo Ortiz de. *Compliance y teoría del Derecho Penal*. Madrid: Marcial Pons. 2013.

PUPPE, Ingeborg. *A distinção entre dolo e culpa*. Barueri: Manole. 2004.

_____. *Dolo eventual e culpa consciente*. Revista Brasileira de Ciências Criminais, n. 58. São Paulo: Revista dos Tribunais. 2006.

_____. *El resultado y su explicación causal en Derecho Penal*. Revista para el Análisis del Derecho, n. 4. Barcelona: InDret. 2008.

QUINTERO, María Eloísa. *El delito de omisión desde una perspectiva normativista. Consideraciones en torno de la polémica sobre delitos impropios de omisión y principio de legalidad*. In: *El funcionalismo en Derecho Penal. Libro homenaje al profesor Günther Jakobs*. Bogotá: Universidad Externado. 2003.

REALE JR., Miguel. *Crime de Sonegação Fiscal, em Forma Omissiva, Art. 1.º, n. I, da Lei n. 8.137, de 1990. Atipicidade da Conduta dos Denunciados. Não Ocorrência de Supressão da CPMF. Inexistência do Respectivo Fato Gerador*. Revista Forense, n. 370. Rio de Janeiro: Forense. 2003.

_____. *Instituições de Direito Penal: Parte geral*. 4ª ed., revista e atualizada. Rio de Janeiro: Forense. 2013.

_____. *Parte geral do Código Penal: nova interpretação*. São Paulo: Revista dos Tribunais. 1988.

_____. *Problemas penais concretos*. São Paulo: Malheiros. 1997.

_____. *Projeto de Código Penal em debate – Um centro filosófico do sistema penal*. Boletim do Instituto Brasileiro de Ciências Criminais, n. 262, set. São Paulo: Instituto Brasileiro de Ciências Criminais. 2014.

REQUENA JULIANI, Jaime. *Intercambiabilidad de acción y omisión en los delitos de dominio: posición de garante e imputación objetiva*. Madrid: Dykinson. 2010.

_____. *La posición de garante del empresario*. In: BACIGALUPO ZAPATER, Enrique. *Curso de Derecho Penal económico*. Madrid: Marcial Pons. 1998.

RESTON, María Inés. *Los delitos de infracción de deber*. Montevidéu: B de F. 2014.

RIEGER, Renata Jardim da Cunha. *A posição de garantia no Direito Penal ambiental: o dever de tutela do meio ambiente na criminalidade de empresa*. Porto Alegre: Livraria do Advogado. 2011.

ROBLES PLANAS, Ricardo. *Deberes de solidaridad*. Revista para el Análisis del Derecho, editorial. Barcelona: InDret.

_____. *Deberes negativos y positivos en Derecho Penal*. Revista para el Análisis del Derecho, n. 4. Barcelona: InDret. 2013.

_____. *El responsable del cumplimiento (compliance officer) ante el derecho penal*. In: MONTANER FERNÁNDEZ, Raquel; SILVA SÁNCHEZ, Jesús María. *Criminalidad de empresa y compliance. Prevención y reacciones corporativas*. Barcelona: Atelier. 2013.

_____. *Garantes y cómplices: la intervención por omisión y en los delitos especiales*. Barcelona: Atelier. 2007.

_____. *La autoría no ejecutiva*. Revista para el Análisis del Derecho, editorial. Barcelona: InDret.

_____. *Los dos niveles del sistema de intervención en el delito (El ejemplo de la intervención por omisión)*. Revista para el Análisis del Derecho, n. 2. Barcelona: InDret. 2012.

ROCHA, Fernando A. N. Galvão da. *Imputação objetiva nos delitos omissivos*. Revista Brasileira de Ciências Criminais, n. 33. São Paulo: Revista dos Tribunais. 2001.

RODRIGUES, Eduardo Silveira Melo. *A relevância causal da omissão*. Revista Brasileira de Ciências Criminais, n. 14. São Paulo: Revista dos Tribunais. 1996.

RODRIGUES, Marta Felino. *A teoria penal da omissão e a revisão crítica de Jakobs*. Coimbra: Almedina. 2000.

RODRÍGUEZ MESA, María José. *La atribución de responsabilidad en comisión por omisión*. Pamplona: Aranzadi. 2005.

RODRIGUEZ MOURULLO, Gonzalo. *Algunas reflexiones sobre la ley de actualización de Código Penal*. La Ley, n. 39. Madrid: Wolters Kluwer. 1989.

_____. *La omisión de socorro en el Codigo Penal*. Madrid: Tecnos. 1966.

ROMEO CASABONA, Carlos Maria. *Límites de los delitos de comisión por omisión*. Revista Brasileira de Ciências Criminais, n. 7. São Paulo: Revista dos Tribunais. 1994.

ROXIN, Claus. *A Proteção de Bens Jurídicos como Função do Direito Penal*. Porto Alegre: Livraria do Advogado. 2009.

_____. *A teoria da imputação objetiva*. Revista Brasileira de Ciências Criminais, n. 38. São Paulo: Revista dos Tribunais. 2002.

_____. *Autoría y dominio del hecho en Derecho Penal*. 7ª ed. Madrid: Marcial Pons. 2000.

_____. *Causalidad y posición de garante en los delitos de omisión impropia*. In: GARCÍA VALDÉS, Carlos; et alii. *Estudios penales en homenaje a Enrique Gimbernat*. Madrid: Edisofer. 2008.

_____. *Derecho Penal. Parte General*. Madrid: Civitas. 2014.

_____. *Dirección de la organización como autoría mediata*. Anuario de Derecho Penal y Ciencias Penales, LXII. Madrid: Ministerio de Justicia. 2009.

_____. *Dogmática penal y política criminal*. Lima: IDEMSA. 1998.

_____. *El dominio de organización como forma independiente de autoría mediata*. Revista de Estudios de la Justicia, n. 7. Santiago: Centro de Estudios de la Justicia. Facultad de Derecho. Universidad de Chile. 2006.

_____. *Estudos de Direito Penal*. Rio de Janeiro: Renovar. 2006.

_____. *Fundamentos político-criminales del derecho penal*. Buenos Aires: Hammurabi. 2008.

_____. *Problemas Fundamentais do Direito Penal*. 3ª ed. Lisboa: Vega. 2004.

_____. *Reflexões sobre a Construção Sistemática do Direito Penal*. Revista Brasileira de Ciências Criminais, n. 82. São Paulo: Revista dos Tribunais. 2010.

_____. *Sistema de hecho punible*. Buenos Aires: Hammurabi. 2013.

_____. *Teoría del tipo penal: tipos abiertos y elementos del deber jurídico*. Buenos Aires: Depalma. 1979.

RUDOLPHI, Hans-Joachim. *El fin del derecho penal del estado y las formas de imputación juridico-penal*. 2ª ed. Buenos Aires: B de F. 2012.

RUEDA MARTÍN, María Ángeles. *Participación por omisión? Un estudio sobre la cooperación por omisión en un delito de acción doloroso cometido por un autor principal*. Barcelona: Atelier. 2013.

SAAD-DINIZ, Eduardo; SILVEIRA, Renato de Mello Jorge. *A noção penal dos programas de compliance e as instituições financeiras na "nova Lei de Lavagem"*. Revista de Direito Bancário e do Mercado de Capitais, n. 57. São Paulo: Revista dos Tribunais. 2012.

_____; SILVEIRA, Renato de Mello Jorge. *Criminal compliance: os limites da cooperação quanto à lavagem de dinheiro*. Revista Peruana de Ciencias Penales, n. 25. Lima: IDEMSA. 2013.

_____; SILVEIRA, Renato de Mello Jorge. *Criminal compliance: os limites da cooperação normativa quanto à lavagem de dinheiro*. Revista de Direito Bancário e do Mercado de Capitais, n. 56. São Paulo: Revista dos Tribunais. 2012.

SALAS ALMIRALL, Salvador. *Causalidad e imputación objetiva en los delitos de peligro*. Cuadernos de Derecho Judicial. Madrid: Consejo General del Poder Judicial. 1994.

SALVADOR CODERCH, Pablo. *Causalidad y responsabilidad*. 2ª ed. Revista para el Análisis del Derecho, n. 3. Barcelona: InDret. 2002.

SALVADOR NETTO, Alamiro Velludo. *Tipicidade penal e sociedade de risco*. São Paulo: Quartier Latin. 2006.

SANCINETTI, Marcelo A. *Observaciones sobre la teoría de la imputación objetiva*. In: CANCIO MELIÁ, Manuel; FERRANTE, Marcelo; SANCINETTI, Marcelo A. *Teoría de la imputación objetiva*. Bogotá: Universidad Externado. 1998.

SÁNCHEZ-VERA GÓMEZ-TRELLES, Javier. *Delito de infracción de deber y participación delictiva*. Madrid: Marcial Pons. 2002.

_____. *Intervención omisiva, posición de garante y prohibición de sobrevaloración del aporte*. Anuario de Derecho Penal y Ciencias Penales, XLVIII. Madrid: Ministerio de Justicia. 1995.

SANTANA VEGA, Dulce María. *La protección penal de los bienes jurídicos coletivos*. Madrid: Dykinson. 2000.

SANTOS, André Teixeira dos. *O dever de agir nos crimes omissivos impróprios (Breve análise crítica de alguns casos)*. Revista da Faculdade de Direito de Lisboa: Editora Coimbra. 2001.

SANTOS, Juarez Cirino dos. *Direito Penal: parte geral*. Rio de Janeiro: Lumen Juris. 2006.

SCHMIDHÄUSER, Eberhard. *Sobre la sistemática de la teoría del delito. Un tema fundamental de Radbruch desde el punto de vista de la nueva dogmática penal*. Nuevo Pensamiento Penal. Revista de Derecho y Ciencias Penales, ano 4. Buenos Aires: Depalma. 1975.

SCHÖNE, Wolfgang. *Sobre a posição do resultado nos delitos quase-dolosos de omissão*. Revista de Direito Penal 19/20. São Paulo: Revista dos Tribunais. 1975.

SCHÜNEMANN, Bernd. *Cuestiones básicas de dogmática jurídico-penal y de política criminal acerca de la criminalidad de empresa*. Anuario de Derecho Penal y Ciencias Penales, XLI. Madrid: Ministerio de Justicia. 1988.

_____. *Delincuencia empresarial: cuestiones dogmáticas y de política criminal*. Buenos Aires: FD. 2004.

_____. *El llamado delito de omisión impropia o la comisión por omisión*. In: GARCÍA VALDÉS, Carlos; et alii. *Estudios penales en homenaje a Enrique Gimbernat*. Madrid: Edisofer. 2008.

_____. *Fundamentos y Limites de los Delitos de Omisión Impropia*. Madrid, Barcelona, Buenos Aires: Marcial Pons. 2009.

_____. *Las reglas de la técnica en derecho penal*. Anuario de Derecho Penal y Ciencias Penales, XLVII, fasc. 3. Madrid: Ministerio de Justicia. 1994.

_____. *O Direito Penal* é a ultima ratio *da proteção de bens jurídicos – Sobre os limites invioláveis do direito penal em um Estado de Direito Liberal*. Revista Brasileira de Ciências Criminais, n. 53. São Paulo: Revista dos Tribunais. 2005.

_____. *Responsabilidad penal en el marco de la empresa. Dificultades relativas a la individualización de la imputación*. Anuario de Derecho Penal y Ciencias Penales, LV. Madrid: Ministerio de Justicia. 2002.

_____. *Sistema moderno del Derecho Penal: Cuestiones fundamentales*. Montevidéu, Buenos Aires: B de F. 2012.

SESSANO GOENAGA, Javier Camilo. *Responsabilidad por organización y responsabilidad institucional. Una aproximación a la distinción dogmática propuesta por Jakobs, a través del ejemplo de los delitos de incomparecencia y de falso testimonio antes las comisiones parlamentares de investigación*. Revista Electrónica de Ciencia Penal y Criminología. Disponível em: <http://criminet.ugr.es/recpc/08/recpc08-03.pdf>. Acesso em 14/05/2015.

SHECAIRA, Sérgio Salomão. *A construção do tipo penal*. Fascículos de Ciências Penais, vol. 6, n. 1. Porto Alegre: Fabris. 1993.

SILVA SÁNCHEZ, Jesús María. *Aproximación ad Derecho Penal contemporáneo*. Buenos Aires, Montevidéu: B de F. 2010.

_____. *Crisis del sistema dogmático del delito?* Bogotá: Universidad Externado. 2007.

_____. *Deberes de los miembros de un Consejo de Administración*. Revista para el Análisis del Derecho, n. 2. Barcelona: InDret. 2011.

_____. *Deberes de vigilancia y compliance empresarial*. In: KUHLEN, Lothar; MONTIEL, Juan Pablo; URBINA GIMENO, Íñigo Ortiz de. *Compliance y teoría del Derecho Penal*. Madrid: Marcial Pons. 2013.

_____. *El Delito de Omisión: Concepto y Sistema*. 2ª ed. Buenos Aires, Montevidéu: B de F. 2003.

_____. *Entre la omisión de socorro y la comisión por omisión. Las estructuras de los arts. 195.3 y 196 del Código Penal*. In: *Ibidem*. *Problemas específicos de la aplicación del Código Penal*. Madrid: Consejo General del Poder Judicial. 1999.

_____. *Fundamentos del Derecho Penal de la Empresa*. Madrid: Edisofer. 2013.

_____. *La teoría del delito en la práctica penal económica*. Madrid: Wolters Kluwer. 2013.

_____. *Responsabilidad penal de las empresas y de sus órganos en derecho penal*. In: *Libro-homenaje a Roxin*. Barcelona: Bosch. 1995.

SILVEIRA, Renato de Mello Jorge. *A Construção do Bem Jurídico Espiritualizado e suas Críticas Fundamentais*. Boletim do Instituto Brasileiro de Ciências Criminais, n. 122, jan. São Paulo: Instituto Brasileiro de Ciências Criminais. 2003.

_____. *Crônicas franciscanas do Mensalão*. São Paulo: Quartier Latin. 2014.

_____. *Direito Penal supra-individual: interesses difusos*. São Paulo: Revista dos Tribunais. 2003.

_____. *Fundamentos da Adequação Social em Direito Penal*. São Paulo: Quartier Latin. 2010.

SIQUEIRA, Galdino. *Direito Penal brasileiro*. 2ª ed., corrigida e aumentada. Rio de Janeiro: Jacintho. 1932

SOARES, Oscar de Macedo. *Código penal da República dos Estados Unidos do Brasil*. 6ª ed. corrigida e aumentada. Rio de Janeiro: Garnier. 1910.

STRATENWERTH, Günter. *Derecho Penal. Parte General*. 4ª ed., totalmente reelaborada. Buenos Aires: Hammurabi. 2005.

STRUENSEE, Eberhard. *Actuar y omitir. Delitos de comisión y de ocasión*. Bogotá: Universidad Externado. 1996.

SUÁREZ GONZÁLEZ, Carlos. *Los delitos consistentes en la infracción de un deber*. In: SILVA SÁNCHEZ, Jesús María; SUÁREZ GONZÁLEZ, Carlos. *La dogmática penal frente a la criminalidad en la administración pública y otros problemas actuales del Derecho Penal*. Lima: Grijley. 2001.

SUBIJANA ZUNZUNEGUI, Ignacio José. *Prevención de riesgos laborales y Derecho Penal*. Revista del Poder Judicial, n. 64. Madrid: Poder Judicial. 2001.

TAVARES, Juarez. *A responsabilidade dos dirigentes dos entes coletivos: uma delimitação funcional*. Boletim do Instituto Brasileiro de Ciências Criminais, n. 238, set. São Paulo: Instituto Brasileiro de Ciências Criminais. 2012.

_____. *Alguns aspectos da estrutura dos crimes omissivos*. Revista Brasileira de Ciências Criminais, n. 15. São Paulo: Revista dos Tribunais. 1996.

_____. *Teoria do injusto penal*. Belo Horizonte: Del Rey. 2000.

_____. *Teoria dos crimes omissivos*. São Paulo: Marcial Pons. 2012.

TERADILLOS BASOCO, Juan María. *Cuestiones actuales de derecho penal económico y de la empresa*. Lima: ARA. 2010.

TERRAGNI, Marco Antonio. *El delito culposo en la praxis médica*. 2ª ed. Buenos Aires: Rubinzal Culzoni. 2014.

TIEDEMANN, Klaus. *Manual de Derecho Penal económico. Parte general y especial*. Valencia: Tirant lo Blanch. 2010.

TINÔCO, Antônio Luiz Ferreira. *Código criminal do Império do Brazil annotado*. Ed. Fac-símile. Brasília: Senado Federal, Conselho Editorial. 2003.

TOLEDO, Francisco de Assis. *Princípios básicos de Direito Penal*. 4ª ed. São Paulo: Saraiva. 1991.

TORÍO LÓPEZ, Ángel. *Acción peligrosa y dolo. Perspectivas jurisprudenciales y legislativas*. In: ROMEO CASABONA, Carlos Maria. *Dogmática penal, política criminal y criminología en evolución*. Granada: Comares. 1997.

_____. *Limites político-criminales del delito de comisión por omisión*. Anuario de Derecho Penal y Ciencias Penales, XXXVII. Madrid: Ministerio de Justicia. 1985.

VARGAS, Róbson de. *Os crimes omissivos impróprios e a posição de garante*. Revista Síntese Direito Penal e Processual Penal, vol. 14, n. 82. Porto Alegre: IOB. 2013.

VIVES ANTÓN, Tomás Salvador. *Acción y omisión: tres notas a un "status quaestionis"*. In: CORTÉS BECHIARELLI, Emilio; GURDIEL SIERRA, Manuel; TOLEDO Y UBIETO, Emilio Octavio de. *Estudios penales en recuerdo del profesor Ruiz Antón*. Valencia: Tirant lo Blanch. 2003.

_____. *Fundamentos del Sistema Penal*. 2ª ed. Valencia: Tirant lo Blanch. 2010.

VOGEL, Joachim. *La responsabilidad penal por el producto en Alemania: situación actual y perspectivas de futuros*. Revista Penal, n. 8. Espanha: Universidades de Huelva, Salamanca e Castilla-La Mancha. 2001.

_____. *Responsabilidad penal de los empresarios y de las empresas*. In: CORCOY BIDASOLO, Mirentxu; MIR PUIG, Santiago. *Política criminal en la Europa*. Barcelona: Atelier. 2004.

VON LISZT, Franz. *Tratado de Direito Penal Alemão. Tomo I*. Campinas: Russell. 2003.

WELZEL, Hans. *Derecho Penal Alemán: Parte General*. Tradução da 11ª ed. alemã. Santiago: Jurídica de Chile. 1976.

WESSELS, Johannes. *Direito Penal: parte geral*. Porto Alegre: Fabris. 1976.

WOLF, Eric. *Las categorias de la tipicidad: estudios previos sobre una doctrina general de la parte especial del Derecho Penal*. Valencia: Tirant lo Blanch. 2005.

ZAFFARONI, Eugenio Raúl. *Panorama atual da problemática da omissão*. Revista de Direito Penal e Criminologia, n. 33, jan/jun. Rio de Janeiro: Forense. 1982.

_____. *Tratado de Derecho Penal*. Volume III. 2ª ed. Buenos Aires: Ediar. 2002.